神　学　提　要

神学提要

トマス・アクィナス著
山口隆介訳

知泉学術叢書 5

凡　例

―，翻訳の底本として，Compendium Theologiae ad fratrem Reginaldum socium suum carissimum, in: Opuscula Theologica, vol.I, Marietti 1954 を用いた。

―，翻訳および註の作成にあたって，Compendium Theologiae: Grundriß der Glaubenslehre, lateinisch-deutsch, übersetzt von Hans Louis Fäh, herausgegeben von Rudolf Tannlof, Heidelberg 1963 を参照した。

―，翻訳の基本方針として，意味の相違を生じさせない限り，必要に応じ日本語として自然に読める表現を心がけた。読者の理解を助けるため，訳者の判断によって原文にはない補足を行なった。当該の補足は〔　〕内におくことで明示した。

―，トマス・アクィナスの『神学大全』の参照箇所は，慣行に従い略号を用い指示した。例えば，第2部の1，第18問題，第5項，本文及び異論解答3の場合は，ST, I-II, q.18, a.5, cor.; ad3 のように示した。

―，聖句に関しては，底本のテキストに依拠して訳した。トマスが使用した聖書は中世のヴルガータ聖書であって，その文言は現代語訳聖書とも現行のヴルガータ聖書とも一致しない。そしてその文言をトマスは，場合によっては通常現代語に訳される意味とは相当離れた意味に解釈している。そのような解釈がされている箇所では，解釈に応じた訳をあてざるを得ないからである。

―，古典文献の引用に関しても，底本のテキストに依拠して訳出した。

vi 凡　例

一，アリストテレスの著作の参照箇所については，ベッカー版
　　のページ数，欄，行数を用いた。例えば『ニコマコス倫理
　　学』1150b20 のように指示した。

一，教父の著作の参照箇所については，『ミーニュ・ギリシャ・
　　ラテン教父集』に含まれている場合，ギリシア教父集につ
　　いては PG，ラテン教父集については PL の略号を用い，例
　　えば，PG3/592C のように示した。

一，本文中でトマスは「詩編」の篇の番号をヴルガータに依拠
　　して提示しているが，新共同訳の篇の番号とずれが生じて
　　いる場合，新共同訳の篇の番号を付記した。

一，註内で本書の章を指示する際，同じ部の章については部の
　　番号をいちいち表記せず，「本書第 10 章」のように記した。

一，註番号は序言，第 1 部の論考前半，第 1 部のもう 1 篇の論
　　考，第 2 部で振り直されている。註内で他の註を指示する
　　際，同じセクションの註についてはいずれのセクションか
　　をいちいち表記せず，「註 130 参照」のように記した。

目　　次

―――――――――――

第1章　序　　言……………………………………… 3

第1部
信仰について

論考前半　三一なる神，およびその業(わざ)について

第2章　信仰について語るべきことの順序 ………… 9

第3章　神とは何か ………………………………… 11

第4章　神が動かすことのできないものである
こと ……………………………………………… 13

第5章　神が永遠であること ……………………… 16

第6章　神が御自身のゆえに存在するのは必然で
あること………………………………………… 16

第7章　神は常に存在するということ …………… 18

第8章　神にどんな連続も存在しないこと ……… 19

第9章　神は単純であること ……………………… 21

第10章　神がその本質であること ……………… 23

第11章　神の本質はその存在に他ならないこと …… 25

第12章　神は類のもとにその種としてあるのでは
ないこと………………………………………… 27

第13章　神が何かあるものの類であることは不可
能であること…………………………………… 28

第14章　神は多くの個物について述語とされるな
んらかの種でないこと …………………………… 29

第15章　神は一であると言わなければならない
こと…………………………………………………… 30

第16章　神が物体であるのは不可能であること …… 32

第17章　〔神が〕物体の形相あるいは物体におけ
る力であるのは不可能であること ……………… 33

第18章　神は本質に関して無限であること ………… 34

第19章　神は無限の力を有すること ………………… 36

第20章　神の場合，無限であることは不完全さを
意味しないこと …………………………………… 37

第21章　神には，諸々の事物においてある，
あらゆる完全さが，より卓越して存在すること … 38

第22章　神において，完全さはすべて，事物とし
ては一であること………………………………… 40

第23章　神にはどんな偶有も見当たらないこと …… 41

第24章　神について語られた名の多さはその
〔神の〕単純さと対立しないこと …………………… 43

第25章　たとえ様々な名が神について語られてい
るとしても，それらの名は1つの意味だけを
有する語ではないこと …………………………… 44

第26章　諸々の名の定義によって神のうちの何か
を定義することはできないこと ………………… 45

第27章　神と他の諸々のものの名はまったく同名
同義的にもまったく同名異義的にも語られてい
ない………………………………………………… 46

第28章　神は理解するものでなければならない
こと………………………………………………… 49

第29章　知性は神のうちで，可能態ででも，能力
態ででもなく，現実態で存在すること ………… 51

第30章　神は御自身の本質とは別の形象〔心内

目　次　　ix

形式〕によって理解するのではないこと ………… 52

第 31 章　神は御自身を理解するはたらきである
こと………………………………………………… 54

第 32 章　神は意志するものでなければならない
こと………………………………………………… 56

第 33 章　神の意志がそのものとしては必然的に，
その〔神の〕知性に他ならないこと ………… 57

第 34 章　神の意志は御自身の意志のはたらきその
ものであること…………………………………… 58

第 35 章　これまで言われてきたことはすべて 1 つ
の信仰箇条に総括されていること ……………… 59

第 36 章　これらすべてを，哲学者たちが想定して
きたこと…………………………………………… 60

第 37 章　御言葉はどのような意味で神にあるとさ
れているか………………………………………… 61

第 38 章　御言葉は神のうちでは心に宿したこと
〔概念〕と言われること ………………………… 62

第 39 章　御言葉の御父との関係………………………… 63

第 40 章　神における誕生の理解の仕方……………… 64

第 41 章　御言葉すなわち御子は御父と同一の存在
と本質を有していること ………………………… 64

第 42 章　カトリック信仰が以上のことを教えてい
ること……………………………………………… 65

第 43 章　神のうちでは御言葉には，時間，形象，
現実の存在のどの観点でも，御父との違いが
ない ………………………………………………… 66

第 44 章　これまで述べてきたことからの結論……… 69

第 45 章　神は御自身のうちに，愛されるものが愛
するもののうちにあるのと同じようにあること … 70

第 46 章　神のうちなる愛は霊と呼ばれること……… 71

第 47 章　神のうちにある霊は，聖であること……… 72

目　次

第 48 章　愛は〔3 つのペルソナから成る〕神のう
　　　　ちでは非必然的なものと言われないこと ………… 73

第 49 章　聖霊は父と子とから発出されたこと ……… 74

第 50 章　神のうちではペルソナが 3 つであること
　　　　は本質の一性と対立しない ………………………… 76

第 51 章　神のうちで 3 つのペルソナに対立がある
　　　　ように見える理由…………………………………… 77

第 52 章　〔以上の〕議論への解答：または，神の
　　　　うちには関係による区別以外ないこと …………… 78

第 53 章　御父と御子と聖霊が区別されている関
　　　　係は，現実であって，単なる思考上のもので
　　　　はないこと……………………………………………… 83

第 54 章　このような関係は，偶有として内在する
　　　　ものではないこと…………………………………… 85

第 55 章　ここまで言われてきた関係は神のうちで
　　　　はペルソナの区別として成り立つこと …………… 85

第 56 章　三より多くのペルソナが神のうちにある
　　　　のは不可能であること ……………………………… 86

第 57 章　神のうちなる属性あるいはしるしにつ
　　　　いて，もしくは父のうちには数がいくつあるか … 88

第 58 章　御子と聖霊の属性の何であり，いくつあ
　　　　るかについて…………………………………………… 89

第 59 章　属性はなぜしるしと言われるか…………… 90

第 60 章　たとえ神のうちに自存する関係が 4 つだ
　　　　としても，ペルソナは 3 つ以外にないこと ……… 91

第 61 章　知性で〔思考の上で〕ペルソナの属性を
　　　　取り除くなら，ヒュポスタシスは留まらない
　　　　こと……………………………………………………… 94

第 62 章　知性で〔思考の上で〕ペルソナの属性を
　　　　取り除いても，神の本質は留まること …………… 95

第 63 章　ペルソナのはたらきのペルソナの属性に

目　次　xi

対する関係……………………………………… 96

第 64 章　御父および御子という観点で生殖を受け
取る然るべき仕方………………………………… 97

第 65 章　しるしとなるはたらきが諸々のペルソナ
と理性によってのみ異なっている，その方式……… 98

第 66 章　関係的属性は神の本質そのものである
こと………………………………………………… 99

第 67 章　諸々の関係は，ポレタヌス派が言ったよ
うに外的に付加されたものであるのではない
こと………………………………………………… 99

第 68 章　神性の業と存在の第一のものについて…… 101

第 69 章　神はものを創造する際，質料を前提とし
なかったこと……………………………………… 102

第 70 章　創造することは神にのみ当てはまるとい
うこと……………………………………………… 104

第 71 章　質料の多様さは事物の多様さの原因でな
いこと……………………………………………… 105

第 72 章　神が多様なものを生み出した方法と，諸
事物の複数性がもたらされた仕方 ……………… 106

第 73 章　諸事物の多様性と段階ないし序列に
ついて……………………………………………… 107

第 74 章　被造の事物のうち，あるものは可能態を
より多く，現実態をより少なく有し，あるものは逆
であること………………………………………… 108

第 75 章　非質料的と言われる知性的実体がある
こと………………………………………………… 110

第 76 章　そのような実体〔非質料的実体〕が決断
に関して自由であること ………………………… 111

第 77 章　それら〔非質料的実体〕のうちには自然
の完全さによる序列および段階があること ……… 112

第 78 章　それら〔非質料的実体〕のうちでの，理

xii 目　次

解すべきものの序列ないし段階のあり様 ………… 113

第 79 章　人間が理解のはたらきをなす実体は，知
性ある実体の類では最も低いものであること …… 114

第 80 章　知性の違いと理解する仕方について ……… 116

第 81 章　人間の可能知性が，可知的形相を可感的
事物から受け取ること ………………………… 117

第 82 章　人間が，理解するために可感的能力を必
要としていること……………………………… 118

第 83 章　能動知性を置かなければならないこと …… 119

第 84 章　人間の霊魂は消滅し得ないこと ………… 121

第 85 章　可能知性の一性について ………………… 122

第 86 章　能動知性について，これがすべての人の
うちで一つ〔同一〕でないこと ……………… 129

第 87 章　可能知性と能動知性は，霊魂の本質に基
づいていること…………………………………… 131

第 88 章　これら 2 つの能力が，霊魂の一なる本質
のうちで合致していること …………………… 132

第 89 章　能力はすべて霊魂の本質に根ざしている
こと………………………………………………… 135

第 90 章　1 つの身体にはただ 1 つの霊魂しかない
こと………………………………………………… 135

第 91 章　人間に複数の霊魂があることを証明する
と思われる諸根拠………………………………… 137

第 92 章　これまで論じられてきたことの理性によ
る解決……………………………………………… 139

第 93 章　理性的霊魂を生み出すことについてこれ
が転化によるのでないこと …………………… 143

第 94 章　理性的霊魂は，神の実体に属するもので
はないこと………………………………………… 145

第 95 章　外的な力によって存在するようになると
言われているものは，無媒介に神によって存在

目　次　xiii

すること……………………………………………146

第96章　神は本性的必然性によってはたらくので
はなく，意志によってそうすること ………………148

第97章　神はそのはたらきのうちで変化し得ない
こと………………………………………………150

第98章　永遠からある〔永遠の昔から続いている〕
運動があったことを証明する異論とその解決……151

第99章　質料が永遠の昔に世界の創造に先行して
いたのは必然だということを示す異論とその
解決………………………………………………154

第100章　神はすべてを目的のためになすこと ……158

第101章　すべてのものの最終目的は神の善性で
あること…………………………………………159

第102章　神の類似性は，諸事物における多様性
の原因である……………………………………160

第103章　神の善性だけが諸事物の原因ではなく，
運動とはたらきのすべてもまた原因であること …162

第104章　諸事物のうちにそれに対応する二重の
知性がある二重の可能態についてと，知性的
被造物の目的とは何か …………………………166

第105章　知性的被造物の最終目標が，神をその
本質によって見ることである理由，そしてそれ
がいかにして可能であるか ……………………168

第106章　自然本性的な欲求が本質による神の直
視によって休まる仕方とそれ〔神の直視〕が
至福であること…………………………………170

第107章　神のうちでの，至福を実現するための
運動は，自然界の運動に似ていること，および，
至福は知性のはたらきのうちにあること …………172

第108章　被造物に幸福をおく人々の誤りについ
て…………………………………………………173

目　次

第 109 章　神だけが本質によって善であり，いっ
　　ぽう被造物は分有によってそうであること ……… 174
第 110 章　神はその善性を放棄できないこと ……… 175
第 111 章　被造物はその善性から不足し得ること…… 176
第 112 章　そのはたらきに関して，善性が不足す
　　ること…………………………………………………… 177
第 113 章　はたらきの二重の始原について，ある
　　いは不足があり得るやり方と基体 ………………… 178
第 114 章　善と悪の名により，事物のうちで何が
　　理解されるのか………………………………………… 179
第 115 章　自然本性が悪であるのは不可能なこと … 180
第 116 章　善と悪が存在者の種差であるあり方，
　　および対立するものと対立するものの類 ………… 181
第 117 章　何ものも本質的には，あるいは最高の
　　状態では，悪であり得ず，なんらかの善の消
　　滅があること…………………………………………… 183
第 118 章　悪が善に，それを基体として基づく
　　こと……………………………………………………… 185
第 119 章　悪の二重の類について ………………………… 186
第 120 章　行為の 3 つの類と過ちの悪について …… 187
第 121 章　ある悪は罰の性質を有しており，過ちの
　　性質を有してはいないこと ………………………… 188
第 122 章　すべての罰が同じ方式で意志に反する
　　わけではないこと……………………………………… 189
第 123 章　すべては，神の御摂理によって統べら
　　れていること…………………………………………… 190
第 124 章　神はより上位の被造物を通して，下位
　　のものを統べること…………………………………… 192
第 125 章　下位の知性ある実体は，上位のもの
　　〔知性ある実体〕に統べられていること ………… 194
第 126 章　天使たちの階層と序列 ……………………… 194

目 次　　xv

第 127 章　より上位の物体を通して，より下位の
　物体が，人間の知性を除いて，整えられること …199
第 128 章　人間の知性が，感性的能力の仲介で完
　成される方式，および間接的に天体へ従属する
　方式……………………………………………………201
第 129 章　神だけが人間の意志を動かすのであっ
　て，被造の事物は動かさないこと ……………………202
第 130 章　神がすべてを治めていること，および
　そのあるものは二次的な原因に媒介されて動
　かしていること………………………………………205
第 131 章　神がすべてを直接的に整え，その知恵
　を少なくすることのないこと ……………………207
第 132 章　神が特殊なものについて摂理を有して
　いないということを示していると思われる異論 …208
第 133 章　先述の異論の解決 …………………………209
第 134 章　神だけが，未来の個々の非必然的なも
　のを知っていること…………………………………212
第 135 章　神は能力と本質と現前によってすべて
　のものに現存し，すべてを直接に整えること ……213
第 136 章　奇跡を起こすことは神だけに相応しい
　こと……………………………………………………214
第 137 章　何らかの偶然と言われるのはどんな
　ものか…………………………………………………216
第 138 章　運命は何らかの自然本性か，そして
　それは何か……………………………………………217
第 139 章　すべてが必然性によって存在するわけ
　ではないこと…………………………………………219
第 140 章　神の御摂理が存続しながら，多くのも
　のが非必然的なものとしてあること ………………220
第 141 章　神の御摂理の確かさは，諸事物から悪
　を排除しないこと……………………………………222

目　次

第 142 章　悪を許容することは，神の善性から遠
　　　　　ざかるものではないこと ………………………… 223

第 143 章　神は，特別な仕方で人間に，恵みに
　　　　　よってはからうこと…………………………… 224

第 144 章　神は，無償の賜物を通して罪を赦す，
　　　　　恵みを取り除く罪ですら赦すこと ………… 227

第 145 章　罪は赦され得ないものではないという
　　　　　こと ………………………………………………… 228

第 146 章　神だけが罪を赦すことができること ……… 229

第 147 章　信仰箇条のうち，神による統治の業に
　　　　　関して論じられるものについて ……………… 230

第 148 章　すべてが人間のために作られたもので
　　　　　あること …………………………………………… 231

第 149 章　人間の最終目的は何か ………………………… 233

第 150 章　人間は永遠に対して，それを総仕上げ
　　　　　として関係している……………………………… 234

第 151 章　理性的霊魂の完全な至福のためにそれ
　　　　　〔理性的霊魂〕は再び体と 1 つにされていなけれ
　　　　　ばならないということの意味 ………………… 235

第 152 章　霊魂の体からの分離はどのようなわ
　　　　　けで，自然本性に適っているか，そしてどの
　　　　　ようなわけで自然本性に反しているか ………… 236

第 153 章　霊魂がまったく同じ肉体を，その本性
　　　　　を変えることなく取り戻すこと ………………… 238

第 154 章　〔霊魂は〕数として同じ体を神の力のお
　　　　　かげでのみ取り返すこと ……………………… 239

第 155 章　同じ生き方のものとして，われわれは
　　　　　復活するか……………………………………… 243

第 156 章　復活の後，食事と生殖が役立つことは
　　　　　なくなること ……………………………………… 245

第 157 章　しかし，すべての肢体が復活すること … 246

目　次　　xvii

第 158 章　なんらかの欠陥とともに復活するか……247

第 159 章　自然本性の真理に属するものだけが復
活すること……………………………………248

第 160 章　神はすべてを，作りかえられた体のう
ちに〔補い〕，あるいは質料において欠けてい
るものをいちいち補うこと……………………249

第 161 章　反論され得る諸点についての解決………250

第 162 章　死者の復活が信仰箇条に表されている
こと…………………………………………252

第 163 章　復活する者たちの業はどのようであろう
か……………………………………………253

第 164 章　神は本質によって見られるのであって，
類似によって見られるのではないだろう………254

第 165 章　神を視ることは，最高の完成であり喜
びであること…………………………………255

第 166 章　神を視るものはすべて，善のうちに固
められていること……………………………256

第 167 章　物体が霊魂に全く服従するものである
こと…………………………………………258

第 168 章　栄光を受けた体への賜物について………259

第 169 章　人間はかの時新しくされ，物体的被造
物もまたすべて新しくされること……………260

第 170 章　どんな被造物が新しくされ，どんな被
造物がそのままであるのか……………………261

第 171 章　天体は運動をやめるだろうこと…………264

第 172 章　人間の，その業に応じた報いと惨めさ
について……………………………………267

第 173 章　人間の報いがこの生〔現世〕の後に
あり，また同じく惨めさもあること……………268

第 174 章　人間の惨めさと，呪われた者への罰と
の関係………………………………………270

xviii 目　次

第175章　死すべき罪は，この生の後で捨てられ
　ないが，赦される罪は完全に捨てられること ……273

第176章　呪われた者の体は苦しみ得るものであ
　るが無傷であり，そして賜物がないということ …275

第177章　呪われた者の体は，たとえ苦しみ得る
　ものであるとしても，それでも消滅不可能であ
　ること……………………………………………………276

第178章　呪われたものの罰は，復活前に悪しき
　者のうちにあるということ …………………………277

第179章　呪われた者の罰は悪しき者たちのうち
　に霊においてだけではなく体においてもある
　こと………………………………………………………278

第180章　霊魂が物体的な火で苦しみ得るか………279

第181章　この生の後には，永遠ではないある浄
　めの罰が，死すべき罪についての，生きている
　時には不十分だった悔い改めを十分にするため
　にあること………………………………………………281

第182章　赦される罪についても何か浄めの罰が
　あること…………………………………………………282

第183章　過ちが一時のものであるので永遠の罰
　を受けることは神の正義に反するか ………………283

第184章　掟が霊魂と同じく，他の霊的実体にも
　当てはまるべきこと …………………………………285

もう1篇の論考　キリストの人性について

第185章　キリストの人性への信仰について ………287

第186章　最初の人間に与えられた掟と最初の状
　態での彼〔人間〕の完全さについて ………………288

第187章　かの完全な状態が原初の正義と名付け
　られたことと人間が置かれた場所について ………291

目　次　　xix

第 188 章　善悪の知識の木と，人間の最初の掟に
　　　　　ついて……………………………………………292

第 189 章　悪魔のエヴァに対する誘惑について ……293

第 190 章　女を引き付けたものについて …………294

第 191 章　罪の，男への及び方 ……………………294

第 192 章　下位の力が理性に謀反を起こすという
　　　　　意味で過ちを犯す業について ……………295

第 193 章　死なねばならぬということに関する罰
　　　　　が下された仕方……………………………296

第 194 章　知性と意志に起きる他の欠陥について …296

第 195 章　それらの欠陥の子孫に波及した仕方に
　　　　　ついて……………………………………297

第 196 章　原初の正義が欠けたのは，子孫のうち
　　　　　で過ちとしての性格を有するか ……………298

第 197 章　罪はすべてが子孫に伝わるわけではな
　　　　　いこと……………………………………300

第 198 章　アダムの功徳は子孫たちにとって復活
　　　　　に役立たなかったこと …………………301

第 199 章　人性のキリストによる再生について ……302

第 200 章　受肉した神によってのみ，自然本性は
　　　　　再生されねばならなかったこと …………303

第 201 章　神の御子の受肉の他の原因について ……305

第 202 章　神の御子の受肉を巡るフォティヌスの
　　　　　誤りについて……………………………306

第 203 章　受肉を巡るネストリウスの誤りとその
　　　　　否認について……………………………307

第 204 章　受肉を巡るアリウスの誤りとその否認
　　　　　について…………………………………309

第 205 章　受肉を巡るアポリナリオスの誤りとそ
　　　　　の否認について…………………………312

第 206 章　本性における合一を認めたエウテュケ

xx　　　　　　　　目　　次

スの誤りについて……………………………………313

第207章　キリストは真の体を持たず，幻を有し
ていたと言うマニ教徒の誤りに反駁して …………315

第208章　キリストが真の体を有したのであって，
天の体を有したのでないこと，すなわちヴァレン
ティヌスに反駁して………………………………317

第209章　受肉に関する信仰の教えは何か …………318

第210章　彼〔神の御子〕のうちに2つの基体が
あるとは考えられないこと ………………………321

第211章　キリストのうちには唯一つの基体があり，
そして唯一つのペルソナがあること ……………323

第212章　キリストのうちで，一あるいは多とい
われるものについて………………………………329

第213章　キリストが恵みに関しても，真理を知
る知恵に関しても完全であらねばならなかった
こと…………………………………………………334

第214章　キリストが恵みに満ちていること ………335

第215章　キリストの恵みが無限であることに
ついて………………………………………………342

第216章　キリストが知恵に満ちていることに
ついて………………………………………………346

第217章　キリストの体の質料 ………………………353

第218章　キリストの体の形成について，子種に
よらざるものだったこと …………………………355

第219章　キリストの体を形作る原因について ……356

第220章　キリストの宿りと生まれることについ
て信条に置かれた箇条の講解 ……………………358

第221章　キリストが乙女からお生まれになった
のは適切だったこと………………………………359

第222章　至福なる乙女がキリストの母であるか …361

第223章　聖霊はキリストの父ではないのか ………363

目　次　　xxi

第 224 章　キリストの母の聖化について …………364

第 225 章　キリストの母の永遠の処女性について …368

第 226 章　キリストに受け取られた諸々の不足に
ついて………………………………………371

第 227 章　なぜ，キリストは死のうと思ったか ……376

第 228 章　十字架の死について ……………………379

第 229 章　キリストの死について …………………380

第 230 章　キリストの死が意志によるものであっ
たこと………………………………………381

第 231 章　体に関するキリストの御受難について …383

第 232 章　キリストの霊魂が苦しみ得ることにつ
いて…………………………………………386

第 233 章　キリストの祈りについて ………………390

第 234 章　キリストの埋葬について ………………392

第 235 章　キリストが地獄に降りたことについて …393

第 236 章　キリストの復活と復活の時について ……394

第 237 章　復活するキリストがどのようであった
かについて…………………………………397

第 238 章　キリストの復活を適切な論拠で示す
方法…………………………………………398

第 239 章　キリストによって人間のうちに再生さ
れた二重の命について ……………………401

第 240 章　謙遜の二重の報い，すなわち復活と昇
天について…………………………………404

第 241 章　キリストが人性という面で裁くだろう
こと…………………………………………406

第 242 章　彼〔神〕がすべての裁きを御子に委ね，
彼〔神〕が裁きの時を知っていること ……409

第 243 章　すべての人が裁かれるか，否か …………414

第 244 章　裁きの際に取調べがないのは，〔神が〕
やり方と場所を知らないからか …………418

xxii 目 次

第245章 聖人たちが裁くだろうこと ……………… 421
第246章 ここまで述べてきたことどもに関する
　　　　箇条の区切り方について ………………………… 423

第Ⅱ部
希望について

第1章 キリスト者の生の完成には希望の徳が不
　　　可欠であるのは，希望そのものによっておのず
　　　から明らかであること ………………………… 427
第2章 人間たちに，神に望むものを得るための祈
　　　りが知らされているのは適切だったこと，および
　　　神への祈りと人間への祈りの違いについて ……… 428
第3章 我々に祈りの形式がキリストから伝えら
　　　れたのは，希望の総仕上げとして適切だった
　　　こと…………………………………………………… 431
第4章 希望するものを，神そのものに祈り願わ
　　　ねばならない理由………………………………… 432
第5章 神は，祈ることで我々が望むことを願う方
　　　であり，祈る者には我らの父と呼ばれるべきで
　　　あって，私の父と呼ばれてはならないこと ……… 436
第6章 我々の父である神，すなわち我々が祈る
　　　方の，希望するものを認める権限が示されると
　　　ころ，すなわち「天におられる」と言われる
　　　所以のもの………………………………………… 439
第7章 神に希望すべきものはどのようであるか，
　　　および，希望の本質について ………………… 443
第8章 最初の願い，すなわちその際我々が，我々
　　　のうちで始まった神の知が完全にされることを欲
　　　すると言われる願いについて，そして，それ〔神
　　　の知の完全化〕が可能であること ………………… 445

目　　次　　xxiii

第9章　第2の願い，すなわち我々を栄光に与る
　　　者として下さるように ……………………451
第10章　国を手に入れることは可能であること……469

解　　説………………………………………………471
訳者あとがき…………………………………………481
索　　引………………………………………………483

神 学 提 要

彼〔トマス〕の最も高貴なる僚友たる
兄弟レギナルドゥスに宛てて

第1章 序　　言

　永遠の父の御言葉〔イエス・キリスト〕はその測り難さを以ってすべてを包み，人間がその罪のために小さくなっているのを神の栄光の高貴さに呼び戻そうとしておられ，〔その道が〕短くなるように望まれたので，我々の短さ〔小ささ〕を受け入れられ，御自分の大いさを身に帯びたままではいなかった[1]。

　そして固く摑むべき天の言葉の教えから誰も締め出されることがないように，熱心な者たちに対し，聖なる書の様々な教えを通して，多岐にわたりかつ明晰に伝えてきたことを，それを業とする者向けには短い集成でもって人間の救いについての教えを締めくくった。

　なぜなら，人間の救いは真理を知ることにあり，様々な誤りのために人間の知性が暗くなってはならないからである。（また人間の救いは）然るべき目的を目指すことにあり，誤った目的に向かって真の幸せを失ってはならないからである。〔また人間の救いは〕正義の遵守にあり，様々な悪徳で汚れてはならないからである。また〔御言葉は〕人間の救いに必要である真理認識を，短くコンパクトな信

---

　　1)　トマスの著述は，観照 contemplatio の分かち合いという性格を帯びている。人間の有限な知性は，無限の存在である神を知り尽くすことはできないが，神についてささやかな観照をなすことはできる。そしてまた，神も人間の限界に合わせて神自身を示す。山本芳久『トマス・アクィナス―理性と神秘』岩波書店，2017 年，p.2 参照。
　神が人間となってこの世に生まれたことは，十字架の死に至る神のへりくだりとしてもっぱら理解されているが，同時に，人間の言葉の限界内で真理を，すなわち真理そのものである神自身を伝えるためでもあった。

4 　　　　　　　神 学 提 要

仰箇条[2]にまとめられた。だからこそ使徒〔パウロ〕は，
「ローマの信徒への手紙」9章でこう言っているのだ。「地
上では神は御言葉を短くされるだろう」[3]。そして「これこ
そ信仰の言葉であり，我々はそれを述べ伝えよう」[4]。〔ま
た御言葉は〕人間の意図を短い祈り[5]で正しくされ，そ
れ〔短い祈り〕によって我々に祈ることを教えられる時，
我々の意図と希望が何に向かうべきかを示された。〔また
御言葉は〕律法の遵守という形で現れる人間の正義を1つ
の掟に集約された[6]。「なぜなら律法を満たすのは愛だから
である」[7]。そこで使徒〔パウロ〕[8]は「コリントの信徒への
手紙」13章で，信仰と希望と愛が，言わば我々の救いが
要約されている主要なこととして現世の生の完成はすべて
これらのうちで成ると教える時，こう言ったのだ。「今は
信仰，希望，愛が続く」[9]と。それゆえこの三つは，聖ア
ウグスティヌス[10]が言うように[11]，それらでもって神が崇

---

2)　使徒信条およびニケア＝コンスタンティノープル信条を指
す。

3)　「ローマの信徒への手紙」9章28節。しかしながら，トマス
は当該の聖句を，テキストの文脈から読み取れる自然な意味とはまっ
たく異なる意味に読み替えて典拠としている。

4)　「ローマの信徒への手紙」10章8節。

5)　言うまでもなく「主の祈り」を指す。

6)　「あなたの神である主を愛しなさい」「隣人を自分のように愛
しなさい」という二つの愛の掟を指す。この二つの掟で説かれている
神への愛と隣人への愛は本質的に一つであると捉えられている。

7)　「ローマの信徒への手紙」13章10節。

8)　異邦人への使徒であるパウロは，中世の神学書では
Apostolus すなわち「（あの）使徒」だけで通じた。本書でも，パウ
ロは大半の箇所で「（あの）使徒」とのみ表記される。

9)　「コリントの信徒への手紙」13章13節。

10)　アウグスティヌス (354-430) は，ラテン教父の一人。思想
遍歴を経て最終的にキリスト教に回心した。西ヨーロッパ古代最大の
教父とされる。

11)　『エンキリディオン』第3章 (PL40/231C)。『エンキリディ

められているのである。

　以上のような理由で，最も高貴なる兄弟レギナルドゥ
ス[12]，あなたにキリスト教の教えを要約して，常に目の前
に置いていられるように，あなたに送ろうと思うが，それ
は，この〔信仰，希望，愛の〕3つに関わることに，目の
前の作品で我々〔つまり私とあなた〕の関心全体が向かっ
ているからである。我々は最初に信仰を，次いで希望を，
3番目に愛を扱うことにしよう。この順序で使徒も語って
いたからであり，正しく考えればこう〔この順序に〕なら
ざるを得ないからである。すなわち，正しい愛が可能であ
るには，希望の然るべき目的が希望によって立てられなけ
ればならず，さらにこれ〔希望の然るべき目的が立てられ
ること〕は，真理を知ることなしには可能でない。だから
最初に必要なのは信仰である。それによってあなたが真理
を知れるようになる。次いで必要なのは希望である。それ
によってあなたが然るべき目的に関心をおけるようにな
る。3番目に必要なのは愛である。あなたの情念がすべて
それ〔愛〕の秩序の下にあるようになる。

オン』とは信仰，希望，愛について論じたアウグスティヌスの著作。
トマスによる本書の構成に大きな影響を与えている。
　　12)　ピペルノのレギナルドゥス（1230頃-1290頃）。トマスの
僚友socius としてトマスを献身的に支えた。判読不可能と言われるほ
どの悪筆であるトマスの原稿の浄書や口述筆記に多く携わったと言わ
れ，おそらくはナポリ大学におけるトマスの教授職を引き継いだ。ト
マスの列聖調査のためその評伝を執筆したことで，トマスの初期の伝
記作家とされるトッコのグイレルムスにも情報を提供した。トマスの
周辺人物としてもっとも著名な人物の1人。

第Ⅰ部

信仰について

論考前半
三一なる神，およびその業（わざ）について

―――――――――

第2章　信仰について語るべきことの順序

　さて信仰は，将来我々を至福にするあの認識を，ある意味前もって味わうことである[1]。だから使徒はこれを，「希望すべき事柄の現存」[2]だと言う。その意（こころ）は，我々のうちに希望すべきことを，すなわち将来の至福を，ある意味始まりの形で留まらせるものだということである。そして至福にする認識は2つのことに関して成立すると主は教えられた。すなわち神の三位一体とキリストの人性に関して。そこで〔イエスは〕御父（おんちち）に語ってこう言うのだ。「真の神であるあなた，そしてあなたが遣わされたイエス・キリス

―――――――――

　　1)　将来我々を至福にするあの認識とは，天国で神と，顔と顔とを合わせてまみえる認識であり，これを神の直視 visio Dei あるいは至福直観 visio beatifica という。人間は，地上で生きている間，このような直視あるいは直感を得ることはできない。しかし，信仰によって，至福の限定的な先取り（これは当然至福そのものではない）をすることができる。信仰は，神の直視そのものをもたらさないが，人間を神に正しく方向づけることで，神との関係に人間を入らせるのである。
　　2)　「ヘブライ人への手紙」11章1節。

10   第Ⅰ部　信仰について

トを知ること，これこそが永遠の命」[3]。

　それゆえ信仰による認識はすべて，この2つ，すなわち
神の三位一体とキリストの人性を巡ってのものである[4]。
これは驚くに当たらない。キリストの人性はそれを通って
神性に至らしめられる道だからである[5]。したがって道中
にあっては，目的地に至ることができるよう，道を知って
おかなければならない[6]。天国にて神の諸々の恵みの業(わざ)が
満ちるには，〔人々が〕それを通って救われる道の認識を
有していなければならない。だからこそ主は弟子たちにこ
う言われたのだ。「この私がどこに行くのかもあなたたち
は知っており，道をもあなたたちは知っている」[7]。

　神性を巡っては3つのことが知られねばならない。最
初に本質の一性に関することが，次いでペルソナの三一性
に関することが，3番目に神性による業(わざ)に関することが。

────────────

　3）「ヨハネによる福音書」17章3節。
　4）三位一体の神秘とキリストが人間になったという受肉の神秘
は，人間の理性の限界を超えているので神からの啓示によらなければ
知ることができない，というのがトマスの考えである。
　本書第Ⅰ部は，第34章までで神について人間の理性のみで知りう
ることを論じ，第35章でそれまでの議論で示された神理解が信条に
含まれていること，第36章でそれまでに論じられた神理解が人間の
理性のみで到達しうるものであることを宣言したうえで，第37章か
ら，神からの啓示によらなければ知り得ないことを論じるという，人
間の理性のみで得られる神理解と啓示による神理解を截然と分けた構
成になっている。
　5）「わたしは道であり，真理であり，命である。わたしを通ら
なければ，だれも父のもとに行くことができない」(「ヨハネによる福
音書」14章6節)。
　6）人間は天国に向かう道 via を行く旅人 viator であるという人
間観は，主著『神学大全』でも繰り返し言及されるものである。
　7）「ヨハネによる福音書」14章4節。

論考前半　三一なる神，およびその業について　　11

第3章　神とは何か[8]

　まず神の本質の一性に関しては確かに，最初に信ずべき
ことは神であること，このことは理性にとって明らかであ
る。なぜなら我々は，すべての動くものが他のものに動か
されているということを見て〔知って〕いる。下位のもの
は確かに上位のものに動かされるのである。例えば，諸元
素は天体によって〔動かされ〕，そして諸元素のうち，よ
り強力なものがより無力なものを動かし，また天体のうち
下位のものが上位のものに導かれている。ところでこのこ
と〔動かすものと動かされているものの系列〕は，際限な
く進める〔または遡る〕ことができない。というのは，何
かに動かされるものはすべて，言わば最初の動かすもの
の，ある意味道具である。最初の動かすものがなかったと
すると，動かすものはどれも道具であったということにな
る。そしてもし，動かすものと動かされるもの〔の系列〕
において無限に遡ることができるとすると，必然的に最初
の動かすものはないということになる。したがって，無限
の動かすものと動かされているものはすべて道具であった
ということになる。しかし，道具がなんらかの大本の動か
すものに動かされるのではないとすることは，無学な人々
の間でも笑うべきことだ[9]。というのはこのことは，箱や

---

8)　Cf. ST, I, q.2, a.3.

9)　原因・結果の系列を無限に遡るということは，インド思想の
影響を受けている文化圏ではさして抵抗のない考え方である。しかし，
ギリシア哲学では無限遡行に存在する論理的な問題点に着目し，排除
した。そしてそれは，教父を通じてギリシア哲学の思考法を継承した
中世キリスト教哲学にも受け継がれた。

　無限遡行の排除を理解するには，本章の議論で「最初の動かすもの
がなかったとすると，動かすものはどれも道具であったということに

12   第 I 部　信仰について

寝台を作るのに，鋸や斧は思い浮かべても，作業を行なう
大工は抜きにするのと同じだから。したがって，最初の動
かすものがあるということは必然である。これはすべての
ものを超えて最高であるだろう。そしてこれを我々は神と
言う[10]。

なる」と述べられているのを踏まえ，直線状に無限に連鎖している歯
車を想像していただきたい。その歯車は無限に続いていても，その歯
車を動かして何かを動かそうとする人間か動力源が存在しなければ，
1つも回転することがない。歯車が回転するためには，人間であれ，
動力源であれ，とにかく歯車を動かす，最初の動かすものがなければ
ならない。

　宇宙における原因・結果の系列もそれと同様に，最初の動かすもの
が存在しなければならない。

　10)　Cf. ST, I, q. 2, a. 3. この箇所でトマスは，5通りのしかたで
神が存在すると考える根拠を述べている。この箇所での議論は，五つ
の道 via quinque と呼び習わされている。

　五つの道の特徴は，宇宙の諸現象および宇宙そのものの究極的原因
や，宇宙の秩序の確立した知性が存在すると論じたうえで，それらの
原因や知性について「我々はそれを神と言う」と，5つの議論のすべ
てにおいて締めくくっていることである。

　註4で述べたとおり，本書では，神について人間の理性のみによっ
て知り得ることと，啓示によらなければ知り得ないことが截然と区別
されている。これらのことを踏まえるなら，トマスにとって，究極的
原因としての神は人間の理性で到達しうる神理解にすぎず，その原因
が，トマスの言う「我々」キリスト教徒にとって啓示された神と同じ
存在であり，だから我々を神と言うのだ，という論理の構造になって
いることが示唆される。

　そして本章の議論が五つの道の議論の1つ，宇宙の諸現象および宇
宙そのものの究極的原因が存在することを論じた上で，「我々はそれ
を神と言う」と述べるという議論と同じ論理によるものであることを
考えるなら，それは五つの道での議論の論理構造でもあるはずである。

論考前半　三一なる神，およびその業について　　13

第4章　神が動かすことのできないもの
　　　　　であること[11]

　以上から明らかに，すべてを動かす神は動かすことのできないものでなければならない[12]。というのは，〔神は〕最初の動かすものであるので，もし動いたとしたら，御自身が御自身によって動かされたか，あるいは他のものによって動かされたか，どちらかでなければならない。〔そして〕まず，他のものに動かされることはあり得ない。というのは〔仮に他のものに動かされたとすると〕なんらかの動かすものが，彼〔神〕より先にあるということにならざるを得ないからであるが，こんなことは最初の動かすものという概念に反する。しかしもし御自身によって動かされるのなら，このことが可能になる道は〔以下の〕2通りに分かれる。〔神は〕単一の観点からして〔同時に〕動かすものであり動かされているのであるというものと，また〔神は〕ある面では動かすものであり，ある〔別の〕面では動かされているのだから〔つまり神が動かすものであると看做される時と，動かされるものであると看做される時とでは，観点が別である〕というものと。

　まずこれらのうち最初のもの〔神は単一の観点からして同時に動かすものであり動かされているのであるというもの〕はあり得ない。というのも，動かされるものはすべてその〔動かされているという〕限りでは可能態としてあ

---

11)　Cf. ST, I, q.9, a.1.

12)　動かすということは，何かに影響をあたえ，変化を起こす原因となるということである。しかし，前章で論じたように，究極的原因を神と呼ぶなら，究極的原因の定義上，それに先行する原因はあり得ない。ゆえに，神は先行する原因に動かされるということがない。

14   第 I 部　信仰について

り，他方動かすものは現実態としてあるが，同一の観点か
らして〔同時に〕動かすものと動かされているものであっ
たなら，必然的に同一の観点からして〔同時に〕可能態と
しても現実態としてもあるということになり，これは不可
能だからだ[13]。

　続くもの〔神が動かすものであると看做される時と，動
かされるものであると看做される時とでは，観点が別であ
るというもの〕もあり得ない。というのは，何か動かすも
のが，他の面では動かされているものであったとすると，
それが最初の動かすものであるのは，それ自体としてでは
なく，その部分のうち動かすはたらきを為している部分の
ゆえだということになるからである。つまりそれ自体のゆ

　　　13)　現実態 actus と可能態 potentia はアリストテレスの概念であ
る。現実態は，なんらかの現実が実現しているということであり，可
能態はなんらかの現実が可能であることである。そして，現実に燃え
ている火という現実態が，薪という火に対する可能態を現実の火に変
えるというように，なんらかの作用を及ぼしてある状態を実現させる
側が現実態，作用を及ぼされてある状態を実現する側が可能態と位置
づけられる。
　例えば，人間が歯車を回す場合，人間は歯車に動かされなくても，
自分で自分の意思通りに行動して歯車を回すわけだが，この能動性が，
現実態という言葉で表現されている。いっぽう歯車は，自分で勝手に
回ることができないが，誰かがそれを回そうとすれば回すことができ
る状態にある。この回すことができるという状態か可能態であり，ゆ
えに受動的な状態であることも明らかである。
　そして，人間が回している第 1 の歯車が，連なっている第 2 の歯車
を回す時，第 1 の歯車は人間に対しては動かされているという意味で
受動的だが，第 2 の歯車に対しては，第 2 の歯車に動かされているわ
けではなく回り，第 2 の歯車を動かしているという意味で能動的であ
ると言える。これが同一のものが異なる観点からして同時に動かすも
のであり，かつ動かされるものである事態である。
　いっぽう同一の観点からして動かすものであり，動かされるもので
あるということは，第 1 の歯車が自分勝手に回るものでありつつ，何
か別のものによって回されているという，論理的に矛盾した想定であ
り，不可能である。

論考前半　三一なる神，およびその業について　　15

えに存在するものは，それ自体のゆえに存在しているのではないものより先にあるので，したがってそのようなものは，その部分のゆえにこのこと〔動かすこと〕がそれに当てはまるということなら，最初の動かすものではあり得ないからである[14]。

　動かされつつ動かすものどもからなら，まさにこのことを考えることができる。というのは，運動はすべてなんらかの動かすことのできないものから発すると思われるからである。これ〔最初の動かすもの〕はすなわち，運動そのものとして見る限り動くことがない。例えば我々が，〔月より〕下のものの間で起きる変化，生成，消滅が最初の動かすものとしての天体に遡るということを見て〔知って〕いるように。運動そのものとして見る限りこれ〔天体〕は動かない。生成することも，消滅することも，変化することもないからである。したがって，すべての運動の最初の根源なるものは，必然的にまったく動かすことのできないものである[15]。

---

　14)　同一のものが違う観点から動かし，かつ動かされるものであるというのは，人間が全体としては自分の意思で動き，他のものを動かすものであるが，部分で見ると，精神が，あるいは脳が，筋肉に命令を出して動かし，筋肉が動かされている，というような事態である。そのように見るなら，人間の行動に関しては，精神あるいは脳が動かす部分であって，筋肉が動かされる部分である。

　究極的原因がそのような意味で動かす部分と動かされる部分を持っていて，全体としては動かすものであるとするなら，究極的原因の中の動かす部分こそが究極的原因の本体であって，全体が究極的原因であるとは言えなくなる。ゆえに，究極的原因は，ある観点では動かすものであり，別の観点では動かされるものであるというものではない。

　15)　このようにこの章の議論では，究極的原因はアリストテレスの言う不動の動者であるということが示される。すなわち，キリスト教以前の哲学者が論じた神概念が提示されている。

16   第 I 部 信仰について

第 5 章   神が永遠であること[16]

　また以上からさらに，神が永遠であることが明らかにな
る。というのは，存在を始め，または終えるものにはすべ
て，運動あるいは変化という形でこのことが起きるからで
ある。神がまったく動かすことのできないものであること
は既に示されている[17]。したがって〔神は〕永遠である[18]。

第 6 章   神が御自身のゆえに存在するの
　　　　　　は必然であること

　また以上から，神が存在することは必然であることが示
される。というのは，存在することもしないことも可能な
ものはすべて，動かすことができるものである。しかしな
がら，神は既に示したとおり[19]，まったく動かすことがで

─────────

　16)　Cf. ST, I, q.10, a.2; q.2, a.1.
　17)　本書第 4 章。
　18)　永遠 aeternitas とは，無限に続く時間 tempus ではなく，む
しろ時間に対立する概念である。トマスはボエティウスの時間と永遠
の対比を引き継ぎ，今という瞬間のありようの違いで両者を捉えてい
る（ボエティウスについては註 31 参照）。今という瞬間は時間におい
てはどんどん移り変わっていき，それが過去，現在，未来という時間
の流れになっている。いっぽう，永遠とは今という瞬間が移り変わら
ないということである。それゆえ，時間は流れる今 nunc currens，永
遠は留まる今 nunc stans とも呼ばれる。
　究極的原因は動かされることがないとされた。したがって，変化を
被ることもない。今この瞬間から別の今という瞬間に移り変わるとい
う変化ももちろんない。ゆえに，究極的原因は永遠である。当然，滅
びるという変化もあり得ない。
　19)　本書第 4 章。

論考前半　三一なる神，およびその業について　　　17

きないものである。したがって神は存在することも存在しないことも可能なものではない[20]。存在しており，かつ存在しないことが可能でないものはすべて，必然的に存在する。必然的に存在することと，存在しないことが可能でないことは同じことを表しているからである。したがって神が存在することは必然である。

　さらにまた，存在することも存在しないことも可能なものは，他の何かが自分を存在させてくれることを必要としている。それ自体のことだけを言うと，どちら〔存在することと存在しないこと〕にも関わっているからである。そして，何かを存在させるものは，それ〔その何か〕に先んじて存在している。したがって，存在することも存在しないことも可能なものにはすべて，何かが先んじて存在している。だが，神に何かが先んじているということはない。したがって〔神は〕存在することも存在しないことも可能なものではなく，必然的に存在している。また，或る必然的なものどもは，自らの必然性に原因があるが，〔この場合〕その原因は，そのものどもに先んじて存在しているのでなければならないので，したがって神の場合，すなわちすべてのものの最初のものの場合は，御自らの必然性に原因がない[21]。それゆえ，神はまさに御自分のゆえに存在することが必然である。

────────────

　20）　存在するものが滅びるということも，動き，すなわち変化であるが，そのような変化は動かされることのないものにはあり得ない。ゆえに，究極的原因は存在することと存在しないこととが可能なものではない。そして，究極的原因が既に存在する以上，究極的原因は，存在しないということがあり得ない必然的存在であるということになる。

　21）　先立つ原因のゆえに必然的に存在するのであれば，それは究極的原因といえない。それゆえ，究極的原因の必然性は，先立つ原因に由来するものではなく，究極的原因自身に由来する。

第7章　神は常に存在するということ[22]

　また以上から明らかに，神は常に存在する。というのはその存在が必然であるものはすべて，常に存在するからである。存在しないことが可能でないものは，存在しないことが不可能であり，かつまた存在しない時というものがない。そして，既に示されたとおり[23]神が存在することは必然である。したがって神は常に存在する。

　さらに，運動または変化によらずして存在を始めるものや，存在をやめるものはない。そして神は，既に証明された[24]ようにまったく動かすことができないものである。したがって〔神が〕存在を始めたということはあり得ないし，また存在をやめるということもあり得ない。

　さらにまた，常にあったのではないものはすべて，存在を始めるとしたら，それに対して存在の原因となるものを必要とする。自分自身を可能態から現実態へと引き出す，または自分自身を非存在から存在へと引き出すものはないからである。だが，神に存在の原因はあり得ない。〔神は〕第一の存在者であるというのに，原因は原因されたものに先んじて存在するからである。したがって，神が常に存在してきたということは必然である。

---

　22)　神が必然的に存在するということが論じられた以上，常に存在するということの議論が必要であるとは思われないかもしれない。しかし，必然性は論理上の問題であり，常に存在するか否かは，時間あるいは永遠性の問題である。神は永遠の存在であるが，人間は時間的存在であり，時間の地平において神と関わる。ゆえに，永遠かつ必然的存在である究極的原因が，時間的存在である人間や他のものに対し，原因として常に関わっているということの議論は必要である。

　23)　本書第6章。

　24)　本書第4章。

論考前半　三一なる神，およびその業について　　19

　かつまた，何かに，それに対して外的ななんらかの原因
によって当てはまるのでないものは，それ自身のゆえに
〔自ずから〕そのものに当てはまる。そして存在は神に，
なんらかの外的な原因によって当てはまるわけではない。
〔もしそんな原因があるとしたら〕その原因が彼〔神〕に
先んじて存在しただろうから。したがって，神は，存在を
御自身の力で有しているのである。しかし，自ずから存在
するものは常に，必然性によって存在する。したがって，
神は常に存在する[25]。

第8章　神にどんな連続も存在しないこと

　また以上によって，神にはどんな連続もあらず，その存
在は全体が同時にあることが明らかになる[26]。連続が見出
されるのは，なんらかの仕方で運動変化に従うものだけだ
からであり，というのも「より先」と「より後」が運動変
化に際して時間の連続の原因となるからである[27]。しかし，

---

　25)　ここでは，究極的原因は他の原因によらず，自分自身によっ
て存在するのであって，このことは，論理上は必然と表現できるし，
時間の観点からは常に存在すると表現できると論じられている。

　26)　本章の議論にある通り，連続とは時間的な連続を指す。時
間における存在は，たとえ状態の変化は一切なくとも，時点が推移し
ていくという変化を被る。本章では，不動の動者たる究極的原因は，
不動であるがゆえに時点の推移という変化を被らず，全体が留まれる
今においてあることを論じる。

　27)　「より先」prius と「より後」posterius があるということを，
トマスは流れる今である時間の本質的な特徴と捉えている。対して永
遠は留まる今であるので，「より先」と「より後」がないことを本質
的な特徴とする。

　動かされること，すなわちより広い意味で言うなら変化することは
「より先」の状態が「より後」には別の状態になっていることを指す。
それゆえに，時間と変化は表裏一体である。

20   第 I 部　信仰について

既に示した[28]とおり，神は決して運動変化に従わない。したがって，神のうちはどんな連続も存在せず，その存在は全体として同時にある[29]。

　さらにまた，なんらかのものの存在が，全体として同時にはないという場合，それにおいて何かが滅ぶことが可能であるということになる。というのは過ぎていくものは滅びるからである。そしてそれに〔何かが〕付け加わることも可能である。すなわち，未来において期待されているものが。しかしながら，神においては何ものも滅びず，付け加わることもない。〔神は〕動かすことのできないものだからである。したがって，その〔神の〕存在は全体が同時にある[30]。

　また以上の 2 点から，〔神が〕語の本来の意味で永遠であることが明らかになる。なぜなら，本来の意味で永遠であることとは常にあること，そしてその存在が全体として同時にあることであるからだ。だからボエティウス[31]はこ

────────────

　28)　本書第 4 章。

　29)　時間は変化と一体であるいっぽう，究極的原因にはいかなる変化もない。このことは留まれる今である永遠においてあるということである。留まれる今にはより先の今もより後の今もないので，そこではすべてが同時に存在する。ゆえに永遠においてあるものは，その全体が同時に存在すると言える。

　30)　変化させることができないものは，滅びることもなければそれに何かが付け加わることもない。それゆえに，「より先」のありようと「より後」のありように一切の違いはなく，そもそも「より先」と「より後」という違いもない。ゆえに，そのようなものは変わらないありようの全体が「より先」と「より後」の区別のない同時においてある。

　31)　ボエティウス（480 頃 -540 頃）はローマ屈指の文人政治家の家系出身で，西ローマ帝国滅亡後のイタリアにおいて東ゴート王テオドリクスに仕えていた。プラトン，アリストテレスの全著作のラテン語訳を試みたが，テオドリクスに反逆を疑われて処刑されたため，事業を完遂することができなかった。引用出典である著作『哲学の慰め』は，処刑前の獄中で執筆された。

論考前半　三一なる神，およびその業について　　21

う言う。「永遠とは，果てしない生の全的かつ同時的かつ
完全な所有である」[32]。

第9章　神は単純[33]であること[34]

そこからしてまた明らかになるのは，最初の動かすもの
は単純であらねばならないということである。すなわち，
すべての複合には2つのものが存在し，お互いに可能態
の現実態に対する関係にある[35]。ところで最初の動かすも
ののうちには，それがまったく動かすことができないもの
であるなら，可能態が現実態と共にあることは不可能であ
る。すなわちどんなものでも，まさに〔それが〕可能態で
あるからこそ，動かすことができるものなのである。した
がって，最初の動かすものが複合されたものであることは
不可能である[36]。

32）　ボエティウス『哲学の慰め』第5部6章 (PL63/858A)。ち
なみに，同章では，宇宙は始めもなく，終わりもなく持続するという
アリストテレスの主張を退け，宇宙は時間的存在であり永遠ではない
としている。

33）　単純 simplex とは，なんらかの要素が複合して成立したも
のではないということで，意訳するなら「非複合的」とでも訳すべき
性質である。

34）　Cf. ST, I, q.3, a.7.

35）　人体を例にとると，脳とそれ以外の人体全体とは，相互に
支え合って一つの生きた人体を形成している。脳以外の全体は，脳か
らの指令がなければ機能することができず，脳は脳以外の全体がなけ
れば生きていけない。ゆえに，脳は脳以外のおかげで脳として生きる
ことができ，脳以外は脳のおかげで臓器，筋肉などとして機能するこ
とができる。その意味で脳も，脳以外も，互いに作用を受けてそれぞ
れのものとして成立している可能態として位置づけられる。

36）　第4章でみたように，究極的原因のうちには，動かす部分
と動かされる部分がある，すなわち現実態と可能態という関係として
位置づけられる諸部分があるということは不可能である。しかし，複

22   第 I 部　信仰について

　さらに，すべての複合されたものに対しては，何かが先
んじて存在していなければならない。すなわち，複合され
たものには，当然ながら，複合するものが先んじて存在し
ていなければならない。したがってかの，すべての存在す
るもののうちで第一のもの〔神〕が複合されたものである
ことはあり得ない。複合されたものからなる秩序のうちで
も，より単純なものが先んじて存在していることを，我々
は見て〔知って〕いる。すなわち，〔例えば〕諸元素は当
然，混合された物体に先んじて存在している[37]。

　さらにまた，諸元素のうちで第一のものは火であるが，
これは〔諸元素の中では〕最も単純なものである[38]。また
すべての元素に先んじて天体が存在し，これはより大いな
る単純さで創り上げられている。〔天体は〕すべての対立
から離れて純粋だからである[39]。したがって〔結論として〕
残るのは，存在するもののうち第 1 のものがまったく単
純であるということである。

────────
合されたもののうちでは，複合された諸部分が互いに他の部分に対し，
可能態として位置づけられる。ゆえに，究極的原因は，なんらかの複
合体ではあり得ない。

[37]　究極的原因が，諸要素の複合体であるなら，それら諸要素
が究極的原因の原因であることになり，それは究極的原因であるとい
うことに矛盾する。ゆえに，究極的原因は，複合体ではあり得ない。

[38]　ここでの単純は，「純粋」と意訳するほうがよいかもしれな
い。

[39]　アリストテレスの天動説的な宇宙観では，最も地球に近い
天体である月より下の地上は，火と水，土と空気という互いに対立す
る 4 つの元素から成る生成消滅と変化の世界であるが，月より上の天
体は，アイテールと呼ばれるただ一種類の元素からできているとされ
る。ただ一種類だけなので当然対立もなく，したがって天体は消滅す
ることも変化することもなく，円運動を続けるとされた。そして，地
球の上で起こる変化は，日照時間の変化によって季節が移り替わるよ
うに，天体の影響によると考えられた。

論考前半　三一なる神，およびその業について　　23

第 10 章　神がその本質であること[40]

　また〔以上から〕さらに，神がその本質であることが帰
結する[41]。というのはどんなものの本質でも，それはその
ものの定義が表し示すものに他ならないからである。ま
た，これ〔定義が表し示すもの〕は，定義が与えられてい
るものと同一である。非必然的な要因さえなければ。これ
はすなわち，定義を与えられたものに何か定義にないこと
が非必然的に起きるということである。例えば，人間に対
して白さということ，〔人間が白いということ〕が，理性
的な可死的動物という〔人間の定義に含まれている〕こと
以外に非必然的に起きる時，理性的な可死的動物は，人間
とは同一であるが，白い人間とは，白いものであるという
ことに関しては同一でないように。したがってどんなもの
であれ，そのうちに 1 つはそれ自身によって存在し，もう
1 つは他のものによって存在しているという 2 つのものを
見出すことのないもののうちでは，必然的にその本質は

---

40)　Cf. ST, I, q.3, a.3.

41)　本文中の後続の議論にあるように，人間を例にとると，人
間には人間性，すなわち，どのような人間であれ必然的に備わってい
る人間としての本質のほかに，背が高い，低い，身体が太い，細い，
色黒である，色白であるなど，一人ひとり異なる様々な特徴を有してい
る。そのような特徴には，人間としてのこうでなければならない
という必然性がない。例えば，背が高いことが人間の必然的な本質で
あったなら，背の低い人間は人間でないことになるが，このようなこ
とはあり得ない。ゆえに，人間には，必然的な本質以外に，非必然的
な特徴が無数に備わっていることになる。言い換えるなら，人間は，
本質と無数の非必然的な特徴との複合体である。

　しかし，第 9 章にあるように，究極的原因は複合体であり得ない。
したがって，究極的原因には，それが究極的原因たるゆえんの本質以
外の非必然的な特徴は一切ない。

24   第Ⅰ部　信仰について

まったくそのものと同一である。そして，神のうちには，
〔神は〕既に示されている[42]ように単純であるので，1つ
はそれ自身によりもう1つは他のものによるという2つ
のものを見出すことはない。したがって，その〔神の〕本
質は必然的に，御自身とまったく同一である。

　さらにまた，どんなものであれ，本質が，その本質を持
つものとまったく同一であるというのではないもののうち
には，何か可能態であるものと現実態であるものとが見出
される[43]。すなわち，本質はその本質を持つものに対し形
相[44]として関わっている，すなわち人間性が人間に対する
ように関わっているのである。そして，神のうちには，可
能態と現実態が見出されることはなく，〔神は〕純粋現実

---

　42)　本書第9章。

　43)　第9章にあるように，複合体においては諸要素が，互いに
他の諸要素によって全体の一部になるという意味で，他の諸要素に対
し可能態として位置づけられる。しかし，ここで後続する議論では，
本質と人間全体では，人間全体が本質によって人間であることから，
本質が現実態であり，人間全体が可能態であるという図式をとってい
る。
　この図式を神に当てはめるなら，神全体は，神としての本質を現実
態とする可能態であることになるが，究極的原因たる神には本質と諸
特徴の複合がないゆえに，人間と同じ図式を当てはめることはできな
い。そして，本質が現実態であるなら，神はその本質だけの存在であ
るがゆえに，本文の後続の議論にあるように，純粋な現実態そのもの
である。

　44)　形相 forma はアリストテレスの概念であり，質料 materia と
対をなす。forma は英語の form の語源であり，形，形式というイメー
ジを喚起しやすいが，逆に本質という意味である。銅像で言えば，素
材である銅が質料であり，それが誰の姿かたちをかたどっているかが，
その銅像が誰の銅像であるかということを定める本質，すなわち形相
であるという図式で理解していただきたい。この註の本文で，「本質
はその本質を持つものに対し形相として関わっている」とあるのはそ
ういう意味である。

論考前半　三一なる神，およびその業について　　25

態[45)]である。それゆえ〔神は〕その本質そのものである。

第 11 章　神の本質はその存在に他ならないこと[46)]

　さらにまた〔以上のことから〕必然的に，神の本質はその本質に他ならないということになる。というのはどんなものであれ，その本質と存在とが別であるものでは，「それがある」ということと，それがそれにおいて「何かである」ということとは別でなければならない。すなわち，なんについてでもその存在によっては「それがある」ということが言われるが，しかしなんについてでもその本質によっては「何であるか」ということが言われる。またそれゆえ，定義が本質を表すということは，そのものが何だということを明らかにするということなのである。しかし，神の場合「それがある」ということとそれにおいて「何かである」とは別ではない。既に示されたとおり，神のうちに複合はないからである。したがってそこでは，その本質はその存在と別ではない[47)]。

---

　45)　純粋現実態 actus purus とは，本文にある通り，可能態の要素がまったくない現実態である。それゆえに，受動の要素が一切ない能動性であり，変化の可能性も一切ない実現そのものである。また，はたらきそのものであってはたらいていない要素をただ持っているということもない。

　46)　Cf. ST, I, q.3, a.4.

　47)　例えば，暗がりに見える影が，人間なのか，それとも人間に似せたマネキンなど別のものなのかが分からなくても，そこに何かが存在しているということは認識できる，ということがある。つまり，存在しているということの確認には，そのものの本質を知る必要はない。その意味で，存在と本質は別であると言える。これは同時に，実在する人間において，本質と存在はそれぞれ，複合体たる人間全体を構成する一要素であるということである。

26 　　　　　　　　第Ⅰ部　信仰について

　さらにまた，既に示されている[48]ように，神は純粋現実
態であってどんな可能態性の混入もない。したがって必然
的に，その本質は究極の現実態である。すなわち，究極を
巡る現実態はすべて，究極の現実態への可能態にある。ま
た究極の現実態は存在そのものでもある。というのはすべ
ての運動は可能態から現実態への出口であるから必然的
に，究極の現実態こそ，すべての運動のそれへと向かうも
のであるということになる。そして，自然の運動が向かう
のは自然に欲せられているものであるので必然的に，究極
の現実態はすべてのものが欲しているものであるというこ
とになる。そして存在がこれである[49]。したがって神の本
質は，すなわち純粋現実態にして究極の現実態は，存在そ
のものでなければならない。

───────

　しかし，究極的原因は複合体ではありえず，ゆえに，存在と本質の
複合もない。そうであるならば，存在と本質は究極的原因において同
一であるということが，究極的原因が非複合的であるという理解から，
論理的に導き出されることになる。

　48）　本書第4，9章。

　49）　純粋現実態は，可能態としての要素が一切ないので，可能
態としての要素を持つ他のすべての現実態に対して究極の現実態とし
て位置づけられる。すなわち，他の現実態は，純粋現実態を究極的原
因として実現する可能態として位置づけられることになる。

　そして，すべての可能態は，実現する可能性があるからこそ可能態
なのであり，その意味で存在を志向していると表現できる。そうであ
るならば，究極的原因は，他のすべてのものにとって存在の現実態で
あり，他のすべてのものは存在の現実態によって存在を可能とされる
存在の可能態であると位置づけられることになる。

論考前半　三一なる神，およびその業について　　27

第12章　神は類のもとにその種として
　　　　あるのではないこと[50]

またここで，神は類のもとにその種としてあるのではないということ[51]が明らかになる。すなわち種差が類に加わると種を構成するので，それゆえにどんな種の本質でも何か類にさらに加えられている。しかしながら存在そのもの，すなわち神の本質は，そのうちに何も他のものに加わっているものを含まない[52]。したがって，神がなんらかの類に属する種であることはない。

---

50)　Cf. ST, I, q.3, a.5.

51)　第10章でトマスは，本質を定義と結び付けて言及した。それゆえに，本質とそれ以外のものとの複合がないことを第10章，第11章で論じた上で，一般に定義のうちに見出される複合が，神に関してはあり得ないということを論じる必要が生じる。すなわち，本質とそれ以外の特徴や存在との複合はないかもしれないが，本質そのものが複合されたものである可能性の検討がなされなければならない。

52)　人間を例にとると，人間は「理性的な可死的動物」であるというのが，トマスの，本書で用いる人間の定義である。「可死的動物」はイヌやネコなど多種存在するが，そこに「理性的」という特徴が加わると人間に限定される。本文中で言われている類 genus とは，人間，イヌ，ネコ，その他をひっくるめた「可死的動物」全体であり，そして，それを人間に限定する特徴を種差 differentia と言う。この種差が類に加わると，「理性的な可死的動物」すなわち人間という種 species が現れるというのが定義の構造である。

このように見ると，定義が表示する種の本質というものは，類と種差との複合であることが分かる。しかし，第11章で論じたように，究極的原因たる純粋現実態は存在そのものである。存在は，諸要素の複合ではあり得ない。もしそうだとすると諸要素の複合である存在は端的な存在ではありえず，それを構成する諸要素のいずれかが，端的な存在であることになる。ゆえに，究極的原因が存在そのものであるなら，その本質のうちに類と種差の複合はあり得ない。

28 　　　　　　第 I 部　信仰について

　さらにまた，類は種差をその潜在力において含んでいる
ので，類と種差から成るものはすべて可能態が混入した現
実態である。また〔第 11 章で〕既に示されたことだが，
神は可能態の混入のない純粋現実態である。それゆえに，
その本質は類と種差とから成ることなく，そして類のもと
にない[53]。

第 13 章　神が何かあるものの類であるこ
　　　　　とは不可能であること

　さらにまた〔以上からは〕神が類であることもあり得な
いことが示されている。というのは類からは，その事物が
何であるかが受け取られるが，その事物が存在することは
受け取られないからである。すなわち，種を特徴づける違
い〔種差〕によって，事物はその固有の存在において成立
するのであるが，まさに神こそは存在そのものだからであ
る。したがって〔神が〕類であることは不可能である[54]。
　さらにまた，類はすべてなんらかの種に種別される。し
かしながら，存在そのもの〔すなわち神〕が，なんらかの

---

　53)　人間を例にとると，「可死的動物」という類が「理性的」と
いう種差を加えられることで「理性的な可死的動物」すなわち人間に
なる。この図式においては，類が可能態，種差が現実態と位置づけら
れる。しかし，純粋現実態には，可能態がありえず，したがって，可
能態と現実態の複合である類種の複合もあり得ない。
　54)　存在 esse は類であり得ない。例えば「不死の動物」という
類があるとしよう。この類には神話上の動物が多数含まれていること
だろう。しかし，この類は，その類に属する動物が死なないというこ
とは示しても，それが現実に存在するということを示すことはない。
類は，上記のような架空の動物の種類や絶滅した動物の種類を，その
存在とかかわりなく示すことができる。したがって，存在は，類とは
異なるということになる。それゆえに，存在そのものである神は，類
ではあり得ない。

種差を受け取ることはない。というのは、種差は非必然的にでないかぎり、すなわち種差によって構成された種が類を分有するのでないかぎり、類を分有することはないからである〔このようなことはあり得ない〕。また、どんな種差も、存在を分有していないなら、存在することはできない。というのは存在しないものの種差は存在しないものだからである。したがって、神が類であり、多くの種について述語とされるということは不可能である[55]。

第14章　神は多くの個物について述語と　　　　　　　　されるなんらかの種でないこと

また〔神が〕1つの種として、多くの個物について述語とされるということも不可能である。種の本質において一致している様々な個物は、何か種の本質以外のものによって区別される。例えば、人間は人間性という点で一致しているが、人間性という見方以外のもので互いに区別されるように。しかし、このことは神の場合は起こり得ない。すなわち既に示されているように、その本質が神御自身だからである[56]。したがって神が多くの個物について述語とされる種であるということはあり得ない。

さらにまた、複数の個物が1つの種のもとに含まれなが

───────────────

55)　神が類であるとするなら、それに属する種である多くのものが一種の神であることになるが、それはあり得ないということである。

56)　人間という種に属する個々人は、背が高い低いなどの本質以外の特徴によって区別されるが、本質である人間性は全人類で共通している。裏返しに言うと、本質は人間という1つの種に属する一人ひとりの人間をつくらず、一人ひとりの人間は本質以外の特徴がつくりだす。しかしながら、存在そのものは、本質以外の特徴を持たないため、神という種に様々な神が属しているということはない。

30 第Ⅰ部　信仰について

ら，存在に関しては〔互いに〕違っており，またしかしながら1つの本質において一致している。したがって複数の個物が1つの種のもとにあるならどんな場合でも，存在と種の本質とは別でなければならない[57]。しかし，神の場合は，既に示された[58]ように，存在と本質とは同一である。したがって，神が複数のものに述語とされる，なんらかの種であることは不可能である。

第15章　神は一であると言わなければ
　　　　ならないこと[59]

またこのことから，神が唯一であらねばならないことも明らかになる。すなわち，多くの神々がいるとすると，それは同名同義的な意味でか，同名異義的な意味でかのどちらか[60]である。同名異義的な意味だとすると，そのような発言は意味をなさない。我々が石と呼ぶものを，別の人が神と呼んでもかまわないからである。また同名同義的な意味でだとすると，必然的に類にも種にも当てはまることになろう。そして，神が類でも複数のものを含んでいる種で

---

57)　人間という種に属する個々人は，本質に関しては全人類共通だが，存在に関しては一人ひとり違う個々人である。しかし，これは，本質と存在が別である一般の存在者に関して起きることであり，本質と存在が同一である存在そのものには当てはまらない。

58)　本書第11章。

59)　Cf. ST, I, q.11, a.3; q.103, a.3.

60)　同名異義的とは，本物の人間と，絵に描かれた人間とを同じく「人間」という名で呼ぶ場合，前者の場合は生きている人間を指しているのに対して，後者は絵の具からできあがった非生物を指しているというように，同じ名称を違う意味で用いること。対して，同名同義的は，現実の生きた個々人を「人間」と呼ぶように，同じ名称を同じ意味で用いることである。

論考前半 三一なる神，およびその業について　　31

もあり得ないことは既に示されている[61]。それゆえ，複数
の神々が存在することは不可能である[62]。

　さらにまた，共通の本質が分割される，すなわち，2つ
に分かれることのないものが複数のものに当てはまるとい
うことはあり得ない。だから，たとえ複数の人間が存在す
ることが可能でも，この人間が存在するというのは，ただ
一人〔のこの人〕というあり方で〔のみ可能であり，そう
で〕なければ不可能である。そして，神の本質はそれ自体
として自ずから分割不能であり，神においては本質と存在
するということとは別ではない。それは，既に示された[63]
とおり，神は御自身の本質だからである。したがって，神
は唯一のものとして以外のあり方で存在するということは
不可能である[64]。

　さらにまた，形相が多数化するということには二重の意
味がある。1つの意味では，種差によって，類的形相とし
て〔多数化する〕。〔赤色や青色といった〕様々な種類の色
に分かたれた〔類概念としての〕色のように。別の意味で
は，実在する基体によって，例えば「白さ」のように〔多
数化する〕。したがって，種差によって多数化し得ない形
相はすべて，実在する基体の形相でないなら，多数化する
ことはあり得ない。例えば，白さが，仮に基体なし〔の状

---

61)　本書第13，14章。

62)　同名異義的に複数のものが神と呼ばれたとしてもそのこと
は神の唯一性の議論では意味を持たない。同名同義的にはどうかとい
うと，存在そのものが，複数の個物にあてはまる種または類であると
いうことはないと，12章から14章で論じられた。ゆえに，存在その
ものである神は唯一である。

63)　本書第10章。

64)　人間の場合，個人の数だけ存在が多数になっているが，存
在そのものの場合，存在と本質は同一であるので，本質が唯一なら，
存在も唯一でなければならない。ゆえに存在そのものである神は唯一
である。

32　　　　　　　　第 I 部　信仰について

態〕に留まったとしたら，唯一でなければならないよう
に。そして，神の本質は存在そのものであり，これは既に
示されたように[65]，種差を受け取ることがない。したがっ
て，存在そのものというこの神的なものは，言わばおのず
から実在する形相であり，神は自分自身の存在そのもので
あるので，神の本質が唯一でないということは不可能であ
る。したがって，多くの神々が存在することはあり得な
い。

第 16 章　神が物体であるのは不可能 であること[66]

　また〔以上のことから〕さらに，神御自身が物体である
のは不可能なことも明らかになる。すなわち，すべての物
体にはなんらかの複合が見出される。すなわちすべての物
体は部分を有している。したがって，まったく単純なもの
は，物体ではあり得ない[67]。
　さらにまた，どんな物体も運動が見出されるのは，何を
見ても明らかになるように動かされることによってであ
る。したがって最初の動かすものがまったく動かすことの
できないものなら，彼〔神〕が物体であることは不可能で
ある[68]。

---

　65)　本書第 11，13 章。
　66)　Cf. ST, I, q.3, a.1.
　67)　本書第 9 章で論じられたように，究極的原因には複合はあ
り得ない。そして，物体は諸部分の集合体であらざるを得ない。ゆえ
に，究極的原因たる神は物体ではない。
　68)　物体が運動に関わる時は，動かすだけでなく，常に動かさ
れている。しかるに究極的原因は，動かされることなく動かす不動の
動者である。ゆえに，究極的原因たる神は物体ではあり得ない。

論考前半　三一なる神，およびその業について　　33

第 17 章　〔神が〕物体の形相あるいは物体における力であるのは不可能であること

　また，彼〔神〕が物体の形相であること，あるいは物体におけるなんらかの力であることは決してあり得ない。すべての物体が動かすことのできるものであるのは明らかなので，物体が動いている時，物体に属している諸々のものは，少なくとも偶有的には動かされている。しかし，最初の動かすものは，自分からでも，非必然的に〔自分の中にない理由で，外から動かされて〕でも，動かされることはあり得ない。彼〔神〕は，既に示された[69]とおり，まったく動かし得ないものでなければならないからである。したがって〔神は〕形相でも，物体における力でもあり得ない[70]。

　さらにまた，すべての動かすものは，動かすものである限り，動かされるものに対して支配権を有している。我々が見て〔知って〕いるように，動かす力が動かされ得るものの力を超えている時，運動はより速やかだからである。

———————

69)　本書第 4 章。

70)　神が物体ではなくても，物体と一体となって存在する形相すなわち非物体的な本質や，力ではありうるかもしれない。それゆえに，これらの可能性について論じる必要がある。

　人間を例にとると，人間の本質である人間性は，人間を構成する物質的な面と一体となってこの世に存在している。ゆえに，人間が無人の地に移動すると，それまで人間性が存在しなかった場所に人間性を持った身体が現れるという意味で，人間性が動かされたと言うことができる。しかし，究極的原因は不動の動者であるので，このような意味でも動かされることは決してない。物体に宿る力の場合も同様の議論となる。

34   第Ⅰ部　信仰について

したがってすべての動かすもののうち第一であるものは，
動いているものに対して最大限の支配を行なっていなけれ
ばならない。しかし，仮に〔神が〕動かし得るものになん
らかの仕方で結びついていたとしたら，このようなこと
〔神が最大限の支配を行なうということ〕はあり得なかっ
ただろう。〔そして神が〕その形相あるいは力であるなら
ば，〔これは神が動かしうるものに結びつくことなので〕
そうなってしまうこと〔すなわち，神が最大限の支配を行
ない得ないということになるの〕は必定である[71]。

　したがって必然的に，最初の動かすものは物体でもなけ
れば，物体における力でも，物体における形相でもない。
このことゆえに，アナクサゴラスは知性を，すなわち〔す
べてのものに〕命じてすべてを動かすということのゆえ
に，混合されざるものとしたのである[72]。

第18章　神は本質に関して無限であること

　以上のことからさらに，彼〔神〕が無限であることを考
えることができる[73]。〔ただし〕欠如的に〔ではなく〕，つ
まり〔「無限」を欠如と看做して考えるのではなく〕，「無

---

　71)　究極的原因が物質から成る宇宙すべての原因であるために
は，物質を超えていなければならない。物質を超えているということ
は物質と一体ではあり得ない。ゆえに，究極的原因たる神は，物体の
形相でも物体に宿る力でもあり得ない。

　72)　アナクサゴラス（前500頃 - 前428頃）は，古代ギリシア
の哲学者。トマスは，本文中に取り上げたアナクサゴラスの学説を，
アリストテレス『霊魂論』3巻4章（429a18f.）での記述から知って
いたものと思われる。

　73)　無限は，キリスト教以前のギリシア思想では不完全を意味
していた。しかし，キリスト教哲学では，神が無限であるということ
は不完全性ではなく，むしろ完全であることの証であると論じる。

限」は量を受けることであるという意味で，すなわち「無限」なものを本性的に，それ固有の本質においては限界を有するが，現在のところ限界を有していないという意味で語られている〔語〕として〔考えるの〕ではなく，否定的に，すなわち「無限」なものを決して限界づけられることのないものという意味で語られている〔語〕として〔考えることができる〕[74]。なぜなら，現実態を限界づけるのは明らかに，〔形相を〕受容する力である可能態に他ならない。すなわち，形相が質料の受容する可能態に即して制限されるのは，我々にとっても明らかである。したがって，最初の動かすものが可能態の混合なき現実態であるなら，なんらかの物体の形相ではなく，物体における力でもないので，それ〔最初の動かすもの，すなわち神〕は無限であらねばならない[75]。

このことはまた，諸々の事物の間で見出される秩序が証明する。すなわち，諸々の存在者のどれでも，それがより崇高であればあるほど，それ自身のあり方でより大いなるものとして見出される。つまり，より上位の諸元素の間では，量においてより大いなるものとして見出される。〔それだけでなく〕単純さにおいても同様だが。このことはそれら〔諸元素〕の生成が証明する。重層的で様々な割合

---

74) 無限の欠如的な意味とは，しかるべき限界ないしは限定を欠いているという意味である。融かした鉄を何らかの武器に仕上げるという場合，その武器の形が，不定形の鉄が与えられるしかるべき限界あるいは限定である。そのような限定なくしては，武器は武器たり得ない。

いっぽう，無限の否定的な意味とは，限界を持たないことである。

75) 形相が現実態として可能態たる質料と合致して何らかの事物を形成する場合，同じ形の剣を鋳造する場合でも質料すなわち素材が鉄か青銅かで切れ味が変わってくるように，形相は質料によって，現実態は可能態によって，限界を与えられる。しかし，究極的原因は，純粋現実態であるので，そのような限界を被ることがない。

で，火は空気から生じ，空気は水から生じ，水は地から
生ずる。また天体は明らかに，諸元素の総量を超えてい
る[76]。したがって，存在者すべてのうち第一のものにして，
それに先んじて他のものの存在し得ないものが，無限の量
を有するものとしてそれ自身のあり方で実在することは必
然である。

　また，単純にして物体としての量を欠いているものが無
限とされるなら，そしてその測り難さで物体の総量を超え
ているとされるなら，我々の知性は，非物体的でかつ単純
であるから，全物体の量をその認識の力で超えているので
ある。したがって，すべてのもののうち第一のものの場合
はなおもさらに，その測り難さですべてを超える。すべて
を包括するという仕方で[77]。

第 19 章　神は無限の力を有すること[78]

　またここから，神が無限の力を有することが明らかにな
る。力はものの本質を現実の行為として表すから，すなわ
ち，どんなものでも，それのあり方にしたがって行為する
のである。したがって，神がその本質によって無限である
なら，その力は必然的に無限である。

　以上は，諸物の秩序を注意深く観察するなら明らかであ
る。すなわち可能態においてあるものはなんでも，このこ
と〔可能態においてあること〕に応じて，受容の，あるい

---

　76)　アリストテレスの宇宙観に基づいた議論である。

　77)　物体はそれ自身の量という一定の量を限界として持つ。し
かし，人間の知性は，物体ではないので量的限界を有さない。人間の
知性ですらそうであるのだから，物体ではない究極的原因はなおのこ
と量的限界を有さない。

　78)　Cf. ST, I, q.25, a.2.

は受動の力を有しているが，一方これと同じく，現実態に
おいてあるものは，活動の力を有している。したがって，
可能態においてのみあるもの，すなわち第一質料は，受容
することに関して無限の力を有しているが，活動の力は何
1つ分有しておらず，またその力〔活動の力〕について言
うなら，なんであれ，より形相的になればなるほど，その
行為することの力はあふれ出すのである。このことゆえ
に，すべての元素の中で火が最も活動的である。したがっ
て，神は純粋現実態であるので，それには可能態性はまっ
たく混入せず，活動の力が他のものへと無限にあふれ出す
のである[79]。

第 20 章　神の場合，無限であることは
不完全さを意味しないこと[80]

またたとえ，量において見出される無限が不完全なもの
であっても，それでも神が無限であると言われていること
は，彼〔神〕の場合，完全さを証しする[81]。すなわち，量
における無限は質料に属し，限界を欠いているがゆえのも
のである。そして，不完全さは質料が欠如のもとに見出さ
れるかぎりで，事物に非必然的に伴うが，完全さはすべて
形相に由来する。したがって，神が無限であるのは，形相
のみにして現実態のみ〔の御方〕だからであり，質料と可
能態が一切混合していないので，その無限は，その〔神

---

79)　現実態は可能態との対比において，能動性を有するものと
位置づけられると註 13 で述べた。純粋現実態は，能動性ないしは活
動性を制限する可能態がいっさいないので無限の活動性すなわち力を
有すると表現できる。

80)　Cf. ST, I, a.4, a.1.

81)　註 73 参照。

38 　　　　　第Ⅰ部　信仰について

の〕最高の完全さに属する[82]。

　以上は他の観点からも考察できる。すなわち，同じ１つのものが不完全なものから完全なものに変わりきるという場合，たとえ不完全なものが完全なものよりも〔先にある〕，例えば少年が大人の男性よりも先にあるようにして先にあるとしても，それでも不完全なものはすべて完全なものに起源を置いているのでなければならない。すなわち少年は，大人の男性がなければ生まれることがなく，また種子は動物と植物がなければ生じない。したがって，自然においてすべてのものに先んじて存在するものは，すべては動いている〔すなわち出発点を不完全な状態，終着点を完全な状態として動いている〕ので，すべてのものに対してより完全なるものでなければならない[83]。

第21章　神には，諸々の事物においてある，あらゆる完全さが，より卓越して存在すること[84]

　それゆえにまた，どんな事物に見出される完全さでもすべて，起源として，それがあふれて流れ出ている[85]ものとしては神のうちに〔神のもので〕あらねばならない。完全

---

　82)　限界がないゆえに無限の力を有するものの場合，限界を欠いていることは不足や欠陥ではなく，完全性である。

　83)　動物を例にとると，幼獣は成獣になることで完成する。すなわち，幼獣は不完全で，成獣は完全である。そして，成獣には生殖能力があり，次の世代の動物たちの原因となる。このように，完全なものは，不完全なものの原因となる。ならば，究極的原因は，より完全なものが原因であるという系列の頂点であるので，最高度に完全なものでなければならない。

　84)　Cf. ST, I, q.4, a.2.

　85)　神からのあふれ出しというイメージはしばしば登場する。

さに向けて何かを動かすものはすべて，より先に自分のうちに，動きの向かう先である完全さを有している。例えば教師がより先に自分のうちに，他の者たちに伝える教えを有しているように。したがって神は最初の動かすものであり，他のものをすべて，その〔神の〕完全さに向かわせ入らせるので，事物の完全さはすべて，彼〔神〕のうちに先んじて存在し，あふれ流れ出している[86]。

　さらにまた，どんな完全さを有するものでもすべて，他の完全さが欠けているなら，なんらかの類あるいは種のもとに，すなわち形相を通して，限定されているが，〔形相は〕事物の完全さであり，どんな事物も類あるいは種のうちに置かれる。そして種と類のもとに成り立つものは，無限の本質を有することができない。すなわちそれによって〔事物が〕種のもとにおかれる最後の種差が本質を限定するのであり，またそれゆえに，種が分かるようにする概念は定義あるいは規定と言われる。神の本質が無限であるなら，なんらかの類の，あるいは種の完全さのみを有すること，そして他のものどもを欠いていることは不可能である。だから必然的に，すべての類の，あるいはすべての種の完全さは，彼〔神〕のうちにあらねばならない[87]。

────────────

　86)　アリストテレスの目的論的世界観が前提となっている。本文で「動きの向かう先である完全さを有し」「完全さに向けて何かを動かす」原因に言及しているが，このような原因を，動かす対象の目的になることで対象を動かす原因という意味で，目的因と言う。

　87)　すべての種，すべての類の完全性とは，すべての事物の完全性ということである。究極的原因は，すべての事物の原因であるので，それらの事物をそのものとして完成させる。それゆえに，究極的原因はすべての事物の完全性を有しているということになる。このことを担保しているのは，第18章で論じたように，究極的原因たる純粋現実態が，本質に関して無限であることである。

40   第 I 部　信仰について

第 22 章　神において，完全さはすべて，
##　　　　　　事物としては一であること

　ここより以前に言われたことを総合するなら，明らか
に，神にある完全さはすべて，事物としては一である[88]。
というのは，既に示された[89]とおり，神は〔ただ〕一つ
だからである[90]。また，単純さがあるところに，様々なもの
が内在しているということは不可能である。したがって，
神のうちにあらゆるものの完全さがあるなら，そのうちに
様々なものがあるのは不可能である。それゆえ〔結論とし
て〕残るのは，〔完全さは〕すべて彼〔神〕においては一
だということである[91]。

　また以上のことは，認識能力について考えても明らかに
なる。すなわち，より上位の力は下位の諸力によって様々
な観点で認識されるものをすべて，一にして同一の観点か
ら見て認識する〔力である〕。視覚，聴覚，その他の感覚
が知覚するものはすべて，知性が一にして単一の力によっ
て判断するのである[92]。

――――――――――

　88)　一 unum であるということを，トマスはいくつかの意味で
語っている。ある場合には唯一という意味で用い，ある場合には一つ
の全体であるという意味で用いる。
　89)　本書第 9 章。
　90)　究極的原因は存在そのものであり，存在そのものは唯一で
ある。それゆえに，究極的原因における完全さも唯一のものであり，
他には存在しないということになる。
　91)　究極的原因は非複合的であるので，多数の部分から構成さ
れているということがない。ゆえに，あらゆるものの完全性が究極的
原因の内にあるとしても，それは多数の完全性から究極的原因が構成
されているということではなく，あらゆるものの完全性が究極的原因
においては一であるということになる。
　92)　神は純粋現実態と捉えることができるがゆえに，無限の力

論考前半　三一なる神，およびその業について　　41

　また同じことが諸々の学の場合にも明らかになる。より下位の諸学は，その関心が関わっている事柄について，類が多様であるのに応じて多数化する。しかし，1つの学問がそれら〔諸学〕の中にあって上位にあり，すべてに関わっている。これが第一哲学[93]と言われる。

　また同じことが諸々の権力でも明らかになる。すなわち王権の場合，それ〔王権〕は1つであるので，国の統治〔という職務〕のもと多様な職務に分担されている権力すべてを含んでいる。したがって，諸々の完全さも同様に，より下位の諸物で事物が多様であるのに応じて多様化し，必然的に諸物の頂点において，すなわち神において1つになる。

第 23 章　神にはどんな偶有も見当たらないこと[94]

　またそれゆえに，神にはどんな偶有もあり得ないことが明らかになる。というのは，彼〔神〕のうちではすべての完全さが一つになっているからである。そして，完全さに属するのは，存在すること，可能であること，行為するこ

───────────

を有すると表現できることが，第19章で論じられた。そして，認識能力を例にとると，下位の認識能力である感覚がばらばらに認識している外見や鳴き声やにおい，感触を一つに統合して，対象の例えば動物がなんであるかを上位の認識能力である知性が判断するように，上位の力は下位の力が個別に行うことを一つに統合することができる。それと同じことが，無限の力を持つ純粋現実態についても言える。

　　93)　第一哲学 philosophia prima とは，アリストテレスが学問を分類した際に用いた表現で，形而上学を指す。特定の種類の存在者ではなく，普遍的な存在そのものを研究する学であり，根源的な知であるという意味で第一哲学と呼ばれる。

　　94)　Cf. ST, I, q.3, a.6.

42   第Ⅰ部　信仰について

と，そしてそのようなものすべてであり，必然的に，すべ
ては彼〔神〕のうちでその本質と同一になる。それゆえ，
それらのうちの何も偶有ではない[95]。

　さらにまた，完全さにおいて無限であり得ないものがあ
り，そのようなものの完全さには何かを付け加えることが
できる。そして何か，そのなんらかの完全さが偶有だとい
うものがあるなら，偶有はすべて本質にとっては余剰なの
で必然的に，その本質にはなんらかの完全さが付け加え得
ることになる。したがってそのようなものの本質には無限
の完全さは見出せない。さて既に示された[96]とおり，神は
その本質によって無限の完全さを有している。したがっ
て，彼〔神〕のうちにある完全さのどれ１つとして偶有
ではあり得ない。彼〔神〕のうちにある１つ１つのもの
はみな，その〔神の〕実体である[97]。

　この議論を締めくくるには，彼の〔神の〕最高の単純さ
から〔論じること〕，また〔神が〕純粋現実態であること
から〔論じること〕，また〔神が〕存在者のうち第一のも
のであることから論じることが有用である。すなわち，偶
有の基体に対するあり方はなんらかの複合である。基体で
あるものは純粋現実態ではあり得ない。偶有の方が，ある

────────────

　95）　偶有 accidens とは，そのものの非本質的な，すなわち非必
然的な特徴である。第22章で，究極的原因および純粋現実態におい
てあらゆる完全性は一つになっていると論じた。そして，完全性が一
つであることは，すべての完全性がそのものの本質と同一であること
とされる。本質はそのものにとって必然的なものであるので，究極的
原因のうちには，非必然的な特徴すなわち偶有は見出され得ない。

　96）　本書 18，20 章。

　97）　本質において無限であるということは，本質において無限
の完全性が見出されるということであるとしたうえで，そのような本
質には，余剰の完全性，すなわち非本質的な完全性を後から付け加え
ることができないと述べている。このことは，無限の本質には，偶有
があり得ないということを意味する。

意味で形相あるいは基体の現実態だからである。また，自ら存在するものは常に，偶然に存在するものに先んじて存在する。以上の〔最高の単純さ，純粋現実態，第一のものの３つの観点〕すべてから，上で述べた理由に従えば次のことが〔結論として〕得られる。神のうちでは何一つとして偶有として語られるべきことはない。

第 24 章　神について語られた名の多さはその〔神の〕単純さと対立しないこと

　また以上の議論を通して，神について，〔神〕御自身はまったく単純であっても，多くの名が神について語られている，その理由が明らかになる。すなわち，我々の知性はその〔神の〕本質を，それ〔神の本質〕そのままに捉えるのに十分でないので，彼〔神〕の認識には，我々の間にある諸々のもの，そこに様々な完全さが見出されるが，それらすべての根源および起源へは，既に示された[98]とおり，神のうちで一つになっているもの〔のこの世におけるあらわれ〕から昇って行くということになる。そして，我々は何かを名づける時，〔そのものについて何かを〕知っておかなければ〔名づけることが〕できない（なぜなら名は，理解の印なのだから[99]）ので，我々が神を名づけるためには，他の諸事物に見出される，その起源がその〔神の〕うちにある諸々の完全さによってでなければ〔名づけることが〕できない。これらは，諸々の事物のうちで多数化して

---

98)　本書第 22 章。

99)　アリストテレス『命題論』1 章 (16a3sq.)。

いるので，多くの名を神に付けることは必然である[100]。

さて，その〔神の〕本質をそのまま見たとしたら，名前が多いということがそのまま残されはせず，彼〔神〕に関する単純な知だけがあるということになっただろう。例えば，神は彼〔神〕の単純な本質であるといったような。そしてこのことは，我々の栄光の日〔我々が栄光を受ける日〕に待ち望んでいることである[101]。ザカリア書の最後にこうあるように。「かの日には主は1つであり，その名も1つである」[102]。

第25章　たとえ様々な名が神について語られているとしても，それらの名は1つの意味だけを有する語ではないこと[103]

さて，以上のことから我々は3つのことを考えること

---

100) 神は非複合的であるが，神についての人間の叙述は「力がある」「その知恵ははかりしれない」「恵みに満ちている」「いつくしみ深い」などきわめて多様であり，人間はこれらの完全性を複合する仕方でしか，神を記述ないし認識できない。人間の知性は有限であるので，すべての完全性が一つになった本質をそのまま捉えることはできず，その時々に，一局面だけを切り取って認識するからである。

101) 栄光の日とは天国で至福直観を得る時を指す。トマスは，人間が天国で至福直観を得ることは，栄光の光 lumen gloriae に照らされて起こると論じる。すなわち，人間が神を本質において認識できるのは，罪の影響から人間の本性が完全に回復した時だけであり，それまでは，神を，被造物に見出される分散した完全性から類推あるいは類比 analogia することによって叙述することしかできない。この類推をトマスの用語では類比，あるいはアナロギアと呼ぶ。アナロギアについては第27章で詳述される。

102) 「ザカリア書」14章9節。

103) Cf. I, ST, q.13, a.4.

論考前半　三一なる神，およびその業について　　45

ができる。その最初のものは，様々な名が，神における
そのものとしては同一のことを示しているとしても，1つ
の意味だけを有する語ではないということである。すなわ
ち，ある諸々の名が1つの意味だけを有する語であるた
めには，それらの〔1つの意味だけを有する語である〕名
は同一の事物を示すか，知性にある〔知性の側の〕同一の
概念を表しているのでなければならない。しかし，それら
〔1つの意味だけを有する語である名〕は，同一の事物を
様々な概念に即して，すなわち知性がその事物について有
する理解に即して示しているのであって，それらは1つ
の意味だけを有する名ではない。名が直接指し示している
のは〔様々な〕諸事物への〔様々な〕類似物である知性の
〔様々な〕概念であるので，〔名は〕どこまでも同一の表示
だということはないからである[104]。

　そしてそれゆえ，神について言われた様々な名は，我々
の知性が彼〔神〕について有する様々な概念を表すので，
1つの意味だけを有する語ではない。たとえ，まったく同
一の事物を指し示しているのだとしても。

第 26 章　諸々の名の定義によって神のう ちの何かを定義することはでき ないこと

〔我々が考えることができるとされた3つのことのうち〕

---

　104)　神を様々な名で呼ぶという場合，それらが同一のもの，す
なわち神を指し示すと言えども，人間の知性がそれらの名に即して有
している神理解は，部分的なものであることを免れ得ない。それゆえ
に，人間は神を多くの名で呼ぶが，その意味するところは一つである
と言うことはできない。人間の神理解は，人間が神について認識する
概念あるいは記述する名に応じて，多様である。

46   第 I 部　信仰について

2 番目のことは，私たちの知性は，諸々の名が神について
示した諸概念のいずれによっても，神の本質を完全にはと
らえないので，これらの名の定義によって神のうちにある
ものが，例えば知恵の定義が神の能力の定義であるとか，
他の様々なことについて成り立つ同様のことのように，定
義されるということはあり得ない[105]。

　このことはまた他のやり方でも明らかになる。すなわ
ち，定義はすべて類と種とから成るが，本来の意味で定義
されるのは種である。そして既に示された[106]とおり，神
の本質はどんな類のもとにも，どんな種のもとにも包み
込まれない。それゆえ，彼〔神〕にはいかなる定義もな
い[107]。

　　　第 27 章　　神と他の諸々のものの名はまっ
　　　　　　　　たく同名同義的にもまったく同
　　　　　　　　名異義的にも語られていない[108]

〔我々が考えることができるとされた 3 つのことのうち〕
3 番目のことは，神と他の諸々の事物について語られた名

───────────

　105）　人間が神の本質の一部である完全性，例えば「その知恵は
はかりしれない」ということを認識ないし記述する場合を例にとるな
ら，人間が理解できる「知恵」を神にそのまま当てはめて神の一面を
理解したということは，本来できない。知恵をはじめとする神の完全
性はすべて神の本質と一つになっている。その神の本質を理解するこ
とが人間の知性にはできないとするなら，人間に理解できる「知恵」
によって神を定義することはできない。

　106）　本書第 12，14 章。

　107）　人間の定義は「理性的な可死的動物」であるという種の
定義であり，そのうちには「可死的動物」という類がある。しかしな
がら，存在そのものである神は類でも種でもあり得ないので，定義に
よって記述することはできない。

　108）　Cf. ST, I, q.13, a.5; a.6.

論考前半　三一なる神，およびその業について　　47

は，まったく同名同義的にもまったく同名異義的にも語られていないのだが，それは被造物について語られるものの定義は，神について語られるものの定義ではないからである。ちなみに，同名同義的に語られた諸々のものには，同一の定義があるのが必然である[109]。

また同じく，まったく同名異義的〔に語られている〕ということもない。たまたま〔すなわち語そのものの意味によってではなく，用法として〕同名異義的なものの場合，同一の名が１つの事物を意味しながら，〔同時に〕もう１つの事物に関わるということはない[110]。それゆえ，一方によって他方の事物について考えることはできないのである。さて，これら神と他の諸々の事物について語られている名が神に帰せられるのは，〔神が〕それらの事物に対して有する関係に応じてであり，それらの事物について知性はそれらによって表示されたもののことを考えるのである。それゆえ，神について〔神とは〕別の事物によって考えることが我々にはできる[111]。したがって，神と他の諸々の事物については，たまたま同名異義的なものの場合のよ

───────────

109)　神に見出される完全性と神以外のものに見出される完全性とは，例えば「力ある」「知恵がある」などと同じ名称で呼ばれたとしても第26章にあるように同じ事実を表示するものではあり得ない。それゆえに同名同義的ではあり得ない。

110)　「人間」という名称が本物の人間を指す時と，絵に描かれた絵の具の集合としての人間を指す時では，事物としての表示対象がまったく異なっている。ゆえに，本物の人間を表示している際の人間という名称が，同時に絵の具の集合体である人間までも意味しているということはない。

111)　第21章で論じたように，究極的原因は，その結果であるすべての事物の完全性をより完全な仕方で有している。それゆえに人間は，究極的原因以外の事物に見出せる完全性を意味する名称で，究極的原因たる神を記述することが出来るのである。このことが本文中では，神について，神とは別の事物によって考えることが出来ると表現されている。

48   第 I 部　信仰について

うに，まったく同名異義的に語られることはない。

　したがって，それら〔の語〕はアナロギアによって，す
なわち唯一のものとの「比例」によって語られているので
ある。というのは，我々は，神を〔神とは〕別の諸事物
と，それらの第一の起源として関係づけ，そうすることで
他の諸々のものの完全さを表している，そのような名を
神に帰させるのである[112]。このことから以上のことが明ら
かになる。名を付けることに関する限りそのような名は，
〔神に帰される〕より被造物について語られている。とい
うのも，知性は名を付けることで被造物から神へと昇って
行くのであるが，たとえそうだとしても，名によって表さ
れているものによって，より先なるものによって神は語ら
れているのであって，つまり神から諸々の完全性は他のも
のに降りて来るのである[113]。

────────────

　112)　アナロギア analogia というラテン語は類比とも訳される。
中世の例では，人間の健康状態を調べる際，尿を調べて健康な尿であ
るなら，それを出した人体も健康であるとする判断が，アナロギアの
一例として挙げられている。人体と尿は事物としては全く違うが，健
康体から出た尿は，もともとその尿があった人体の健康さが反映した
状態にある。それゆえに「尿が健康である」という命題での「健康」
と，「人体が健康である」という命題での「健康」は，直接形容して
いる事物としては異質でありながら，片方は人体の状態そのもの，片
方は人体の状態の反映という関係にある。そのため，医師が尿検査を
して「健康な尿だ」と言った場合にはそれを出した人体もまた（少な
くとも尿でわかる範囲では）健康であるということが含意されている。
　一方が本体，他方がその反映に当たるという関係は一種の比例関係
であり，この比例関係を想定して，反映に見出される名称を本体に帰
せしめるというのが，人間に可能な神についての記述法である。

　113)　完全性はそれ自体としては，神においてより先にあり，ほ
かの事物へはより後に神から与えられる。しかし，われわれ人間の認
識順序としては，神以外の事物の完全性をより先に認識し，神に帰す
るのはより後になる。

第 28 章　神は理解するものでなければ
　　　　　ならないこと[114]

　さて〔以上のことから〕さらに示されなければならない
のは，神は理解するものだということである。というのは
既に示された[115]とおり，彼〔神〕のうちにはあらゆる存
在者の完全さがすべて先んじて存在し，あふれ流れ出てい
るからである。さて，存在するものの完全さすべてのなか
でも，まさに理解することこそ卓越しているように思わ
れる。知性ある事物は，他のものすべてより力あるから
だ[116]。したがって，神は理解するものでなければならない。

　さらにまた，これまでで示されてきた[117]ように，神は
可能態性の混入のない純粋現実態である。そして，質料は
可能態で存在するものである。ゆえに必然的に，神はまっ
たく質料に関わりがないということになる。そして，質料
に関わりのないことが，理解する力を有する原因である。
質料あるものの形相が現実態で理解する力を有するように
されるのは，質料から引き出されることで，質料による制
約から引き離されることによってであるということが，そ
の〔質料に関わりのないことが，理解する力を有する原因

---

114)　Cf. ST, I, q.14, a.1.

115)　本書第 21 章。

116)　ここでは知性が，完全性すべての中でも卓越しているとい
うことが自明視されている。そうであるならば，すべての完全性がよ
り卓越した仕方で一つになっている神においては知性は見出されねば
ならず，知性という完全性もまた神の本質と一つになっているはずで
あるので，前章までで論じられたように人間による記述の限界内では
あるが，神は知性であると記述されることになる。

117)　本書第 4，第 9 章。

50   第Ⅰ部　信仰について

だということの証となる〕印である[118]。したがって神は理
解するものである。

　さらにまた，既に示された[119]とおり，神は最初の動か
すものである。ところでこのこと〔最初の動かすものであ
ること〕は，知性に固有であると思われる。すなわち，知
性は他のすべてを運動のための道具として使用するから。
それゆえ，人間もまた，その知性によって，諸々の道具と
動物と植物と非生物を使用するのである。したがって，神
は最初の動かすものであるので必然的に，理解するものな
のである[120]。

────────────

　118)　物質的存在についての理解は，物質的存在のうちの１つに
だけではなく，同じ種類の個々の物質的存在すべてに当てはまる。例
えば，個々のイヌを見てこれがイヌだと理解する時，毛が白かったり，
黒かったり，耳が垂れていたり，立っていたりしているという物質的
な特徴の違いに関係なく，イヌであるところのすべてのイヌを，イヌ
であると正しく理解することが出来る。イヌという理解は，個々のイ
ヌが持つ物質的な特徴，すなわち質料による制約から引き離されるこ
とで成立している。理解と理解するものとは同じ地平の存在でなけれ
ばならない。ゆえに，理解するものである知性もまた，質料による制
約から独立している。
　119)　本書第３章。
　120)　究極的原因は，それ以上さかのぼる原因のない原因である
がゆえに第一動者である。そして，何かの運動に際して，動物，植物，
非生物といったあらゆるものを道具として活用するということは，そ
の運動の第一動者であるということであり，人間は知性によってそれ
をなしている。そうであるならば，究極的原因であるということと知
性を有するということは重ね合わさる。

論考前半　三一なる神，およびその業について　　51

第 29 章　知性は神のうちで，可能態ででも，能力態ででもなく，現実態で存在すること[121]

さて，既に示された[122]とおり，神のうちではどんなものであれ可能態では存在せず，現実態でのみ存在するので，必然的に，神が理解するものであることも，可能態ででも，能力態ででもなく，現実態でのみそうなのである。このことから明らかになるのは，〔神は〕理解の際，いかなる連続も被らないということである[123]。というのも，なんらかの知性が連続のうちで多くのことを理解しているという時は，あるものを現実態で理解している時，別のものを可能態で理解しているということにならざるを得ない。すなわち，同時に存在する諸々のものであれば，そこにはどんな連続もないからである。したがって，神が何ものも可能態ででは理解しないなら，それらの理解にはあらゆる連続がないということになる。そこから，なんであれ理解するはたらきをなすものは，すべてを同時に理解するということ，そしてさらには，新しく何かを理解するということはないということになる[124]。というのは，新しく何かを理解する知性は，まず可能態で理解するものである。それ

---

121)　Cf. ST, I, q.14, a.7.

122)　本書第 4, 9 章。

123)　連続とは変化のことであるので，知性に連続がないということは，それまで知らなかったことを新しく知るという変化や，忘れていたことを思いだし，意識しなかったことを意識するという変化を被らないということである。

124)　神においてはすべてのことが同時に理解されている。この同時とは，永遠において全体が同時に理解されているということである。

52   第Ⅰ部　信仰について

ゆえにまた，その〔神の〕知性はあれこれ考えることなし
に理解するのでなければならない。つまり，あるものから
別のものの思考へ到達するという仕方で，例えば，我々の
知性が考えている際に被るように〔ではなしに〕。という
のは，知性のうちでのこのような〔先に描写したような〕
討議は，我々が，既に知っていることから，まだ知らない
ことを考える，あるいは先立っては現実態では考えていな
かったことを考えるに至る時のものである。このようなこ
とは，神の知性では起き得ない。

第 30 章　神は御自身の本質とは別の形
　　　　　　象[125]〔心内形式〕によって理
　　　　　　解するのではないこと[126]

　ここまで述べられてきたことから，神は御自身の本質と
は別の形象によって理解するのではないことが明らかにな
る。というのは，自分とは別の形象によって理解する知性
はすべて，可能態の現実態に対するのと同じ関係で，可知
的形象に関わっているからである。というのは，可知的形
象は，自身を現実態で理解するものとする完全さだからで
ある[127]。したがって，神のうちには何ものも可能態ででは

---

　　125)　形象 species とは，人間の認識能力において対象の認識
を形作るものである。感覚的認識においては，対象から可感的形象
species sensibilis を受け取ることで認識者は対象の感覚像 phantasma
を得，知性的認識においては，感覚像から可知的形象 species intel-
ligibilis を抽象して abstrahere，理解を得る。すなわち，一般の認識に
おいては，形象は対象から，すなわち認識者が認識者とは別の事物か
ら得るものである。
　　126)　Cf. ST, I, q.14, a.2; a.5.
　　127)　人間の認識能力を質料とすると，形象は形相にあたり，形
相が質料を完成させるように，形象が認識能力である感覚や知性を，

論考前半　三一なる神，およびその業について　　53

存在せず，純粋現実態であるなら，必然的に，〔神は御自分の本質とは別の〕形象によってではなく，御自分の形象によって理解するのである[128]。すなわち事物の本質が本当の意味で，かつ直接に赴くのは，本質が属しているものについての思考だけである。すなわち，人間の定義によって本当の意味で人間が認識され，馬の定義によって馬が認識されるのであるから。

　したがって神が，その本質によって理解するものであるなら，必然的に，彼〔神〕によって直接に，かつ主として知られているものは，神御自身である[129]。そして，彼〔神〕は御自身の本質であるので，したがって，彼〔神〕においては理解するもの〔神御自身〕と，それによって理解するもの〔形象〕と理解されたものとはまったく同一である[130]。

認識像として完成させる。つまり，認識能力は可能態であり，認識能力にはたらきかけて認識像を実現する形象が現実態である。

　128）　一般の認識者はその認識能力に関し，形象に対して可能態であるが，純粋現実態は，いかなる意味でも可能態ではあり得ない。しかしながら，他のものから形象を得る限り，認識者の認識能力は対象の形象とは別のものであるがゆえに，可能態であることになる。それゆえに，純粋現実態における認識は，他者に由来する形相ではなく，自身の本質に内在する形象によって最初から成立しているのでなければならない。

　129）　神がまず自分自身を認識の対象とすることは，アリストテレス『形而上学』12 巻 7 章（1072b19sq.）参照。

　130）　思惟の思惟 noēsis noēseōs という神概念もまたアリストテレスに由来する（『形而上学』12 巻 9 章（1074b34）参照）。そして，このことは神が神であるということと，神が自身を理解しているということは同じであるということであり，次章ではそのことが論じられる。

第31章　神は御自身を理解するはたらき
であること[131]

　また，神御自身が御自身を理解するはたらきであることも必然である[132]。というのは，自身を理解するはたらきは第2の現実態，すなわち考えるということである（第1の現実態は直知あるいは学知）ので，自身を理解するはたらきではない知性はすべて，自身を理解するはたらきに，可能態の現実態に対する関係で関わるからだ[133]。すなわち，可能態と現実態から成る秩序でいつも必ずより先にあるものとは，経過という観点で言えば可能という状態のものであり，そして〔上記の秩序で〕最後のものは，完成した状態のものである。〔では，これから〕一にして同一のものについて語るべきだろう，たとえ様々なものの間では逆になるとしても。すなわち，動かすもの，はたらきかけるものの，動かされているもの，はたらきかけられているものに対する関係は，〔現実に〕はたらきかけるものの可

　131）　Cf. ST, I, q.14, a.4.

　132）　一般の知性は，認識を実行している時もあれば，そうでない時もある。このような知性の場合，そのはたらきである認識と，はたらきの主体である知性とは同じものではない。自動車の走行が，自動車本体とは別物であるのと同じである。

　本章では，純粋現実態である知性は，はたらきとは別のはたらきの主体ではなく，はたらきそのものであることが論じられる。そして，第30章にある通り，究極的原因である知性は，まず直接に自分自身を認識する。それゆえに，本章では，純粋現実態である知性が，知性自身を理解するはたらきそのものであることが論じられる。

　133）　認識のはたらきと別である認識主体は，認識のはたらきを実行に先行して主体が存在し，それゆえ，認識主体は，認識のはたらきに関して可能態にあることになる。それに対して，実行されている認識のはたらきは現実態に位置づけられる。

論考前半　三一なる神，およびその業について　　55

能態に対する関係と同じである。しかし，〔神は〕純粋現
実態であるので，他のものに対する関係が，可能態の現実
態に対する関係と同じであるような，他のものに対する関
係は神のうちにはない。したがって必然的に，神御自身が
御自身を理解するはたらきであることになる[134]。

　さらにまた，知性の理解することに対する関係は，どん
な仕方であれ，本質の存在に対する関係と同じである。し
かしながら，神は本質によって理解するものであり，また
その本質は御自身の存在である。したがって，その〔神
の〕知性は御自身を理解するはたらきである[135]。かくてま
た，理解するものであるがゆえに，いかなる複合もその
〔神の〕うちには置かれないが，それはその〔神の〕うち
では知性と御自身を理解するはたらきと可知的形象とが別
ではないからである。そしてこれらは，その〔神の〕本質
とも別ではない[136]。

　134）　純粋現実態においては，可能態に位置するもの，すなわち，
はたらきとは別に存在する主体というものはあり得ない。それゆえに，
純粋現実態である知性は，理解のはたらきそのものである。
　135）　一般の本質の場合，本質とは存在しうるものであって実際
に存在するということは本質とは別である。同じく，一般の知性の場
合，知性とは理解のはたらきをなしうるものであり，実際に理解する
というはたらきは知性とは別である。しかし，存在そのものである神
は，存在とその本質が同一である。ゆえに，神すなわち存在そのもの
である知性においても，知性そのものとそのはたらきである理解とは
同じである。
　すなわち，神である知性は，永遠においてすべてを同時に理解して
いるという理解のはたらきそのものである。
　136）　究極的原因である神には複合はない。ゆえに，究極的原因
である知性における理解は，可知的形象と知性の複合ではあり得ない。
また，究極的原因は存在そのものであり，存在そのものはその存在と
本質が同一であるので，究極的原因である知性における理解もまた，
その本質と同一である。

56   第 I 部　信仰について

第 32 章　神は意志するものでなければ
　　　　　　ならないこと[137]

　さらにまた，神が意志するものでなければならないこと
も明らかになる。すなわち，彼〔神〕は，既に言われたこ
と[138]から明らかなように，完全な善である御自身[139]を理
解しているが，理解された善は必然的に愛される[140]。そし
て，このことは意志によって起きるので，したがって神が
意志するものなのは必然である。

　さらにまた，既に示された[141]とおり，神は最初の動か
すものである。そして知性は，どんな場合であれ動かすと
いうものではない。〔それには〕欲求が仲介するのでなけれ
ば〔ならない〕。そして，知性に伴い起こる欲求が意志
なのであるから，したがって，神は意志するものでなけれ
ばならない[142]。

---

　137)　Cf. ST, I, q.19, a.1; q.54, a.2.

　138)　本書第 20，21，30 章。

　139)　善は完全性であるので，あらゆる完全性が神において，最
高度に完全なしかたで一つになっているなら，神は最高善 summum
bonum すなわち完全な善でもある。

　140)　善 bonum とは，欲求の対象である。食物は体や生命にとっ
て善であるので食欲の対象になるというように，欲求主体にとって善
であるがゆえに欲求される。ゆえに，善は認識するものに必然的に欲
求されてあるということになる。

　141)　本書第 3 章。

　142)　究極的原因が原因，すなわち動かすものであるためには，
認識するものであるだけではなく，欲求するものでなければならない。
そして，究極的原因が知性である以上，そこにある欲求は知性的な欲
求，すなわち意志である。

論考前半　三一なる神，およびその業について　　57

第33章　神の意志がそのものとしては必然的に，その〔神の〕知性に他ならないこと

　また神の意志がそのものとしては，その〔神の〕知性に他ならないことも明らかになる。すなわち，理解された善は，意志の対象であるので意志を動かし[143]，そして，その〔意志の〕現実態であり，完成態である。そして，既に先立つ箇所で明らかにされた[144]ように，神のうちでは，動かすものと動かされるもの，現実態と可能態は別ではない。したがって，神の意志は理解された善そのものであらねばならない[145]。そして，神の知性と神の本質は同一である[146]ので，神の意志は，神の知性および神の本質に他ならない。

　さらにまた，優れた諸事物の他の諸々の完全さの間にあって，知性と意志はより高貴な諸事物に見出されることをその印とする。ところで，既に先立つ箇所で示された[147]ように，事物すべての完全さは神のうちでは一つで

---

　143)　善は目的として欲求の対象となる。したがって，善は目的として欲求を起こす原因である。このような原因を目的因 causa finalis と呼ぶ。それゆえに，本文中で理解された善は，意志を動かすと言及されているのである。

　144)　本書第4, 9章。

　145)　神に理解された善が神の意志を動かすという時，神のうちには，本来，動かすものと動かされるものの複合，あるいは現実態と可能態の複合はあり得ない。それゆえに，純粋現実態である神のうちでは，理解された善と善を欲求する意志は，最高善として既に実現しており，最高善において一つである。

　146)　本書第30, 31章。

　147)　本書第22, 23章。

58 第 I 部 信仰について

ある。したがって神における知性と意志とは，その本質と
同一である。

第 34 章 神の意志は御自身の意志のはた らきそのものであること

以上を踏まえると，神の意志は神の意志のはたらきその
ものであることが明らかになる。すなわち，既に示され
た[148]とおり，神のうちの意志は，彼〔神〕によって意志
せられた善と同一である。そして，このようなことは，意
志のはたらきそのものが意志と同一でなければあり得な
い。意志のはたらきそのものは意志せられたもののゆえに
意志に内在するからである。

さらにまた，神の意志は，その〔神の〕知性およびその
〔神の〕本質と同一である。また神の知性は，御自身の理
解のはたらきであり，また本質は，御自身の存在である。
したがって，意志は御自身の意志のはたらきでなければな
らない。そしてそれゆえに，神の意志が単純さと対立しな
いことも明らかである[149]。

---

148) 本書第 33 章。

149) 神は自身の本質によって認識するはたらきそのものであ
る。その本質において，あらゆる完全性が，真に完全なものとして一
つになっている。それは存在であり，最高善である。ゆえに，神は最
高善を認識するはたらきそのものであり，そして善は欲求の対象であ
るので，神自身を認識するはたらきは，欲求するはたらきでもある。
この欲求，神の意志もまた，神そのものである。すなわち，神におい
て，自身を認識するはたらきと欲求するはたらきは，複合されたもの
ではなく，単純性が保たれている。

論考前半　三一なる神，およびその業について　　59

第35章　これまで言われてきたことはすべて1つの信仰箇条に総括されていること

　さて，ここまで述べてきたことすべてから分かることを，我々はこうまとめることができる。神は一にして，単純であり，完全であり，無限であり，理解するものであり，意志するものであると。これらすべては確かに信仰の信条に，我々が「一なる全能の神を」信じると宣言する[150]時，短い1つの箇条の形で総括されている。すなわち，「神」（Deus）という，theos というギリシア語の名から採られて語られたこの名は，theaste（θεᾶσθαι）という語から言われているのだと思われるが，これは「見る」あるいは「考える」という意味なので，この神の名そのものによって，〔神が〕理解するものであること，そしてその帰結として，意志するものであることは明らかである。また，我々は彼〔神〕を「一なる」というが，そのことで神が複数いるということも，あらゆる意味での複合も排除される。すなわち単に一であるということではなく，単純でなければならない。「全能」と我々が言うと，〔神の〕力が無限であって，それ〔神の力〕から何ものも逃れられないことが示される。このことのうちに，〔神が〕無限であり，完全であることが含まれている。すなわち，事物は〔そ

---

　150)　信仰の信条 Symbolum fidei は本書では使徒信条を指すが，「一なる全能の神を」という文言は，使徒信条にもニケア＝コンスタンティノープル信条にも共通する。なお，両信条にある「父なる」という文言が欠けているが，「父」は啓示によってしか知り得ない神のペルソナを指すため，人間の理性のみによっても知りえる神理解には当然含まれない。

60   第 I 部　信仰について

の〕力で本質を完全にするからである。

第 36 章　これらすべてを，哲学者たちが
　　　　　想定してきたこと

　また，以上，ここまでで神について論じてきたことは，
確かに，多くの異教の哲学者によって繊細に考察されてき
たことである。これまで述べてきたことについて，彼らの
中に間違いを犯したものがままあったとしても。そして彼
らの中で真なることを語っていた人たちすら，長く苦労の
多い探求の後に，これまで述べてきた真理にかろうじて到
達できたのである[151]。

　また，神についてキリスト教の中で我々に伝えられてき
たものには，それ以外の，彼ら〔異教の哲学者たち〕には
到達できなかったものがある。このようなものについて
我々は，キリスト教の信仰に従い，人間の感性を超えて
教えられているのである。また，既に示された[152]とおり，
神は一であり，単一であるので，そう言いながらも，神は
父であり，子であり，聖霊であって，しかもこれら 3 つ

─────────────
　　151)　神理解には，人間の理性だけで到達できるものもある。そ
のようなものは信仰の前提 praeambula fidei と呼ばれる。人間の理性
だけで，宇宙の究極的原因あるいは第一原理というものを考察した時
に，得られる理解を指す。
　そして，これは人間が，様々な誤りを乗りこえながら，長い探求の
果てにかろうじてたどり着いたものであるが，キリスト教は，このよ
うな神理解と，さらにはそれを超える神理解を啓示によって得ている
というのが，続く議論である。
　しかしながら，praeambula fidei は啓示による神理解より劣る段階の
ものとして意味を持ち得ないかというとそうではない。実際に，トマ
スは，以降の議論で第 35 章までの神理解を活用して，三位一体の真
理について理解を深めようとしている。
　　152)　本書第 9，15 章。

論考前半　三一なる神，およびその業について　　61

が 3 つの神ではなく，1 つの神であるということ，〔すな
わち三位一体の教義〕もあるが，これについても確かに，
我々は，我々に可能な限り，考えようと思っている。

###　第 37 章　御言葉はどのような意味で
　　　　　　　神にあるとされているか

　ここまでで言われたこと[153]からはまた，神が御自身
を理解され，愛していらっしゃることも受け取られるだ
ろう。さらにまた，理解することと意欲することは，彼
〔神〕のうちでは，その〔神の〕存在に他ならない。しか
し，神は御自身を理解し，そして理解されたものはすべて
理解するもののうちにあるので，したがって神は御自身の
うちに，理解されたものが理解するもののうちにあるよう
にして存在する。また理解されたものは，理解するものの
うちにあるがゆえに，ある意味では知性の言葉である。と
いうのは，我々は，知性のうちで内的に把握していること
を，外的な言葉で表すからであり，すなわち，哲学者〔ア
リストテレス〕[154]によれば，声は知性による印だからであ

───────────
　153)　本書第 30，32，33 章。
　154)　アリストテレス（前 384- 前 322）は古代ギリシアの哲学
者。形相と質料，現実態と可能態のような哲学の基本的な術語を作り
上げた。様々な学問の基礎を据えた人物として「万学の祖」と呼ばれ
た。
　この箇所の原語は Philosophus すなわち哲学者である。中世哲学の
文献で「（あの）哲学者」と言えばアリストテレスを指しており，言
わば哲学者の代名詞となった人物である。
　西ヨーロッパではギリシア語の文献は中世に入ると失われてしまっ
たが，13 世紀にイスラーム世界からアリストテレス文献が再流入し，
熱狂的に受容された。警戒した教会からアリストテレス研究に対する
禁令が数度発令されたが，効果がなかった。トマスが研究していた当
時，アリストテレスは言わば当時「最先端の思想」であった。

る[155]。したがって，神のうちにはその〔神の〕御言葉を置かなければならない。

第 38 章　御言葉は神のうちでは心に宿したこと〔概念〕と言われること

さて，知性のうちに，内的な言葉として捉えられていることは，普通の言葉遣いでは知性の心に宿したこと〔概念〕と言われる[156]。すなわち，体の話で，内に宿ったと言うなら，それは，生きている動物の子宮に，男がはたらきかけ，女が受け，生命を与える力によって，〔胎児が〕形作られたということである[157]。それ〔女〕の方に妊娠〔という事態〕が起きるのだが，また，宿ったものそのもの〔子〕は，両方〔父親と母親〕の本性に，種に応じて一致する〔同型の形相である〕という形で関わるのである。さて，知性が把握するものは，理解すべきもの〔理解の対象〕が能動的なものとしてあり，知性が受動的なものとしてあることで，知性において形作られたものである。そして知性によって把握されたものそのものは，知性のうちに実在するものであり，かつ，動かすものである理解すべきものに対しては，それ〔知性によって把握されたもの，すなわち概念〕がある意味でその〔理解すべきものの〕類似物であるので一致し〔同型の形相であり〕，また，受動者としての知性に対しても，理解可能性の領域の存在を有す

---

155)　アリストテレス『命題論』第 1 章 (16a3sq.)。

156)　ラテン語の原語 conceptio は，動詞 concipere からの派生語であり，concipere は理解するという意味と，妊娠するという 2 つの意味を持つ。いずれも内に宿すということである。

157)　妊娠という事態において父親を能動的な原因，母親を受動的な原因と見做すのはアリストテレスに由来する図式である。

るがゆえに、一致する〔同型の形相である〕。そこからして、知性によって把握されているものは、知性の心に宿したこと〔概念〕と呼んで誤りはない[158]。

第39章　御言葉の御父との関係

さて、以上を踏まえた上で、違いを考えなければならない。知性によって捉えられたことは理解されている事物の類似物であり、その〔理解されている事物の〕種を表象する〔再現する〕ものであるので、ある意味でその子どもであると思われる。したがって、知性が自分とは違う者を理解する時、理解された事物は、知性のうちに宿った言葉の父としてある。そして、知性そのものは、むしろ母親に似ている。こちら〔知性〕の側で、彼女〔母親〕の身に〔子が〕宿るようなことは起きるからである。しかし、知性が自身を理解する時、把握された言葉の理解するものに対する関係は、子の父に対する関係と同じである[159]。したがって、我々が御言葉について語るのは、神が御自身を理解していらっしゃることに応じてであるので、御言葉がその御言葉であるところの神に対して御言葉そのものは〔神に対して神の御言葉は〕、父に対する子の関係にあらねばならない。

---

158)　知性が把握しているものは、知性がうちに宿しているものであり、その意味で知性の子と呼んで差し支えはない。この論法が次章の議論に引き継がれる。

159)　概念的把握を妊娠になぞらえているので、知性は概念に対しては母親であることになる。そして、概念によって理解される対象は、母親たる知性に子である概念を宿した父にあたることになる。しかしながら、自己認識の場合は、理解の対象が知性自身であるので、知性と概念の関係は父と子の関係でもある。

第40章　神における誕生の理解の仕方[160]

　以上を踏まえて，カトリック信仰の規定では，神には御父と御子とがあると宣言するよう我々は教えられている。つまり，「父なる神とその子なる神を信じます」[161]と言われている。そして，御父，御子という名を聞いても誰も，我々の間で父や子と言う時のように肉体的な誕生〔生殖〕を思い浮かべることがないように，天の秘密を啓示された福音書記者ヨハネは，「御子よ」と書く代わりに「御言葉よ」と書いている。理解のはたらきによる誕生を我々が知るために。

第41章　御言葉すなわち御子は御父と同
　　　　　　　一の存在と本質を有しているこ
　　　　　　　と

　さて考えねばならないのは，我々にとって，自然の領域の存在と理解するというはたらきは，互いに別であるので，したがって，我々の知性のうちに宿った言葉は，理解可能性の領域の存在のみを有しており，自然の領域の存在を有する我々の知性とは別の存在だということである。しかし，神のうちでは，存在と理解するはたらきは同一である[162]。したがって，神のうちにある神の御言葉は，理解可

---

　　160)　Cf. ST, I, q.27, a.2.

　　161)　このままの形では使徒信条にもニケア＝コンスタンティノープル信条にも現れない表現である。両信条に含まれている父なる神と子なる神への信仰の表明を取り出したものであろう。

　　162)　本書第31章参照。

能性の領域の存在としてありつつ，その御言葉である神と同一の存在を有する[163]。そして，以上のことから必然的に，〔御言葉は〕彼〔神〕と同一の本質および本性を有し，神について言われるすべてのことは，神の御言葉に一致するということになる。

第42章　カトリック信仰が以上のことを
教えていること

　そしてそれゆえ，カトリック信仰の規定によって我々は，御子が御父と実体を同じくするということを宣言するよう教えられている。こうすることで，2つのこと〔謬見〕が排除される。まず最初に，御父が，また御子が，肉体的な誕生の観点で理解されることがなくなる。子の実体を父から，どんな仕方ででも切り離してしまうとそういうことになり〔そういう理解に行き着き〕，それゆえ，御子は御父と実体を同じくしないことにならざるを得なくなるからである。次いで，御父と御子を，理解可能性の領域での誕生という観点から，すなわち，言葉が我々の精神のうちに宿るようにして，偶有として知性に加わるのであって，その本質に属する実在ではないものとして，我々が理解する

---

　163)　一般の知性において，知性そのものと概念とは別の存在である。しかし，知性そのものと理解のはたらきが同一である神の知性においては，理解のはたらきにおける存在である概念も，神の知性すなわち神自身と同一の存在である。神においてその存在は本質と同一なので，必然的に，神の概念は神の知性と本質においても同一であることになる。

　神の概念すなわち神の言葉が子なる神であり，神の言葉を宿す知性が父なる神である。そして，この関係において，子なる神は受動的な模倣物ではなく，父なる神と同一の存在である。

ことがなくなる[164]。

第 43 章　神のうちでは御言葉には，時間，形象，現実の存在のどの観点でも，御父との違いがない[165]

さて，本質が異なっていないものどもに，形象の違いがあること，時間の違いがあること，そして現実の存在の違いがあることは不可能である。したがって，御言葉は御父と実体を同じくするのだから，必然的に，先に言われたもののいずれも，〔御言葉を〕御父と異ならしめることはない。

まず，時間という観点で異なるということはあり得ない。というのは，この御言葉が神のうちに置かれるのは，神が御自身を理解することによってであり，すなわち，その御言葉を理解すべきものとして宿らしめることによってであるので，必然的に，いつであれ神に御言葉がない時があったとしたら，神は御自身をその時理解していなかったということになる。しかし，神は，存在してきたその間常に，御自身を理解していらっしゃった。というのは，その〔神の〕理解のはたらきは，その〔神の〕存在だからである[166]。したがって，その御言葉もまた常にあった。そしてそれゆえ，カトリック信仰の規定のもとに我々はこう言う。「父から，すべての時代に先立って生まれた」[167]と。

形象の観点からも，神の御言葉が神と，〔御言葉が知性に包含されるがゆえに〕より小なるものとして異なってい

---

164)　いずれもアリウス派の神理解を思わせるものである。

165)　Cf. ST, I, q.42, a.2.

166)　本書第 31 章。

167)　ニケア＝コンスタンティノープル信条による。

論考前半　三一なる神，およびその業について　　67

ることは不可能である。神が御自身を，あるがままより小さく理解することはないからだ。ところで，御言葉は完全なる形象を有している。というのは，〔御言葉が〕その御言葉であるものは，完全に理解されているからである。したがって，神の御言葉は，形象という観点でまったく完全に神性を有しているのが必然である[168]。

　また，〔自分とは〕別のものから生じるものどもが，〔自分が〕そこから生じるものどもの形象を完全に〔そのまま〕現実化することがないのは明らかである。1つの例を挙げると，すなわち，〔これまで言われてきた誕生〔生殖〕という語とは〕同名異義の誕生〔生殖〕の場合だが，太陽から太陽は生まれず，ある動物が生まれるのである[169]。したがって，そのような不完全さが，神の誕生からは排除されるように，我々は「神は神から」生まれたと宣言するのである[170]。別の例を挙げると，何かから生じるものが，純粋さを欠いたために〔元のものとは〕異なるものになるということがある。すなわち，それ自身としては単一で純粋なものから，外的質料に付加がなされることによって何か最初の形象あるいは種的本質に欠けているところがあるものが生み出される時は。大工の精神のうちにある家から，質料のうちにある家が出来る。そして，一定の大きさの物体に受け取られた光から色が生じ，また他の元素が結びついた火から混合体が生じ，また，不透明な物体にさえぎら

───────────
168)　本書第 30 章。神は自身の本質によって神を認識しているので，概念としての神は神そのものである。

169)　アリストテレスの宇宙観であるが，現実にも地球上の植物は，太陽光を受けて光合成し，それを草食動物が食べ，肉食動物は草食動物を食べて生きている。その意味では，太陽は動物を生み出している。

170)　ニケア＝コンスタンティノープル信条による。神から生まれた神は，生んだ神と別種の存在であるという誤解が「神よりの神」という表現で退けられる。

68　　　　　　　　第 I 部　信仰について

れた光線から影が生ずるように。したがって，このような
ことが神における誕生から排除されるように，「光よりの
光」と付け加えられているのである[171]。3 番目の例を挙げ
ると，何かから生ずるものは，その形象〔種的本質〕を，
真理を欠いているために現実化しないということがある。
というのは，すなわち，現実の存在を真に受け取るのでは
なく，ある意味その類似物を受け取るだけだから〔現実化
しないということなのだ〕。例えば，鏡のように，あるい
は彫刻における像のように。またはさらには，知性あるい
は感性のうちにある事物の類似物のように。すなわち，人
間の像は真の人間とは言われず，類似物と言われる。また
哲学者が言う[172]ように，石は霊魂においてなく，石の形
象〔種的本質〕が霊魂においてあるのである。したがっ
て，これらが神における誕生から排除されるように，こう
付け加えられているのだ。「真の神からの真の神」[173]と。

　また現実の存在という観点からも，御言葉が神と異なっ
ていることは不可能である。御自身を理解することは，神
にとって自然本性に適っているからである[174]。すなわち，
知性はすべて，何かを当たり前に理解していることがあ
る。我々の知性に第一原理があるように。したがって，神

---

　171)　ニケア＝コンスタンティノープル信条による。神から生ま
れた神は，純粋さにおいて劣っているという誤解が「光よりの光」と
いう表現で退けられる。

　172)　『霊魂論』第 3 巻第 8 章 (431b29-432a1)。

　173)　ニケア＝コンスタンティノープル信条による。神から生ま
れた神は神に理解された概念としての神なので，実在するものではな
いという誤解が「真の神からの真の神」という文言で退けられる。な
おこの文言は，正教会とカトリック教会それぞれで用いられるニケア
＝コンスタンティノープル信条間の相違部分であるが，教義の差異を
示すものとは解すべきではない。文言上含まれていようといまいと，
子なる神は，真の神からの真の神である。

　174)　本書第 31 章。

論考前半　三一なる神，およびその業について　　69

は，その理解するはたらきがその存在であるので，なおもさらに当たり前に御自身を理解する。したがって，その〔神の〕御言葉は本性的にそれ〔神〕に由来するのであり，本性的起源以外から生じるもの，例えば，我々に由来して諸々の人工物が生じるということとは違うのである。これら〔諸々の人工物〕については〔「生む」ではなく〕「作る」と我々は言う。しかしながら，本性的に我々から生ずるものを，我々は生まれると言い，子〔のようだ〕とするのである。したがって，神の御言葉が本性的に神から生じたのではなく，御自身の意志の力で生じたと理解されることが決してないように，こう付け加えられているのである。「生まれたのであって，作られたのではなかった」[175]と。

第44章　これまで述べてきたことからの結論

　したがって，これまで述べてきたこと[176]から明らかであるように，先に語った神における誕生のありさまはすべて，御子は御父と実体を同じくするということに関わっているので，それゆえ，すべての後では，全体の総括として，こう締めくくられる。「父と実体を同じくする」[177]と。

　　175）　神は自己理解そのものであるので，第29章にあるように，常に現実態において，自己を認識している。本文での「御自身の意志の力で」という文言は，神には神を生まないことも可能だったが，選択の結果，神を生むことに決めたという意味で用いられている。神が神を生むことは，選択の結果ではない。神は自己認識のはたらきそのものであるので，神を生むことは自然本性的なことである。

　　176）　本書第41，43章。

　　177）　ニケア＝コンスタンティノープル信条による。日本のカトリック教会における公式訳では「父と一体」である。この一体という文言に当たるラテン語は consubstantialis すなわち，実体 substantia を

70   第 I 部　信仰について

第 45 章　神は御自身のうちに，愛される
　　　　　　ものが愛するもののうちにある
　　　　　　のと同じようにあること。

　理解されているものが，理解するもののうちに，理解さ
れている部分だけが存在するように，愛されているものも
また，愛するもののうちに，愛されている部分だけが存在
している。というのは，愛するものは，愛されているもの
に，ある種の内的な運動によって，ある意味動かされてい
るからである。それゆえ，動かすものは動かされているも
のに接しているので，必然的に，愛されているものは愛す
るものに対して内的に存在していることになる[178]。また，
神は，御自身を理解されるのと同じく必然的に，御自身を
愛される。すなわち，理解されている善は，それ自体愛さ
れるものだからである。したがって，神は御自身のうち
に，愛されるものが愛するもののうちにあるようにしてあ
る。

───────────────
共に con するということである。
　178）　通常，愛されているものは愛するものの外にあるから渇望
されるという点が，着目される。しかし，ここでは愛されているもの
は愛するものを動かしており，その意味で，愛されているもののうち
に原因，すなわち目的因としてあるということに重点が置かれている。
ちなみに，神の場合は最高善である自身を認識することで，最高善が
神のうちに愛をかきたてるという図式になっているので，愛されてい
るものが愛するもののうちにあるという関係は，神において最高に当
てはまる。

論考前半　三一なる神，およびその業について　　　71

第46章　神のうちなる愛は霊と呼ばれること[179]

　また，理解されたものは理解するもののうちにあり，そして愛されるものは愛するもののうちにあるので，何かのうちにある存在という様々な概念が，2つの面〔理解と愛〕に即して考察されねばならない。すなわち，理解するということは，理解するものが理解されるものになんらかの仕方で似ることで起きるので，必然的に，理解されるものは理解するもののうちに，そこにその類似物があるという形で，あることになるからである。また，愛するということは，愛するものの，愛されているものによる，ある意味での運動として起きる。すなわち，愛されているものは愛しているものを，自分の方に引っ張るからである。したがって，愛することは，理解のはたらきが，理解されているものの類似像を完成とするように，愛されているものの類似像を完成とするわけにはいかず，愛するものが愛されているものに引かれ結びつくことで完成するのである[180]。また，主な類似の移し込みは，生物の間で生むものが父，生まれたものが子と名づけられるような同義的な誕生として起きる。同一のものどものうちでは第一の運動もまた形象によって起きる。それゆえ，神が，理解されているものが理解するもののうちにあるようにして，神のうちにあるというその様態は，〔3つのペルソナから成る〕神のうちでは，我々が御子，すなわち神の御言葉と呼ぶものによって表現されるのと同じく，神が，愛されているものが愛す

---

179)　Cf. ST, I, q.27, a.4; q.30, a.2, ad2; q.36, a.1.

180)　理解のはたらきは概念という対象の類似像を知性が得ることで全うされるが，愛のはたらきは，対象と結びつくことで全うされる。

72   第Ⅰ部　信仰について

るもののうちにあるようにして，神のうちにあるという様
態を表現するのに，我々は，そこに霊を，すなわち神の愛
を置く[181]。そしてそれゆえ，我々は，カトリック信仰の規
定に従って，霊を信じるよう命じられているのである[182]。

第 47 章　神のうちにある霊は，聖であること[183]

　また，考えるべきは，愛されている善は目標としての面
を有しており，また目標によって，意志の運動のいい悪い
が決まるので，必然的に，最高善そのものが愛されている
という愛は，これ〔最高善と〕はすなわち神であるので，
ある種の卓越した善性を摑んでいることになるが，これ
は聖性という名で表現されるということである[184]。あるい
は，ギリシア人たちに倣って純粋という意味で聖なると言
われることにもなるが，というのも神のうちにあるのは，
あらゆる欠如とは無縁の最も純粋な善性だからである。あ
るいは聖なるとは，すなわち固いという意味で，ラテン人
たちに倣って言われることにもなるが，というのも神のう
ちには動かすことのできない善性があり，これによって神
へ向かう秩序を成しているものはすべて，聖なると言わ
れるのである。例えば，神殿，または神殿の祭具，そして神
の礼拝に奉げられたすべてのように。したがって，そのお
かげで我々に，神がご自身を愛する愛が入り込んでくる霊

────────────
　　181)　霊と訳されるラテン語 spiritus は，spiro 息吹くの派生語で
あり，息という意味もある語である。動的な生命力というイメージと
結びついている語であり，愛の動的性格と重なる。
　　182)　ニケア＝コンスタンティノープル信条および使徒信条の，
聖霊への信仰告白の箇所に相当する。
　　183)　ST, I, q.36, a.1.
　　184)　聖とは神にのみ存する価値であり，したがって神における
卓越した完全性は聖性と呼ばれる。

論考前半　三一なる神，およびその業について　　73

が，聖霊と名付けられるのは相応しいことだ。またそれゆ
え，カトリック信仰の規定は，「私は聖霊を信じます」と
言う時に，ここまでで語られてきた霊を聖なるものと呼ん
でいるのである。

第48章　愛は〔3つのペルソナから成る〕 神のうちでは非必然的なものと 言われないこと

　さて，神の理解するはたらきが御自身の存在であるよう
に，また彼〔神〕の愛するはたらきも同様である。した
がって，神は御自身を，なんであれ御自身の本質にとって
余計なものによって愛することはなく，御自身の本質に
よって愛するのである。したがって，神が御自身を，彼
〔神〕が御自身のうちに愛するもののうちなる愛されるも
のとしてあることで，愛しているので，神が愛する神のう
ちにある愛される神であるというのは，愛されている諸事
物が，愛している我々のうちに偶有的にあるように，偶有
的なこととしてではない[185]。そうではなくて，神が御自身
のうちに，愛されているものが愛するもののうちに実体的
に〔すなわち，実体の一部として必然的に〕あるように
してある。したがって，聖霊御自身は，そこで我々に神

---

　185)　一般に，人間にとって，愛するということは必然的ではな
い。愛していない時にも人間は人間のままだからである。そのように，
必然的ではないが備わっているものを偶有という。愛されているもの
が愛しているもののうちにあるという図式を現在の議論では活用して
いるが，愛が偶有なら，愛されているものも，愛しているものに必然
的に備わるものではなく，偶有である。しかしながら，本書第34章
にあるように，神はその意志のはたらき，すなわち愛のはたらきその
ものである。したがって，神は必然的に愛するものであり，それゆえ
に神のうちには，愛が必然的に備わっている。

74 　　　　　　　　第 I 部　信仰について

の愛が入り込むのだが，神のうちにはどのような偶有も
なく[186]，実体的にあるものとして，御父と御子と同じく神
の本質のうちにある。そしてそれゆえ，カトリック信仰の
規定により〔聖霊は〕ともに拝み，そして〔御父および御
子と〕同時に崇めるべきであることが示されているのであ
る。

第 49 章　聖霊は父と子とから発出されたこと[187]

　また，考えるべきは，理解するはたらきは知性の力から
発するということである。そして，知性は現実態において
考えるがゆえに，それ〔知性〕のうちに理解されているも
のはある。したがって，理解するもののうちにある，理解
されている存在なるものは，知性の理解する力から発す
る。これは既に言われた[188]とおりである。同様に，愛さ
れているものもまた，〔それは〕現実態で愛されているが
ゆえに，愛するもののうちにある。また，何かが現実態で
愛されているということは，愛するものの愛する力から発
し，かつ現実態で理解されている愛すべき善から発する。
それゆえ，愛するもののうちにある，愛されているものの
存在なるものは，2 つのものから発することになる。すな
わち，愛することの始原から，そして，把握された理解す
べきもの，すなわち愛すべきものについて〔知性のうち
に〕宿った言葉から。
　したがって，既に言われたこと[189]から明らかなように，
御自身を理解し，御自身を愛される神のうちにある御言葉

　　186）　本書第 23 章。
　　187）　Cf. ST, I, q.36, a.2.
　　188）　本書第 37 章。
　　189）　本書第 39 章。

が御子であり，また〔御言葉が〕その御言葉である彼〔神〕が御言葉の父であるので，必然的に，聖霊は，愛に関わるので，神が御自身のうちで，愛するもののうちにおける愛されているものとしてある限りで，御父から発出し，かつ御子からも発出する。またそれゆえ，信条ではこう言われている。「父と子とから発出する」と[190]。

190）　いわゆるフィリオクェは，正教会とカトリックの間での，ニケア＝コンスタンティノープル信条における争点の一つ。コンスタンティノープル公会議（381）で採択されたニケア＝コンスタンティノープル信条では「聖霊は父から発出し」とあるのみであり，「子からも」という文言は含まれていない。西方教会における発生時期は不明だが，トレド司教会議（589）では現れているという。その後，フランク王国ではアーヘン司教会議（807）にて公式採択された。当時の教皇レオ 3 世はローマ教会の典礼でもフィリオクェを受容するよう求められたが，応じなかった。しかし，11 世紀にベネディクト 8 世によって受け入れられた。

正教会は，ニケア＝コンスタンティノープル信条はカルケドン公会議（451）で改変を禁じられているという理由で，西方教会だけの決定による改変を，受け入れなかった。

第 2 リヨン公会議（1274），フィレンツェ公会議（1438-1445）は東西教会合同のための公会議という性格を有していたが，カトリック側はフィリオクェを正当化し，正教会側は会議後，署名撤回などにより合同決議を破棄している。

正教会にとってフィリオクェは三位一体についての解釈的表現である限りは認められるが，全教会の共同の条文であるニケア＝コンスタンティノープル信条への挿入は認めがたい。いっぽう，カトリックにとっては，公会議でも確認された正当性のある改変である。

しかしながら，最近では，カトリック側にも歩み寄りの姿勢があり，ヨハネ＝パウロ 2 世による使徒的書簡 A Concilio Constantinopolitano（1981 年 3 月 25 日）および教理省宣言 Dominus Iesus（2000 年 8 月 6 日）ではフィリオクェのない形でのニケア＝コンスタンティノープル信条の引用ないしは言及が見られる。久松英二『ギリシア正教　東方の智』（講談社，2012 年），pp.172-187 参照。

第Ⅰ部　信仰について

第50章　神のうちではペルソナが3つ
であることは本質の一性と対
立しない[191]

　さて言われてきたこと[192]をすべてまとめると必然的に，神性のうちにはなんらかの意味での三のようなものを我々は置いているが，これは本質の一性および単純性とは対立しないということになる。というのは，神は，御自身のあるがままにおいて実在し，御自身によって理解されており，愛されているものとしてある，ということは認めなければならないからである。

　また別の論だが，以上のことは，神のうちと我々のうちで起きる。すなわち，自分のあるがままだと人間は実体であるが，彼〔人間〕の理解するはたらきと愛するはたらきとは彼〔人間〕の実体ではないので，人間は確かに，そのあるがままで考えられるなら，ある種の自存する事物であるが，その知性だけを見るなら自存する事物ではなく，自存する事物によるある種の志向性である。そして，〔人間が〕それ自身のうちに，愛するもののうちの愛されるものとしてあるという観点でも同様である。それゆえ，人間のうちでは以上のように，ある種の三を考えることができる。すなわち，自分自身のあるがままである人間と，知性のうちにある人間と，愛のうちにある人間と。しかし，これらの三は一ではない。というのは，その〔人間の〕理解のはたらきはその〔人間の〕存在ではなく，愛するはたらきの場合もまた同様だからである。そしてそれら3つの

---

191)　Cf. ST, I, q.30, a.1.
192)　本書第37-49章。

論考前半　三一なる神，およびその業について　　77

ものの1つだけが，自存する事物である。すなわち，それ自身のあるがままである人間である。

しかし，神においては存在と知性のはたらきと愛のはたらきは同一である。したがって，御自身のあるがままの存在としてある神，知性としてある神，そして愛としてある神は1つであり，そうでありながら，それらの1つ1つが自存している〔実体としてある〕。そして，知性あるものとしての自存する諸事物[193]を，ラテン人たちはペルソナと呼び習わしていたが，一方ギリシア人はヒュポスタシスと呼び習わしていたので，それゆえ神について〔語る時〕ラテン人は3つのペルソナと言い，一方ギリシア人は3つのヒュポスタシスと言う。すなわち，御父と御子と聖霊と。

第51章　神のうちで3つのペルソナに
対立があるように見える理由

しかしながら，これまで述べてきたこと[194]からは，ある種の対立が生じると思われる。なぜなら，神のうちになんらかの三のようなものが置かれるなら，あらゆる数はなんらかの区別をもたらすので，必然的に神のうちになんらかの差異を置くことになり，それ〔差異〕で3つのものが相互に区別されるということになるだろう。またそうなれば，神のうちに最高の単一性はないことになるだろう。すなわち，三が相応しいと言う場合，つまり3つのものが区別されている場合は，必然的にそこに複合があることに

---

193)　ボエティウスによるペルソナの定義である。『二つの本性と一つのペルソナについて』3章（PL64, 1343）参照。

194)　本書37-50章。

なり，先の箇所での議論[195]と対立する。

さらに，既に示された[196]とおり，神は一でしかないこと〔一でしかなく三ではあり得ないこと〕が必然なら，また，どんな1つの事物も，それ自身から生ずる，あるいは発することはないとすると，神が生まれている，神が発出しているということは不可能であるように思われる。したがって，神のうちに，父と子，そして発出する聖霊の名を置くことは偽である〔ことになる〕。

第52章 〔以上の〕議論への解答：または，神のうちには関係による区別以外ないこと

さて，この疑問を解決するためには，こう始めなければならない。現実在が多様であるため，多様な事物のうちには，あるものが他のものから生じ，あるいは発する多様な様態がある。すなわち，生命を欠いている事物の場合は，自ら動くものではなく，外的に動かされ得るのみなので，あるものは別のものから，外的に変化させられるという形で生じる。例えば，火から火が生じ，空気から空気が生じるように。

しかし，生物の場合は，自ら動くことがそれらの属性であって，生むものそのもののうちで生まれる。例えば，動物の子や植物の実のように。また，多様な力と同一物の発出による発出の多様な様態を考えることができる。

すなわち，〔それらの〕力のあるものは，そのはたらきが，質料的である限りでの体にしか及ばない。例えば，植

---

195) 本書第9章。
196) 本書第13-15章。

論考前半　三一なる神，およびその業について　　79

物的霊魂[197]の力についてみればよく分かる。植物的霊魂
は栄養，成長，生殖に関わり，この，霊魂の〔最後の〕種
類の力〔生殖に関わる力〕によって，生きものたちの中で
は，それを生んだものと，物体的に区別されながらもなん
らかの形で結びついている物体的なものだけが生じる。

　また，ある力は，そのはたらきが，たとえ物体を超える
ことはないとしても，物体の形象には〔物体性を〕脱け出
して達する，すなわち質料なしにそれらを受け取る力であ
る。例えば，感性的霊魂のあらゆる力に見られるように。
というのは，哲学者が言っているように，「感性は諸々の
形象を受け取るものだ」からである[198]。しかし，このよう
な力は，〔それぞれ〕なんらかの様態で非質料的に事物の
形相を受け取るとは言え，それらを身体の器官なしで受け
取っているわけではない。したがって，もしひょっとし
て，霊魂のこのような力のうちに発出が見られないなら，
たとえ，身体の器官の助けがまったくないわけではないと
しても，発出するものは，そこから発出してきた〔元の〕
ものと，物体的に区別されている物体的な何かでも，なん
らかの形で結びついている物体的な何かでもないが，非物
体的，非質料的にはなんらかの様態で区別され，結びつい
ているものであるということになろう。すなわちこのよう
にして，諸々の動物のうちで，イメージされた事物のかた
どりが発するのである。これら〔かたどり〕は確かにイ
メージ力のうちに，物体が物体のうちにあるようにして存
在するのではなく，〔それぞれ〕なんらかの霊的な様態で

---

　197)　アリストテレスにおける霊魂は，生命力や生命活動とほぼ
同義である。植物の生命活動は，栄養を吸収し，成長し，生殖すると
いうことから成り立っている。そのことに，植物的霊魂は栄養，成長，
生殖に関わるという表現が与えられているのである。

　198)　『霊魂論』2 巻 12 章 (424a18sq.)。

80   第 I 部　信仰について

存在する[199]。またそれゆえ，アウグスティヌスは，視覚的
イメージを霊的なそれと呼んでいる[200]。

　また，イメージ力のはたらきによっては何も，物体的
様態では発出しないなら，このこと〔物体的様態では発
出しないということ〕は，知的部分のはたらきによる場
合には，〔イメージ力の場合〕より，かなり強力に起きる
だろう〔物体的様態から遠ざかるだろう〕。これ〔知的部
分〕は，そのはたらき〔が実現したもの，現実態としての
はたらき〕の業（わざ）のうちですら身体の器官をまったく必要と
せず，その〔知的部分〕のはたらき〔が実現したもの，現
実態としてのはたらき〕の業（わざ）はまったく非質料的だからで
ある[201]。というのは，言葉が知性の業（わざ）として発するのは，
語るものの知性そのもののうちに実在するものとしてであ
り，場所としてその〔知性の〕うちに保持されているもの
としてではなく，物体としてそれ〔知性〕から分離された
ものとしてでもなく，確かに起源への秩序において〔知

　　　————————————————

　　199)　今日的な言い方をするなら，目も視神経も脳も物体だが，
それらの器官のはたらきで生ずる視覚像は，目でも視神経でも脳でも
なく，したがって，物体ではないが，物体的なそれらの器官と結びつ
いているという表現になろう。

　　200)　『創世記逐語註解』12 巻 6 章 (PL34/458sq.)。

　　201)　感覚の対象は物体的な個物であるので，感覚像は物体では
ないにしても物体と強く結びついている。しかし，知性による概念的
把握は，例えば，白いイヌも黒いイヌも，色に関わらずイヌとして理
解することができるように，物体的な個物ひとつひとつを超えた普遍
的なものである。

　　今日，人間の知性は脳という器官と強く結びついていることが知ら
れているので，知性が身体の器官を全く必要としないというトマスの
主張は，にわかには受け入れがたく思えるかもしれない。しかしなが
ら，一つひとつの脳が物体としては個々別々の脳であっても，脳と結
びついた知性がおこなう概念把握は，物体としての個々の脳を超えて，
すべての脳の間で通用する普遍性を有している。このような意味で知
性の業はまったく非質料的すなわち非物質的であると言うことは可能
であろう。

性〕そのもののうちに実在するものとしてである。そして，同じことが意志の業（わざ）として起きる発出にも言える。つまり，既に言われているように，愛されている事物が愛するもののうちに存在するような仕方で存在しているのである[202]。

　たとえ，知性の力と感性の力が，それそのものとして見る限り，植物的霊魂よりも高貴〔高度〕であるとしても，それでも，人間のうち，あるいは他の動物のうちでは，イメージに関わる部分の発出として，あるいは感性的な部分の発出として，何か，当の種の現実在という形で自存するものが発出するのではない。このこと〔当の種の現実在という形で自存するものが発出すること〕が起きるのは，植物的霊魂のはたらきに即して起きる発出を通してのみ起こるのみである[203]。そしてそれゆえ，このことは，質料と形相とからなる複合体の場合は常に，同一の種に属する個物の多数化は，質料の別に応じて起きるということになる。それゆえ，人間の場合と他の動物の場合は，形相と質料から複合されているので，物体的な区別によって，種を同じくしながら個体として多数化するのであるが，これ〔物体的な区別〕は，植物的霊魂の業（わざ）に即して見出されるのであって，霊魂の他の業として見出され得ない[204]。また，質料と形相とによる複合体でない諸事物の場合は，形相的区

---

　202)　初期トマスは，意志が理性に生じさせるのは活動のみであって，活動の内的目的ではないと考えていたが，『神学大全』第1部執筆の頃には，意志が内的目的をも生じさせると主張するようになっていたという（Cf. ST, I, q.37, a.1.）。

　203)　植物的生命は，栄養摂取，成長，生殖と，自身の物体的な増大，増殖に関わる生命活動に終始している。動物的生命，人間的生命においては，感性的イメージおよび知性的認識の発出という非物体的な現象が起きる。

　204)　動物的生命，人間的生命にも，栄養摂取，成長，生殖という植物的な一面は存在する。

82   第 I 部　信仰について

別だけしか見出され得ない。しかし，もし形相が，すなわ
ちそれによって区別がなされるものが，事物の実体である
なら，必然的に，あの〔ここで言われている〕区別は，な
んらかの自存する諸事物のものであることになる。しか
し，あの形相が事物の実体でないならそうはならないだろ
う。

　したがって，知性すべてに共通のものがあるなら，既に
言われていることから明らかなように，知性のうちに宿る
ものはある面では，理解するものである限りでの理解する
ものから発するのでなければならず，またある面では，そ
の発出によってそれ〔理解するもの〕とは区別されるので
なければならない。例えば，知性の宿し〔概念〕，すなわ
ち理解された志向性，理解する知性とは区別されるよう
に。また同じく，愛する人の情動は，それによって愛され
るものは愛するもののうちにあるので，愛するものである
限りでの愛するものの意志から発するのである[205]。

　しかし，その理解するはたらきがそのものの存在である
ということは神に固有のことなので，必然的に，知性の宿

───────────────

　205)　理解により生み出された概念は，理解のはたらきにより生
じたものである限りにおいて，理解のはたらきがないときも知性とし
て存在している知性そのものとは別物である。しかし，このことは後
述の通り，その存在が理解するはたらきそのものである神の知性には
当てはまらない。
　愛されるものは，愛の情動の原因という形で，愛するものに結びつ
いており，その意味で愛するもののうちにある。その限りで，愛する
ものと愛されるものは別物だからこそ愛で結びついているとしか言え
ない。しかし，このことは，第 33 章にある通り，神の知性と一体で
ある神の意志にはあてはまらない。神の知性が自身の本質による認識
で，神を概念すなわち懐胎し，生むということは，同時に意志のはた
らきであり，生む神と生まれる神の間に本質による愛しあいがあると
いうことである。そして，この愛のうちに愛されるもの，すなわち生
まれる神と生む神とがある。それゆえに愛もまた神であり，聖霊と呼
ばれる。

論考前半　三一なる神，およびその業について　　83

し〔概念〕は，すなわち理解された志向的存在〔志向性〕
は，その〔神の〕実体であるということになり，また，愛
するものである神御自身のうちでの情動についても同様で
ある。したがって，〔結論として〕残るのは，神の知性の
志向性，すなわちその〔神の〕御言葉が，それ〔御言葉〕
を生み出すものと，実体という意味での存在としては区別
されず，あるものが別のものから発出しているという観点
での存在としてのみ区別されるということである。そし
て，愛するものである神のうちでの愛の情動についても，
すなわち聖霊に関わるものについても，同様である。

　したがって以上のことから明らかなのは，神の御言葉，
すなわち御子が，御父と実体として一であっても差し支え
ないが，しかし，既に言われた[206]ように，発出という関
係に関しては彼〔御父〕と区別されるということである。
それゆえ，自分自身からそれと同じものが生じることはな
く，発することもないことは明らかである。御子は，御父
から発出したという面では，彼〔御父〕とは区別される。
そして，同一の論が，御父と御子とに関係していることを
踏まえるなら，聖霊についても言えるのである。

　　第53章　御父と御子と聖霊が区別されて
　　　　　　いる関係は，現実であって，単
　　　　　　なる思考上のものではないこ
　　　　　　と[207]

　さて，御父と御子と聖霊が相互に区別されている関係
は，現実の関係であって，単なる思考上のものではない。

---

206)　本書第41-44，49章。
207)　Cf. ST, I, q.28, a.1.

というのは，そのような関係は思考上のものであって，それが事物として現実に存在しているということを帰結せず，単に把握されているだけだということを帰結する。例えば，石の左右が現実の関係でなく，思考上の関係としてのみ存在するようなものだ。石に〔利き腕のように右側と左側を決める決め手となる〕能力が現実にあるわけではなく，石に左側があるというのは，動物〔の体〕に左側があるからという理由でそう把握するものの受容という形でしかあり得ないからだ。しかし，左と右は，動物の場合は，現実の関係である。動物の〔体の〕それぞれ決まった部分で，それぞれの能力が現に見出されるからである[208]。したがって，これまで言われてきた関係，すなわち御父と御子と聖霊が区別される関係は現実にある神のうちに現実に存在するので，必然的に，これまで言われてきた関係は現実の関係であって，単なる思考上の関係ではないということになる。

208）　石の右側と左側は，石を見ている人間の位置によって決まり，人間が移動すれば，あるいは石をひっくり返せば，右と左は入れ替わる。このような場合の左右が，現実の関係ではないと本文で言われているものである。

いっぽう，人体を例にとると，内臓が左右非対称（心臓は左寄りにあり，右肺と左肺は大きさが違い，肝臓は右側に存在する）であることを考えても，人間の体の右側と左側は取り替えることができない。現実の関係である左右とはこのように入れ替えることができない左右である。

見方によって入れ替わる左右とは，見ているものが左右という二分法を当てはめて見ているから生じるものであって，言うなれば認識する側の認識形式の産物である。神は，認識する人間の認識形式により三位の神として理解されるのではなく，現実に三位の神であるというのが本章の主張である。

論考前半　三一なる神，およびその業について　　85

第54章　このような関係は，偶有として
内在するものではないこと[209]

　そして，〔このような関係が〕偶有として内在するというこ
うことはあり得ない。というのは，ある意味では，その関
係から直接帰結するはたらきが神の実体そのものだからで
あり，またある意味では，既に示された[210]とおり，神の
うちには偶有があり得ないからである[211]。それゆえ，これ
まで言われてきた関係が，神のうちで現実に存在するな
ら，必然的に，偶有として内在しているものではなく，実
体としてあるものだということになる。また，他のものの
場合は偶有として存在するものが，神のうちでは実体とし
て存在し得るのはなぜかということは，これまで論じられ
てきた[212]ことから明らかである。

第55章　ここまで言われてきた関係は
神のうちではペルソナの区別
として成り立つこと

　したがって，神のうちにある関係は，区別は偶有として
ではなく実体としてあるが，あらゆる知性的存在のうちで
は実体としてあるものには，ペルソナの区別があるので，
必然的に，ここまで言われてきた関係のゆえに，神のうち
にはペルソナの区別が成立することになる。したがって，

209）　Cf. ST, I, q.28, a.2.
210）　本書第 23 章。
211）　本書第 23 章。
212）　本書第 22，23 章。

86 第 I 部　信仰について

御父と御子と聖霊は，3つのペルソナであり，同じく3つ
のヒュポスタシスである。ヒュポスタシスという語はなん
らかの完成した実体存在を表すからである。

第56章　三より多くのペルソナが神のう
ちにあるのは不可能であるこ
と[213]

　神のうちでは三より複数のペルソナがあることは不可能
である。というのは，神のペルソナが実体の分割によって
多数化することはあり得ず，ただ，なんらかの発出関係に
よってのみ可能であって，しかもどんな発出であってもよ
いというわけではなく，どんな外的なものにも向けられて
いないような発出でなければならないからである。すなわ
ち，なんらかの外的なものに向けられていたなら，神性を
有することはなかったであろう。そして，神のペルソナあ
るいはヒュポスタシスであることはできなかっただろう。
また，神のうちなる，外に向けられていない発出は，既に
言われたこと[214]から明らかなように，知性のはたらきと
して，すなわち言葉が発するということとしてか，意志の
はたらきとして，すなわち愛が発するということとしての
か，いずれかでしか受け取れない。したがって，どんな神
的ペルソナも，言葉としてか——これを我々は御子と言う
——愛としてか——これを我々は聖霊と言う——いずれか
として発出しているのでなければ存在し得ない。
　さらに，神はすべてを一つの直観で，御自身の知性を通
して把握しているので，また同じく意志の一つのはたらき

---

213)　Cf. ST, I, q.30, a.2.
214)　本書第52章。

論考前半　三一なる神，およびその業について　　87

で，すべてを愛しているのであるから，神のうちでは言葉が複数であることも愛が複数であることも不可能である。したがって，御子は御言葉として発出し，聖霊は愛として発出するなら，神のうちでは子が複数であることも，聖なる霊が複数であることも不可能である。

　さらに，完全なものとは，その外には何もないもののことである。したがって本性上，自分の外から何かを受け取るものは，端的な意味で完全なものではない。それゆえに，端的な意味で，そのままで完全なものは，数的に多数化しない。例えば，神，太陽，光，またはそのようなもののように。そして，御子も聖霊も，既に示された[215]とおり，彼らのいずれも神であるので，端的な意味で完全なものであらねばならない。したがって，子が複数であること，あるいは聖なる霊が複数であることはあり得ない。

　以上とは別に，自存する何かをあのものこのものとし，他のものとは区別されたものとするものは，数的に多数化することができない。個物は複数のものについて〔述語として〕語ることができないからである。さて，子性によって御子は「この」神的ペルソナであり，御自身で自存し，他のものから区別されている。あたかも，個体化する諸原理[216]のもとでのソクラテスと「この」人格のように。したがって，個体化する諸原理は，それによってソクラテスが「この」人間であるという原理である限り，1つのものにしか当てはまらないように，子性も神のうちでは1つ

───────────────

　215）　本書第41，48章。

　216）　個体化する諸原理とは，同じ設計図で作られた大量生産の自動車が，すべて同じつくりをしていながら，一台一台は別の自動車であるという場合には，物質性を指す（中世哲学・スコラ哲学の表現に従うなら「質料が個体化の原理である」と表現される）。物質化される前の設計図上の自動車はすべての技術者の心の中に1つの同じものが共有されているが，物質化されると同じ構造を持った個々の車になるからである。

のものにしか当てはまらない[217]。そして，御父と聖霊との
関係についても同じである。したがって，神のうちでは父
が複数であること，子が複数であること，聖なる霊が複数
であることは，不可能である。

さらに，形相という観点からは１つであるもろもろのも
のを数的に多数化するのは，質料だけである。例えば，白
が多数化するのは，複数の基体のうちにあることによって
である。しかし，神のうちには質料はない。したがって，
神のうちで種〔形象〕と形相として１つであるものはなん
でも，数的な多数化が不可能である。そして，父性と子
性と聖霊の発出がこのようなものである。したがって，神
のうちでは，複数の部分があること，複数の子や複数の聖
なる霊があることは不可能である。

第57章　神のうちなる属性あるいはしる
しについて，もしくは父のうち
には数がいくつあるか[218]

以上のようなものは，神のうちにペルソナの数だけ存在
するだろうから，必然的に，ペルソナの諸属性，すなわち
それによって〔ペルソナが〕相互に区別されるものが，あ
る数だけ存在することになる。それらのうち３つは御父に
当てはまる。１つはそれによって，御子からの区別のみ

217）　ソクラテスという人間はこの世に１人しかいないように，
子なる神である神も１つしかあり得ない。たしかに，神のうちに個々
の神のペルソナができる個体化の原理は物質性ではあり得ないが，個
体化が何かによって起きているという図式は同じである。そして個体
化が行われている以上，人間の人格が唯一であるのと同じく，それぞ
れのペルソナは唯一である。

218）　Cf. ST. I, q.32, a.3.

がなされる。そしてこれが父性である。別のしるしによって，〔父は〕2つのものから分けられる。すなわち御子と聖霊から。そして，これは不生である。御父は他のものから発出した神ではないが，御子と聖霊とは他のものから発出しているからである。3つ目は，それによって御父御自身が御子と共に，聖霊から区別される。そしてこれは，共通の息吹と呼ばれている。さて，御父がそれによって聖霊とのみ異なっている属性を示すことはできない。既に示された[219]とおり，御父と御子は聖霊にとって唯一の始原だからである。

第58章　御子と聖霊の属性の何であり，
いくつあるかについて

　さて，御子には必然的に2つのものが当てはまる。すなわち，1つは，それによって御父から区別されるものであり，これが子性である。他には，御父と共に聖霊から区別されるものがあって，これが共通の息吹である。そして，聖霊とのみ区別される属性を示すことはできない。前に述べたように，御子と御父は聖霊の始原として唯一だからである。

　また同じく，聖霊と御子とが同時に御父から区別される属性も示すことができない。というのは，御父は，1つの属性，すなわち不生によって，つまり，発出することのないものとして，それらから区分されているからである。しかし，御子と聖霊の発出は1つではなく，複数なので，2つの属性が御父から区別される。さて，聖霊が1つの属性だけを有し，それによって御父と御子とから区別されてお

---

219)　本書第49章。

り，それは発出と呼ばれる。また，それによって聖霊が御子からだけ区別され，あるいは御父だけから区別されるというような属性は，既に言われた[220]ことから明らかなように，あり得ない。したがって，5つのものがペルソナに帰せられることになる。すなわち，不生，父性，子性，息吹，そして発出。

第59章　属性はなぜしるしと言われるか

さて，これらはペルソナの5つのしるしと言うことができる。これらによって我々に，神のうちのペルソナの区別が知られるが，しかしながら，この5つのものは，属性と言うことはできないからである。もし，これが属性という概念で考えられているなら，1つのものにのみ当てはまるものが，固有に属するものであると言われるだろう。すなわち，父と子には息吹が共通して当てはまっている〔のだから，属性とは言えないのが分かるだろう〕。しかしながら，なんらかのものに固有だと，他のものとの関わり上言われるというようなこと，例えば2本足ということが，人間と鳥とに4本足の動物との関わり〔対比〕で言われるような場合では，共通の息吹を属性と呼んで差し支えない。

しかしながら，神のうちには，諸々のペルソナが関係だけに拠って区別されているが，諸々のしるしは，それに拠って神のペルソナの区別が知られるので，必然的に，何らかの仕方で関係に属することになる。しかし，それらのうち4つは真なる関係であり，それによって神的ペルソナが相互に関わっている。しかし，5つ目のしるしは，すな

220）　本書第57，58章。

論考前半　三一なる神，およびその業について　　91

わち不生の場合，その関係への関わりは，関係の否定としてのものである。すなわち，否定は肯定の類に由来し，欠如は所有の類に由来するからである。例えば，人間が人間の類に属さない，白いものが白のグループに属さない〔とされる〕ように。

　しかしながら，知っておくべきは，諸々の関係のうちあるものは，それによってペルソナが相互に関係するがゆえに，父性，子性として名付けられたものであって，本来これらが関係を表すのである。しかしながら，名付け得ないもの，すなわち，それによって御父，御子が聖霊に関係づけられ，聖霊が彼ら〔御父と御子〕に関係づけられるようなものがあって，関係の代わりに起源の名を我々は用いる。すなわち，共通の息吹と発出が起源を表し，起源に従う関係を表しているのではないのは明らかである。このことについては，父と子の関係〔という観点〕を用いて〔さらに〕深く考えることができる。すなわち，生殖は能動的な起源を表し，これ〔能動的起源〕に父性という関係が伴う。一方，誕生が受動的な起源を表し，これに子性という関係が伴う。したがって同様に，〔起源である〕共通の息吹になんらかの関係が伴い，また発出にも伴う。しかし，関係と呼ばれてきてはいないので，我々は関係の名の代わりに，はたらきの名を用いる。

　　第60章　たとえ神のうちに自存する関係
　　　　　　　が４つだとしても，ペルソナは
　　　　　　　３つ以外にないこと

　また考えねばならないのは，たとえ，神のうちに実在す

92 　　　　　　　　第 I 部　信仰について

る関係が，既に言われた[221]とおり，神のペルソナそのも
のであるとしても，だからペルソナが5つあらねばなら
ず，あるいは関係の数に従って4つあらねばならないとい
うことはない。すなわち，数はなんらかの区別を起こす。
また，一が不可分あるいは分割されていないものであるよ
うに，複数であることは，可分であり分割されている。と
いうのは，ペルソナが複数であるためには，関係が，対置
という意味で区別する力を有していることを要する，すな
わち，形相的区別は対置によらざるを得ないからである。
したがって，ここまで述べられてきた関係について考える
なら，父性と子性とは相互に対置関係にあり，それゆえ，
同一の基体[222]のうちで互いに関係しているのではないと
いうことになり，このため，父性と子性は2つの自存す
るペルソナであるということになる。また，不生は確かに
子性と対置され，父性とは対置されない。それゆえ，父性
および不生は一にして同一のペルソナに当てはめることが
できる。同様に，共通の息吹は父性とも，子性とも，また
不生とも対置されない。したがって，共通の息吹は，御父
というペルソナにも御子というペルソナにも内在して差し
支えない。共通の息吹は特に，御父というペルソナと御子
というペルソナとから離れては，自存するペルソナではな
い。さて，発出は共通の息吹に対して対置関係にある。そ
れゆえ，共通の息吹が父と子とに当てはまるので，必然的
に，発出は御父というペルソナ，御子というペルソナとは
別のペルソナであるということになる。

　またこのことゆえに，神がなぜ，しるしの数が5である
からといって五と言われず，ペルソナが3であることで

　221）　本書第 54 章。
　222）　基体 subiectum はヒュポスタシスと同じく，下にあるもの
という意味の語であり，何かある状態が成立するためにその状態の担
い手となるものを指す。

三と言われるかが明らかになる[223]。というのは，5つのしるしが，5つの自存する事物なのではなく，3つのペルソナが3つの自存する事物だからである。またたとえ，1つのペルソナに複数のしるし，複数の属性が当てはまるとしても，それでもペルソナを成り立たせるものは，1つのものだけである。すなわち，これは，ペルソナが成り立つのは諸々の属性によって，つまり複数のものによって成り立つことだというのではなくて，自存する関係的属性そのものがペルソナだということである。それゆえ，一なるペルソナに当てはまる複数の属性としるしを有するのは，自然の秩序に即して発出するものであり，それがペルソナを成り立たせると解さねばならない。しかし他のものは既に成立したペルソナに内在するものと解される。また，不生は御父の，それをペルソナとして成り立たせる最初のしるしであり得ないことは明らかである。というのは，ある意味では，否定によって成り立つからであり，ある意味では本来，肯定が否定に先んじているからである。また，共通の息吹は，自然の順序では，父性と子性を前提としている。愛の発出が，言葉の発出を前提とするように。それゆえ，共通の息吹は御父の最初のしるしではなく，御子のでもない。したがって，〔結論として〕残るのは，御父の最初のしるしは父性であり，御子の最初のしるしは子性であり，また聖霊の場合，発出だけがしるしだということである。

　したがって〔この章の結論として〕残るのは，ペルソナを成り立たせるしるしは3つ，すなわち父性と子性と発出

───────────

223）　漢数字の五，三と算用数字の5，3とが混在しているが，算用数字の3は単に神のペルソナが三つであることを指すのに対し，三は三位一体の三である。5は神におけるしるしの数であり，しるしの一つひとつがペルソナと同じような存在であるなら五位一体と言えるような事態が起きていることになる。漢数字の五はこの意味での五を指す。

だということである。そして，これらのしるしは確かに属
性であるのが必然である。というのは，ペルソナを成り立
たせるものは，そのペルソナにのみ当てはまる〔他のペル
ソナには当てはまらない〕のが必然であり，すなわち，個
体化の原理は複数のものには当てはまらないからである。
したがって，ここまで述べられてきた3つのしるしは，ペ
ルソナの属性と呼ばれる。3つのペルソナを既に述べたや
り方で成り立たせるものとして。一方，ペルソナの他の属
性あるいはしるしは，「ペルソナの」とは言われない。〔そ
れらは〕ペルソナを成り立たせていないからである。

第61章　知性で〔思考の上で〕ペルソナ
　　　　　の属性を取り除くなら，ヒュポ
　　　　　スタシスは留まらないこと[224]

　また以上から明らかになるのは，知性によってペルソナ
の属性を取り除くなら，ヒュポスタシスは留まらないこと
である。というのは，知性によって，形相が取り除かれる
ことで起きる解体の際，残るのは形相の基体である。白が
取り除かれると表面が残り，それが取り除かれると実体が
残り，その形相が取り除かれると第一質料が残るように。
しかし，基体を取り除くと何も残らない。ところでペルソ
ナの属性は，自存するペルソナそのものであって，先んじ
て存在する基体に付け加わったものとしてペルソナを成り
立たせるのではない。神のうちのなにものも，端的な意味
で言われる分割されたものではあり得ず，相対的な意味で
のそれ〔分割〕にすぎないからである。したがって，〔結
論として〕残るのは，ペルソナの属性が知性によって取り

---

224)　Cf. ST, I, q.40, a.3.

論考前半　三一なる神，およびその業について　　95

除かれるなら，その分割されたヒュポスタシスは留まらず，ペルソナのしるしが取り除かれないなら，分割されたヒュポスタシスはそのまま留まるということである[225]。

第62章　知性で〔思考の上で〕ペルソナの属性を取り除いても，神の本質は留まること[226]

　さてもし，知性で〔思考の上で〕ペルソナの属性が取り除かれた時，神の本質が留まるかどうかを問うなら，こう言わなければならない。ある意味で留まり，ある意味では留まらないと。というのは，知性によって起きる解体には2通りある。その1つは，形相を質料から取り去ることによるもので，こうすることで，確かにより形相的なものから，より質料的なものに至る。すなわち，第1の基体であるものが最後に留まる。一方形相は，最初に取り除かれる。さて，もう1つの解体は，普遍を特殊から取り出すことによるもので，これはある意味では〔先の解体とは〕順序が逆である。すなわち，ものを個物化する質料的な条件が，普通に見られることから分かるように，先に取り除かれるからである。

　またたとえ，神のうちには質料と形相はなく，普遍と特殊もないとしても，それでも神のうちには，共通かつ固有で，共通の本性の基体がある。というのは，諸々のペルソナは，理解の仕方に応じて，個々各々の基体が共通の本性

225）　ペルソナは属性のみによって成立しており，属性それ自体がペルソナである。ギリシア語のヒュポスタシスは通常基体を意味し，基体は属性が取り除かれても残存するが，神のヒュポスタシスは属性と一体であり，属性が取り除かれると残存し得ない。

226）　Cf. ST, I, q.40, a.4.

に関わるようにして，本質に関わっている。したがって，知性によって起きる第1の方式での解体で，ペルソナの属性が取り除かれるなら，それ〔ペルソナの属性〕は自存するペルソナそのものであるので，共通の本性は留まらないが，第2の方式でなら留まるということである。

第63章　ペルソナのはたらきのペルソナ
の属性に対する関係

　さて，既に言われたことから明らかであり得るのは，ペルソナの属性に対するペルソナのはたらきの関係は，知性にとっていかなるものなのか，ということである。ペルソナの属性は自存するペルソナであるが，自存するペルソナは各々の本性のうちで，その本性を，本性によって分かち合ってはたらいている。すなわち，形象の形相は，形象として同じものを生み出す始原である。したがって，ペルソナのはたらきは神性の分かち合いに関わるので，自存するペルソナは共通する本性を本性そのものによって分かち合うのでなければならない。

　以上から2つのことを結論できる。それらの1つは，御父のうちにある生み出す力が神の本性そのものであること，すなわち1つ1つのはたらきをなす力がそれであり，それによってなにかがなされる始原である。もう1つのものは，ペルソナのはたらき，すなわち生み出すことが，理解の仕方に応じて，神性をも，御父のペルソナ的属性をも，すなわち，御父のヒュポスタシスそのものをも前提としている。たとえ，そのような属性が，〔それが〕関係である限りでは，はたらきの後に来るのだとしても。それゆえ，御父のうちで，自存するペルソナがあるということに目を向けるなら，御父であるから生むのだと言うことがで

論考前半　三一なる神，およびその業について　　　97

きる。また，関係を有しているということに目を向けるなら，反対に，生むから御父なのだと言うべきであると思われる。

第64章　御父および御子という観点で
　　　　　生殖を受け取る然るべき仕方

しかしながら，知るべきことは，能動的生殖の父性への関係を捉えるのと，受動的生殖あるいは誕生の，子であること・子性への関係を捉えるのでは，捉え方が違うということである。すなわち，能動的な生み出すことあるいは生殖は，自然の秩序において，生むペルソナを前提としている。しかし，受動的な生殖あるいは誕生は，自然の秩序において，生み出されたペルソナに先行している。生み出されたペルソナが，その誕生によって存在しているからである[227]。したがって，能動的な生み出すことは，理解の仕方に応じて，父のペルソナを成立させるものとしての父性を前提としているが，誕生は，子のペルソナを成立させるものとしての子性を前提しておらず，理解の仕方に応じてそれ〔子性〕に，2つの意味のうちのいずれかで，すなわち，ペルソナを成立させるものとしてという意味と，〔子性が〕関係であるという意味と，いずれかの意味で，先行している。そして，聖霊の発出に関わるものについても同様に理解されるべきである。

————————————
227)　父となる力を持っているから生み出すことができるとは言えるが，子である力を持っているから生まれることができるとは言えない。むしろ，生まれたから子であるという順序になる。

第Ⅰ部　信仰について

第65章　しるしとなるはたらきが諸々
　　　　のペルソナと理性によって
　　　　のみ異なっている，その方式

さて，しるしとなる諸々のはたらき，およびしるしと
なる諸々の属性の間に〔我々が〕当てはめた関係により，
我々はこう言いたい。しるしとなるはたらきは，事物とし
ては，ペルソナの属性と違いはなく，理解の仕方に応じて
のみ違っていると。すなわち，神の理解のはたらきは，理
解する神そのものであるように，父の生殖もまた，生み出
す父そのものである。たとえ，それとは違った形で表され
ているのだとしても。また同じく，たとえ1つのペルソナ
が，複数のしるしをもっているとしても，それでも，その
うちにはなんの複合もない。というのは，不生は，否定的
属性であるので，どんな複合もなし得ないからである。一
方，御父のうちにある2つの関係，すなわち父性と共通の
息吹は，確かに事物としては同一であって，御父のペルソ
ナに関わっている。すなわち，父性が御父であるように，
御父のうちにある共通の息吹もまた御父である。そして，
御子のうちにあれば〔共通の息吹は〕御子である。しかし
ながら，〔ペルソナが属性を通してそれぞれに〕関わって
いるものの観点では，〔属性は〕異なっている。すなわち，
父性によって御父は御子に関わり，共通の息吹によって聖
霊に関わっている。そして同様に，御子は子であることに
よって確かに御父に関わり，一方共通の息吹によって聖霊
に関わっているのである。

論考前半　三一なる神，およびその業について　　99

第66章　関係的属性は神の本質そのもの
　　　　　であること

　また，関係的属性そのものは，神の本質そのものであら
ねばならない。すなわち，関係的属性は，自存するペルソ
ナそのものである。また，神のうちに自存するペルソナは
神の本質以外ではあり得ない。そして，神の本質は，既に
示された[228]とおり，神の存在そのものである。それゆえ
〔結論として〕残るのは，関係的属性は，事物として神の
本質と同一だということである。
　さらにまた，何かのうちにありながら本質以外のもので
あるものはどれも，そのものに偶有的に内在しているもの
である。しかしながら，既に示された[229]ように神のうち
には，何も偶有的に存在し得ない。したがって，関係的属
性は事物として，神の本質と異なるものではない。

第67章　諸々の関係は，ポレタヌス派が
　　　　　言ったように外的に付加された
　　　　　ものであるのではないこと[230]

　また，ポレタヌス派[231]が言っていたように，ここまで

---

　228)　本書第10章。
　229)　本書第23章。
　230)　Cf. ST, I, q.40, a.1.
　231)　ポレタヌス派は，フランスの神学者・哲学者，ギルベル
トゥス・ポレタヌス（1075頃-1154）に始まる学派。ギルベルトゥス
は「プラトンは人である」という文中の「人」は属性であるが，「こ
の人を見た」という文中の「人」は実体であり，両者は区別されると
する観点から，神においても実体と属性を区別するよう提唱したため，

言われてきた諸々の属性がペルソナのうちにはなく，外的にそれら〔ペルソナ〕に関わっていると言うことはできない。というのは，現実の関係は，関係づけられた諸事物の間のうちにあらねばならないからである。このことは，被造物の間では明らかである。すなわち，現実の関係は，基体のうちの偶有のようにして，それら〔被造物〕のうちにある。そして，神のうちでペルソナが区別される関係は，既に示された[232]とおり，現実の関係である。したがって，神のペルソナのうちでは，確かに何も，偶有としては存在し得ない。すなわち，被造物のうちでは偶有である他のものも，神に移し替えると，偶有の性質を欠くようになる。知恵と正義，そしてその他そのようなものが，既に示されたように[233]。

さらに，神のうちには関係による区別以外あり得ない。すなわち，絶対的に言うならすべて，共通のもの〔であり，不可分で〕ある。したがって，諸関係が外的にペルソナに関わっているとすると，ペルソナそのもののうちにあるどんな区別も留まっていないだろう。したがって，ペルソナのうちにあるのは関係的な属性であるが，しかしながらそれゆえ，それらはペルソナそのものであり，また神の本質そのものでもある。知恵と善性が神のうちにあると言われ，そして，既に示された[234]とおり，神そのものにして神の本質であるように。

攻撃された。1148 年に神と神性を区別することを禁じられ，まぎらわしい言葉遣いを矯正するよう勧告された。ポレタヌス派は 12 世紀後半に増大した。

　ポレタヌス派の主張とされたものをペルソナの議論に当てはめるなら，ペルソナの属性はペルソナそのものではないことになるが，そうではないというのがトマスの議論である。

　232）　本書第 53 章。
　233）　本書第 23 章。
　234）　本書第 22，23 章。

論考前半　三一なる神，およびその業について　　101

第 68 章　神性の業と存在の第一のもの
　　　　　　について[235]

　したがって，以上のように，神の本質の一性とペルソナ
の三位一体について考えた後は，残った仕事として，三位
一体の業について考えなければならない。そして，事物の
うちで神の第一の業は存在そのものである。他のはたらき
は，これをすべての前提とし，基礎としている[236]。そして，
なんらかの様態で存在するものはすべて，神によって存在
しているのでなければならない。そして，秩序の中にある
ものすべてのうちで共通して見出されるのは，なんらかの
秩序で第一にして最も完全なものは，その秩序のうちで後
にある諸々のものの原因である。例えば，火が最も熱を有
するものであり，他の熱を持つ物体のうちにある熱の原因
であるように。すなわち，不完全なものは常に完全なもの
にその起源を有することが見出される。例えば，種子は，
動物および植物にその起源を有するのである。また既に示
された[237]ように，神は第一の最も完全な存在である。そ
れゆえに，〔神は〕存在を有するものすべてに対して，存
在の原因でなければならない[238]。

　さらに，分有[239]によって何かを有するものはすべて，

---

235)　Cf. ST, I, q.44, a.1; q.65, a.1.

236)　存在しなければどんなはたらきもなし得ない。

237)　本書第 3，18，20，21 章。

238)　それゆえに，神の第一の業は創造である。

239)　分有とはもともとはプラトンの概念である。現実に存在す
るものは完全ではなくどこか欠点を抱えている。ならば欠点のために
そのものでなくなるかというとそうではない。人間の場合，理想の人
格そのものである人間は 1 人もいないがその理想を部分的に有するこ
とで人間である。

102 第Ⅰ部　信仰について

本質によって有するものに，それ〔本質によって有するもの〕を始原および原因として，還元される。例えば，火で焼かれた鉄が，その本質によって火であるものから火性を分有しているように。また既に示されて[240]いるように，神はその存在そのものであるので，存在は，その本質によって彼〔神〕に当てはまる。そして，他のすべてには，分有によって当てはまるのである。すなわち，彼〔神〕の存在は別の何かの本質ではない。というのは，絶対的な存在と自ずから自存しているものとは，既に示された[241]とおり，1つでなければあり得ない。したがって，既に神は存在するものすべてにとっての存在の原因である。

第69章　神はものを創造する際，質料を前提としなかったこと[242]

　そして，以上のことは，神がものを創造する際，質料を前もってどこかから調達する必要がなかったことを示す。すなわち，はたらくものは何も，そのはたらきに，自分のはたらきによって生じるものを調達することはなく，そのはたらきによって生み出すことのできないものを調達するからである。すなわち，家造りは，はたらくために石と材木を調達する〔すなわち，よそから持ってくる〕が，というのは，自らのはたらきによってそれら〔石と材木〕を生み出すことはできないからである。そして，そのはたらきで生み出すのは家であり，家が〔家造りのはたらき〕に前もってあるということはない。また，質料が生み出される

---

240)　本書第11章。
241)　本書第15章。
242)　Cf. ST, I, q.44, a.2.

のは，神のはたらきによってでなければならない。既に示されたとおり，どんな形でであれ存在するものはすべて，神を存在の原因とするからである[243]。したがって，〔結論として〕残るのは，神がはたらく際には，質料を前提としないということである。

さらに，現実態は，自然本性的には，可能態に先行している[244]。それゆえ，より先なるものとして，それには始原として考えることが相応しい。そして，創造の際他の始原を必要とする始原はすべて，より後のものとして始原として考えるのが相応しい。したがって，神は最初の現実態として，諸事物の始原であるが，質料は，可能態であるものとしてあるので，神が創造の際に質料を前提とするというのは〔神と質料とに〕相応しくない。

さらにまた，原因というものは普遍的であればあるほど，その業はより普遍的である。すなわち，特殊な原因は，普遍的な原因の業を，ある決まったものに相応しいものとする。この限定は，普遍的な業に対して，現実態が可能態にあるような関係にある。したがって，現実態で存在させるということの原因はすべて，その現実態のための可能態にあるものが前提とされているから，普遍的原因というものの観点で言うと，特殊な原因である。そしてこの

---

243)　なんらかの材料から神が創造したのであれば，その材料は神が創造する前から存在したことになり，神が存在の原因とは言えなくなる。これは矛盾であるので，神は何の材料にも頼らず創造したことになる。

244)　現実態とははたらきであり，能動である。対する可能態は受動である。例えば火と薪を考えると，切った木がどのような木工細工の材料でもなく，燃やされる，すなわち燃えるということを受動する燃料であるためには既に燃えている火にくべられるなどしなければならない，すなわち火がそれを燃やすという能動的なはたらきが先行しなければならない。そういう意味で，現実態は可能態に先行している。

104   第 I 部 信仰について

ことは，神に相応しくない。既に示された[245]とおり，彼
〔神〕は第一原因だからである。したがって，質料をその
はたらきのために調達することもない。したがって，彼
〔神〕にはものを無から存在へ生み出すということが属す
る。これが創造である。そしてそれゆえ，カトリック信仰
は，彼〔神〕を創造者と宣言している。

第70章 創造することは神にのみ当て
はまるということ[246]

　さらにまた，神にのみ，創造者であることは当てはまる
ことが明らかになる。すなわち，創造することが当てはま
る原因とは，すなわち，既に述べられたところから明らか
なように，それよりさらに普遍的な原因を他に前提されな
い原因である。そして，このことは，神にのみ相応しい。
したがって，彼〔神〕だけが創造者である。

　さらにまた，可能態が現実態から離れれば離れるほど，
現実態に引き込むのにより大きな力があらねばならない。
しかし，可能態の現実態に対する距離がどれほどであろう
と，可能態そのものが引き去られるなら，常により大きな
距離がある[247]。したがって，何かを無から創造することは，
無限の力を必要とする。しかし，神だけが，無限の本質で
あるがゆえに無限の力を有する。したがって，神だけが創
造し得る。

　245）　本書第3，68章。
　246）　Cf. ST, I, q.45, a.5.
　247）　可能態とは素材であり，可能態そのものが引き去られた状
態とは，素材のない無を表す。素材のない無の状態ではたらくにはな
んらかの素材があってはたらく以上に大きな力が必要である。すなわ
ち，無からの創造には無限の力が必要である。

論考前半　三一なる神，およびその業について　　105

第71章　質料の多様さは事物の多様さの
　　　　　　原因でないこと[248]

　また，ここまで示されてきたことから，事物が多様である原因は，質料の多様さでないことは明らかである。というのは，既に示された[249]とおり，質料が神のはたらきに対し前提とされることなく，それ〔はたらき〕によって〔神は〕事物を生み出すからである。しかし，事物の多様性の原因が質料に由来するというのは，質料が諸事物を生み出すために調達されるということ，すなわち，質料の多様さに応じて，多様な形相が引き入れられるからに他ならない。したがって，神によって生み出された諸事物が多様である原因は質料でない。

　さらに，諸事物が存在を有するということは，そのまま複数性と一性を有するということである。すなわち，どんなものでも，存在するものとして〔のそれ〕は，また一なるものでもある。ところで，形相が質料のおかげで存在を有するのではなく，質料が形相のおかげで存在を有するのである。すなわち，現実態は可能態よりよく，また，何かがそのおかげで存在するものは，よりよいものでなければならないということである。したがって，形相は，質料が多様なのに応じて多様なのではなく，質料が形相が多様なのに応じて多様なのである[250]。

---

　248)　Cf. ST, I, q.47, a.1.

　249)　本書第69章。

　250)　物質の多様性は被造物の多様性の根源ではない。物質が多様であるとするなら，それはその物質に与えられた本質，すなわち形相の多様性に由来するのであって，根源的なのは形相の多様性である。

第72章　神が多様なものを生み出した方法と，諸事物の複数性がもたらされた仕方

さて，以上のようにして諸事物は一性と数多性に関わっているとすると，すなわち存在に関わっているとすると，または，事物の全存在は神に懸かっているとすると，既に示された[251]とおり，事物の複数性は，神からくるのでなければならない。そして，それがどのようにしてかを考えねばならない。

すなわち，行為するものはすべて，必然的に，可能な限り自身に似ていることを行なう。しかし，神の善性に，神によって生み出されたものが，神に見出される単一性のままに類似するということは，あり得ることではなかった。それゆえ，一にして単一なるものは，〔それによって〕生じた諸事物には，多様な仕方で，すなわち〔一であり単一であるというあり方には〕似ていない仕方で再現されざるを得なかった。したがって，神によって生み出された諸事物に多様性があるということは，神の完全性を多様な諸事物がそれぞれのやり方で真似するためには，避けようがなかった[252]。

さらに，原因によって生じたものはどれも，有限である。すなわち，既に示された[253]とおり，神の本質だけが無限である。そして，なんであれ有限のものは，他のものが付け加わることでより大きくなる。したがって，創られ

---

251)　本書第68，69章。

252)　この世界に多様な事物があるのは，神の無限の完全性を有限な個々の被造物が，それぞれの持ち分に応じて反映するためである。

253)　本書第18章。

論考前半　三一なる神，およびその業について　　107

た諸事物のうちに多様性があり，そのおかげで現にあるように複数の善いものが存在することの方が，神に生み出された諸事物の種類が1種類しかないよりは，よりよいことだった。そして，最もよいことは，もっともよいものをもたらすことである。したがって，諸事物のうちに多様性を生み出したことは，神に相応しかったのだ。

第73章　諸事物の多様性と段階ないし序列について[254]

また〔そう言えば〕諸事物のうちにおける多様性を，ある順序で，すなわち，あるものを他のものより力あるものとして，並べる必要があった。すなわち，このことは，神の善性があふれ出し，生じたものの間で，可能な限り彼の〔神の〕善性を分かち合っていることに関わっている。そして，神は御自身のうちだけで善なのではなく，他のものをも善性で凌駕し，善性に導く。したがって，創られた事物が神により完全に似ていたなら，それだけより必然的に，そのものは他のものより優れたものとして出来上がっているのでなければならず，かつ，他のもののうちで，それら〔他のもの〕を完全にするためにはたらくのでなければならなかった。そして，諸事物の最初の多様性は，もっぱら諸形相の多様性のうちに成っている。ところで，形相が多様であるのは，対立〔反対対立〕による。というのは，類が多様な種に分かれるのは，対立する種差によってだからである。そして，対立のうちには序列があらねばならない。すなわち，いつでも，さらに別の対立の方がより完全だということである。したがって，多様な諸事物は，

---

254)　Cf. ST, I, q.47, a.2; q.65, a.2.

108   第Ⅰ部　信仰について

神から始まる序列で並べられるべきだ。すなわち，より力
があるか，否かの序列で[255]。

　　　第74章　被造の事物のうち，あるものは
　　　　　　　可能態をより多く，現実態をよ
　　　　　　　り少なく有し，あるものは逆で
　　　　　　　あること[256]

　しかし，どんなものでも，神への類似性を受け取ってい
るという点では，貴く，完全なのだが，また神は可能態の
混入なき純粋現実態であるので，存在者のうちで最上であ
るものが，より多く現実態で存在し，より少なく可能態を
有しているのでなければならない，または，可能態での存
在という点で最低のものであるのでなければならない。さ
て，これがどのようにしてかを，考えねばならない。
　すなわち，神は常にいまし，かつその存在に関して変わ
ることのない御方であるので，諸事物のうちで最低のもの
というのは，すなわち，神への類似をより少なく有するも
のというのは，生成と消滅を被る諸基体，すなわちある時
は存在し，ある時は存在しないものである。そして，存在
は事物の形相に従うので，このようなもの〔生成と消滅を
被る諸基体〕の形相を有する時に存在し，形相を欠く時に
存在をやめるのである。したがって，それら〔生成と消滅
を被る諸基体〕の間では，時には形相を有しながら時には
形相を欠くものがなければならず，これを質料と我々は言

────────────

　　255)　神を原点とした被造物の序列化が，中世の世界観を形作っ
ていたとはつとに言われることである。確かにその一面はあるが，例
えば，95章や102章の議論に見られるように，トマスは個々の被造
物が創造において，神と直接かかわることについても言及している。

　　256)　Cf. ST, I, q.50, a.2; a.5.

論考前半　三一なる神，およびその業について　109

う。したがって，このようなもの〔生成と消滅を被る諸基体〕は最低の事物に属し，質料と形相とから複合されたものでなければならない。しかし，被造の存在者のうちで最高のものは，神の存在に最高に似るに至る。そのうちでは，存在することと存在しないこととへの可能態はなく，神から創造を通して常にある存在を〔それらは〕獲得したのである。質料は，〔質料として〕あるがままのそのものとしては，形相によって存在するという存在への可能態であるので，このような存在者，存在することと存在しないことへの可能態がないものは，質料と形相との複合体ではなく，神から受け取ったその存在のうちで自存する形相のみ〔のもの〕である。そして，このような非物体的実体は，消滅し得ないものであるのが必然である。すなわち，消滅し得るものには，常に存在しないことへの可能態があるが，既に述べたように，それら〔非物体的実体〕のうちには〔存在しないことへの可能態は〕なく，だからこそ，消滅することはあり得ないのだ。

　さらにまた，形相がそれから離れるのでなければ，何ものも消滅しない。すなわち，存在は常に形相に従うからである。そして，このような実体〔非物体的実体〕は，自存する形相であるので，その形相からは離れ得ない。つまり，存在を失い得ない。だからこそ，消滅し得ないのだ。

　さて，ここまで述べてきたもの双方の間には，中間物がある。たとえ，存在することと存在しないことへの可能態がなくとも，場所への可能態はあるというものが。そして，このようなものが天体であり，それらのうちには対立がないので，生成消滅を被ることはないが，場所に関して変化し得るものである[257]。そして，質料は運動変化として

───────────

　257）　アリストテレスの宇宙観では天体は，対立のある火・土・空気・水の四元素ではなく，アイテールという第 5 の元素からできて

110 　　　　　　　第 I 部　信仰について

も見出されることがある。「というのは，運動変化は，可能態で実在するものの現実態だからである[258]」。したがって，このような物体が有する質料は，生成消滅を被らず，場所の変化を被る。

第 75 章　非質料的と言われる知性的 実体があること

　ここまで〔前節の最終段落より前までで〕述べられてきた実体を，我々は非質料的と呼んできたが，これらは必然的に，また，知性的なものでもある。すなわち，知性あるものには質料とは無縁なものもあるということが，理解の仕方そのものによって見て取れる。というのは，現実態で理解できることと現実態での知性は 1 つだからであるが，現実態において理解することができるというのは，明らかに，質料から分離していることにより，すなわち，質料ある事物についても，知性による認識は，質料からの抽象によらねば有し得ない[259]。それゆえ，同じ判断〔理解できるものが質料から離れているという判断と同じ判断〕が，知

おり不生不滅である。当時の自然哲学は現代人にとっての自然科学と同じ位置づけであった。トマスは，当時の「科学知識」に矛盾しない仕方で，神に対する被造物の序列を記述しようとする。
　258)　なんらかの状態が可能であったものが現実態に移るというのが運動変化であるということである。
　259)　例えば，「これはイヌだ」という理解ないし判断に登場するイヌの概念は，様々な物質的な特性（例えば，毛色，体高など）がない抽象的なものであるがゆえに，どんな毛色であれ体高であれ，イヌである存在者すべてにあてはまる概念である。この意味で知性による認識は，質料から分離している。それゆえに，知性もまた質料から分離している。逆に言うなら，質料から分離している存在者は知性的なものでしかあり得ない。

論考前半　三一なる神，およびその業について　　111

性についてもあらねばならない。すなわち，非質料的なものは知性的であると。

　さらに，非質料的な実体は，存在するもののうちで第一位，最高のものである。すなわち，現実態は，本性上，可能態より先に存在する。また，事物すべてのうちでは，知性は明らかに上位である。というのは，知性は物体的なものを道具として使うからである。それゆえ，非質料的な物体は，知性的であらねばならない。

　さらに，存在するもののうちで上位であればあるほど，神への類似により近づく。というのは，最低の段階にある諸事物のあるものは，それが存在しているということでのみ，すなわち，霊魂のないもの〔非生物〕として，神との類似を分有しているのを，我々は見て〔知って〕いるからである。また，あるものは，存在しかつ生きているという限りでは，植物として，そしてあるものは，感じると言う限りで，動物として，そして，最上の方式が知性によるもので，これは，神に最も相応しい。したがって，最上の被造物は知性あるものである。これは，他の被造物の間にあっても，神への類似を受け取っているからでもある。それゆえに，神の像に従って形作られた[260]と言われるのだ。

第76章　そのような実体〔非質料的実体〕が決断に関して自由であること[261]

　また，以上のことを通して，〔それらが〕決断に関して自由だということが示される。というのは，知性は，非生

---

260)　「創世記」1章26節。
261)　Cf. ST, q.59, a.3.

112 　　　　　　第Ⅰ部　信仰について

物のように判断なしには行為せず，欲しもせず，また知性
による判断は，野獣の場合のように，自然の衝動によるの
でもなく，各々の〔知性の，状況に応じた〕把握によるか
らである。というのは，知性は目的をも認識するが，そし
て目的への手立てとなるものと，他のものとの関係をも認
識する。またそれゆえ，それ〔知性〕は，その判断の原因
であり得る。それ〔判断〕では，目的のために何かを欲
し，行為するからである。そして，我々が自由だと呼ぶの
は，それ自身の原因であるものである[262]。したがって，知
性は自由な判断によって欲し，行為する。これが決断に関
して自由であるということだ。したがって，最上の実体は
決断に関して自由である。

　加えて，自由なものとは，何か1つのものに向かうよ
う定められていないものである。そして，知性ある実体
の欲求は，何か1つの決まった善に向かうよう定められ
てはいない。すなわち，普遍的な善〔限定されていない善
一般〕についての知性による把握に従うものである。した
がって，理解する実体の欲求は，あらゆる善に共通して関
わっているということで自由である[263]。

　　　第77章　それら〔非質料的実体〕のうち
　　　　　　　には自然の完全さによる序列
　　　　　　　および段階があること

　さて，このような理解する実体は，ある段階にて他の実

　　262）　アリストテレス『形而上学』1巻，2章(982b25sq.)参照。
　　263）　自由とは何か唯一のものに向かうよう固定されていないこ
とであるとされている。知性的実体は，自然の法則によって唯一の方
向に向かうのでも，自然の衝動によって固定された目標に向かうわけ
でもなく，限定されていない善一般についての知性の把握に従う。

論考前半 三一なる神，およびその業について 113

体より上に置かれており，また諸々の実体は，それぞれなんらかの段階で，互いに隔てられていなければならない。というのは，〔それらは〕質料を欠いているので，質料的区別では互いに異なり得ないからである。それゆえ，それらの間に複数性があるなら，必然的に，形相的区別によって生じていることになる[264]。これ〔形相的区別〕のために，種の多様性が成立する。そして，多様な種を受け取ることができるものならなんであっても，そのうちでは，ある種の段階ないしは序列を考えることができる。一性を足し，あるいは引くことで種の数が増えるように，種差を足し引きすることで，自然の事物の種は多様になることは明らかだからである。例えば，霊魂を有するだけのものは，霊魂を有し，感じることができるだけのものと異なり，霊魂を持ち，感じることができるだけのものは，霊魂を持ち，感じることができ，かつ理性的なものと異なる。したがって，ここまでで言われた非質料的実体は，ある種の段階ないしは序列で，区別されているのが必然である。

第78章 それら〔非質料的実体〕のうちでの，理解すべきものの序列ないし段階のあり様

そして，ものの実体のあり方に従ってはたらきのあり方はあるので，必然的に，それらのうちより上位のものはよ

---

264) 物体的存在者は，人間が人間性という本質を共有しながら，身体的に多数であるのと同じように，同じ種類のものが多数存在することができる。その場合，個体化の原理はそれが物体であることである。したがって，非物体的存在者は，物体で個体化することができない。それゆえに，非物体的存在者を個体化するものは種類そのものの違い以外にあり得ない。

り高貴なものを理解する。理解可能な諸形相とさらに普遍的な能力，そしてさらに一性を有しているがゆえに。そして，より下位のものは，理解すべきものとしてはより無力であり，また，より多数化されて，より少なく普遍的な形相を有する。

第79章　人間が理解のはたらきをなす実体は，知性ある実体の類では最も低いものであること

　そして，諸事物のなかを無限に進むことは出来ないので，これまで述べてきた実体のうち最高のもの，神にもっとも近づいているものが見出されたように，最低のもの，物体的質料に最も近づいているものを見出さなければならない。そして，これは次のように明らかにすることができる。すなわち，理解することは，人間には，他の動物に対する以上に相応しい。というのは，人間だけが普遍的なものを考える，すなわち，〔人間は〕明らかに，諸事物の関係や，非質料的な事物という，理解することでのみ知られるものを考えている。そして，理解することが，例えば，視覚が目によって実行されるように，身体的器官によって実行されるはたらきであることは不可能である。すなわち，認識能力の道具はすべて，そのもので認識される事物の類を欠いているのでなければならない。例えば，目が本性上色を欠いているように。それゆえ，色が認識されるのは，色の形象が目に受け取られる限りでのことである。受け取るものは，受け取られるものをまったく有していないのでなければならない。そして知性は，感ずることができ

論考前半　三一なる神，およびその業について　　115

る全自然を認識する[265]。したがって，身体の器官で認識す
るなら，その器官は感ずることができる全自然をまったく
有していないのでなければならないことになる。

　さらに，認識する理性はすべて，認識されるものの形象
が自身のうちにあるあり方で，自ら認識される。すなわ
ち，これ〔理性のあり方，理性のうちで認識されるものが
あるあり方〕は自分自身にとって認識の原理なのである。
そして，知性は，事物を非質料的な仕方で認識し，本性上
質料的なものをも，普遍的な形相を，質料的な個物化の条
件から抽象することで認識する。したがって，認識された
事物の形象は，知性のうちに質料的なあり方で存在するこ
とは不可能である。それゆえに，身体の器官で受け取られ
ることはない。なぜなら，身体の器官はすべて質料的だか
らである[266]。

　同じくまた，感覚は，感覚できるもののうち極度に強い
ものによって無力化され，消滅する。例えば，聴覚は大き
な音によって，視覚は強く輝くものによって，このように
なる。というのは，器官に対する調和がなくなるからであ
る。しかし，知性は，理解できるものが極度に強く，卓越
していることによって，むしろ強められる。すなわち，理
解できるもののうちより高いものを理解するものは，他の
物をより少なくしか理解できなくなるということはなく，
むしろより多く〔理解できるように〕なる。したがって，
人間が理解するものと看做され，人間の理解のはたらきが
身体の器官によってでないなら，何かある非物体的な実体
があって，それによって人間は理解をしていたのだという
ことであらねばならないだろう。すなわち，身体なしに自

───────────
　265）　ここでの全自然は，感覚の対象となり得るすべての現実的
存在という意味である。
　266）　註 198 参照。

116 　　　　　　　第 I 部　信仰について

らはたらくことができ，その実体は身体に依存しないもの
が〔はたらいていたのだということになるだろう〕。とい
うのは，身体なしには自存し得ない能力および形相は，身
体なしにははたらきを有し得ないからである。すなわち，
熱は自ら熱いわけでなく，身体が熱によって熱くなるので
ある。したがって，それによって人間が理解するはたらき
を行なう非物体的な実体は，知性ある実体の類で最低のも
のであり，最も質料に近いということになる。

第 80 章　知性の違いと理解する仕方について

　さて，理解できるものであることは，知性が感性の上位
にあるように，感覚できるものであることの上位にある
が，存在するもののうちではより下位のものは，可能な限
りより上位のものを模倣する。例えば，生成し消滅し得る
物体がある仕方で天体の巡りを模倣するように，感覚でき
るものは理解できるものに，その〔感覚できるものの〕あ
り方で似ているのでなければならないということになる。
そして，このようにして我々は，感覚できるものへの類似
から出発してなんらかの仕方で理解できるものの知に至る
ことができるのだ。そして，感覚できるもののうちには，
何かある最も高いもの，現実態であり，すなわち形相であ
るものと，何かある最も低いもの，可能態でのみあり，す
なわち質料であるものと，何かある中間のもの，すなわち
質料と形相から成る複合体がある。そしてまた，理解可能
な存在のうちで考えるべきは，すなわち最上位の理解可能
なもの，すなわち神であり，純粋現実態であり，一方，そ
の他の知性ある実体は，理解可能である限りで現実態と可
能態とに属する何かを有している。しかしながら，知性あ
る実体のうち最も下位のもの，すなわちそれによって人間

が理解するものは，言わば，可能態においてのみ理解することができる状態にある[267]。また，以上のことで，人間は，その始原においては，可能態においてのみ，理解するものと看做されるが，その後段々と現実態へと引き移されていくということが証明される。そしてそれゆえ，人間がそれによって理解するはたらきを行なうものは，可能知性と呼ばれる[268]。

第81章　人間の可能知性が，可知的形相を可感的事物から受け取ること[269]

　しかしながら，既に言われた[270]とおり，知性ある実体はより高いほど，より普遍的な可知的形相を有する[271]ので，したがって，人間の，我々が可能〔知性〕と言った知性は，他の知性ある実体の間では，普遍的形相をより少なく有しており，そしてそれゆえ，可知的形相を，可感的な事物から受け取るのである[272]。

　このことはまた，形相が，受容する力を有するものに対

　267）　人間は様々なことを理解する能力を持つが，出発点においてはまったくの白紙状態である。すなわち，人間には生得的に理解している事柄はなく，すべてが後から理解されるものである。

　268）　註267にあるような白紙状態の知性は，そこに可知的形象が加わって認識が成立する知性である。このような知性を受動的，すなわち可能態にある知性として，可能知性 intellectus possibilis と呼ぶ。

　269）　Cf. ST, I, q.84, a.6.

　270）　Cf. 本書第76章。

　271）　本書第78章。

　272）　人間の可能知性は，知性的存在者の序列の中で，普遍性の度合いが最も低いため，個物すなわち感覚的認識の対象から可知的形象を受け取らなければ認識を行うことができない。

して釣り合っていなければならないということである。したがって，人間の可能知性は，知性ある実体すべてのうちでは，もっとも物体的質料に近いと看做されるように，その可知的形相は，質料的事物に最も近いということにならざるを得ない[273]。

第82章　人間が，理解するために可感的能力を必要としていること

　また，考えなければならないのは，諸々の形相は，物体的事物のうちにある時，特殊なものであり，質料的な存在を有しているが，知性のうちでは普遍的なものであり，非質料的なものであるということだ。確かに，〔我々の〕理解方式〔そのもの〕が，このことを証明する。すなわち，我々が理解する時，普遍的，非質料的に理解するのである。そして，我々がそれによって理解する可知的形象による理解の方式は，その解答になる。したがって，端から出て端に到達するということは，中間を通らずには成し得ないということにならねばならない。すなわち，諸々の形相が物体的事物から出て知性に到達するには，何かある中間を通らなければならない。そして，このようなものは，感性的能力であって，これが諸事物の質料的形相を，質料なしに受け取るのである。すなわち例えば，目に石の形象が起きるが，質料がないように[274]。しかしながら，感性的能

---

　273)　すなわち，知性的存在者の中でもっとも序列の低い存在は，もっとも物質に近い。ゆえに物質に見出すことができる可知的形象が，そのような存在にもっともふさわしい認識対象である。
　274)　石の視覚的イメージには，石を構成する質料はない。すなわち，感性的イメージは，物体的事物に対応するものだが，それは物体そのものではない。

論考前半　三一なる神，およびその業について　　119

力のうちで諸事物の形相は特殊なものとして受容される。すなわち，感性的能力には，特殊なものを認識する以外の認識はないのである。したがって，人間は，理解するために，感覚をも有していなければならない[275]。

　また，以上のことの証となるのは，感覚の使用が欠いているものには，その感覚によって把握される感覚できるものについての知識が欠けているということである。例えば，生まれながらの盲人が色の知識を持つことができないように。

第83章　能動知性を置かなければならないこと[276]

　それゆえ，諸事物の知識は我々の知性のうちでは，プラトン主義者たちと，彼らに従った他のある人々がそう考えていたように，現実態において可知的であるそれ自体として自存する形相の分有によっても流入によっても生じず，知性が感覚に媒介されて，感覚的なものからそれ〔知識〕を受け取るのだということが明らかになる。しかし，感性的能力のうちでは諸事物の形相が既に言われた[277]とおり特殊であるので，現実態において理解可能なものではなく，可能態においてのみそう〔理解可能な〕のである。というのは，知性は普遍的なものしか理解しないからである。そして，可能態であるものは，なんらかの能動的作用

---

275)　質料は欠いているものの，視覚的イメージを始めとした感性的イメージは個物に対応しているため普遍的認識とは言えない。そのような認識の段階を経なければ，人間の知性は普遍的認識を持つことができない。

276)　Cf. ST, I, q.79, a.3; q.54, a.4.

277)　本書第82章。

120   第 I 部　信仰について

者によって現実態に引き入れられる[278]。したがって，ある
なんらかの能動的作用者があって，感性的能力のうちに
ある形象を理解可能にするのでなければならない。そし
て，これは可能知性にはなし得ない。すなわち，それはむ
しろ，理解可能なものへの可能態であるからである。した
がって，他の知性を置かなければならない。すなわち，例
えば，光が可能態で見え得るものを現実態で見えるものた
らしめるように，可能態での理解できる形象を現実態で理
解できるものとする知性を。そして，これを我々は能動知
性と言うのである[279]。これを置くことが必然でないなら，
それは事物の形相が，プラトン主義者たちが考えていたよ
うに，〔そのまま〕現実態において理解可能なものだった
からだということになろうが。

　したがって，理解するためには，我々により必要なもの
から言うと，まずは可能知性である。これは，理解できる
形象を受容する。次いで，能動知性である。これは，〔可
能的に理解可能な形象を〕現実態で理解可能にする。ま
た，可能知性は理解できる形象によって完全になっている
時，能力態における知性と呼ばれる。〔この知性は〕理解
できる形象を，意志すれば使用できるという，純粋な可能
態と完全な現実態の中間の状態で有している。一方では，
ここまで述べてきた形象を，完全な現実態として有してい
る時，現実態における知性とも呼ばれる。すなわち，現実
態で事物を理解するのは，事物の形象が可能知性の形相と
なっている場合である。それゆえ現実態としての知性は，

　278）　可能知性は認識に関して可能態であり，それゆえになんら
かの現実態がなければ認識に至らない。
　279）　理解が成立するには，受動的な認識能力だけではなく，感
性的認識から可知的形象を取り出す能動的な認識能力も必要である。
この抽象作用を行う能動的な知性を能動知性という。

論考前半　三一なる神，およびその業について　　　121

現実態で理解されたものと言われる[280]のである。

第84章　人間の霊魂は消滅し得ないこと[281]

　さて，ここまで論じられてきたことに拠れば，人間がそれによって理解を行なっている知性は，消滅し得ないものでなければならない。というのは，どんなものでも，それが存在を有する仕方に即してはたらくからである。そして，知性は，既に示された[282]とおり物体と共通のものを持たないはたらきを有し，このことから，〔それが〕自らはたらくものであることが明らかになる。したがって，〔知性は〕その存在において自存する実体である。また既に示された[283]とおり，知性ある実体は消滅し得ない[284]。したがって，人間がそれによって理解を行なう知性は，消滅し得ない。

　加えて，生成および消滅を特質とする実体は質料である。したがって，どんなものであれ質料から離れていればいるほど，消滅からも離れている。すなわち，質料と形相とから複合されているものは，それ自体として消滅し得るものであるが，質料的形相は偶有的に消滅し得るものであって，それ自体としてそうなのではない。そして，非質料的な形相は，質料に対する関係を超えている〔すなわちどんな関係もない〕ので，まったく非質料的である。また，知性はまったくその本性上，質料を超えて上昇していくということは，そのはたらきが示している。すなわち，

---

280)　アリストテレス『霊魂論』3巻4章 (430a3sqq.)。
281)　Cf. ST, I, q.75, a.6.
282)　本書第79章。
283)　本書第74章。
284)　本書第74章。

122 　　　　　　　第 I 部　信仰について

我々は，質料から分離することなしには，何も理解できないからである。したがって，知性は本性上，消滅し得ないものである。

　さらにまた，対立なき消滅はあり得ない。すなわち，対立物によらずには何も消滅しないからである。それゆえ，天体は，そのうちに対立がないので，消滅し得ない[285]。ところで，対立は知性の本性からは遠く離れている。それ自身対立しているものどもは，知性のうちでは対立していないというくらいに。というのは，対立するものどうしの可知的概念は，一方で他方が理解されるゆえに，1つだからである[286]。したがって，知性が消滅し得るということは不可能である。

　　　第 85 章　可能知性の一性について[287]

　おそらく，このように言う人もいるだろう。「知性は確かに消滅し得ず，人間みなで一つなのだ」と。またそれゆえ「全人類の消滅後も残るものは，唯一〔の知性だけ〕である」と。しかし，人間すべてに一つの知性だけがあるということは，多くの仕方で詳しく論じうる。まず，理解されるべきものの側から〔の議論が考えられる〕。私にある

　285）　水の冷たさが火を消し，火の熱さが水を蒸発させるように，対立物は対立物の消滅を引き起こす。しかし，天体は，火と水，土と空気という互いに対立する性質を持つ四元素ではなく，アイテールという対立なき元素からできている。ゆえに消滅し得ない。

　286）　対立する概念は，例えば上という概念は，下の反対方向として理解されるように，いっぽうのものをもういっぽうのものの否定として理解することができる。この意味で，対立するものどうしの価値的概念は一つである。したがって，知性のうちには，互いの消滅を引き起こす対立は存在しない。

　287）　Cf. ST, I, q.76, a.2.

論考前半　三一なる神，およびその業について　　123

知性と，あなたにある知性が違うとすれば，その帰結とし
て，私が理解している理解されたものと，あなたが理解し
ている理解されたものは違うということになる。したがっ
て，理解された志向的存在[288]は多数化し，〔理解する〕個
体の数だけあるということになるだろう。そして，普遍的
ではなく，個別的であるということになるだろう。それゆ
え，現実態で理解された志向的存在ではなく，可能態で
理解されているに過ぎないということになる。すなわち，
個々別々の志向的存在は可能態として理解できるものであ
り，現実態として理解できるものではないからである。次
いで，既に示された[289]とおり，知性はその存在に関して
自存する実体であるが，知性ある実体は，数において複数
であるなら，同一の種に属していないことも既に示されて
いる[290]ので，したがって，私にある知性とあなたにある
知性が数として別なら，種としても別であり，それゆえ私
とあなたは同一の種に属さないということになる。

　さらにまた，〔同一の種に属する〕すべての個体は種の
本性を分かち合っているので，種の本性以外の何かがなけ
れば，個物は相互に区別され得ない。したがって，全人類
で知性が種として一つでありながら，数として複数である
なら，ある知性を別の知性から数として区別する何かがな
ければならない。そして，これは知性の実体に属するもの
ではあり得ない。知性は，質料と形相とから複合されてい
るものではないからである。ここから，知性の実体に属す
るものによって受け取られる種差はすべて，種を区別する
形相的な種差であることが分かる。したがって〔結論とし
て〕残るのは，ある人間の知性は別の人間の知性とは，身

---

288)　志向的存在 intentio とは感性的イメージや概念のように，
なんらかの事物を指示するものとして成立している存在である。

289)　本書第 74, 79 章。

290)　本書第 77 章。

124   第Ⅰ部　信仰について

体が違うということでなければ，数としては別であり得な
いということである。それゆえ，様々な身体の消滅がある
と，複数の知性も残らず，ただ一つの知性だけになると思
われる。

　そして，以上のようなことがあり得ないということは，
確実に明らかである。このことを示すために進めるべき
議論は，原理・原則の否定者に対するものとなろうから，
我々は，まったく否定することのできない論拠を取り上げ
ることにしよう。したがって，我々はこう考える。これ
これの人間，例えばソクラテスやプラトンが理解するは
たらきをなすということ〔がありえるか否かを問われれ
ば〕，これは否定のための否定でない限り，答える者は否
定できまい。否定するなら，すなわち，肯定も否定も否定
されるべきだということになる[291]。そして，これこれの人
間が理解するはたらきをなすなら，形相的に理解するはた
らきをなすものは，その形相であるのでなければならな
い。現実態であるものによらねば，何ものもはたらき得な
いからである。したがって，それによってはたらくものが
はたらきをなすものは，その現実態である。例えば，それ
によって熱いものを熱くする熱が，その現実態であるよう
に。したがって，人間がそれによって理解のはたらきをな
す知性は，これこれの人間の形相であり，その同一の本質
〔根拠〕である。そして，数として同一の形相が，数とし
て様々なもののそれ〔形相〕であることはあり得ない。数
として様々なものには同一の存在がないからである。そし
て，どんなものでも，その形相によって存在を有するので
ある。したがって，人間がそれによって理解のはたらきを

---

　291)　肯定および否定は個々の知性の判断であるので，個々の知
性が理解することを否定するなら，肯定も否定も否定されるというこ
と。

論考前半 三一なる神，およびその業について　　125

行なう知性が，〔人間〕すべてで一つだということはあり
得ない[292]。

　そして，この異論〔可能知性が単一であるという異論〕
の困難に気づいている人々は，回り道を探そうとする。す
なわち，その人々はこう言う。可能知性は，それについて
既に論じられたとおり，可知的形象を受容し，それ〔可知
的形象〕によって現実態になる[293]。さて，可知的形象は，
ある意味では表象像[294]のうちにある。したがって，理解
できる形象が我々のうちにある可能知性のうちと，表象像
のうちにある限り，可能知性は，我々と共にあり，我々と
一つである[295]。これは，我々が現に知性で理解のはたらき
を行なえているとおりのことだ。

　しかし，上記の回答はまったく取るに足りない。まず，
可知的形象は，それが表象像のうちにある限り，可能態と
してのみ理解されているに過ぎないが，可能知性のうちで
なら，現実態として理解されているからである。したがっ
て，それが可能知性のうちにある限りでは，表象像のうち
にはなく，むしろ表象像から抽象されたものである。した
がって，可能知性の我々に対する合一は堅持されないこと
になる[296]。次いで，なんらか合一があるだけでは，私たち
を理解のはたらきをなすものとするには，不十分だという
ことがある。すなわち，ある人の形象が知性のうちにある

───────────
　292）　理解するのがソクラテスやプラトンといった一人ひとりの
人間である以上，それらの人間の可能知性が一つであるということは
考えられない。
　293）　本書第 83 章。
　294）　表象像 phantasma は我々の認識の内にある外界の像。
　295）　可能知性は本来単一だが，我々の表象像にある可知的形象
を受け取ることで我々と合一するという意味。
　296）　可能知性において現実態として理解されている可知的形象
と，表象像の中にある可知的形象とは異なっているため，可能知性が
我々と合一するのを可知的形象が媒介すると考えることはできない。

からといって，自分自身を理解しているということにはならず，理解されているということにしかならないからである。すなわち，石は理解のはたらきをなさない，たとえその形象が可能知性のうちにあったとしても。したがって，我々のうちにある表象像の形象が可能知性のうちにあるなら，したがって，我々が理解のはたらきをなすものであり，さらに，我々自身理解されるもの，あるいはむしろ，〔我々自身〕我々のうちにある表象像であるということになる[297]。

　以上のことは，アリストテレスが『霊魂論』第3巻〔7章〕で行なっている比較を考えるなら，より確実に明らかとなる。彼はこう言っている。知性は表象像に対して，視覚が色に対するような関係にある。そして，壁にある〔壁の〕色の形象が視覚のうちにあることで，壁は「見る」ということを〔特性として〕有するのではなく，むしろ「見られる」ということを有するのである。したがって，たとえ，我々のうちにある表象像の形象が知性に生じているとしても，だからと言って，我々が理解のはたらきをなすものであるということにはならず，我々が理解されているものだということにしかならない。

　さらに，我々が，知性によって理解のはたらきをなすということが，〔我々の身体のはたらきとしてではなく，我々の〕形相〔のはたらき〕としてのことなら，必然的に，知性が理解のはたらきをなすことそのものが，人間の理解のはたらきであるということになる。例えば，火が熱を生じることと熱が熱を生じることが同じであるように。したがって，私とあなたで知性が数として1つなら，必然

　297）　もし，上記の回答が正しいのなら，その帰結として，我々が認識している我々の表象像が理解のはたらきをなしている主体だということになるが，このようなことはありえない。

論考前半　三一なる神，およびその業について　　127

的に，私の理解の働きとあなたの理解のはたらきは同一観点からして同一であることが分かるということになってしまう。すなわち，どんなものでも同一の視点からは，そのものと同一のものとしてしか理解できないように。〔だが〕こんなことはあり得ない。すなわち，はたらきをなすものが多様であるのに，はたらきが数として一にして同一であるということはあり得ない。したがって，すべての人間の知性が唯一であるということは不可能だ。それゆえに，既に示された[298]とおり，知性が消滅し得ないものであるなら，身体が消滅しても，人間の数だけ複数の知性が存続することになる[299]。

　つまり，これらに反対してなされる異論は，容易に解消し得る。すなわち，最初の異論〔すべての人間が理解していることが同一なら知性も同一であるはずだという異論〕は多くの欠陥を抱えている。まず，すべての人間に理解されているものは同一であるということを我々は認める。そして，私は，知性の対象であるものが理解されると言う。そして，理解された対象は，理解できる形象ではなく，事物の何性である。すなわち，知性による知識はすべて，理解できる形象に関するものではなく，事物の本性に関するものである。例えば，視覚の対象もまた，目のうちにある色の形象ではないように。したがって，人間が様々であるのに応じて複数の知性があるとしても，それでも，すべて〔の人間〕のもとで理解されるものはただ1つしかない。例えば，様々な観察者に見られようと，色を有するものは1つであるように。

　次いで，個物があるとして，それ〔個物〕は必然的に，

---

　298)　本書第84章。
　299)　つまり，身体の死後も人間の精神は個々のものとして存続しうる。

可能態で理解され，現実態では理解されていないものであらねばならないということはなく，このこと〔個物は可能態では理解されているが，現実態では理解されていないものであるということ〕は質料によって個別化されているものにだけ真として通用する。したがって，現実態で理解されているものは，非質料的なものであらざるを得ない。それゆえ，非質料的実体は，たとえ，それ自身として実在するある種の個物であるとしても，それでも現実態で理解されるものであるので，理解できる形象もまた，非質料的であるので，たとえ，私のうち〔のそれ〕とあなたのうち〔のそれ〕が数として別であっても，それゆえに，現実態で理解できるものであることをやめることはなく，それら〔形象〕で自分の対象を理解している知性は，翻って自分自身を反省し，自分自身と，それによって〔自分が対象を〕理解している形象とを理解する。

　次いで，全人類の知性が一つであるとされるなら，加えて同じ困難がある。知性の数多性が堅持されるのは，理解のはたらきをなす〔相互に〕分離した実体が複数だからであり，そして，それら〔の実体〕に基づいて，理解されたものは数として様々であるということになる。そしてその帰結として，個別的なもの，第一現実態では理解されていないものがあるということになる。したがって，ここまでで論じられてきた異論が，なんらかの必然性を有するなら，知性が複数であることは端的に取り除かれ，そして，〔それは〕人間の場合だけではないということは明らかである。それゆえ，以上の結論は偽であるので，明らかに，異論は必然的な結論に至っていないのである。

　第2の異論〔形相として可能知性は1つであり，それが身体を得て複数化するという異論〕は，知性ある霊魂の

論考前半　三一なる神，およびその業について　　129

諸々の分離実体[300]に対する差異を考えるなら，容易に解消される。というのは，知性的霊魂は，その種の本性からして，形相として身体と合一しているからである[301]。それゆえ，霊魂の定義のうちには身体が入っており，このことゆえに，身体が多様であるのに応じて，霊魂が数として多様になるのである。このことは分離実体にはない。

このことから第3の異論もまたどのように解決すべきかが明らかになる。すなわち，知性的霊魂がその種の自然本性からして，自分の部分として身体を有しておらず，身体との合一可能性だけがある。それゆえ，様々な身体に合一し得るので，数として多様になるのだ。このことは身体が消滅した後も存続しうる。したがって，多様な身体に合一し得るのである，たとえ，現実態として合一しているのではなくても。

第86章　能動知性について，これがすべての人のうちで一つ〔同一〕でないこと[302]

さて，ある人たちは，たとえ，可能知性が人間の間では多様であるということを認めるとしても，それでも，能動知性は，すべての人にとって1つであるとしてきた[303]。確

---

300)　分離実体とは質料なくして存立している実体であり，すなわち天使である。霊魂は身体なくしてはあり得ないので，知性ある霊魂とは人間の霊魂を指す。

301)　霊魂は身体と合一している身体の形相であるというのは，アリストテレスの霊魂理解に由来する。

302)　Cf. ST, I, q.79, a.4.

303)　この説を唱えたイブン・ルシュド（ラテン名アヴェロエス）（1126-1198）は，スペインのムスリム哲学者。そのアリストテレス註解が中世哲学に多大な影響を与え，註釈者 Comentator と呼称される。

130   第Ⅰ部　信仰について

かに，憶測としては，先立つ箇所で論じられたもの[304]よ
りも許容できるとしても，同じ議論で反駁することができ
る。すなわち，可能知性のはたらきは，理解されたものを
受容すること，すなわちそれを理解することである。そし
て，能動知性のはたらきは，理解されたものを，それらを
抽象するはたらきのうちで，作りなすことである。そし
て，これらのいずれのものも，これこれの人間には当ては
まる。すなわち，これこれの人間，例えばソクラテスやプ
ラトンは，理解されたものを受容し，抽象し，抽象された
ものを理解する。したがって可能知性と同じく能動知性
も，これこれの人間に形相として合一していなければなら
ない。そしてそれゆえ，これらのいずれも数として，人間
の数だけ多数化する[305]。

　さらに，能動的作用者と受動者は，互いに関係していな
ければならない。例えば，質料と形相のように。すなわ
ち，質料は，能動的作用者によって現実態として生じ，そ
してそれゆえ，どんな受動的可能態にも，固有の能動的可
能態があるということになる。というのは，現実態と可能
態とは，１つの〔同じ〕類に属しているからである。そし
て，能動知性は，既に言われたことから明らかなように，
能動的可能態が受動的可能態に対するようにして，可能
知性に関係している。したがって，いずれも，１つの〔同
じ〕類に属しているのでなければならない。したがって，

———————————

人間の能動知性は，全人類共通の，死後も存続する単一の知性である
という単一知性説，信仰の真理と哲学の真理は区別されるとする二重
真理説などを唱えた。イスラームにおいても特異な思想の持ち主とさ
れ，イスラーム思想史における後継の学派などが形成されなかったと
言われる。むしろ，中世西洋においてラテン・アヴェロエス主義と呼
ばれる思潮が現れた。

　　304)　可能知性が単一であるとする考え。

　　305)　抽象を行うのも一人ひとりの人間であるから，能動知性は
一人ひとりの人間に１つずつ備わっていなければならない。

論考前半　三一なる神，およびその業について　　131

可能知性は，既に示されたとおり，存在としては我々から分離しておらず，形相としては我々と合一しており，人間の多数であるのに応じて多数化しているのであるから，必然的に，能動知性は，我々と形相的に合一している何かであり，人間の数だけ多数化しているということになる。

第 87 章　可能知性と能動知性は，霊魂の 本質に基づいていること

　さて，能動知性と可能知性は我々に形相として合一しているので，同一の本質で霊魂と合致していると言わなければならない。すなわち，ある人と形相として合一しているものはすべて，その人とは実体形相の様態に従ってか，あるいは偶有の形相の様態に従って，合一しているからである。したがって，可能知性と能動知性は，実体形相の様態で人間に合一しているとすると，１つの事物には実体形相は１つだけなので，可能知性と能動知性は形相の，すなわち霊魂の一なる本質のうちで合致していると言わなければならない。しかしながら，偶有の形相の様態に従って，人間に合一しているなら，明らかに，それらのいずれも，身体にとって偶有ではあり得ず，というのも，それらのはたらきは，既に示された[306]とおり，身体の器官なしにあるからであるので，したがって，それらのいずれも，霊魂にとって偶有であるということになる。そして，１人の人間のうちでは，霊魂は１つだけである。したがって，能動知性と可能知性は，霊魂の一なる本質のうちで合致している[307]。

306）　本書第 79 章。
307）　実体形相の様態であろうが，偶有の形相の様態であろうが，

132 　　　　　　　第 I 部　信仰について

　さらにまた，種に固有のはたらきはすべて，それぞれの
始めから種を与える形相に従う。そして，理解すること
は，人間という種に固有のはたらきである。したがって，
既に示された[308]とおり，能動知性と可能知性は，このはた
らき〔理解すること〕の始原であり，人間がそれによっ
て種としての存在を与えられる人間の霊魂に従うのであ
る。しかしながら，それ〔霊魂〕にそれら〔能動知性と可
能知性〕は，身体のうちで霊魂から発出するものとして，
従うのではない。既に示された[309]とおり，ここまで述べ
られてきたはたらきは，身体の器官なしにはないからであ
る。また，可能態が属するものには，現実態もまた属す
る。それゆえ〔結論として〕残るのは，可能知性と能動知
性が霊魂の一なる本質のうちで合致していることである。

第 88 章　これら 2 つの能力が，霊魂の一 なる本質のうちで合致している こと

　さて，さらに考えなければならないのは，これがどのよ
うにして，このこと〔可能知性と能動知性が霊魂の一なる
本質のうちで合致していること〕であり得るかということ
である。すなわち，このことに関しては，ある困難が生じ
ると思われる。すなわち，可能知性は，すべての理解可能
なものに対し可能態としてある。そして，能動知性は，可
能態として理解可能なものを現実態で理解可能であるよう
にする。そして，それゆえ，現実態が可能態に対するよう

可能知性と能動知性は人間の霊魂の一なる本質のうちで一つである。
　　308)　本書第 79, 83 章。
　　309)　本書第 79 章。

にして，それら〔可能態として理解可能なもの〕に関係している。さて，可能態でも，現実態でも同一の観点から同一であるということは，可能とは思われない。したがって，一なる実体のうちで霊魂に可能知性と能動知性が合致するのは，不可能であると思われる。

さて，この疑問は，可能知性が，理解可能なものという点に関してどのように可能態としてあるか，そして，能動知性がどのようにしてそれらを現実態として存在せしめるかを考えるなら，容易に解決される。すなわち，可能知性は理解可能なものに対し可能態として存在するが，それは，〔可能知性が〕その本性に，感覚できる事物に限定された形相を有しているからである。例えば，目がすべての色の可能態であるように。したがって，感覚できる事物から抽象された表象像が，ある特定の感覚できる事物への類似像である限り，可能知性に対して，可能態に対する現実態のような関係にある。しかし，表象像は，知性的霊魂が現実態として有する何か，すなわち，質料的条件から抽象された存在に対する可能態としてある。そして，このことに関する限りで，知性的霊魂は，それに対し，可能態に対する現実態の関係にある。さて，何かあるものが同一の観点からして，現実態でも可能態でも多様なものに即してあるというのは，不適切とは思われない。だからこそ，自然界の物体が互いにはたらき合い，受け取り合う。〔はたらき合い，受け取り合う双方の〕いずれのものも，他方のものから見れば可能態としてあるのだから。それゆえ，同一の知性的霊魂が理解可能なものすべてに対して，可能態にあるということは不適切ではない。その〔理解可能なものすべての〕うちに可能知性が置かれるということで。またそれらに現実態として関わるのも不適切ではない。能動知性がその〔理解可能なものすべての〕うちに置かれるということで。

134   第Ⅰ部　信仰について

　そして，知性が現実態として理解可能にする仕方によっ
て，より明白に証せられるだろう。すなわち，能動知性
が，理解可能なものを現実態にするのは，〔それらが〕そ
れ〔能動知性〕から可能知性に流れ込むようにすることで
そうするのではない。もしそうなら，我々は，理解するの
に表象像と感性を必要としないことになるだろう。そうで
はなくて，理解可能なものを現実態にするのは，それら
〔理解可能なもの〕を表象像から抽象することによってで
ある。光がある意味では色を現実態にするが，それは自身
のうちにそれら〔色〕を有するという仕方でそうするので
はなく，それらにある仕方で可視性を与えることによって
であるように。

　であれば，感じることができる事物の本性を欠いている
が，可知的な様態で受容し，表象像を，それらから可知的
形象を抽象することで，現実態で理解できるものにする知
性的霊魂は１つであると断じなければならない。それゆ
えに，その〔知性的霊魂の〕可能態は，それによって可知
的形象を受容するはたらきが成り立つので，可能知性と言
われる。そして，その〔知性的霊魂の〕現実態は，それに
よって可知的形象を表象像から抽象するものであるので，
能動知性と呼ばれる[310]。これは，ある種の可知的光であり，
これを知性的霊魂は，より上位の知性的実体を模倣するた
めに分有している。

─────────
　310)　同一の知性が，感覚的な表象像を知性で理解できるものに
するはたらき(これが抽象である)において能動知性，そして抽象さ
れた内容を受け取るという受動性においては可能知性と呼ばれる。

第89章　能力はすべて霊魂の本質に
　　　　　　根ざしていること[311]

　能動知性と可能知性だけが，人間霊魂の一なる本質のうちで合致しているのではなく，他の能力すべてもまた合致している[312]。これらは，霊魂のはたらきの始原だからである。これらの能力はすべて，なんらかの仕方で，霊魂に根ざしている。確かにあるものは，植物的能力と感性的能力の部分に属するもののように，霊魂のうちに，それ〔霊魂〕を始まりとしてあり，また結合体のうちに，それ〔結合体〕を基体としてある。それらのはたらきは，結合体に属し，霊魂だけに属するのではないからである。すなわち，はたらきが属するものには能力も属するが，あるものは，霊魂をその始まり，そしてその基体としてそのうちにある。というのは，そのはたらきは，身体の器官なしには霊魂のものではなく，このようなものは，理解能力の部分に属するからである。そして，霊魂が人間において複数であることはあり得ない。したがって，霊魂の能力はすべて，同一の霊魂に属していなければならないことになる。

第90章　1つの身体にはただ1つの
　　　　　　霊魂しかないこと

　また，1つの身体に，複数の霊魂があることは不可能で

---

311)　Cf. ST, q.77, a.5.

312)　人間としての生には，知性のはたらきだけでなく，感性のはたらきや，成長，生殖など植物的なはたらきも含まれている。

あることは，以下のようにして証明される。すなわち，霊魂は明らかに，霊魂を有するものの実体形相である。というのは，霊魂によって霊魂を与えられた類と種は定まるからである。ところで，複数の実体形相が，同一の事物のものであることは不可能である。というのは，実体形相はこれこれのもののうちでは，付帯性による相異以外ないからである。というのは，実体形相は，これこれのものを端的に何かにしているからである。また，付帯的形相は，既にこれこれの何かであるものに付け加わるものである。そして，そのものをどのようなもので，いくらか，どれだけか，どのようなあり様を自らしているかというものにする。したがって，複数の実体形相が一にして同一の事物にあるなら，それらの第1のものがこれこれのものを何かにする，あるいはしないということになる。もし，これこれのものを何かにしないのなら，それは実体形相ではない。もし，これこれのものを何かにするのなら，したがって，後に続く形相はすべて，既にこれこれの何かであるものに付け加わるものである。したがって，後に続くもの〔形相〕のうち，何ものも実体形相ではなく，付加的形相であることになるだろう。したがって，複数の実体形相が一にして同一の事物のものであることは不可能であることが，こうして明らかである。したがって，複数の霊魂が一にして同一の存在のうちにあることもまた，あり得ない。

　さらに，人間は，植物的霊魂を有する限りで生きているものと言われ，感性的霊魂を有する限りで動物と言われ，知性的霊魂を有する限りで人間と言われる。したがって，人間のうちに3つの霊魂，すなわち植物的霊魂，感性的霊魂，理性的霊魂があるなら，したがって，人間は，霊魂が異なるごとに，類に振り分けられ，また異なる種に即して振り分けられることになる。しかし，こんなことはあり得ない。類と種差とからは，端的に一なるものではなく，

論考前半　三一なる神，およびその業について　　137

付帯的に一なるものが生ずるからである。あるいは，結合
された一なるものとして，音楽と白いものというように，
端的には一でないものとして，生じる。したがって，人間
には，一なる霊魂だけが存在しているのでなければならな
い[313]。

第91章　人間に複数の霊魂があることを
　　　　　証明すると思われる諸根拠

　そして，以上の考えにはある見解が対立していると思わ
れる。まず，種差は類に対して，形相の質料に対する関係
にある。そして，動物は，人間の類であり，理性的という
のがそれ〔人間〕を成立せしめる種差である[314]。したがっ
て，動物は感性的霊魂によって生かしめられている身体で
あるので，感性的霊魂によって生かしめられている身体
は，それに加えて，理性的霊魂との関係において可能態に
あり，そしてそれゆえ理性的霊魂は，感性的霊魂とは異な
る霊魂であると思われる。

---

　313)　人間の霊魂が3つの霊魂から成るという説は，キリストが
死んで復活するまでの間もキリストの身体はキリストの身体のままで
あったということを，人間の霊魂が離れても他の霊魂が残っていたと
いう説明で根拠づけるために援用されていたらしい。Cf. Fergus Kerr,
Thomas Aquinas: a Very Short Introduction, Oxford, 2009, p.104-105. ト
マスは，後述のとおり，キリストの身体から霊魂は，十字架上の死に
よって完全に離れていたが，その霊魂も身体も，ともに子なる神のペ
ルソナのうちにあったという説明で，死んで復活するまでの間もキリ
ストの身体はキリストの身体のままであったことを根拠づける。
　314)　人間の身体と感性的活動は，人間の中の動物の部分であ
り，それは理性的霊魂に対して可能態に位置づけられる。裏返しに言
うと，理性的霊魂は，人間の中の動物の部分を現実に人間にする現実
態である。すなわち，理性的霊魂があるから，身体および感性的活動
は人間の身体と人間の感性的活動になる。

138   第Ⅰ部　信仰について

　さらにまた，知性は，身体的な器官を有さないが，感性
的能力と，栄養的能力は，身体的な器官を有する。した
がって，知性的霊魂と感性的霊魂が同一の霊魂であること
は，不可能であると思われる。分離されたものと分離され
ていないものは同一ではあり得ないからである[315]。

　さらに，人間の発生に際して現れる生命は植物的霊魂に
よっており，胎児が動物であることが感性と運動によって
明らかになるのに先立っているが，動物であることが感性
と運動によって明示されることは，知性を持つことより先
になっている[316]。それゆえ，胎児がまず，それによって生
きている植物の霊魂と，次の動物的霊魂とが同一であるな
ら，したがって，植物的霊魂と感性的霊魂と理性的霊魂
は，外的始原に由来し，あるいはまた，知性的霊魂は，胚
種のうちにある力に由来するということになる。さて，こ
れらのもののいずれも，不適切と思われる。というのは，
植物的霊魂と感性的霊魂とのはたらきは身体なしではな
く，身体なしにはそれら〔2つの霊魂〕の始原はあり得な
いからである。しかし，知性的霊魂のはたらきは，身体な
しにある。またそれゆえに，身体のある能力がその〔知性
的霊魂の〕原因であるのは不可能であると思われる。した
がって，同一の霊魂が植物的であり，感性的であり，理性
的だということはあり得ないと思われる。

　　　315)　ここでの分離は，質料から離れているという意味である。
したがって，本文の議論は，動物的霊魂は身体器官と密着しており，
理性的霊魂は身体的器官を超えてはたらく。この2つが同一であると
いうことはあり得ない，という論法である。
　　　316)　胎児は，まず植物的機能が備わり，次に動物的機能が，最
後に人間的機能が備わるという順序で生育すると考えられていた。そ
れは，胎児には植物的霊魂，動物的霊魂，人間的霊魂が段階的に加わ
るということを意味する。

第92章　これまで論じられてきたことの
　　　　　理性による解決

　それゆえ，以上のような疑問を取り除くために考えなければならないのは，数において種・形象が多様になるのは，それらのあるものが他のものに付け加わることによってであるように，質料的事物のうちでは，ある形象が他の形象を完全さに関して凌駕している。すなわち，生命を持たない物体のうちの完全さに属するものはなんであれ，植物も有しており，それもさらに上の仕方で有している。またさらに，植物が有しているものは動物も有しており，そして何かがより上のものになっている[317]。また以上のようなことは，ある程度までは人間にも当てはまる。彼〔人間〕は，物体的被造物のうちでは最も完全なものだからである。そして，不完全なものとはすべて，完全さの観点では質料としてあるものである。

　そして，以上のことは様々なものの場合に明らかになる。すなわち，諸元素は，同質の部分から成る物体の質料であるが，さらに，同質の部分から成る物体は，動物と対比するなら質料である。そして，同様に，一にして単一のものの場合を考えなければならない。すなわち，自然界の諸事物の場合，完全性のより高い段階に向かうものは，その形相によって，より下位の自然に適合するあらゆる完全性に属するものを有している。そして，まさにその形相によって，それら同じものに完全性に関してさらに加わって

・317)　諸存在の階層構造は，より上位の存在がより下位の完全性をすべて有していることによる。したがって，動物は植物の持つ成長，生殖の能力を有し，人間は動物の持つ感覚，運動の能力を有している。

いるものを有している。例えば，植物がその霊魂によっ
て，実体であることを有し，かつ身体であることを有し，
さらには，生かしめられている身体であることを有する。
そして，その霊魂によって動物は，これらすべてを，さら
には，感じるものであることを有する。そして，人間は，
以上のすべてに加え，その霊魂によって，理解するもので
あることを有する。

　したがって，あるなんらかの事物の場合，より下位の段
階の完全性に属するものが，より上位の段階の完全性に属
するものと対比において質料的である。例えば，植物の生
命を有する動物の場合を考えるなら，後者〔より上位の段
階の完全性に属するもの〕は確かに，動物に固有の感性的
生命に属するものと対比するなら，質料的である。そして
〔この場合〕類は質料ではない。すなわち，全体につい
て記述されるものではなく，質料から取り出された何かで
ある。すなわち事物についての，その質料的なものによる
名付けがその類である。そして，同じ仕方で，種差は形相
から取り出される。すなわち，このことゆえ，生きている
身体，あるいは生かしめられている身体は，動物の類であ
り，そして，感性的であるということが，それ〔動物〕を
成立せしめる種差である。そして同じく，動物は人間の類
であり，そして理性的であるということが，それ〔人間〕
を成立せしめる種差である。

　それゆえ，より上位の段階の形相は，自身のうちに，よ
り下位の段階の完全性をすべて有しているので，それから
類が取り出される場合と，それから種差が取り出される場
合とで，別の形相があるのではなく，まさに同じ形相か
ら，すなわち，それがより下位の段階の完全性を有してい
ることにより，類は取り出されるのである。しかしなが
ら，より上位の段階の完全性を有する限りにおいて，それ
からは種差が取られる。そして，そのようにして，たとえ

論考前半　三一なる神，およびその業について　　141

動物が人間の類であり，理性的であることがそれ〔人間〕を成り立たせる種差であっても，それでも，最初の異論に反論したとおり，人間のうちに，感性的霊魂と知性的霊魂とが別のものとしてあらねばならないということにはならない。

　同じことから，第2の異論の解決も明らかである。すなわち，より上位の種の形相は，それ自身のうちで，より下位の段階の完全性すべてを包含していると言われてきた。しかし，考えなければならないのは，質料的種が高いのは，より少なく質料を被っていることによる[318]。そしてそのようであるから，形相が高貴であればあるほど，より質料を上回っている。それゆえ，人間の霊魂は，質料的形相のうちで最も高貴であるので，もっとも高い段階に達しており，すなわち，身体の質料と交わることなしにはたらきを有するほどである。しかしながら，まさにその霊魂が，より下位の段階の完全性をも包含しているので，〔先に述べた高貴さ〕にもかかわらず，身体の質料と交わってのはたらきをも有しているのである。

　そして，明らかに，はたらきは事物からその能力にしたがって発出する。したがって，人間の霊魂が有する能力のうちには，それが始原となるはたらきの実行が，身体を通してなされるものがある。そして，これらは身体のなんらかの部分のはたらきでもなければならない。そして，植物的部分の能力と感性的部分の能力がこのようなものである。また，〔人間の霊魂は〕身体なしに実行されるはたらきの始原となる能力をも有している。そして，知性的部分

---

　318)　物質的存在の序列では，物質性がより少ないものほど高貴である。人間も動物も身体を有してはいるが，身体的器官から離れてはたらく知性を有しない動物より，それを有する人間の方がより物質性が少ない。ゆえに，人間の霊魂は質料的形相のうちでもっとも高貴である。

の能力がこのようなものであり，これ〔知性的部分の能力のはたらき〕はなんらかの器官のはたらきではない。そしてそれゆえ，能動知性と同じく可能知性もまた，分離していると言われる。たとえば視覚や聴覚のように，はたらきの〔身体的な〕器官を有することがなく，霊魂のみに，すなわち身体の形相にのみ存するからである。それゆえ，知性は分離しており，身体的器官を欠いていると言われるが感性はそうではないので，人間の知性的霊魂と感性的霊魂は別々のものでなければならない。

　またさらに，以上のことから，我々が知性的霊魂と感性的霊魂を，人間のうちでは別であるとせざるを得ないのは，別の異論の展開にあったように，感性的霊魂は消滅可能だが，知性的霊魂は消滅し得ないからだということも明らかになる。というのは消滅し得ないということは，知性的な部分に，それ〔知性的な部分〕が分離している限りで当てはまるからである。それゆえ，既に言われたように，分離している能力と分離していない能力とは，霊魂の同一の本質のうちに基礎を有しているので，霊魂の能力のうちのあるものが身体とともに衰えるもの〔消えていくもの〕でありながら，あるものは消滅し得ないものであっても差し支えない。

　既に述べられたことによれば，4番目の異論の解決も明らかである。すなわち，すべての自然本性的運動は，不完全なものから完全なものに段々と進む。しかしながら，このことは，変化と生成とでは起き方が異なる。すなわち，同一の質に，より多くとより少なくということが起き，それゆえに，変化は，すなわち質における運動は，可能態から現実態への，不完全なものから完全なものへの一なる連続的実在として進行する。しかしながら，実体形相には，より多くとより少なくということが起こらない。どのようなものの実体的形相も，不可分のものとしてあるからであ

論考前半　三一なる神，およびその業について　　143

る。それゆえ，自然本性的な生成は，多くの中間を経て，不完全なものから完全なものへと連続的に進行するのではなく，完全性の単一の段階で，新しく生成し，かつ消滅する。そうであるなら，それゆえに，人間の生成〔生殖〕においてはまず最初に胎児が，植物の生命で，植物的霊魂によって生きており，次いで，この形相が消滅して除かれると，〔胎児は〕別の種の生成〔生殖〕によって感性的霊魂を得て，動物の生で生きる。次いで，この霊魂が消滅して除かれると，最後の完全な形相が取り入れられる[319]。これが理性的霊魂であり，自身のうちに，それに先立つ諸形相のうちにあったあらゆる完全性を包含している。

第93章　理性的霊魂を生み出すことについてこれが転化によるのでないこと[320]

上記の最後の完全な形相は，すなわち理性的霊魂は，種子のうちにある潜在力が存在に引き出されることによってではなく，より上位の能動的作用者によって引き出される。すなわち，種子の中の潜在力とは，ある種の物体の潜在力である。しかしながら，理性的霊魂は物体に属する存在と潜在力すべてを超えている。その〔理性的霊魂の〕理解の業には，どんな物体も達し得ないからである。それゆ

---

319)　このように，胎児の理性的霊魂は，植物的霊魂，動物的霊魂の段階を経て生じるとする説は当時の自然哲学によるものであり，トマスもこれに倣っている。当時は人間の霊魂が生じるのは，妊娠してから40日目であるとか，46日目であるとか，男子は40日目で女子は80日目であるとか言われていたらしいことが，例えば『黄金伝説』に伺われる。ヤコブス・デ・ヴォラギネ『黄金伝説』第一巻，前田敬作・今村孝訳，人文書院，1979年，p.370-71 参照。

320)　Cf. ST, I, q.90, a.2; q.118, a.2.

144 第Ⅰ部 信仰について

え，その種を超えてはたらくものは何もないので，能動的
作用者は受動者より，作るものは作られるものより貴いこ
とから，なんであれ物体に属する潜在力が，理性的霊魂を
生み出すことはあり得ないということになる。それゆえま
た，種子のうちにある潜在力の場合も，そのこと〔理性的
霊魂を生み出すこと〕はあり得ないということになる[321]。

さらに，どんなものであれ，その存在を新しく有して
いる限り，そのものには，「かく新しく生じる」というこ
とが当てはまる。すなわち，「生じる」ものは，「存在す
る」ものでもあって，すなわち以上のようにして，ものは
生じ，存在するようになるのである。それゆえに，自ずか
ら存在を有するものには，自ずから生じることが当てはま
る。自存する実体に当てはまるように。ところで，自ずか
ら存在を有するのではないものには，自ずから生じること
は当てはまらない。偶有や質料的形相に当てはまらないよ
うに。ところで，理性的霊魂が，自ずから存在を有するの
は，既に言われたことから明らかになる[322]とおり，自ず
からはたらきを有するものではないからである。したがっ
て，理性的霊魂には，自ずから生じることが当てはまる。
したがって，既に示されたとおり，それ〔理性的霊魂〕は
質料と形相とから複合されているのでないから，創造によ
るのでなければ存在へと引き出されることがない。そし
て，既に示されたとおり[323]，創造は神だけのものである。
それゆえ，神によってのみ，理性的霊魂は存在へと生み出
されるのである[324]。

---

321) 理性的霊魂は，理性が身体的器官から離れてはたらくため，
身体すなわち物体からは生じ得ない。

322) 本書第 84 章。

323) 本書第 70 章。

324) 質料と形相の複合とは，なんらかの質料的な素材から作ら
れたことと同義であり，このようにして存在するものは生成変化によ

論考前半　三一なる神，およびその業について　　145

　以上のことはまた，理性で考えうる仕方でも起きる。す
なわち，我々は，相互に関連している技術のうちで，最上
の技術が最終の形相をもたらすが，より下位の技術は質料
を最終の形相に向かって整えるものであるということを見
て〔知って〕いる。ところで，理性的霊魂が，生成消滅し
得るものの質料が従いうる最終の最も完全な形相であるこ
とは明らかである。それゆえ，下位の能動的に作用する現
実存在は，それ〔最終の形相〕に先立つ諸準備態勢と諸形
相を引き起こすが，最上の能動的作用者，すなわち神は，
最終の形相，すなわち理性的霊魂を生じる。

第 94 章　理性的霊魂は，神の実体に属するものではないこと[325]

　しかしながら，ある人々の誤り[326]に従って，理性的霊
魂が神の実体の一部であるとは，信じるべきでない。すな
わち，前に示された[327]とおり，神は単一で個的なもので
ある。したがって，〔神は〕理性的霊魂を身体と一つにす
る〔ことによって人間を創る〕ために，言わば御自身の実
体から，まさにそれ〔理性的霊魂〕を分離させるというこ
とはない。

　さらにまた，前に示された[328]とおり，神がどんな身体
の形相であることも不可能である。そして，理性的霊魂

───────────────
る存在である。だが，理性的霊魂は質料的な素材から作られたもので
はない，すなわち，生成変化によって生じたものではない。それゆえ
に創造によるのでなければ，理性的霊魂は存在し得ない。

325)　Cf. ST, I, q.90, a.1.
326)　汎神論思想を指す。
327)　本書第 9 章。
328)　本書第 17 章。

146   第Ⅰ部　信仰について

は，形相として身体と合一している。したがって，神の実
体に属してはいない〔神の実体の一部ではない〕。

　さらに，前に示された[329]とおり，神は，御自身として
も，付帯的にも動かされない。理性的霊魂の場合，このこ
と〔自分自身としても，付帯的にも動かされないこと〕と
逆であるのは明らかである。すなわち，〔理性的霊魂は〕
無知から知に，また悪徳から美徳に変わるからである。そ
れゆえに，〔理性的霊魂は〕神の実体には属さない〔その
一部ではない〕。

　　第95章　外的な力によって存在するよう
　　　　　　になると言われているものは，
　　　　　　無媒介に神によって存在するこ
　　　　　　と

　前に示された[330]ことから必然的に帰結することだが，
創造によらねば存在へと生み出され得ないものは，無媒介
に神によって存在している。そして，明らかに天体は，創
造によらなければ存在へと生み出され得ない。すなわち，
なんらかの先在する質料から作られたとは言い得ない。
〔仮に天体が〕生成し得るものであり，消滅し得るもので
あり，対立を被るものであったなら，それら〔天体〕に
は，誰の目にも明らかなそれらの運動は相応しくなかった
ということになるから，すなわち，〔天体は〕円形に運動
しているのだが，円運動は対立を有さない〔ので，天体は
対立を有さず，したがって生成消滅し得ないものだ〕から
である。したがって，〔結論として〕残るのは，天体は無

────────────
　329）　本書第4章。
　330）　本書第74章。

媒介に，神によって存在に生み出されたものだということである。

　同じく，それ自体である限り存在している全元素もまた，なんらかの先在する質料によってあるものではない。というのは，先んじて実在するものがあったとしたら，それはなんらかの形相を有していたはずだからである。そして，そうであったなら，なんらかの他の物体が元素によって，それら〔全元素〕より質料的原因の系列上先に存在したということになっただろう。やはり，諸元素に先んじて実在する質料などというものが別の形相を有していたなら，すなわち，もし，元素の形相に先行するものが別の形相を有していたなら，それら〔諸元素〕のあるものは，他の諸々のものより，まさにその〔質料的原因の〕系列上先に存在しなければならないということになったはず。したがって，まさに諸元素もまた神によって無媒介に生み出されたものでなければならない。

　したがって，非物体的な不可視の実体がなんらか別のものから創造されるということはあり得ない。すなわち，このような実体はすべて，非質料的であることになる。というのは，質料は，方向を被っている〔次元がある〕のでないあり方では存在し得ないからである。これ〔方向〕によって質料は，ある質料から生じ得るようにして区分される。それゆえに，先在する質料から生じたということは不可能である。それゆえ〔結論として〕残るのは，創造を通して，神によってのみ存在へと生み出されること，そしてこのことゆえに，カトリック信仰は，神が「天と地の，そして見えるものと」また，さらに「見えざるものすべての創造者」であると宣言するのである[331]。

　331）　原文では創造者にあたる語に creator という語が充てられているが，creator という語が使われているのは使徒信条であり，そし

148   第 I 部　信仰について

第96章　神は本性的必然性によってはた らくのではなく，意志によって そうすること

　さて以上のことから，神が諸物を存在へと生み出したの は，本性的必然性によってではなく，意志によってであ ることが明らかになる。すなわち，1つの本性的作用者に よって，無媒介的に存在するのは，1つだけである。しか しながら，意志によってはたらくものは，様々なものを生 み出すことができる。これは，能動的作用者は，すべてそ の形相によってはたらいているからこそ，そうなるのであ る。そして，本性的形相とは，どんなものでもそれによっ てはたらくものであり，1つのものにつき1つある。ま た，知性的形相は，どんなものでもそれによって意志す るものであり，複数存在する。したがって，既に示され た[332]ように，神によって無媒介に複数のものが存在へと 生み出されているので，明らかに，神は諸物を，意志に よって存在へと生み出したのであって，本性的必然性に よってそうしたのではない。

　さらに，知性と意志によってはたらくものは，はたらく ものの系列上，自然の必然性によってはたらくものより先 にある。すなわち，意志によってはたらくものは，それが そのためにはたらく目的を自分自身に対して立てる。しか しながら，本性的にはたらくものは，自身にとっての目的

───────────────

て，見えるものと見えざるものすべての造り主 factor であるという文 言はニケア＝コンスタンティノープル信条に見られる。したがって， 原文での表現は，使徒信条とニケア＝コンスタンティノープル信条の 文言が入り混じったものである。

　332）　本書第72，95章。

論考前半　三一なる神，およびその業について　　149

に向けて，他のものによって立てられる。また，前に論じ
られた[333]ことから明らかなように，神が最初のはたらく
ものである。したがって，神は意志によってはたらくもの
であり，自然の必然性によってはたらくものではない。

　さらにまた，先立つ箇所で示された[334]ことは，神は無
限の能力を有する。したがって，〔神は，〕あれこれの業に
限定されていることはなく，すべてに対して制限を受けな
い。しかし，様々な業に対して制限を受けないものが，1
つのものを生み出すことへと〔方向が〕限られるのは，欲
求に，あるいは意志による限定による[335]。例えば，歩くこ
とも歩かないこともできる人間が，欲する時に歩くよう
に。したがって，神から業が発するのは，意志によって
決定されたからである。ゆえに，〔神は〕自然の必然性に
よってははたらかない。それゆえに，カトリック信仰では
全能の神は単に創造者であるだけでなく，「作り手」[336]と
呼んでいる。すなわち，「作る」ということは，本来，意
志によってはたらく職人のすることだからである。そし
て，意志によってはたらくものはすべて，その知性による
概念によってはたらき，これ〔知性による概念〕はその言
葉と言われ，そして，前に述べられた[337]ように御言葉は
神の御子であるので，それゆえカトリック信仰では，御子
について，彼〔御子〕を通して「すべては作られた」と宣

　333）　本書第 3 章。

　334）　本書第 19 章。

　335）　神は究極的原因であり，先立つ原因によって限定されるこ
とがない。ただ自分自身の意志によってのみ限定される。それゆえに
創造は，第 41，48 章にあるように子なる神の誕生，聖霊なる神の発
出が本性上の必然であるのに対し，意志的な決断によるものとされる。

　336）　原語は factor。註 331 にあるとおり，ニケア＝コンスタン
ティノープル信条での表現である。

　337）　本書第 38 章。

150 第Ⅰ部 信仰について

言しているのである[338]。

第97章 神はそのはたらきのうちで
変化し得ないこと

以上のこと，すなわち〔神が〕意志によって諸事物を存在へと生み出すことから明らかになることは，彼〔神〕が変化することなしに，諸事物を新しく存在へと生み出すことができるということである。すなわち，本性的にはたらくものと意志によってはたらくものとの違いとは，本性的にはたらくものは，それがあるとおりにはたらくので，同一のあり方を続けられる限り，同一のあり方ではたらくが，意志によってはたらくものは，そうしようと思うとおりにはたらくということである。そして，それが変化することなしに，さきにはしようと思わなかったことを今しようと思うことは起こりうる。はたらいていない時でも後でやろうという意志を持つことに，なんの差し支えもないからである。それゆえ，神が，永遠でありながら，永遠においてではなく〔時間において〕諸事物を存在に生み出したということは，神が変化することなしに起こり得るということになる。

---

338) ニケア＝コンスタンティノープル信条による。そしてこの子なる神すなわち神の言葉を通して，すべてのものが創造されたという理解は，聖書的には「ヨハネによる福音書」1章3節に由来する。

論考前半 三一なる神，およびその業について 151

第 98 章 永遠からある〔永遠の昔から続いている〕運動があったことを証明する異論[339]とその解決[340]

もし神が，変わることのない永遠の意志でもって新しい業を生み出せるなら，やはり，新しい業に先行している運動があるということになる。すなわち，我々が見て〔知って〕いる限りでは，意志は，今あって，後にはなくなるもののためか，今なくて，未来にあることが期待されるもののためでなければなそうとすることを延長しない。人間が，夏のうちに，今ある暑さが，寒さが到来するとなくなるだろうから，ある着物を，今ではなくて未来に着ようとの意志を有するように。それゆえ，神が永遠の昔から，なんらかの業を生み出そうと思っており，かつ永遠の昔には生み出さなかったのなら，なんらかの，かつてなかったものが未来にあることが期待されていたか，それ〔業〕とは別の取り去られるべきものがその時にはあったかである。このどちらの場合でも，運動なしに起き得ない。したがって，先行する意志によってなんらかの業が生み出されるには，なんらかの運動が先行しているのでなければならない。またそれゆえに，神の意志が諸物を生み出すことに関して永遠であり，かつ諸物が永遠において生み出されたの

---

339) 第 98 章と第 99 章は，宇宙の永遠性を主張する異論への反論である。永遠の宇宙という概念は神の創造と対立する。第 98 章での宇宙の永遠性の主張は，運動の永遠性，すなわち時間の永遠性の主張という形をとる。アリストテレスもまた，宇宙が永遠であると主張している。トマスは，アリストテレスを思想的基盤としているが，神の創造への信仰に対立するこの主張を受け入れることはない。

340) Cf. ST, I, q.46, a.1.

ではなかったなら，必然的に，それらを生み出すことには
運動が先行することになり，かつ，その帰結として，動き
得るものが先行しているということになる。これら〔動き
得るもの〕がもし神によって生み出されたのであって，し
かも永遠においてあるのではないなら，さらに別の運動と
動き得るものが先んじて実在したということになって，そ
れが無限に続くことになる。

　さて，この異論の解決は，もし普遍的な能動的作用者と
特殊な能動的作用者との差異を思い巡らすなら，容易に考
えることができる。すなわち，特殊な能動的作用者の有す
るはたらきが一致している様々な決まりや物差しは，普遍
的な能動的作用者が前もって立てているものである。この
ことは，市民生活の場合に明らかである。すなわち，立法
者が，法を決まり，物差しとして制定し，それに従って，
それぞれの特殊な裁判官は判決を下さねばならない。しか
しながら，時間は時間のうちでなされた行為の物差しであ
る。すなわち，特殊な能動的行為者は，時間に一致しては
たらきを有する。すなわち，以前ではなく今，なんらか一
定の理由で行為するというように。

　しかし，普遍的な能動的作用者，すなわち神は，そのよ
うな物差しを，すなわち時間を定められたのであり，それ
も御自分の意志でそうされたのである。したがって，神が
生み出した諸物のうちには，時間もまた含まれている。そ
れゆえに，あらゆる事物について，神がそれ〔事物〕にど
のように割り振ったかが，〔その事物の〕物差しとなる量
であるように，時間という量もまた，神がそれ〔事物〕に
どのように与えようと欲しただけある。すなわち，時間と
時間のうちにあるものは，神がそれらが存在することを欲
したときにそうして始まったのだ。

　しかし，先に挙げた異論は能動的作用者について，それ
は時間を前提とし時間の中ではたらくが，時間を定めたわ

論考前半　三一なる神，およびその業について　　153

けではないというように論を進める。したがって，永遠の
意志がその業（わざ）をなぜ，以前でなくて今生み出すのかが問わ
れる疑問は，業（わざ）に先在する時間を前提としている。すなわ
ち，今と以前は，時間の部分だからである。したがって，
事物の普遍的な産出については，仮にそれら〔普遍的に産
出されたものとしての諸事物〕のもとでまで時間について
考えるとした場合のことなのだがそうした場合，問うべき
ことは，なぜ以前でなくて今なのかではなく，なぜこの時
間という物差しがあるのかである。このこと〔時間に物差
しがあること〕は神の意志によっており，時間としてこの
量とあの量〔すなわち以前と今〕どちらが割り振られるか
ということはどうでもいい[341]。

　この〔以上の〕ことは，世界の様々な量についても考
えることができる。すなわち，神はなぜ，物体的世界を，
〔現にあるより〕上にあるいは下にあるいは別の違う方向
でもなくこのような位置に創り上げたのか，とは問われな
い。というのは，世界の外に場所はないからである[342]。し
かし，かくかくの量が物体的世界に，この〔世界のある〕
位置の外には，どんな違う方向にも，それ〔世界〕に属す
るものは何もないように割り振られるということは，神の
意志によって起きる。

　また，たとえ世界以前に，時間がなかったとしても，ま
た世界の外に場所はないとしても，それでも，我々〔世界
以前，世界のことについて〕は次のような仕方で語る。も
し我々が語るとしたら，世界が存在する前は，神のほかに

───────────

341)　神は時間の創造者であって，時間が創造される以前という
ものは，以前ということ自体が時間であり，そのような時間はなかっ
た。すなわち，時間は創造された後にのみ存在し，創造される前には
なかったと考えることができる。

342)　宇宙空間の外には場所がないので，宇宙はどこにあると言
うことができない。

154 第Ⅰ部　信仰について

何もなかったということ，世界の外にはどんな物体もない
ということは，前と外〔という概念〕，時間あるいは場所
〔という概念〕を用いて，想像力によってのみ理解する者
として〔そうするという仕方で〕[343]。

第 99 章　質料が永遠の昔に世界の創造に
先行していたのは必然だという
ことを示す異論とその解決

　また，たとえ，完全な諸事物を永遠の昔に生み出すこと
は〔現には〕なかったとしても，質料が永遠の昔に存在し
たのは必然だと思われる。すなわち，存在していないとい
うことの後に存在を有するものはすべて，存在していない
ということから，存在に変化する。したがって，被造の事
物，例えば天と地と他のこのようなものが，永遠の昔には
存在しなかったのであって，かつて存在しなかった後に，
存在し始めたのだとすると，存在していないことから存在
に変化した諸々のものがあると言わなければならない。と
ころで，変化と運動はすべて，なんらかの基体を有する。
すなわち，運動は可能態のうちにある現実態だからであ
る。また，それによってなんらかの事物が存在へと生み出
される変化の基体は，生み出されたものそのものではな
い。すなわち，これ〔生み出されたものそのもの〕は運動
の終端である。そして，運動の終端と運動の基体は同一で
なく，以前言われた変化の基体は，そこで事物が生み出さ

---

　343)　人間のことばは，空間内，時間内のものを描写する機能し
か持たない。それゆえに，宇宙空間の外には空間はなく，宇宙以前に
は時間がないとしても，「宇宙の外に神はいる」，「宇宙以前には神だ
けがいた」というように，本来不正確である表現をあえて使わざるを
得ない。

論考前半 三一なる神，およびその業について 155

れるものであり，これを質料と言う。したがって，諸事物が，かつて存在しなかった後，存在のうちに生み出されたとすると，質料がそれらより先に存在したのでなければならない。また，これ〔質料〕がもしかつて存在しなかった後，生み出されたものであるなら，〔この質料もまた〕先行する別の質料を有するのでなければならないことになる。しかし，〔この過程を〕無限に進むことはできない。したがって，〔結論として〕残るのは，なんらかの永遠の質料に至らねばならないが，それはかつて存在しなかった後に生み出されたものではないということである。

さらにまた，世界が，かつて存在しなかった後，始まったのなら，世界が存在する前，世界が存在することあるいは生じることが可能だったか，可能でなかったかのどちらかである。そして，存在することあるいは生じることが可能でなかったなら，したがって，世界が存在することあるいは生じることは不可能だったということになるだろう。同じ意味だから。そして，生じることが不可能なものは，生じないことが必然である。したがって，必然的に世界は生じなかったということになる。これは明らかに偽であるので，こう言わなければならない。すなわち，世界が，かつて存在しなかった後，存在し始めたとしたなら，〔世界が〕存在する前，まさに存在することあるいは生じることは可能であったと。したがって，なんらかのものが，世界の生じることおよび存在することへの可能態にあったということになる。そして，なんらかのものの生じることおよび存在することへの可能態にあるものは，その質料である。例えば，材木が腰掛に対してそうあるように。それゆえに，たとえ世界が常にあったわけではないとしても，質料は常にあったことは必然であると思われる。

156   第 I 部　信仰について

　ところで，前に示された[344]とおり，質料もまた，神に
よらずには存在しないので，同じ理由で，カトリック信仰
は質料が永遠であると宣言しないのである。世界もまた永
遠でないのと同じく。すなわち，このやり方〔宣言しない
という表現〕で，まさに諸事物のうちにあっても神が〔す
べての〕原因であること，彼〔神〕によって生み出された
諸々の事物はかつてなかった後にあるようになったこと
が，表されねばならないのである。すなわち，以上のこと
が明らかに示しているのは，諸事物が自分自身によって存
在するのではなく，永遠の作者によって存在することであ
る。
　ところで，既に挙げた諸々の異論によっては，我々は
質料の永遠性を認めるよう強いられない。すなわち，諸
事物の普遍的産出は，本当の意味では変化とは言い得な
い。というのは，どんな変化のうちでも，変化の基体は変
化によっては生み出されないからである。既に言った[345]
ように，変化の基体と終端は同じではないから。したがっ
て，諸事物の，神による普遍的産出は，すなわち創造と呼
ばれるものは，事物として存在するすべてに及び，このよ
うな産出は，変化の性質を本当の意味で有し得ない，たと
え，創造された事物が，かつて存在しなかった後に存在へ
と生み出されたのだとしても。すなわち，存在しないこと
の後で存在することは，基体が今，欠如と形相のもとにあ
るということを前提としなければ，変化の真の理解として
十分なものではない。それゆえ，そのうちであのものがこ
のものより後に見られるようなある種のものの間には本来
の意味で運動あるいは変化の性質は存在しない。例えば，
昼の後に夜が来ると言われる時のように。したがって，世

───────────
　344）　本書第 69 章。
　345）　本書第 99 章。

三一なる神，およびその業について　157

界は，かつて存在しなかった後に存在し始めたのだとして
も，これはなんらかの変化によって起きたのではなく，創
造によって起きたのでなければならない。まことにこれ
〔創造〕は変化ではなく，被造の事物が，その存在に関し
て，先行する「存在しなかったこと」との関連のゆえに，
創造者に依存しているというある種の関係である。すなわ
ち，すべての変化のうちでは，今一方の終端にあり，その
後に別の終端にあるという様々なあり様をする同一の何か
があらねばならない。このことは創造の場合は，真なる事
態としては見出されず，想像としてのみ，一にして同一の
事物が以前には存在しなかったが，その後に存在している
ということが想像されるという形で，見出される。

　同じく，また第2の異論も説得力がない。たとえ，世
界が存在する〔ことを始めた〕以前には存在することある
いは生じることは可能であったと言うことが真であるとし
ても，それでもやはり，このことをなんらかの可能態とす
る観点で言わねばならないということにはならない。すな
わち，言表において「可能である」〔という語〕は，真理
のある様態を表しており，すなわち，必然でもなく，不可
能でもないということを表すものとして言われる。それゆ
え，このようなもの〔このような意味での「可能である」
という語〕は，哲学者が『形而上学』7 巻[346]で教えている
ように，なんらかの可能態のゆえ〔何らかの可能態が存在
するゆえ〕に「可能である」と言われている。

　また，もし，なんらかの可能態によって世界が存在する
ことは可能であると言われるなら，受動的可能態のゆえに
そう言われるというのではなく，能動的受動態によってそ
う言われるのでなければならないということになり，すな
わち，世界が存在する以前に，存在することが可能であっ

---

346)　アリストテレス『形而上学』4 巻 12 章 (1019b34sq.)。

たと言われているような意味で，神が世界を存在のうちに
生み出す以前に，存在のうちに生み出すことができたと理
解されることになる〔が，これは不合理だ。神のうちには
以前も以後もないから〕。それゆえに，我々は，質料が世
界に先立って存在していたと認めるよう追い込まれはしな
い。したがって，カトリック信仰は，神とともに永遠であ
るものを何ものも認めず，それゆえに，「見えるものと見
えざるものすべての創造者にして作り手」と宣言している
のである。

第 100 章　神はすべてを目的のために
なすこと[347]

　先に示された[348]とおり，神は諸事物を存在へと，自然
の必然性によるのではなく，その知性と意志とによって生
み出したので，そのような能動的作用者はすべて，目的の
ためにはたらくのであり，すなわち，はたらく知性にとっ
て目的は始原だからである。したがって，神によって作ら
れたものはすべて，目的のために存在するのでなければな
らない[349]。

　さらに，諸事物の神による産出は最も善い仕方でなされ
ている。すなわち，最も善い仕方であらゆるものを作るの
は，最も善いもののする〔に相応しい〕ことだからであ
る。ところで，目的への意図なしに生じることより，目的
のために生じることのほうがより善い。というのは，生じ
ているものにおける善の本質は，目的に由来するからであ

---

347)　Cf. ST, I, q.44, a.4; q.65, a.2.

348)　本書第 96 章。

349)　神は意志によって創造した。意志は欲求であり，欲求は目
的を持つ。ゆえに，創造には目的がある。

論考前半 三一なる神，およびその業について　　159

る。したがって，事物は神によって目的のために作られた
ということになる。

　また，以上のことの証は，自然によってはたらくものの
場合でも明らかになる。このもの〔自然によってはたらく
もの〕いずれもなんの意味もなく存在しているのではな
く，あらゆるものが目的のために存在しているからであ
る。そして，自然から生じたもののほうが，第一の能動的
作用者によるまさに自然の設立よりも整っていると言うの
は不適切である。自然の全序列はそこ〔第一の能動的作用
者〕から引き出されたのだから。したがって，諸事物は，
目的を持って神に作られたということは明らかである。

第 101 章　すべてのものの最終目的は 神の善性であること

　さて，諸事物の最終目的は神の善性でなければならな
い。すなわち，なんらかのはたらき手に，意志によって作
られた諸事物の最終目的は，そのはたらき手によって第 1
にそれ自体として欲せられているものであり，これ〔最終
目的〕のために，はたらくものは，そのなすところをすべ
て行なうのである。そして，以前論じたこと[350]から明ら
かなように，神の意志が最初に欲したことはその善性であ
る。それゆえ，神によって作られた事物すべてにとって，
神の善性が最終目的である。

　さらにまた，生まれた事物それぞれの生成の目的は，そ
れ自身の形相である。というのは，これらを得ることで生
成は決着するからである。すなわち，技術によって生まれ
たのであれ，自然によって生まれたのであれ生まれたもの

　350）　本書第 32 章。

はいずれも，その形相によってなんらかの仕方で〔自分を
生まれるように仕向けた〕はたらき手に似ている。つま
り，はたらき手はすべてを，なんらかの仕方で自分に似て
いるものにする。また，自然の領域でさえ，人間は〔自分
と同じ〕人間を生む。何か生まれたもの，あるいは自然に
よって作られたものがあって，それが種の観点で見ると生
むものに似ていないということがあるとしても，それで
も，不完全なものが完全なものに似ている程度には，生む
ものに似ているものだ。すなわち，生まれたものが生むも
のに，種の観点で見て似ていないということが起きるの
は，それ〔生むもの〕への完全な類似には至り得ず，なん
らかの仕方でそれ〔類似性〕を不完全に分有しているから
である。例えば，太陽の力で生まれる動物や植物のよう
に。それゆえ，生じるものすべての，生成あるいは完全化
の目的は，作るものの，あるいは生むものの形相，すなわ
ち，それ〔作るもの，あるいは生むもの〕への類似に至る
ことである。そして，第１のはたらき手の，すなわち神
の形相は，その〔神の〕善性に他ならない。したがってこ
のことゆえに，すべてのものは，神の善性に似るものとな
るべく，作られたのである。

第 102 章　神の類似性は，諸事物におけ
る多様性の原因である[351]

　それゆえ，このことゆえに，事物における多様性と区分
の理由が見て取られるだろう。神の善性を完全に表すの
は，あらゆる被造物の神からの距離のゆえに不可能だった
ので，多くのものによって表されることや，ある点が欠け

---

351)　Cf. ST, I, q.47, a.1; a.2; q.65, a.2.

論考前半　三一なる神，およびその業について　　　161

ているので，別のものに補ってもらうことが不可欠である。すなわち，三段論法の結論の場合でも，ある媒概念では結論が十分証されない時，媒概念は結論を明らかにするために多くされねばならない。弁証における三段論法で起きるように。しかしながら，被造物の全総体が，完全に神の善性を表すことはなく，被造物に可能な完全さの限りでのみそうするのである[352]。

　さらに，普遍的原因に，一にして単純なる仕方で内在しているものが，結果のうちでは多数に区別された形で見出される。というのは，原因のうちにあるもののほうが，結果のうちにあるものより高貴だからである。そして，神の一にして単純なる善性は，被造物に見出される善性全体の始原であり，かつ根である。したがって，多くの，区別されたものが，一にして単純なるものに似ているように，諸々の被造物は神の善性に似ていなければならない。それゆえ，現に，多数であること，多様であることが，諸事物のうちに現れるのは，因果によるのでもなければ，偶然でもない。諸事物の産出が原因によるのでも，運命によるのでもなく，目的のためであるのと同じである。すなわち，存在と一性と数多性とは，同一の始原から出て諸事物のうちにある。というのは，諸事物もまた区別は質料によって生ぜしめられたものではなく，すなわち，諸事物の最初の定めは創造によるものであって，これ〔創造〕は質料を必要としないからである。質料においてでなければ生じえないものは，偶然的であると思われる。また同様にして，事物における数多性もまた，中間の作用者の順序によって生ずる。例えば，一なる第一の単純なるものから，無媒介に

────────────────

　352)　前章にあるように，神の完全な善性を目的として，それを反映するために宇宙のすべては存在している。しかしながら，無限の神に対して宇宙は有限であり，宇宙に可能な限りでの反映しかできない。

162   第Ⅰ部　信仰について

発することができたのは一なるもの以外にないが，それで
も，第一のものからは単純さに関して離れているので，そ
こから数多性が発出することは可能であり，次いで，第一
の単純なるものから遠ざかるほど，そう考えた人たちもい
るように，より多くの数がある数多性が見出される。既に
示された[353]とおり，複数のものは創造によらなければ存
在に現れられない。これは前に示された[354]とおり，神だ
けがすることである。それゆえ，〔結論として残るのは〕
複数のものが神御自身によって直接創造されたということ
である。

　諸々の事物が数多くあり，区別されてあることは，偶然
的なものであったという仮定にたつなら，それが最初のは
たらき手が意図していないものだったことになるのもまた
明らかである。すなわち，諸事物が数多くあり，かつ区別
されてあることは，神の知性に考え出され，諸事物のうち
で制定されたのは，多様な仕方で神の善性が，被造の事物
に表されるためであり，そして，それ〔神の善性〕を様々
な段階に応じて分有するためであり，そのようにして，
様々な事物の関係によって，ある種の美が諸事物の間で結
果するためである。これ〔被造物の関係から成る美〕を神
の知恵は〔諸事物に〕委ねたのであった。

第103章　神の善性だけが諸事物の原因
　　　　　ではなく，運動とはたらきの
　　　　　すべてもまた原因であること

　諸事物の制定の目的は，神の善性だけでなく，さらに，

———————
　353）　本書第95章。
　354）　本書第70章。

論考前半　三一なる神，およびその業について　　163

神の善性がその目的であらねばならない，あらゆる被造物
の運動とはたらきもまたそう〔諸事物制定の目的〕であ
る。すなわち，どんなものでも，そのあるとおりのことを
行為する，熱いものが熱を発するように。ところで，既に
示された[355]とおり，被造の事物は，その形相にしたがっ
て，神の善性とのある種の類似を分有する。それゆえ，あ
らゆる被造物のはたらきと運動は，神の善性に，それを目
的として秩序づけられている。

　さらに，あらゆるものの運動とはたらきはすべて，なん
らかの完全なものに向かっていると思われる。そして，完
全なものは善の性質を有し，あらゆるものの完全性は，そ
の善性である。したがって，すべてのあらゆるものの運動
と働きは，善に向かっている。そして，善はどんなもので
も，最高善のある種の類似である，どんな存在者も第一の
存在者の類似であるように。したがって，あらゆるものの
運動とはたらきは，神の善性に似ることへと向かってい
る。

　さらに，多くのはたらくものが秩序ある関係をなしてい
るなら，必然的に，はたらくものすべてのはたらきと運動
は，最初のはたらくものの善性に，それを最終目的として
向けられた秩序をなしている。すなわち，より上位のはた
らくものはより下位のはたらくものを動かし，動かすもの
はすべて〔動かすもの〕固有の目的へと動かすので，必然
的に，より下位のはたらくもののはたらきと運動は，最初
のはたらくものの目的に向かっているのでなければならな
い。例えば，軍隊の場合，すべての部隊のはたらきは，最
終目的として勝利への，すなわち将軍の目的への秩序を
なしている。さて，前に示された[356]とおり，第一の動か

───────────
355）　本書第 101 章。
356）　本書第 3 章。

164   第Ⅰ部　信仰について

し，はたらくものは神である。またその目的は，これも前
に示された[357]とおり，その善性に他ならない。したがっ
て，あらゆる被造物のすべてのはたらきと運動は，神の善
性に向かっているということになる。確かにこれ〔神の善
性〕には，生ぜしめるべく〔向かっているの〕でもなけれ
ば，増やすべく〔向かっているの〕でもなく，それ〔被造
物〕の様態で獲得する，すなわち，その〔神の善性の〕な
んらかの類似性を分有することで獲得すべく〔向かってい
るの〕である。

　さて，神の善性への類似を，被造の事物はそのはたらき
を通して，様々な仕方で達成する，すなわち，その〔被造
の事物の〕存在に従って，それ〔神の善性〕を表すよう
に。というのは，あらゆるものは，その存在に従ってはた
らくからである。したがって，被造物すべてにとって共通
のことは，神の善性を，それら〔被造物〕が存在する限り
において表すということであるので，同じく，そのはたら
きを通して，神との類似を，その存在を保つことと，その
存在を他者と分かち合うこととで達成することも，すべて
に共通している。すなわち，あらゆる被造物は，そのはた
らきの際に，第1には，自身を存在に，可能な限り完全
に，保とうと努力し，そのやり方の範囲で，それ〔被造
物〕は，神の持続性の類似に向かうのである。一方，第2
には，あらゆる被造物は，そのはたらきをとおして，その
完全な存在を他者と分かち合おうと，その〔それぞれの〕
やり方で努力する。そして，このこと〔分かち合おうと努
力していること〕を通して，神の原因性の類似に向かうの
である[358]。

────────────
　357)　本書第32章。
　358)　神への類似には，神がすべてのものの原因であることへの
類似も含まれている。したがって，神だけが唯一の原因ではなく，被
造物もまた様々なはたらきの原因となる。

論考前半　三一なる神，およびその業について　　165

　ところで，理性的被造物は，そのはたらきを通して，他のものとは違うある独得のやり方で，他の被造物に比べ，より貴い存在を有しているものとして，神との類似に向かうように。すなわち，他の被造物の存在は，質料によって制限されているので，有限であり，無限性を，現実態としても可能態としても有さない。一方，あらゆる理性的存在は，あるいは現実態として，あるいは可能態として，知性がそれ自身のうちに可知的なものを含む限りで，無限性を有する[359]。我々の場合は，知性的存在が，その最初のありようとしては，自身にとって可知的なものに対しては可能態としてあると見做され，そして，これら〔可知的なもの〕は無限であるので，なんらかの無限性を可能態として有している。それゆえ，知性は諸々の形象の形象である。石のように一なるものに限定された形象をのみ有するのではなく，すべての形象を入れ得る形象であるから。一方，知性的存在は神のうちでは，前に示された[360]とおり彼〔神〕が御自身のうちですべての存在者に完全さを与えるのに応じて，現実態として無限である。一方，他の知性的被造物は，可能態と現実態の中間のあり方をしている。したがって，知性的被造物は，そのはたらきを通して神の類似性に向かうが，それは彼が自分の存在のうちに自己を保っているということや，その存在をある仕方で分かち合うことで数を増やすことだけではなされず，自然によっては可能態的に有していたことを自身のうちに現実態で有することでなされるのである。それゆえ，知性的被造物の目的は，〔知性的被造物が〕そのはたらきを通して達成するので，その理解が，可能態として有している可知的なもの

　　359）　質料的存在はそれ自身以外のありようをできないが，知性的存在は様々なものを理解することで理解の対象になることができ，その意味で限定されていない。

　　360）　本書第21章。

すべてについて，全的に，現実態で実現することである。
すなわち，こうすることで〔知性的被造物は〕神に最大度
に類似するのである。

第104章　諸事物のうちにそれに対応する二重の知性がある二重の可能態についてと，知性的被造物の目的とは何か[361]

　さて，二重の可能態のうちにあるものがある。ある形では，自然本性的に，すなわち，自然本性的なはたらき手によって，現実態に引き入れられ得るものという観点での可能態があり，別の形では，自然本性的な，だが，〔自身とは〕別の何かであるはたらき手によって現実態へと引き入れられ得るものの観点での可能態がある。このことは，確かに物体的事物の間で明らかになる。すなわち，少年から〔大人の〕男性になるということは，自然本性的な可能態のゆえに起きる。また，あるいは種子から動物が生じるということも。しかし，材木が腰掛になることや，盲人が見える者になることは，自然本性的な可能態のゆえに起きるわけではない。すなわち，我々の知性は，ある種の可知的なものとの関連で言うと〔まだ理解を実現しているわけではないので〕自然本性的な可能態としてある。これら〔理解できるもの〕はすなわち，能動知性によって現実態に引き入れられ得るものであり，これ〔能動知性〕が我々にとって，それによって我々が現実態として理解するものとなる生まれ持った始原である。

　さて，私たちは，私たちの知性が現実態に引き入れら

361）　Cf. ST, I, q.12, a.1, ad3; I-II, q.3, a.6; a.8.

論考前半　三一なる神，およびその業について　　167

れることによっては，最終目的を達成することができない。すなわち，先立つ箇所[362]で明らかであるとおり，能動知性の力によって，可能態として理解できるものである表彰像は，現実態として理解できるものになる。ところで，表象像を受け取るのは感性である。したがって，我々の知性が能動知性によって現実態に引き入れられるというのは，我々がこれらの可知的なものの知に，感覚を通して至ることができるという限りでのことである。そして，そのような認識では，人間の最後の目的が実現するのは不可能である。すなわち，最後の目的が手に入ると，自然本性的欲求は安らぐ[363]が，先に述べられたような，感覚を通して知識を得るという認識様式で理解のはたらきをなすことをどれだけ完遂したとしても，それでもなお，別のものを認識したいという自然本性的欲求は残るからである。すなわち，感性が達することができない多くのものがあり，我々はそれらについて，感覚できるものを通しては取るに足りない知しか受け取ることができない。すなわち，おそらく我々はそれらについて，それらが存在するということを知っても，なんであるかを知らないであろう。というのは，非質料的実体の何性は，感覚できる事物の何性とは別の類に属し，それら〔感覚できる事物〕を比例の成り立たないほどに超越しているからである。

　また，感性のもとにある諸々のものについては，それらの本質を我々が確実性をもって認識できない多くのものがあり，それらのうちのあるものは，どんな意味ででも認識できないが，あるものは，疑いを残しながらであれば認識できる。それゆえ，認識の完全性に関しては，自然本性的

---

362)　本書第83章。

363)　欲求が安らぐというのは日本語としてはやや不自然だが，充足されるという意味で理解していただきたい。

168   第 I 部　信仰について

欲求が残る。そして，自然本性的欲求が空しいということ
はあり得ない[364]。

　したがって，最終目的を我々が認識するのは，我々に
親和的なはたらき手よりも崇高ななんらかのはたらき手
によって，我々の知性が現実態になる時であり，このこ
とで，我々に自然本性的に内在する知ることへの欲求は休
まる。また，我々のうちでは知りたいという欲求は，結果
は知っているので，〔さらにその〕原因を知りたいという
ものであり，そして，どんなものであれ，その周辺のこと
がいくら分かっても，我々の欲求は安らがない，その本質
を知るまでは。したがって，知ることへの自然本性的欲求
は，我々の場合は，最初の原因を知るまでは，どんな知り
方でもいいというのではなく，その本質を知るまでは，安
らがない。そして，最初の原因とは，先立つ箇所[365]から
明らかなように，神である。したがって，被造物の知性の
最終目的は，神を，その本質を見ることである。

　　　第 105 章　知性的被造物の最終目標が，
　　　　　　　　神をその本質によって見るこ
　　　　　　　　とである理由，そしてそれが
　　　　　　　　いかにして可能であるか[366]

　さて，これ〔神をその本質によって見ること〕がいかに
して可能かを考えなければならない。我々の知性は，その
〔当のものの〕形象によってでなければ何も認識しないの

---

　364)　自然の秩序は，神の創造の秩序であり，神の善性を目的と
している。それゆえに，自然本性的欲求が空しい，すなわち満足させ
ることができない無意味な衝動であるということはあり得ない。
　365)　本書第 3, 68 章。
　366)　Cf. ST, I, q.12, a.2; a.5.

論考前半　三一なる神，およびその業について　　169

で，あるものの形象で，それとは別のものを認識すること
が不可能であるのは明らかだ。知性が認識に用いている形
象が，より〔当の〕事物から遠いほど，我々の知性が，当
のものの本質について有する認識は不完全になる。例え
ば，ロバの形象で牛を認識する場合のように。その〔当の
ものの〕本質の認識は不完全，すなわち，類のみに関する
ものだが，石の形象でもって認識した場合は，さらに不完
全になろう。さらに遠い類による認識だからである。そし
て，牛と類が共通しない何かの形象によって認識した場合
は，牛の本質をどうしても知ることはできないだろう。

　先立つ箇所[367]から明らかなように，創られたものはど
れ一つとして，神と類が共通していない。したがって，ど
んな可感的形象を用いても，それだけではなくどんな可知
的形象を用いても，神の本質を知ることはできない。した
がって，神御自身が本質によって知られるためには，神御
自身が彼〔神〕を知る知性の形相とならなければならな
い，そしてある存在を成立せしめるようにではなく，可知
的形象が，理解能力があるものに結びつくようにして，そ
れ〔神を知る知性〕に結びつかねばならない。というの
は，彼〔神〕は，御自身の存在であるように，御自身の真
理であって，これ〔真理〕は知性の形相だからである。

　さて，なんらかの形相を獲得するものはすべて，その形
相への準備を達成している。しかし，我々の知性は，自分
自身の自然本性によって真理であるかの形相〔神〕に対し
て，最終準備態勢にあるのではない。もしそうであるなら
始めから得ていたであろうから。したがって，それ〔かの
形相，すなわち神〕を得る時，〔我々の知性は〕なんらか
の新たに与えられた準備態勢によって高められているだろ
う。これ〔新たに与えられた準備態勢〕を，我々は栄光の

────────
　367)　本書第12，13，14章。

光と呼ぶ[368]。これ〔栄光の光〕のもとで我々の知性は神によって完成される。彼〔神〕だけが御自身の自然本性によって，この御自身の形相を有している〔ので，神だけが知性の形相としての御自身に対する準備態勢を，我々の知性にもたらすことができる〕のは，火だけが，熱の火の形相に対する準備態勢をもたらすことができるのと同じである。この光については，詩編第35編〔36編〕第10節でこう言われている。「光のうちで我々2人は光を見るだろう」と。

第106章　自然本性的な欲求が本質による神の直視によって休まる仕方とそれ〔神の直視〕が至福であること[369]

　この目的に達したなら，自然本性的欲求は必然的に安らぐ。というのは，神の本質が，先に述べられた仕方で神を

　368）　人間の認識は，自然の光 lumen naturale，恵みの光 lumen gratiae，栄光の光 lumen gloriae という3つの段階を持つ。自然の光は人間の自然本性的な認識能力，すなわち，人間が備えている知性による認識である。恵みの光は，人間の自然本性的な能力を超えているがゆえに，人間がそれを得るにはふさわしくない認識対象に触れさせるため，神から恵みとして与えられる光であり，この光によって人間は信仰を与えられる。栄光の光は，天国において神の栄光のもとに人間が享受できる光であり，この光によって人間は，顔と顔とを合わせて神を見る。

　恵みの光のもとにおける信仰は，人間の知性では認識できないものへの意志的な承認であるので，認識としては不完全さを伴う。栄光の光において人間は神を，人間の限界の制限されたものではあるが，認識することができる。恵みの光については本書では第143章で論じられる。

　369）　Cf. ST, I, q.12, a.7; I-II, q.3, a.8.

論考前半　三一なる神，およびその業について　　171

知る知性と結びついており，そしてそれは，すべてのもの
の認識の始原として，すべての善性の源泉として十分であ
り，欲求すべき何ものも〔他に〕残らないほどだからであ
る。

　そして，以上のこと〔神が御自身を我々の知性に与える
ことで神が認識されるという認識方式〕はまた，神との類
似を達成する最も完全な方式である。すなわち〔この時〕，
我々は，彼〔神〕が御自身を知る，すなわち御自身の本質
によって知る方式で，彼〔神〕を認識している，たとえ，
彼〔神〕が御自身を把握するようには，我々が彼〔神〕を
把握していないにしても。このことは，〔神が〕部分を有
していないので，我々が神のなんらかの部分に無知である
ということではなく，〔神が〕知ることができるほど完全
には，我々は彼〔神〕を知らないということである。とい
うのは，我々の知性の力は，理解の際，それによって〔神
が〕知ることができるものとなる彼〔神〕の真理と等し
いものではあり得ないからであり，そもそもそれは，そ
の〔神の〕明らかさ，あるいは真理は無限だが，我々の知
性は有限だからである。その〔神の〕知性は，真理と同じ
く無限であり，そしてそれゆえ，自身を，知ることができ
る限り〔すなわち無限に〕知っている。論証によって証明
される結論を把握する者は，それ〔結論〕を論証によって
知っているが，蓋然的な根拠によるなら，それ〔結論〕を
〔把握に比べて〕より不完全に知る〔だけである〕ように。

　そして，人間の最終目的を我々は至福と呼ぶが，それゆ
え，人間の幸福，すなわち至福とは，神をその本質によっ
て見ることにある。たとえ，至福の完全さに関して言え
ば，神は御自身の本性によって至福を有するが，いっぽう
人間は，先立つ箇所[370]で言われたように，神の光を分有

---

370)　本書第 105 章。

172　　　　　　第Ⅰ部　信仰について

することで至福を有するので，神とはだいぶ隔たりのある
ことではあっても。

第107章　神のうちでの，至福を実現す るための運動は，自然界の運 動に似ていること，および， 至福は知性のはたらきのうち にあること[371]

　さて，考えるべきは，可能態から現実態に進むことはあ
るいは運動，あるいは運動同然のものなので，この至福へ
の前進は，自然本性的な運動あるいは変化の場合と同じ仕
方で考えるべきだということである。すなわち，自然本性
的な運動の場合，最初に，なんらかの属性があって，動か
し得るものがそれ〔属性〕によって，目的と釣り合ってそ
れ〔目的〕に向かっていく，例えば地上での重さが，下方
に移動する〔落ちる〕ということを起こすように，という
こと，すなわち，ある目的へと自然本性的に動かされると
いうことは，それ〔目的〕との釣り合いがなければあり得
ないということが考えられる。そして，次に，目的に向か
う運動そのものが考えられる。第3に，形相そのものか
あるいは場所が考えられる。また第4には，形相あるい
は場所で安らぐことが考えられる。

　それゆえに，目的に向かう知性の運動には，第1に目的
に向かう愛がある。そして，第2には欲求があって，それ
は言わば，目的への運動である。そして，そのような欲求
から現れるはたらきもまた。そして，第3のものは，知性
が達する形相そのものである。そして，第4は，〔以上の

---

371)　Cf. ST, I, q.26, a.2, ad2; I-II, q.3, a.4; q.4, a.1.

論考前半　三一なる神，およびその業について　　173

ことの〕後に続く喜びであり，これ〔喜び〕は獲得された
目的における意志の安らぎに他ならない。したがって，形
相と場所の運動にとっての場所は自然本性的な目的である
が，形相あるいは場所における安らぎはそうではなく，こ
れ〔形相あるいは場所における安らぎ〕は，目的の後に続
くものであり，そして運動と，目的への釣り合いとは，な
おさら目的ではないように，知性的被造物の最終目標は，
神を見ることであるが，神のうちに喜ぶことではなく，こ
れ〔神のうちに喜ぶこと〕は目的に伴うことであり，言わ
ばそれ〔神を見ること〕を完成させるものでもある。そし
て，欲求あるいは愛が最終目的であることはなおさらあり
得ない，これ〔欲求あるいは愛〕は目的の前に持たれるべ
きものだから[372]。

第 108 章　被造物に幸福をおく人々の
　　　　　　　誤りについて[373]

　だから，幸福が，ある人たちには間違ったところに求め
られていることも明らかである。すなわち神以外のどんな
ところに，あるいは物質的な享楽——これは野獣と共通で
ある——に，あるいは富——本来所有の保持に向かうもの
であるが，これは被造の存在者すべてに共通している目的
である——に，あるいは権力——これは他のものと自分の
完全性を分かち合うことに向かうので，我々はこれもまた

---

　372)　目的に向かう知性の運動は，愛，欲求，形相，喜びと 4 段
階に区分されるが，愛と欲求は目的に先立つものであり，喜びは目的
に続くものである。したがって，知性の目的は，知性が達する形相そ
のものである。したがって，神を知性認識するということの目的は，
神を見ることそれ自体である。

　373)　Cf. ST, I, q.12, a.1; I-II, q.2, a.8.

174 　　　　第Ⅰ部　信仰について

すべてのものに共通していると言う──に，あるいは名誉
あるいは名声──これは〔幸福として〕与えられてしかる
べき人もいるが，それは既に目的を有している，あるいは
目的に対しよく準備されている限りでのことである〔つま
り，名誉や名声は本来の目的に非必然的に伴うものにすぎ
ない〕──に求めようとも，それは間違っている。また，
人間を超えて実在している事物すべての認識のうちにも
〔幸福は〕ない。神の認識のうちでのみ，人間の欲求は安
らぐからである。

第 109 章　神だけが本質によって善であり，いっぽう被造物は分有によってそうであること[374]

　それゆえ，ここまで論じられてきたことから，善性に対
する関係は神と被造物とで様々であることが明らかにな
る。すなわち被造物の場合は，二重の方式で善性について
考えられる。すなわち，善は完全さと目的の性格を有して
いるので，被造物の二重の完全さと目的に即して，その
〔被造物の〕善性は達成される。すなわち，ある被造物の
完全さは，その自然本性に留まる限りで達成される。そし
てこれ〔その自然本性〕がその生成あるいは作成の目的で
ある。またもう 1 つのその〔被造物の〕完全さが達成され
るのは，その〔被造物の〕運動あるいははたらきによる。
そして，これ〔運動とはたらきによって達成される完全
さ〕が，その〔被造物の〕運動とはたらきの目的である。
　しかしながら，どちら〔の完全さ〕に関しても，被造物
は神の善性に不足している。すなわち，事物の形相と存在

---

374)　Cf. ST, I, q.6, a.3.

論考前半　三一なる神，およびその業について　　175

とは，その本性に関して考えられる限り，そのもの〔その事物〕の善と完全性であるので，複合された実体は，その形相でもなければ，その存在でもないということである。一方，被造の単一の実体は，たとえ形相そのものであるとしても，それでもその存在ではない。しかし，神は，先立つ箇所[375]で示されたとおり，その本質であり，かつその存在である。

　また，同じく，被造物はすべて，外的な目的によって完全な善性を達成する。すなわち，善性の完全さは，最終目的の獲得に懸かっている。そして，どんな被造物の最終目的も，それ〔被造物〕の外にあり，これ〔あらゆる被造物の外にある最終目標〕が神の善性である。確かに，これは〔それ〕より高位の目的に向かう秩序のうちにはない。したがって，〔結論として〕残るのは，神はあらゆるあり様で〔あらゆる意味で〕善であり，そして本質的に善であるが，被造物は単一であっても，あるいはその〔被造物自身の〕存在ではないゆえに，あるいは〔被造物自身の〕外にある何かを，最終目的として目指す秩序をなしているがゆえに，そうではない〔本質的に善ではない〕。一方，複合的な実体の場合は，どんなあり様でも〔どんな意味でも，それらが〕その善性でないことは明らかである。したがって，神だけがその善性にして，本質的に善である。一方，他のもの〔神以外のもの〕は，それ〔神の善性〕のなんらかの分有によって善であると言われる。

第 110 章　神はその善性を放棄できないこと

　以上のことを通して明らかになるのは，神はどのように

---

375)　本書第 10, 11 章。

176 第Ⅰ部　信仰について

しても善性に不足し得ないということである。すなわち，本質的に内在しているものは，離在し得ない。例えば動物であることを，人間から取り去ることができないように。したがってまた，神は善でないことができない。さらに我々が〔我々〕固有の〔我々によく分かる〕例を用いるなら，例えば，人間が人間でないということはあり得ないように，神は完全なる善ではないということもまたあり得ないのだ。

第111章　被造物はその善性から不足し得ること

　そして，被造物の場合に考えなければならないのは，どのようにして，善性の不足は起き得るかである。さて，明らかに，〔善性が〕不可分離的に内在することには2つの方式がある。〔そのうちの〕1つの方式は，善性そのものがその〔善性の基体の〕本質の一部であるというものであり，もう1つの方式は，〔善性が〕1つのものに限定されているというものである。したがって，最初の方式は，単一の実体の場合のもので，善性そのもの，すなわち形相は，不可分離的に，それら〔単純な実体そのもの〕に関わっている。それら〔単純な実体〕が本質的に形相だからである。そして，次の方式では，存在である善を放棄することはできない。というのは，形相は質料と同じでなく，すなわち，存在することと存在しないことと〔両方に〕関わっているものと同じではなく，たとえ，それ自身〔形相〕が存在でない場合でも，形相が存在を達成するからである。それゆえ，単純な諸実体が，そのうちに自存する自然の善を放棄できず，その〔自然の善〕に変わることなく留まるということは明らかである。いっぽう複合によって成る実体は，その形相でもなければ，その存在でもないの

論考前半　三一なる神，およびその業について　　177

で，自然の善を，放棄し得るあり方で有している。天体の場合に明らかなように，そのうちでは質料の可能態が，様々な形相に対しても，存在することと存在しないこととに対しても関わりを持たないというのでない限り。

第112章　そのはたらきに関して，善性が不足すること

　そして，被造物の善性は，その本性において自存する限りで考えられるだけではなく，その〔被造物の〕善性の完全さは目的への秩序を成しているということにある。そして，目的への秩序を成すというのははたらきによってあり，考えるべきこととして残っているのは，諸々の被造物が，それらによって〔諸々の被造物が〕目的への秩序を成している以上，その善性をそのはたらきによって不足させるのはどのようにしてか，ということである。そこで，まず考えるべきことは，自然本性的なはたらきについての判断は，それら〔自然本性的なはたらき〕の始原である自然本性についての判断と同じであるということだ。それゆえ，それらの自然本性が，不足を被ることがあり得ないものの場合，それらのはたらきのうちに自然本性的な不足が起き得るということもないが，それらの自然本性が不足を被ることはあり得るものの場合，それらのはたらきが〔善性に〕不足するということは起きる。それゆえ，消滅し得ない実体には，それが非物体的な実体であっても物体的な実体であっても，自然本性的なはたらきの不足は起き得ないということになる。すなわち，天使たちには常に，自然本性的な力が，そのはたらきを実行するべく能力ある状態に留まっており，同様に，天体の運動もまた，決して軌道から外れるのを見出されないのである。しかし，より下位

の物体の場合は，自然本性的なはたらきに多くの不足が，消滅と，それら〔下位の物体〕に付帯的に生じた不足のゆえに起きるのである。なんらかの自然本性的な始原の不足によって，植物の不毛であることや，動物の出生の場合の奇形，そして他の秩序からの逸脱といったことが起きるのである[376]。

第113章　はたらきの二重の始原について，あるいは不足があり得るやり方と基体

　ところで，ある種のはたらきは，その始原が自然ではなく，意志であるというものがある。その〔意志〕対象は善であるが，まず主には目的〔が対象〕であって，そして次に〔二次的に〕目的への手立てとなるものが来る。そうであるなら，したがって，意志によるはたらきは善に関連している。自然本性的なはたらきが，ものがそれによってはたらく形相に関係しているように。したがって，自然本性的なはたらきの不足が，その形相に不足を被っていないものには起き得ず，その形相が不足し得る消滅可能なものにだけ起きるのと同様，意志によるはたらきもまた不足し得るのは，意志がその目的を離れ去ることができるものの場合である。そして，もし，意志が目的から離れ去り得ないということであれば，その場合，意志のはたらきの不足もあり得ないということになる。そして，意志は，欲するものそのものの本性である善という観点では，不足が起き得ない。すなわち，どんなものであれ，そのあり方によっ

---

　376)　生成消滅し得る物体的事物の場合，その可変性ゆえに善の不足，すなわち不完全になるという事態が生じ得る。

論考前半　三一なる神，およびその業について　179

て，その存在が完全であることを欲する。このこと〔その存在が完全であること〕があらゆるものにとっての善である。一方，外的な善という観点では，自身に親和的な善に満足しているかということで，〔意志には〕不足が起き得る。したがって，〔逆に〕この意志するものの本性が意志そのものの最終目的であるという場合は，意志によるはたらきに不足が起き得ない。そして，このことは神だけに当てはまる。すなわち，その〔神の〕善性は諸事物の最終目的であり，御自身の自然本性である。そして，他の意志するものの本性は，それら〔他の意志するもの〕の意志の最終目的ではない。それゆえ，それらには意志によるはたらきの不足が起き得るが，それは，意志が，固有の善に固定されたままであって，より高く最高善に向かっていないことによる。したがって，被造の知性的実体すべての場合で，意志によるはたらきに不足は起き得る[377]。

第114章　善と悪の名により，事物の うちで何が理解されるのか

したがって，考えなければならないのは，善という名で完全な存在が理解されるように，悪という名で理解されるのは完全な存在の欠如であるということだ[378]。しかしながら，欠如は，本来の意味で受け取ると，生まれ持ったものの〔欠如〕であり，生まれ持った時の欠如であり，生まれ

377）　意志の場合，本来目指すべき最高の目的，すなわち最高善ではなく，その他の最高ではない善に固着することで不完全なものとなる。

378）　善が完全な存在であり，悪が完全な存在の欠如であるという図式は，善は悪の欠如であるというアウグスティヌスの考えと重なる。

180 　　　　　　　第 I 部　信仰について

つき持っているものがどのようであるかということに関する欠如であるので，明らかに，悪と言われるのは，持っていてしかるべき完全さを欠いていることによる。それゆえ，人間がもし視覚を欠いているなら，それは彼〔人間〕には悪であるが，石には悪でない。〔石は〕生まれつき視覚を持たないからである。

第 115 章　自然本性が悪であるのは不可能なこと

　そして，なんらかの自然本性が悪であるということはあり得ない[379]。すなわち，自然本性はすべて，現実態か，可能態か，あるいは両方の複合か〔のいずれか〕である。そして，現実態であるものは完全であり，善としての性質を帯びている。可能態としてあるものは，自然本性的に，現実態で存在することを欲するからである。一方，善は，すべてのものが欲するものである。それゆえ，現実態と可能態とから成る複合体もまた，現実態を分有している限りで，善性を分有している。そして，可能態は，現実態に関わる限りで，善性を有している。そのしるしとなるのが，可能態が，現実態と完全さをより受け入れられるだけ，価値が高くなる。したがって，〔結論として〕残るのは，それ自体として悪である自然本性はないということである。
　さらにまた，どんなものでも，それが完成するというのは，現実態になることによってである。すなわち，現実態はものの完成だからである。しかしながら，対立するものの場合は，〔一方が〕他方のものと混合されることで完成するということはなく，むしろ破壊されるか，縮減する。

---

　379)　「創世記」1 章 31 節「神はお造りになったすべてのものを御覧になった。見よ，それは極めて良かった」。

論考前半　三一なる神，およびその業について　　181

またそうであるなら，悪も，善の分有によって完成することはない。ところで，自然本性はすべて，存在を現実態として有することで完成する。またそうであるなら，善なる存在はすべてのものに欲せられるべきであるので，自然本性は善の分有によって完成する。それゆえ，どのような自然本性も悪ではない。

　さらに，あらゆる自然本性は，その存在を保つことを欲し，できる限り破壊を避ける。したがって，善はすべてのものが欲するものであるが，一方，悪は反対にすべてのものが避けるものである[380]ので，こう言わなければならない。どんな自然本性であれ，そのものとしてあるということは，それ自体として〔他の理由を必要とせず〕善であり，そのものとしてないということは悪である。そして，悪として存在することは善ではなく，かえって悪として存在しないことが，善の本質のもとに捉えられる。それゆえ，どのような自然本性も悪ではない。

第116章　善と悪が存在者の種差であるあり方，および対立するものと対立するものの類

　それゆえ，考えるべきこととして残るのは，なぜ，善と悪とは対立していると言われるかということ，そして，なぜ対立しているものの類と，ある種を，すなわち，道徳的習慣を成り立たせる種差と言われるのかということである。すなわち，対立するもののどちらもなんらかの自然的存在である。というのは，存在しないものは，類でも種差でもあり得ないからである。というのは，類が事物につい

---

380)　アリストテレス『ニコマコス倫理学』1巻1章 (1094a2sq.)。

て述語づけられるのは,「なんであるか」ということについてであり,一方種差は,「どのようななんであるか」ということについてだからである。

したがって,知るべきことは,自然的存在者が形相によって種を実現し,道徳的な事柄では目的が種を区分する[381]ということ,すなわち意志の対象が区分するということである。これ〔目的〕にすべての道徳的な事柄は拠っているのである。自然的存在者の場合,ある形相には,別の形相の欠如が結びついている。例えば,火の形相には,空気の形相の欠如が,というように。同様にして,道徳的な事柄の場合も,ある目的には,別の目的の欠如が結びついている。それゆえ,然るべき完全さの欠如が自然的存在の場合も悪であるので,形相を受け取ることは,それに然るべき形相の欠如が結びついているなら,悪である。これは形相のゆえではなく,このこと〔形相を受けること〕と結びついている欠如のゆえである。例えば,燃やされることは木にとって悪であるように。また,道徳的な事柄の場合もまた,目的の内在が,それに然るべき目的の欠如が結びついているなら悪であり,それは目的のゆえではなく,結びついている欠如のゆえである。またそうであるなら,2つの道徳に関わる行為が,相対立する目的に向かっているなら,善と悪によって相異なっている。そしてその帰結として,相対立する習慣は,善と悪によって,それらを実在する種差として相異なる,すなわち互いに反対のものを有しているものによって相異なっており,これは,それによって悪と言われる欠如のゆえではなく,欠如が結びついている目的のゆえである。

---

381) 自然的存在者は「現実にある」ものであり,道徳的な事柄は「そうあるべき」ことである。

論考前半 三一なる神，およびその業について 183

以上の意味で，アリストテレスから取られた言葉[382]）を
理解している人たちもいる。すなわち，善と悪とは反対の
ものが属する類，すなわち道徳的な事柄の類であると〔い
う解釈で〕。しかし，正しく〔アリストテレスの言葉と〕
向き合うなら，種よりもむしろ種差のほうが，道徳的な事
柄の類における善と悪であると言える。それゆえ，以下の
ように言う方がよりよいと思われる。すなわち，善と悪と
が類であるとは，ピュタゴラスの立場で言われている[383]）
のであって，彼〔ピュタゴラス〕はすべてのものを善と悪
とに，それらを第一の類として還元したのだが，その立
場〔ピュタゴラスの立場〕はある程度までは正しい，すな
わち，すべての対立するものは〔すべての対立では〕，一
方が完全なものであり，もう一方が打ち砕かれたものであ
る。例えば，白と黒，甘いものと苦いもの，そしてそのよ
うな他のものの場合に明らかなように。そして，完全なも
のは常に，善の性質に関連している，そして打ち砕かれた
ものは常に，悪の性質に関連している。

第 117 章　何ものも本質的には，あるい
は最高の状態では，悪であり
得ず，なんらかの善の消滅が
あること[384]）

　悪が，然るべき完全性の欠如であることが論じられ
た[385]）ので，したがって，悪が善をどのように消滅させる
かが明らかになる。すなわち，〔悪が〕その〔善の〕欠如

---

382)　アリストテレス『カテゴリー論』11 章 (14a19-25)。
383)　アリストテレス『形而上学』1 巻 5 章 (986a22-b2)。
384)　Cf. ST, I, q.49, a.3.
385)　本書第 114 章。

184　　　　　　第Ⅰ部　信仰について

である限りで，盲目が視力の消滅であるような仕方でということが。しかしながら，善全体が消滅するわけではない。というのは，先立つ箇所[386]で言われたことだが，形相だけが善なのではなく，形相への可能態もまた〔善だからである〕。確かにこの可能態は形相と同じく欠如を被るものである。それゆえ，悪の担い手は善であらねばならない[387]。確かに，それ〔善〕は，悪への対立物ではなく，それ〔欠如すなわち悪〕への可能態であるが。

　以上のことからさらに，明らかに，あらゆる善が悪の基体であり得るわけではなく，なんらかの完全さ，それに欠如があり得るような完全さに関する可能態としてある善だけがそうなのである。それゆえ，現実態でしかあり得ないものや，そのうちでは何ものも可能態から分離し得ないものには，その限りでは，悪はあり得ない。

　また，以上のことから，本質的に悪であるものは存在し得ないことが明らかになる。悪は常に，他の善なる実体に基づいていなければならないからである。また，ゆえに，何ものも，最高に善であるようには最高に悪ではあり得ない。これ〔最高の善〕は，本質的に善であるものだから。

　同じ理由で，悪が欲求されているものでもあり得ないこと，そして，何ものも善が結びついている力によらなければはたらき得ないことが明らかになる。すなわち，欲求すべきものとは，完全さと目的であるが，はたらきの始原となるのは形相である。しかしながら，ある完全さあるいは

---

386)　本書第115章。

387)　悪は善の欠如である以上，善を前提として成立する。その意味で，神が創造した被造の善もまた悪になり得る。これは，神の創造が不完全だからではない。神の創造の業は，有限な被造物が神の無限の善性を反映できるよう，完全性の度合いにおいて多様な被造物を生み出す。欠如があり得るような被造物も，それ自体としては善なるものとして創造される。それが現実に欠如を被り悪がそこに生じたとしても，神が悪を創造したということにはならない。

論考前半　三一なる神，およびその業について　　185

形相には，別の完全さあるいは形相の欠如が結びついているから，欠如あるいは悪が欲求されるということ，そしてなんらかのはたらきの始原であることが，付帯的に起こる。それ〔欠如あるいは悪が欲求され，はたらきの始原となること〕は悪であるという限りでのことではなく，善に結びついているがゆえのことである。例えば，音楽家が家を建てることがあるなら，それは音楽家である限りでのことではなく，家造りである限りでのことであるように。

　また，以上のことから，悪が最初の始原であり得ないことも明らかである。始原は付帯的に，それ自身で存在するものよりも後なるものだからである。

第 118 章　悪が善に，それを基体
　　　　　として基づくこと[388]

　またもし，誰かが先立つ箇所[389]で言われていることに対して，例えば，善は悪の基体ではあり得ないとか，対立するものの一方は他方の基体にはならないとか，相異なる対立するものの場合，それらが同時に存在するということは決して見出されないなどと，反論しようと思うなら，以下のことを考えなければならない。すなわち，相異なる対立するものは，ある一定の類に属しているが，善と悪は〔類に〕共通のものである。すなわち，存在するものはすべて，このようなもの〔存在するもの〕である限り，善である。そして，欠如はすべて，そのようなもの〔欠如〕である限り，悪である。それゆえ，欠如の基体が存在するものでなければならないように，善でもあらねばならない。

---

388)　Cf. ST, I, q.17, a.4, ad2; q.48, a.3.
389)　本書第 117 章。

そして，欠如の基体は，白くなければならないということもなければ，甘くなければならないということもなく，視るものでなければならないということもない。これらは，存在するものであると，このようなもの〔白い，甘いなどのもの〕である限りで言われているのではないからである。そして，それゆえ，黒は白のうちにはなく，盲目は視るもののうちにはない。しかし，悪は善のうちにある，盲目もまた，視覚の基体のうちにあるのと同様にして。しかし，視覚の基体は視るものとは言われない。これは，視るものが，存在するものすべてに共通するわけではないからである。

第119章 悪の二重の類について

それゆえ，悪には欠如と不足があり，不足は，既に言ったこと[390]から明らかなように，それがなんらかのもののうちで起きるのは，その〔ものの〕自然本性のうちで考えられるだけではなく，またはたらきをとおして目的への秩序を成しているという点でも起き，したがって，いずれの意味でも，すなわち，事物そのもののうちでの不足，例えば盲目が動物にとってある種の悪だという意味でも，はたらきのうちでの不足，例えば跛行が不足を伴うはたらきを表すという意味でも，悪と言われる〔例えば「目が悪い」「足が悪い」と言われる〕。したがって，あるなんらかの目的への秩序にあるはたらきの悪いこと，すなわち，それ〔目的〕に然るべきやり方で関わっていないということは，道徳的な事柄だけでなく，自然の事柄の場合でも，罪と言われる。すなわち，医師が彼〔医師〕のはたらきのうちで

---

390) 本書第111, 112章。

論考前半　三一なる神，およびその業について　　187

罪を犯すというのは，健康のために適切な処置をしなかった時のことである。そして，自然もまた，そのはたらきのうちで罪を犯す。すなわち，然るべき準備態勢と形相にしたがって事物を生み成さない時，例えば，自然に奇形が現れるような場合に。

第120章　行為の3つの類と過ちの悪について

そして，知っておかなければならないのは，行為が行為するものの権限のもとにある時こそ，すべての意志的な行為はある。そして，意志的な行為と私が言っているのは，その〔行為の〕はじまりが行為するもののうちにあり，〔行為するものが，その〕行為がどういうものであるかを知っているという行為である。一方，行為は意志的でない時もある。強制された行為がこのようなものであり，その始まりは〔行為するものの〕外にある。また，自然の行為，すなわち，自覚なしになされるものも，このようなもの〔意志的でない行為〕である。それが出てくる始まりに認識が伴っていないからである。それゆえ，目的への秩序を成す意志的でない行為に不足が起きたなら，罪とだけ言われるが，意志的なものに起きたなら，罪と言われることもあれば，過ち[391]と言われることもある。意志的な行為者は自分の行為の主人であるので，非難と罰に値するから

---

391)　原語は culpa。カトリックのミサの入祭時の悔い改めの祈りには mea culpa, mea culpa, mea maxima culpa（我が過ちなり，我が過ちなり，我が最大の過ちなり）という文言がある。日本語の語感では罪のほうが過ちよりも責任が重いように感じられるが，過ちと訳される culpa もまた，神に対しミサの中で（古い所作では胸を叩きながら）告白すべき重みをもっている。したがって，ここでは罪と同義の概念として理解されたい。

である。一方，行為が〔意志的な面と非意志的な面が〕混合されたものであるなら，すなわち，ある点では意志的だが，ある点では非意志的であるというのであれば，過ちが小さくなるのは，非意志的な部分がより多く混入している時である。

しかしながら，自然本性的な行為は，事物の自然本性に従うので，消滅不可能な事物の場合，それら〔消滅不可能な事物〕の自然本性は変えることができないので，自然本性的な行為の罪が起こり得ないことは明らかである。そして，先立つ箇所[392]で示されたとおり，知性ある被造物の意志は，意志的な行為の際不足を被ることがあり得る。それゆえ，〔結論として〕残るのは，自然本性の悪がないということは消滅不可能なものすべてに共通しているとしても，やはり，その自然本性の必然からして，過ちの悪がないということは，これ〔過ちの悪〕は理性的な存在だけが〔犯すことが〕できるものだが，存在がないということは神にのみ固有のこととして見出される。

第 121 章　ある悪は罰の性質を有しており，過ちの性質を有してはいないこと

ところで，意志的な行為の際の不足は罪と過ちの性質を成り立たせたように，どんな善の場合の不足も，過ちのために〔それを〕もたらされる者の意志に反してもたらされるなら，罰の性質を有する。というのは，罰は過ちの治療薬として，またそれ〔過ち〕を正すものとして，もたらされるからである。まず治療薬としてというのは，人間は罰

392）　本書第 113 章。

論考前半　三一なる神，およびその業について　　189

のために，彼の意志に反するものを被るまいとして，過ち
からして引き離され，意志にとっては快いだろうが秩序を
逸脱した行為の実行をあきらめる限りでのことである。そ
してまた，〔罰は〕それ〔過ち〕を正すものでもある。過
ちを犯すことで人間が自然の秩序の境界を踏み越えている
ということは，そうでなければならない以上に自分の意志
に多くのことを割り振ることでなされているということで
ある。それゆえ，正義の秩序に罰を通して戻されるという
ことになるのは，これ〔罰〕を通して何らかのものが意志
から取り去られることによってであるということになる。
それゆえ，罰が過ちに相応しいものであるには，過ちが快
い以上に罰が意志に反するものでなければならない[393]。

第 122 章　すべての罰が同じ方式で意志
に反するわけではないこと

　しかしながら，すべての罰が同じ方式で意志に反するわ
けではない。ある罰は，人間が現実態で欲していることに
反しており，この罰が最大のものであると感じられる。し
かしながら，あるものが現実態では意志に反しないが，能
力態で〔潜在的に〕意志に反するということがある。例え
ば，ある人が何かを，例えば息子あるいは所有物を，その
人が知らないうちに欠いているという時のように。それゆ
え，その意志に現実態では反していないことが実行されて
いる場合でも，もし知っていれば，〔現実態で〕意志に反
していただろうことがある。しかしながら，罰は，及ぼし
得る効果の自然本性からしていつでも，意志に反してい

---

393)　罰は意志に反して加えられるという意味で意志にとっては
悪であるが，それ自体としては悪ではない。

る。すなわち，意志は自然本性的に善への秩序を成すが，もし，徳を欠いている場合でも，時にはその現実の意志に反しない。というのは，おそらく徳を軽蔑しているから。また，潜在的な意志にも反しない。というのは，おそらく，徳に反するものを欲する能力態として準備態勢にあるから。しかしながら，意志の自然本性的な正しさには反している，人間は自然本性的には徳を欲求するのだから。

　以上からまた明らかになるのは，罰の段階は2つの仕方で測られ得るということである。1つの仕方では，罰によって欠くことになる善の量によって〔測られ〕，もう1つの仕方では，意志により多くあるいはより少なく逆らっていること〔度合い〕によって〔測られる〕。すなわち，より大きな善を欠くことは，より小さいもの〔より小さい善〕を欠くことより，大きく意志に反しているということである。

第123章　すべては，神の御摂理によって統べられていること[394]

　先立つ箇所で言われた[395]ことから，すべてが神の御摂理によって治められていることが，明らかにできる。すなわち，なんらかのはたらき手の目的に向けて秩序づけられているものはすべて，そのはたらき手によって目的に向けて準備されている。例えば，軍隊に属するすべての者は，将軍の目的に向けて，すなわち勝利に向けて秩序づけられており，彼〔将軍〕によって目的に向けて準備されて

---

394)　Cf. ST, I, q.22, a.2; q.103, a.5.
395)　本書第100章。

論考前半　三一なる神，およびその業について　　191

いる。ところで，先立つ箇所[396)]で明らかにされたとおり，
そのはたらきのすべてが，神の善性という目的に向かって
いる。したがって，この目的〔神の善性〕という目的は神
にのみ固有であるので，すべては神により目的に向けて準
備される。しかし，これは，なんらかのものの御摂理によ
る統治である。それゆえ，すべてのものは神の御摂理に
よって統べられている。

　さらに，不足し得る，そして常に同じ仕方であるのでは
ないものは，常に同じ仕方であるものに秩序づけられてい
ることは明らかである。例えば，より下位の不足しうる物
体の運動が，天体の変わることなき運動によって秩序を有
しているように。しかしながら，被造物はすべて変化し，
不足し得るものである。すなわち，知性ある被造物の場合
は，その本性による限り，意志による働きの不足が見出さ
れ得るが，一方，他の被造物は，あるいは生成と消滅とに
関して，あるいは場所に関してのみ運動を分有する。しか
し，神だけがそのうちに不足が起こり得ないものである。
それゆえに〔結論として〕残るのは，他のものはすべて，
彼〔神〕によって秩序づけられるということである。

　さらにまた，分有によってあるものは，本質によってあ
るものに，それ〔本質によってあるもの〕を原因として，
還元される。すなわち，点火によって発火しているものは
すべて，なんらかの仕方で火を原因としているように。そ
れゆえ，神だけが本質によって善であるが，他のものはす
べてなんらかの分有によって善性の完成を成就するので，
必然的に，すべてのものが善性の完成に到達せしめられる
のは神によってだということになる。そしてこのこと〔善
性の完成に到達せしめられること〕が統治されていること
である。すなわち，統治されるということは，善の秩序の

---

396)　本書第 103 章。

192　　　　　　　第Ⅰ部　信仰について

うちに立てられることによってなされるからである。した
がって，すべてのものを統治するのは神だということにな
る。

第124章　神はより上位の被造物を通し
て，下位のものを統べること

　また以上のことに拠れば，下位の被造物が，神によっ
て，上位のものを通して統べられていることも明らかにな
る。というのは，ある被造物が上位のものと言われるの
は，それら〔上位のものと言われる被造物〕が善性に関し
てより完全なものとして実在することによるからである。
ところで，善の秩序に被造物が成就するのは，神によって
であり，彼〔神〕に統べられている限りでのこと〔神に統
べられている限りで可能なこと〕である。そうであるなら
したがって，上位のものは，下位のものより多くを，神の
統治から分有している。ところで，どんな完全性であれ，
それを多く分有するものは，それを少なく分有するものに
関係している。例えば，現実態が可能態に関係し，能動的
作用者が受動者に関係するように。それゆえ，上位の被造
物は，神の御摂理の秩序のうちでは，下位の被造物に対し
て，能動的作用者が受動者に対する関係にある。したがっ
て，上位者を通じて下位者は治められる[397]。
　さらに，神の善性には，その類似を被造物と分かち合う
ことは神の善性の一部である。ということは，既に言わ

──────────
　　397）　この階層的な秩序が，通俗的なトマス理解では中世の社会
秩序の反映として捉えられ，中世の身分制社会を補強したと解釈され
る。しかし，トマスは同時に，神と被造物が，階層的な序列に媒介さ
れることなく直接に関わることにも言及している。本書第129章参
照。

論考前半　三一なる神，およびその業について　　193

れた[398]ことから明らかなように，現に神の善性のゆえに，神はすべてのものを創ったと言われているからである。そして，神の善性の完全さには，また御自身として善いということと，他のものを〔御自身の〕善性に引き寄せるということも属している。〔神は〕このどちらも被造物と分かち合う，すなわち，それ自体として善いということと，あるものが他のものを善に引き入れるということとを。したがって，あるなんらかの被造物を通して，〔神は〕他のものを善に引き入れるのであり，これら〔神が他のものを善に引き入れるために用いる被造物〕は上位の被造物でなければならない。すなわち，なんらかの能動的作用者から，形相とはたらきの類似を分有するものは，形相の類似を分有するが，はたらきの類似を分有していないものよりも完全だからである。例えば，月は，明るいものになっているだけではなく，照らすはたらきをなしていることで，照らされるのみであって照らすことをしていない暗い物体よりも完全である。したがって，神は上位の被造物によって下位のものを治める。

　さらに，多くのものの善は，1つのものだけの善よりも，より善く，その帰結として，さらに神の善性を表すものであり，すなわち宇宙全体の善である。そして，より上位の被造物が，すなわち，よりあふれ出ている善性を神から分有しているものが，より下位の被造物の善のために協働しなかったとしたら，その善性のあふれ出しはただ1つのものにしか属さないことになる。しかし，〔神の善性を〕多くのものが協働することで，共通のことになる。したがって，神の善性には，神が上位の被造物を通して下位の被造物を統べることが属する。

---

　398)　本書第101章。

第 125 章　下位の知性ある実体は，上位のもの〔知性ある実体〕に統べられていること

それゆえ，先に論じられたこと[399]から分かるように，知性ある被造物は，他の被造物に対して上位にあるので，知性ある被造物を通して，他の被造物すべては神に治められていることは明らかである。

さらにまた，知性ある被造物そのものの間でも，あるものは他のものより上位にあるので，上位のものを通して下位のものが神によって統べられている。それゆえ，人間は，すなわち，自然の秩序によれば，知性ある実体のうちで最も低い場所を占めているので，より上位の霊を通して治められているということになる。彼ら〔より上位の霊〕は，神のことを人間たちに告げ知らせることから，天使と呼ばれる。すなわち使者と。また，天使たち自身も，下位のものが上位のものを通して統べられている。すなわち，彼ら〔天使たち〕のうちに，様々な位階，すなわち聖なる首長たちがあり，そして1つの位階のうちに様々な序列があるように。

第 126 章　天使たちの階層と序列[400]

そして，すべての知性的実体のはたらきは，そのようなものである限り，知性から発するので，知性のあり方が

399）　本書第 74, 75 章。
400）　Cf. ST, I, q.106, a.1; q.108, a.5; a.6; q.111, a.1.

論考前半　三一なる神，およびその業について　195

様々なのに応じて様々なはたらきと優先性と序列が，知性
ある実体のうちに見出されなければならない。そして，知性
はより崇高であればあるほど，また，より尊厳があれば
あるほど，より高くより普遍的な原因のうちで，業の根拠
を考えることができる。また，先立つ箇所[401]で言われた
ように，上位の知性は，より可知的でより普遍的な形象を
有するのである。

　したがって，知性ある実体に相応しい第1の理解方式
は，第一原因そのもののうちに，すなわち神のうちに，業（わざ）
の根拠を分有するということ，そしてその〔知性ある実体
の〕業（わざ）を成就することで分有するということである。この
時，それら〔の知性ある実体〕を通して神がより下位の業（わざ）
を管理している。そして，以上のことは第1の位階に固
有であり，これ〔第1の位階〕は3つの序列に，どんな
はたらきの技術においても考えられている3つのことに
応じて分かれる。その第1のものは目的である。ここ〔目
的〕から業の根拠は採られる。第2のものは業の，技術
者の精神に実在する理由である。第3のものが業（わざ）の成果
への適用である。

　したがって，第1の序列には，最高善のうちで，それ
〔最高善〕が諸事物の最終目的であるのに応じて，諸々の
業（わざ）について徹底的に教えることが相応しい。そこで，愛の
炎のゆえに，セラフィム〔熾天使〕[402]と呼ばれる。あたか
も，燃えるもの，燃え立たしめるものであるように。すな
わち，愛の対象は善であるゆえに。一方，第2の序列に
は，神の業が諸々の可知的根拠において観照されることが
相応しい。つまり，それが神のうちにあるような形で。そ

---

　401)　本書第78章。
　402)　セラフィムとはヘブライ語のセラフの複数形に由来する。
セラフは燃えるという意味の語と関連していると言われる。

こで，ケルビム〔智天使〕と，多くの知識のゆえに呼ばれるのである。一方，第3の序列には，神そのもののうちで，諸々の業（わざ）に加えられた可知的根拠によって被造物に分有されるやり方で，考えることが相応しい。そこで，それ自身のうちに神をその場を占めるものとして有するがゆえに，玉座〔座天使〕と呼ばれる。

そして，第2のやり方での理解とは，諸々の業の本質を，普遍的原因のうちにある限りで考えることである。そしてこれは，第2の位階に固有である。これ〔第2の位階〕は，普遍的原因と，最大限知性に従って行為するものとに属する3つのことに応じ，3つの序列に分かれる。これらの第1のものは，なすべきことを前もって指示することであり，それゆえ，技術あるもののうちで最高の技術は指導的であり，棟梁的と呼ばれる。そして，このことゆえに，この位階のうち第1の序列は，支配〔主天使〕と呼ばれる。すなわち，命令し，支持することは主人のすることだからである。一方，第2のものは，普遍的原因のうちにあり，最初に業（わざ）へと動かすもの，すなわち，実行の最優先権を持っているものである。そして，このことゆえに，この位階の第2の序列は，グレゴリウス[403]によれば優位〔権天使〕と呼ばれ[404]，ディオニュシウス[405]によれば力〔力天

---

403)　グレゴリウス1世（540頃-604）はローマ教皇（在位590-604）。典礼と聖歌の整備に取り組み，かつ諸民族の教化に努めた。

404)　グレゴリウス1世『福音についての説教』2巻，34説教（PL76/1249D）。

405)　偽ディオニュシウス・アレオパギータ。本来は「使徒言行録」14章34節で言及されたアレオパゴス評議員ディオニュシオスを指す。中世ヨーロッパには彼の著作であるとされた書籍が伝わっており，本文での議論の典拠となっている『天上位階論』もそのうちの1冊である。16世紀以降，ディオニュシウスが著者であるとする説は否定されているが，現在でも500年頃シリアにいた人物だろうと推測されるのみである。

使〕と呼ばれる[406]。最初にはたらくことは最も力あること
だからである。そして，第3のものは，普遍的原因のうち
にあり，実行の妨げになるものを取り除く何かである。そ
れゆえ，この位階の第3のものは権能〔能天使〕であり，
その職務は，神の命令の遂行を妨害しうるものをすべて抑
制することである。そこで，悪霊たちを遠ざけるとも言わ
れている。

　また，第3の仕方での理解は，業そのものとして業の
本質を考えることである。そして，これは第3の位階に
固有である。これ〔第3の位階〕は，直接我々の上に置
かれている。我々は，業から業そのものの認識を受け取る
のであるから。そして，これは3つの序列を有する。その
うちの最低のものは，天使と呼ばれる。人間に，彼ら〔人
間〕の統治に関わることを告げ知らせるからである。そこ
で，〔天使は〕人間の番人と言われているのである。さら
にこの上に，大天使の序列がある。これ〔大天使の序列〕
を通して人間たちに，理性を超えたものが告げ知らせられ
る。例えば，信仰の神秘のようなものが。この位階の最上
の序列が，グレゴリウスによれば，力〔力天使〕と言われ
る[407]。自然を超えていることを行い，我々の理性を超えた
ことが告げ知らされるからである。そこで，奇跡をなすこ
とは，力に属すると言われる。しかし，ディオニュシウス
によれば，この位階の最上の序列は，優位〔権天使〕と言
われる[408]。我々は，君主を一人ひとりの民に臨むと理解す
るように，天使たちも，一人ひとりの人間に臨むと解し，

---

　406)　偽ディオニュシウス・アレオパギータ『天上位階論』6章
(PG3/201A)。
　407)　グレゴリウス1世『福音についての説教』2巻，34説教
(PL76/1251C)。
　408)　偽ディオニュシウス・アレオパギータ『天上位階論』6章
(PG3/201A)。

大天使を，一人ひとりの人間に，共通の救いに関わるもの
を明らかに告げると解する。

そして，下位の能力は，上位者の力のもとにはたらくの
で，下位の序列は上位者に属することを，その〔下位者
の〕力でのはたらきが及ぶ限りのことではあるが，実行す
る。一方，上位者は下位者に固有のものを，より卓越した
仕方で有する。それゆえ，すべてのものは，彼ら〔天使〕
のうちではある意味で共通のものである。しかし，固有の
名が割り振られているのは，それぞれに，そのものとして
相応しいもの〔があるということ〕のゆえである。また，
最も下位の序列が共通の名前〔最下位の序列にも，すべて
の序列にも適用される「天使」という名称〕を自分自身に
取っているのは，すべてのものの力のもとにはたらくから
である。

また，より下位のものにはたらきかけることは，より上
位のもののすることであるが，指導することや教えること
は知性によるはたらきなので，より上位の天使たちは，下
位者を指導する限りで，彼ら〔下位者〕を清め，照らし，
そして完成させると言われる。まず「清める」〔とは〕，
「知らない」ということを取り除く限りで〔そう言われて
いる〕。また「照らす」〔とは〕，その〔上位の天使の〕光
で下位の者たちの知性を強め，何かより高いものを捉えら
れるようにする限りで〔そう言われている〕。また「完成
させる」〔とは〕，彼ら〔下位者〕を上位者の知識の完全さ
に到達させる限りで〔そう言われている〕。すなわち，こ
の３つのことは，ディオニュシウスが言うように，知識
の取り入れに関係している[409]。しかしながら，このことに
よって，すべての天使が，最下位の者までが，神の本質を

---

409) 偽ディオニュシウス・アレオパギータ『天上位階論』8 章
(PG3/240B)。

論考前半　三一なる神，およびその業について　　199

見るということが排除されるわけではない。すなわち，至
福なる霊たちの一人ひとりが神を本質によって見ていると
は言え，しかし，あるものが他のものより完全に見るとい
うことも，先立つ箇所[410]で述べたことから明らかにでき
る。そして，なんらかの原因がより完全に知られればそれ
だけ，より多くその業（わざ）がその〔原因の〕うちで知られる。
それゆえ，より上位の天使たちが，他のものではなく神の
うちで認識している神の業（わざ）について，より下位の者を指導
するが，それは神の本質についてではない。それ〔神の本
質〕はすべて〔の天使〕が直接に見る[411]。

第 127 章　より上位の物体を通して，よ り下位の物体が，人間の知性 を除いて，整えられること[412]

　それゆえ，知性ある実体のうちあるものが他のものに，
すなわち，下位者が上位者に，神的に治められるように，
下位の物体もまた，より上位のものによって神的に整えら
れる。それゆえ，より下位の運動すべてが天体の運動に
よって生じ，天体の力によってこの下位のものが形相と形
象を手に入れる。諸事物の可知的本質もまた，下位の霊へ
とより上位のものを通して到達するように。そして，知性
ある実体は，諸事物の秩序のうちでは，すべての物体より
優位にあるので，なんらかの物体的な実体を通して，知性
ある実体が神に統べられるというのは，先に言われた御摂
理の秩序に照らして適切でない。したがって，人間の霊魂

---

410)　本書第 106 章。
411)　神と被造物は階層とは別に，直接的に関わり得る。
412)　Cf. ST, I, q.115, a.3; a.4; I-II, q.9, a.5; II-II, q.95, a.5.

は知性ある実体であるので、〔知性ある実体が〕理解し、欲するものであるということを考えると、〔人間の霊魂が〕天体によって整えられるということはあり得ないことである。したがって、人間の知性にも、意志にも、天体が直接はたらきかけることや、影響を与えることはあり得ない。

さらにまた、物体がはたらきかけるのは、必ず運動による。したがって、あるなんらかの物体からはたらきかけられているものはすべて、それ〔あるなんらかの物体〕に動かされている。そして、人間の霊魂が、その知性的な部分に関して、すなわち、そこに意志がある部分に関して、物体の運動に動かされることは不可能である。これは、知性が、なんらかの身体的〔すなわち物体から成る〕器官の現実態ではないからである。それゆえ、人間の霊魂が知性あるいは意志に関し、天体から何かを受けることは不可能である。

さらに、天体の影響により、下位のもののうちで現れるものは、自然本性的なものである。それゆえ、知性のはたらきと意志のはたらきとが、天のもの〔天体〕の影響から現れるものであったなら、自然本性的な衝動から発したことになるだろう。そして、そうであるなら、人間は、そのはたらきに関して、他の動物と異ならないということになっただろう。それら〔他の動物〕は自然本性的な衝動によってそのはたらきに動かされ、そして、自由な決定と考えることと選ぶこと、およびそのようなものすべては、人間が他の動物とは違い有しているものである。

論考前半　三一なる神，およびその業について　　201

第 128 章　人間の知性が，感性的能力の仲介で完成される方式，および間接的に天体へ従属する方式[413]

　また，考えるべきは，人間の知性は，感性的能力から，その認識の起源を受け取るということである。そこで，霊魂の，空想または想像に関わる部分や，記憶に関わる部分が混乱すると，知性による認識も混乱するというわけだ。また先に述べた諸能力〔想像，記憶〕が善い状態であれば，知性の受容がより適切になる。同様に，感性的欲求の変化は，意志の変化に，なんらかのはたらきかけを行なう。これ〔意志〕は理性による欲求であり，この部分〔理性〕によって把握された善は，意志の対象である。すなわち，我々は欲によって，怒りによって，恐れによって，また他の情念によって様々な仕方で整えられているのであるから，我々には様々な仕方で，あるものが善にあるいは悪に見える。

　そして，感性的部分の能力はすべて，あるいは把握的であり，また欲求的であって，ある種の物体的な諸部分[414]の現実態であり，これら〔ある種の物体的な諸部分〕が変化することで，それら〔感性的な部分〕の能力も偶有的にだが，変化させられることが避けられない。したがって，

---

　413)　Cf. ST, I, q.115, a.4; I-II, q.9, a.5; II-II, q.95, a.5.

　414)　物体的諸部分とは，感覚の場合，感覚器官を指す。感覚器官の物体的変化，すなわち今日の表現で言えば生理的変化が感覚を引き起こすと考えられていた。情念すなわち感情もまた感性的な現象と看做されており，したがって，何らかの生理的変化に連動して起こるものと考えられていた。

202   第 I 部　信仰について

下位の物体の変化は天の運動に従属するので，まさに同じ
運動〔天の運動〕に対し，感性的な諸能力のはたらきは，
偶有的にであるにせよ，従属している。そして，そのよう
にして，間接的に天の運動は，人間の知性と意志の現実態
に対してなんらかのはたらきかけを行なっているが，これ
はすなわち，情念を通して意志があるものに傾けられる限
りでのことである。

　しかし，意志が情念に従属するのは，〔意志が〕それら
〔情念〕の衝動に必然的に従属することでそうなるのでは
なく，むしろ〔意志は〕その力で，理性の判断によって情
念を抑えるのであるが，その帰結として，天体の影響にさ
えも，人間の意志は従属せず，それ〔天体の影響〕に従う
か，そうすることが役立つと思われれば逆らうか，自由に
判断する。これは知恵ある人だけがなし得ることだ。しか
し，物体的な情念と，傾きに従うことは多くの人に起こり
得る。すなわち，知恵と徳を欠いている人々に。

　　第 129 章　神だけが人間の意志を動かす
　　　　　　　のであって，被造の事物は
　　　　　　　動かさないこと[415]

　動かし得るものと多くの形を取り得るものはすべて，な
んらかの第 1 の動かし得ない一なるものに，それを原因と
して還元されるが，人間の知性と意志は，動かし得るもの
であり，多くの形を取り得ることが明らかなので，必然的
に，なんらかの上位の動かし得ない 1 つの形だけの原因に

_____

　　415)　Cf. ST, I, q.105, a.3; a.4; q.106, a.4; I-II, q.9, a.6; q.109, a.1;
II-II, q.95, a.5.

論考前半　三一なる神，およびその業について　　203

還元される。そして，既に明らかにされた[416]ように，〔人間の知性と意志を〕天体に，それを原因として還元することはできないので，それらはより高い原因に還元されるのでなければならない。

　そして，知性に関してと，意志に関してとでは，事情が別になる。すなわち，知性は，理解された事物が知性のうちにあることによって現実態となるが，意志は，欲せられた事物への意志の傾向によって現実態が実現する。それゆえに，知性は，生まれながらになんらかの〔知性の〕外にあるものによって完成されるべきものであり，これ〔知性の外にあるもの〕は〔知性を〕可能態として，それ〔知性〕に関係している。そこで，人間が，知性の現実態に向かうよう，〔知性の〕外にあるものに助けられるという時，〔その外にあるものは〕可知的なものであるということに関して完全であればなんでもかまわない。すなわち，神だけでなく，天使によっても〔また助けられ〕，またさらには教育を受けた人間によってさえ〔助けられる〕。やはり，それぞれやり方は異なるが。

　すなわち，人間が人間に助けられて理解するというのは，彼らの1人がもう1人にそれまで考えていなかったことを，分かるように示すことによってであるが，これは一方の人間の知性の光が，もう一方の人間によって完成させられるということではない。というのは，どちらの自然の光も，〔同じ〕1つの種に属するからである。しかし，天使の自然の光は，その本性上，人間の自然の光より崇高であるので，人間は天使によって理解するように，彼〔人間〕に天使が示す対象の面から助けられ得るだけではなく，天使の光によって強められた光の面からも助けられ得る。しかしながら，人間の自然の光は，天使たちによっ

---

416)　本書第127章。

204   第Ⅰ部　信仰について

て存在するのではない。霊魂の自然本性，すなわち創造を
通して受け取ったものは，神による以外では作り出されな
かったからである。そして，神は人間に理解せしめるため
に，人間に神が示す対象の面からだけ助けたり，あるいは
光を加えて助けたりするだけでなく，そのうちで〔人間
が〕知性的存在になる人間の自然の光が神によってあると
いうことや，さらには，彼〔神〕は第一の真理であり，そ
れ〔第一の真理〕によってすべての他の真理は，論証的な
学において第2の命題が第1の命題からそうするように，
確実性を得るので，神的真理がなければ何ものも知性に
とって確実でない，あたかも学問において第一原理の力に
よらなければ確実な結論がないように，という意味でも助
けている。

　しかし，意志の現実態は内的なものから外的なものに進
む，ある種の傾向であり，そして自然本性的な傾向に関係
しているのであれば，自然本性的な傾向が自然本性的な
事物に，その本性にある原因によって内在しているよう
に，意志の現実態も，神のみによってあることになる。彼
〔神〕は意志を有する理性的存在の唯一の原因なのだ。そ
こで，神が人間の意志を動かしても，決定の自由さに反し
ないということが明らかになる。神が自然的事物のうちで
はたらくことが自然に反するものではないように。自然本
性的傾向性だけでなく，意志的なものも神による。そのい
ずれも，その条件が属するところの事物に条件づけられて
現れるものである。それゆえに，すなわち神は事物を，そ
れら〔事物〕の自然本性にかなっているとおりに動かす。

　それゆえ，既に述べられた[417]ことから，明らかになる
のは，人間の身体とその身体的な能力に天体が，他の物体
に対するのと同じように，影響し得るということ，また知

────────────
　417）　本書第127，128，129章。

性に対してではないということ，しかして，知性ある被造物〔天使，人間〕がこのことをなし得るということである。しかしながら，意志に対しては神だけが，影響を与え得る。

第130章　神がすべてを治めていること，およびそのあるものは二次的な原因に媒介されて動かしていること[418]

さて，二次的な原因は，第一原因の力によってでなければはたらかない，例えば，道具は技術が導くのでなければはたらかないように，必然的に，〔第一原因以外の〕他の能動的作用者はすべて，神がその統治の秩序を完成させたので，神御自身の力によってはたらく。したがって，どんなもののはたらきも，神を原因としている。動くものの動きが，動かすものの動かしを原因としているように。そして，動かすものと動きは同時に存在しているのでなければならない。したがって，神は，どのような能動的作用者にも，内的に，能動的作用者そのもののうちにあるようにして，現存し，それ〔能動的作用者〕をはたらくよう動かす。

さらに，第2の能動的作用者のはたらきは，神を原因としているだけでなく，先立つ箇所[419]で示されたとおり，それら〔能動的作用者〕の存在そのものをも原因としている。しかし，次のように理解してはならない。すなわち，諸事物の存在が神を原因としているということが，家の存

---

418)　Cf. ST, I, q.22, a.2; a.3; q.103, a.5; a.6; q.116, a.2.

419)　本書第68章。

在が家造り〔大工〕を原因としているということと同じであるとは。彼〔家造り〕がいなくなってしまっても、家の存在は残り続ける〔が、神と諸事物の場合はそうではない〕。すなわち、家造りが家の存在の原因であるのは、彼〔家造り〕が、家の存在へと〔物事を〕動かす限りでのみのことである。この〔家の存在へと物事を動かす〕運動が、家を造ることなのだ。ここに、家そのものが生じる原因が直接存在し、家造りがいなくなるなら中止される。しかし、神は、それ自体として、存在そのものの原因であり、すなわち、存在を、事物すべてと分かち合うものとしてそう〔存在そのものの原因〕なのである。あたかも、太陽が光を空気と分かち合い、またそれ以外にも、それ〔太陽〕に照らされているものと分かち合うように。そして、空気中の光を保持するためには、太陽が照らし続けていなければならないのと同様、事物が存在し続けるためには、神が存在を事物と中断することなく分かち合っていなければならない。そして、それゆえ、すべてのものは、存在し始めるという限りではなく、存在し続けるということでも、神に対して、作られたものが作り手に対する関係にある。したがって、神は、事物すべてに、〔事物が〕存在を有する限りで現存していなければならないということになる。ところで、存在は、事物すべてに最も内的に現存するものなので、したがって、神はすべてのうちにあらねばならない。

さらに、どんなものであれ、その予見による秩序を、なんらかの中間の原因によって実現するものは、必ず、それら中間の原因の結果を知っていて秩序づけるのでなければならない。さもなくば、その予見による秩序外で〔何かが〕起きることがあろう。そして、統治のための予見がより完全であるには、その〔予見するものの〕認識と秩序づけが、個々のものにまでより親しく及んでいなければなら

論考前半　三一なる神，およびその業について　　207

ない。個々のもののうちの何かが統治のための予見から取り去られているなら，その個々のものそのものへの決定が予見を免れ去るからである。また，既に示された[420]とおり，すべては神の御摂理に従わなければならない。そして，神の御摂理が，神について言われることはどんなことでも，彼〔神〕に最高に当てはまる〔最も完全に当てはまる〕がゆえに，最も完全であるということも明らかである。したがって，その〔神の〕御摂理の秩序づけは，最も小さな結果にまで及ぶ。

第131章　神がすべてを直接的に整え，
その知恵を少なくすること
のないこと[421]

　したがって，以上のことから，たとえ，事物の統治が，神から二次的な原因に媒介されて成り立つとしても，予見の実現に関する限りは，神の御摂理による整えあるいは秩序づけそのものが直接すべてのものに及ぶ。〔神は〕第一のものと最後のものを秩序づけるのに，最後の個々のものを整えるのは，他のものに任せてしまうような真似はしていない。すなわち，このようなことは，人間たちのところでは，彼ら〔人間たち〕の認識の弱さの，同時に複数のものに専念し得ないということのために起きてしまう。そこで，より上位の統治者は大きなことについて整え，小さなことを整えるのは，他の者たちに任せるのである。しかし，神は，先立つ箇所[422]で示されたとおり，同時に多く

---

420)　本書第123章。

421)　Cf. ST, I, q.22, a.3; q.103, a.6.

422)　本書第29, 96章。

のことを認識できる。そこで，最も小さいことの処理にか
かずらって，最も大きなことの秩序づけから引き離される
ということはないのである。

第132章　神が特殊なものについて摂理
　　　　を有していないということを
　　　　示していると思われる異論[423]

　しかしながら，個々のものは神によって整えられていな
いと，ある人には思われるということもあろう。すなわ
ち，彼〔神〕の御摂理によっては，〔神が〕認識している
ものでない限り整えられないが，神には，個々のものの認
識はないと思われるということで。というのは，個々のも
のは，知性によってではなく感性によって認識される。し
かし，神の場合，〔神は〕まったく非物体的なので，感性
的なもの〔認識〕はあり得ず，知性のはたらきとしての認
識だけがある。したがって，ある人には以上のことから，
個々のものは神の御摂理によっては秩序づけられていない
と思われるかもしれない。

　さらに，個々のものは無限に存在するが，無限のものに
対して認識はあり得ない（すなわち，無限はそのままでは
知られないものだからである）ので，以上から，個々のも
のは神の認識と御摂理を免れていると思われる。

　さらに，個々のものには，多くの非必然的なものがあ
る。そして，それら〔多くの非必然的なもの〕には，確実
な知があり得ない。したがって，神の知は，最も確実なも
のであらねばならないので，個々のものは〔神に〕認識さ
れておらず，神に整えられることもないと思われる。

---

423)　Cf. ST, I, q.14, a.11; q.22, a.2; q.103, a.5.

論考前半　三一なる神，およびその業について　　209

　さらに加えて，個々のものはすべて同時には存在しない。後続するもののうちのあるものによって〔それに先行する〕他のものは消滅するからである。そして，存在しないものには知はあり得ない。したがって，個々のものについて神が知を有するなら，その帰結として，〔神は〕なんらかのものを知り始めたり，知るのをやめたりするということになる。このこと〔知り始めたり知るのをやめたりすることになること〕から，彼〔神〕は変わり得るものであるということが帰結する。したがって，〔神は〕個々のものの認識者でも，整える者でもないと思われる。

第133章　先述の異論の解決[424]

　しかし，これらは，事物の真理を考えるなら，容易に解決できる。というのは，神は彼〔神〕自身を完全に認識しているので，〔神は，〕どんな仕方であれ彼〔神〕のうちにあるすべてを認識するということになる。しかし，被造の存在者の本質と能力とのすべては彼〔神〕に由来し，また他のものに由来することは潜在的には，彼〔神〕のうちに存在するので，必然的に，彼〔神〕御自身を認識することで，被造の事物の本質と，彼〔神〕のうちに潜在的に存在する一つひとつのものを認識するということになる。そして，そのようにして，〔神は，〕潜在的にその〔神の〕うちにあり，他の原因のうちに存在する個々のものすべてを認識する。

　神の知性による認識と我々の知性による認識とについて似ていることは，最初の異論の展開では，ないということ

　424）　Cf. ST, I, q.14, a.11; a.12; a.13; q.57, a.3; q.86, a.2; a.4; II-II, q.95, a.1; q.172, a.1.

210   第I部　信仰について

だった。すなわち，我々の知性は，事物について，抽象された形象を通して認識を受け取る。これ〔抽象された形象〕は，形相の類似物であって，質料の〔類似物〕ではない。また，質料における状態の〔類似物〕でもない。これ〔質料における状態〕が個体化の原理である。それゆえ，我々の知性は個々のものを認識し得ず，普遍だけを認識する。しかし，神の知性はその〔神の〕本質を通して事物を認識し，それ〔神の本質〕には，それを最初の始原として，潜在的に形相だけではなく，質料もまた含まれている。そして，それゆえ，〔神は〕普遍だけではなく，個々のものの認識者でもある。

　同様にして，無限のものを認識するということは，神には相応しからぬことではない。たとえ我々の知性には，無限のものを認識することができないとしても。すなわち，我々の知性は，現実態として複数のものを同時に認識することができない。そうである以上，もし，〔我々の知性が〕無限のものを，それらについて考えることで認識したとするなら，無限のものを1つまた1つと数えていったことにならざるを得ないが，これは無限というものの本質に反する。しかし，能力と可能態とでなら，我々の知性は，無限のものを認識できる，例えば，数と比例との形象をすべて認識するのに十分な始原を有する限りで〔認識することができる〕。しかし，神は，先立つ箇所[425]で示されたとおり，多くのものを同時に認識することができる。そして，それによって〔神が〕すべてを認識するもの，すなわちその本質は，存在するものすべてに留まらず，存在し得るものもすべて認識するのに十分な始原である。したがって，我々の知性が，可能態および能力として無限のものを認識しており，それらについての認識の始原を有しているのと

────────────
　425）　本書第29, 96章。

論考前半　三一なる神，およびその業について　　211

同じく，神は無限のすべてを現実態として考えているのである。

　また，たとえ，個々の物体的で時間的なものが同時に存在しないとしても，それら〔個々の物体的で時間的なもの〕について，神は認識を同時に有する。すなわち，〔神は〕それら〔個々の物体的で時間的なもの〕を，御自身の存在様態にしたがって認識する。つまり，永遠で継起のない様態で。それゆえ，質料あるものを質料なきものとして，多くのものを一つのものを通して認識しているのであり，また同じく，同時に存在しないものを1つの直観で認識し，また同じく，個々のものが認識されることで，その〔神の〕認識に何かが付け加わったり，そこから何かが取り去られたりすることは決してない。

　以上のことからまた，〔神が〕非必然的なものについて，確実な認識を有するということも明らかになる。というのは，それら〔非必然的なもの〕が生じる前に〔神は〕それらを，御自身の存在のうちに現実態である限りで直観するからである。つまり，未来にあるものとして，それら〔非必然的なもの〕の原因のうちに潜在的にあるものとしてのみではなく，すなわち，例えば我々が，なんらかの未来のものを認識することができるように，というのみではなく〔直観する〕。そして，非必然的なものについて，確かな認識が有され得るのは，その原因のうちに潜在的に未来のものとして実在する限りで，1つのもの〔1つの未来〕に限定されているからだとしても，それでもやはり，それ〔非必然的なもの〕自身の存在のうちには現実態としてありその限りで1つのもの〔1つの未来〕に限定されており，それら〔非必然的なもの〕について確実な認識が有され得るのだ。すなわち，ソクラテスが座っている時には，それを目の当たりにしているという確実さのゆえに，座っていると認識することが，我々にはできるのである。また同じ

212   第Ⅰ部　信仰について

く，神はすべてに確かな認識を持つ。時の流れの全体に
渡ってはたらくことならなんであれ，御自身の永遠さのう
ちで。すなわち，彼〔神〕の永遠は，時間の流れの全体に
現前して接しており，かつ〔時間の流れの全体を〕超えて
いるので，我々は神を，御自身の永遠のうちで，時間の流
れを認識しておられると考える。物見台の高みに立ってい
る人が，旅人が行き交うのを同時に全体として一望するよ
うに。

第134章　神だけが，未来の個々の非必 然的なものを知っているこ と [426)]

　そして，未来の非必然的なことを，その〔未来の非必然
的なことの〕存在のうちにあるように知る，すなわち，そ
のもの〔未来の非必然的なこと〕について確実なこと〔確
実な知〕を有するということは，神にのみ固有である。彼
〔神〕に本来，真に相応しいのは永遠であり，そこで，未
来のものについての確実な予告は，神性の印とされ，「イ
ザヤ書」41 章〔23 節〕にはこうある。「未来に来るもの
を告げ知らせよ。そして我々はお前たちが神々〔天国にあ
る人々〕であることを知る」。しかし，その原因のうちに
未来のことを認識することは，〔神とは〕別のものにも釣
り合い得ることであって，やはり，この認識は確実でな
く，むしろ推量的なものである，必然的にその原因から帰
結する結果の場合を除いて。そして，この意味〔推量的な
意味〕で，医師は将来の病気を予告し，水夫は嵐を予告す
る。

---

　426)　Cf. ST, I, q.57, a.3; q.86, a.4; II-II, q.95, a.1; q.172, a.1.

論考前半　三一なる神，およびその業について　　213

第 135 章　神は能力と本質と現前によっ
##　　　　　　てすべてのものに現存し，す
##　　　　　　べてを直接に整えること[427]

　したがって，神が個々の業について知り，それら〔個々の業〕を直接，御自ら整えることに，なんの差し支えもない。たとえ，中間の原因を通して現実化するのであるとしても。やはり，まさにその実行に際しては，ある意味直接に，業すべてに関わっている。すなわち，中間の原因すべてが第一原因の力のもとではたらいているので，ある意味御自身〔神〕がすべてのもののうちではたらいていると思われ，二次的原因の業すべてが彼〔神〕に帰せしめられ得るという限りで。例えば，職人に，道具の業が帰せしめられる，すなわち，鍛冶職人が小刀を作るというほうが，鎚が作るというよりも適切であるように。また，彼〔神〕はそれ自体，存在することの原因であり，彼〔神〕によってすべては存在のうちに保たれるという限りで，〔神は〕業すべてに直接関わる。そして，この 3 つの直接的なやり方で，神はすべてのもののうちに，その本質によって，能力によって，そして現前によって存在する。まず，本質によってとは，あらゆるものの存在が神の存在のある種の分有である限りでのことであり，またそのようにして，神の本質はあらゆる実在者に，〔実在者が〕存在を有する限りで現存する[428]。原因が固有の業に現存するように。一方，能力によってとは，すべてがその〔神の〕力のもとではた

---

　427)　Cf. ST, I, q.105, a.6; q.106, a.3; q.110, a.4.

　428)　神はその本質である存在をすべての被造物に分かち与えている。このことが，本質によってすべてのもののうちに存在するということである。

214   第 I 部　信仰について

らいている限りでのことである。また，現前によってと
は，彼〔神〕が直接，すべてのものを秩序づけ，整えてい
る限りでのことである[429]。

第 136 章　奇跡を起こすことは神だけに
         相応しいこと

　それゆえ，二次的原因の秩序全体と，それら〔二次的原
因〕の能力は神に由来するのだが，先立つ箇所[430]で示さ
れたとおり，彼〔神〕はその〔神の〕業（わざ）を必然的に生み出
したのではなく，自由意志によって生み出したので，〔神
が〕二次的原因の秩序の外ではたらくことが可能なのは明
らかである。自然の業（わざ）では癒し得ない人々を癒すことや，
自然的原因の秩序によっては存在しないが，神の御摂理の
秩序によっては存在するようなものを作り出すことなどの
ように。時には神によって自然の秩序の外に生じているこ
とそのものが，神によってある目的のために整えられると
いうことがある。そして，何かこのようなことが，神に
よって二次的目的の秩序の外に生じる時，そのような〔神
によって〕生じたことを奇跡という。驚くべきことだから
である[431]。したがって，神は我々には，端的に隠されてい
る原因であるので，原因として知られていない。なんらか
のものが，彼〔神〕によって，我々に知られている二次的
原因の秩序の外に生じる時，端的に奇跡と言われるのであ
る。そして，なんらかのものが，なんらか別の，あれやこ
れやの人には隠された原因によって起きるなら，端的には

　429）　すべてのものは神の摂理の下にある。これが，能力と現前
によってすべてのもののうちに神が存在するということである。

　430）　本書第 96 章。

　431）　驚くべきこと mirus だから奇跡 miraculum と呼ぶ。

論考前半　三一なる神，およびその業について　　215

奇跡とは言われず，原因を知らない人に関する限りで奇跡
と言われる。そこで，なんらかのものがある人には不思議
なこととして現れるが，他の，原因を知っている人には不
思議でないということが起きる。

　そして，以上のように，二次的原因の秩序の外ではたら
くことが，神だけに当てはまる。彼〔神〕はこの〔二次的
原因の〕秩序の制定者であり，この〔二次的原因の〕秩序
に従属していない。一方，他のものはすべて，この〔二次
的原因の〕秩序に服従している。それゆえ，奇跡を起こす
ことは神だけに当てはまる。だから，詩編作者はこう言
う。「彼〔神〕だけが大いなる不思議なことをなす」[432]と。
それゆえ，なんらかの被造物によって奇跡が起きるのが見
られるとき，〔それは〕あるいは真の奇跡ではない。とい
うのは，自然的事物のなんらかの能力によって生じている
のであるから。たとえ〔原因たるなんらかの自然的事物と
その能力が〕隠されているとしても。あるいはまた，真の
奇跡であるなら，神によってなんらかのものを通して，成
就されたのであって，すなわちそのようなことが起きるよ
うに〔仕向けられたのである〕。したがって，このような
奇跡は神的にのみ生じるので，神からのみ始まる信仰の証
のうちに取り入れることは適切である。すなわち，なんら
かのものが人間によって神的権威のもとに公に言われると
いうことは，神だけがなし得る業によって以上に適切に示
されることは決してない。

　また，このような奇跡は，たとえ，二次的原因の秩序の
外に生じているのだとしても，やはり，自然に反している
とは端的に言うべきではない。というのは，自然的秩序
は，下位のものが上位のもののはたらきに従属していると
いうことそのものだからである。そこで，天体の影響に

---

432)　「詩編」72 篇 18 節。

216　　　　　　　　第 I 部　信仰について

よって下位の物体中に生じることは，端的には自然に反す
ると言われない。おそらく時には，あれやこれやの事物の
特殊な自然本性に反することはあるとしても。例えば，海
の満ち潮と引き潮に際しての水の動きの場合，これ〔水の
運動〕は，月の動きによって起きるということに明白に現
れているように。それゆえ，被造物のうちに，神がはたら
くことで起きることは，たとえ，二次的原因の特殊な秩序
に反するように思われても，それでも，自然の普遍的な秩
序には従っている。それゆえ，奇跡は自然に反するもので
はない[433]。

第 137 章　何らかの偶然と言われるのは
どんなものか

ところで，既に示された[434]とおり，たとえ最も小さい
ものさえすべて神的に処理されるとしても，それでもやは
り，偶然に何かが起きることがあっても，なんの差し支え
もない。というのは，最も低い原因に関して言えば，非必
然的に，偶然的なものが生じるが，これは，すなわち，そ
の〔最も低い原因の〕目指す方向の外で，なんらかのこと
がはたらいている時のことである。例えば，主人が 2 人
の僕を同一の場所に送ったが，一方の僕がもう一方の僕の
ことを知らないという場合に明白に現れているように。す
なわち，この者たちが合流したということは，〔僕〕双方

---

433)　より上位の原因が，それ以下の原因から成る秩序と合致し
ない現象を起こしたとしても，原因の序列を崩しているわけではない。
すなわち，上位の原因が，下位の原因の秩序と一致しない現象を起こ
すことは自然に反するものではない。それゆえ，神による奇跡も自
然に反するものではない。

434)　本書第 123，130，131，133-135 章。

論考前半　三一なる神，およびその業について　　217

にとっては偶然だが，主人にとってはそうではない。それ
ゆえ，二次的原因の目指す方向の外で何かが起きている
時，それらの原因という観点から論じた場合，偶然のこと
はあり，同じく端的に偶然であると言うことができる。そ
れは，最近接原因を条件として結果は端的に名づけられる
からであろう。しかし，神という観点から論じるなら，偶
然ではなく，予見されたことである。

第138章　運命は何らかの自然本性か，そしてそれは何か[435]

　以上のことから[436]，運命についてどう考えるべきかが明
らかになる。すなわち，多くの結果が，二次的原因という
観点に立てば，偶然生じるのが見出されるので，ある人た
ちは，このような結果を，より上位の秩序づける原因に引
き戻そうとはしない。これらの人々は，宿命をまったく否
定しているのでなければならない。しかし，ある人たち
は，これら偶然に思われる結果を，より上位の秩序づける
原因へ引き戻そうとしたが，物体の秩序を超えなかったの
で，秩序づけのはたらきを第一の諸物体に帰してしまっ
た。そして，この人たちは，運命とは，星座の位置による
力であると言い，そこ〔星座の位置による力〕からそのよ
うな結果は生ずると言った。しかし，既に示された[437]と

---

　435)　人間が認識できる因果の秩序内では必然性が見当たらない
ゆえに偶然とされることが起き得ても，神の秩序の外にあるがゆえに
偶然であるものはない。Cf. ST, I, q.116, a.1; a.2. 現代風に言えば宇宙
が自然の法則にしたがっている以上すべては運命として決定されてい
て人間の自己決定が通用する余地はないのではないかという，決定論
の検討がなされる。

　436)　本書第137章。

　437)　本書第127-129章。

おり，知性と意志とは，人間のはたらきの固有の始原であり，本来，天体には従属しないので，人間に関わることで偶然に起きると思われることが，天体に，それを秩序づける原因として引き戻されると言うことはできない。

　しかし，人間に関わることでなければ，運命とは思われない。それら〔人間に関わること〕に偶然もまたあるわけだから。これら〔人間に関わること〕についてある人たちは，未来のことを知ろうと思って問い求めるのが慣わしである。そして，これら〔人間に関わること〕については，予言者たちによって答えられるのが常であった。そこで，予言することに因んで運命と名付けられたのだ[438]。そして，それゆえ，以上のような意味で運命を認めることは信仰とは異なっている。

　しかし，自然本性的な事物だけではなく，人間に関わることもまた，神の御摂理に従っているので，人間に関わることのうちに偶然生じるように見えることも，神の御摂理による秩序に引き戻して考えなければならない。そして，このような意味でなら，運命を認める人々にとっては，神の御摂理にすべてが従っていることを認めるのが必然である。というのは，以上のような意味で受け取るなら，運命は，神の御摂理に対して，その〔御摂理の〕固有の業として関係しているということになる，すなわち，〔以上の意味では運命は〕諸物に加えられた〔のうちに実現した〕神の御摂理の表れであり，だからボエティウスはこう言っている。運命は「動かし得る事物にくっついた動かし得ない整え」[439]すなわち秩序づけである。しかし，我々は不信の者と共通の名称をできる限り用いてはならず，また理解し

────────────

　　438）　運命の原語 fatum は予言するという語の原語 fari からの派生語である。

　　439）　ボエティウス『哲学の慰め』第4部6章 (PL63/815A)。

論考前半　三一なる神，およびその業について　　219

ていない人たちに対して過ちの機会があってはいけないので，信仰ある者にとっては，運命の名称を用いないほうがより安全だということになる。運命は，最初に挙げた理解〔星座の位置の力によって決まるという理解〕にしたがって解されるほうが，〔語本来の意味からして〕より適切であり，かつより普通だからだ。そこで，アウグスティヌスは，『神への愛について』第5巻〔1章〕で，第2の意味で〔すなわち御摂理の表れとして〕運命があることを信じるなら「文意はそのままにして，言葉を改めなければならない」[440]と言っているのである。

第139章　すべてが必然性によって存在
するわけではないこと[441]

たとえ，事物に加えられた神の御摂理の秩序が確実であるとしても，すなわち，この意味でボエティウスは「動かし得る事物にくっついている動かし得ない整え」[442]と言っているのだが，それでも，以上のことからは，すべては必然的に起きるということは帰結しない。すなわち，〔それらは〕最近接原因を条件として必然的な結果あるいは非必然的なことと言われる。すなわち，第一原因は必然的であり，かつ二次的原因は非必然的であるなら，結果が非必然的なものに従うのは明らかである。例えば，下位の物体的事物の場合には生成の第一原因は天体の運動であるが，それがたとえ必然的に生じるとしても，しかし，生成と消滅は下位のもののうちでは非必然的に生じているように。と

---

440)　PL41/141B.

441)　Cf. ST, I, q.22, a.4.

442)　ボエティウス『哲学の慰め』第4部第6章 (PL63/815)。

220   第Ⅰ部　信仰について

いうのは，下位の諸原因は非必然的なものであり，〔結果
を生ずるのに〕不十分であるということがあり得る[443]。既
に示された[444]とおり，神はその御摂理による秩序を下位
の原因を通して，現実化する。したがって，神の御摂理に
は，下位の原因の条件のもとでは非必然的であるような結
果があるだろうということになる。

第 140 章　神の御摂理が存続しながら，
　　　　　　多くのものが非必然的なもの
　　　　　　としてあること

　しかしながら，諸々の結果のうちで非必然的なこと，あ
るいは諸々の原因のうちで非必然的なことは，神の御摂理
の確かさをかき乱し得ないように思われる。すなわち，3
つのことが，御摂理の確かさに味方するように思われる。
すなわち，神の御摂理の誤り得ないこと，神の御意志の効
力があること，神による整えにある知恵があること。これ
〔神による整えにある知恵〕は，業（わざ）を行なうのに十分な道
を見出すものである。それら〔業（わざ）を行なうのに十分な道〕
には，諸事物のうちで非必然的であるものに対立するもの
はない。すなわち，神の知は，未来の非必然的なことにつ
いても誤り得ない，先立つ箇所[445]で説明したように，神
がその永遠のうちで未来のものを，その存在のうちに現実

───────────
　　443)　上位の原因である太陽が，規則正しく，すなわち必然的に
地上を照らし，生命を育むとしても，地上で，ある雄と雌が偶然にも
出会い損ねたために，また，たまたま雌の体内で妊娠に必要な栄養が
不足していたために，新たな生命の誕生がたまたま起こらなかったと
いうようなことが起こりうる。そのような意味で多くの出来事は非必
然的に起こる。
　　444)　本書第 124-130 章。
　　445)　本書第 133 章。

態であるように直観する限りで。

　神の意志もまた，諸事物の普遍的原因であるので，生じることについてだけではなく，生じ方についても原因である。したがって，神の御意志が効力あるものであるのは，神が欲することが生じるからだけではなく，〔神が〕そのように生じることを欲するとおりの仕方で生じるからでもある。しかし，〔神は〕あるものが必然的に生じることを欲し，あるものが非必然的に生じることを欲するのである。というのは，どちらも存在すべてを補完するために必要だからである。それゆえ，どちらの形ででも〔必然的にでも，非必然的にでも〕，事物が生じるために，〔神は〕あるものに必然的な原因を適合させ，一方あるものには非必然的な原因を適合させている。以上のようであるから，あるものが必然的に生じながら，あるものは非必然的に生じる時，神の御意志はその効力に関して満たされるのである。

　また，神による整えの知恵によって御摂理の確かさが，諸事物の非必然性が存続しながらも保たれるのは明らかである。すなわち，人間の予見によって，結果に対し不十分であり得る原因が，時に，絶えず結果を出し続ける助けとなるということが，〔現に，起きている。〕すなわち例えば，医者が癒す場合に明白に現れているような，また，ブドウを育てる農民が，ブドウが不毛なのに対して薬を加える場合に明白に現れているようなことが〔起きている。人間の予見でこういうことが〕起きるのなら，神による整えの知恵からは，たとえ，非必然的な原因はそれ自体として結果に対し不十分ではあり得ても，それでもなんらかの支えが加わることで絶えず結果が生ぜしめられるということは，なおのことさらに起きる。このことは，その非必然性を取り除かない。それゆえ，以上のようにして，諸事物の非必然性は，神の御摂理の確かさを排除しないということ

222   第 I 部 信仰について

は明らかになる。

第 141 章 神の御摂理の確かさは，諸事 物から悪を排除しないこと[446]

　また，同じやり方で，神の御摂理が存続しながら，悪が
世界で生じ得るのは，二次的原因に不足があるためである
ことが見て取れる[447]。すなわち，諸原因が秩序をなしてい
るうちで結果に悪が生じるのは，二次的原因の不足からで
あるが，しかし，この不足は，第一原因から生じるのでは
決してないことを我々は見〔て知っ〕ている。例えば，跛
行という悪〔足が悪いということ〕は，足が曲がっている
ことから生じるが，運動する霊魂の力から生じているので
はないように。そこで，跛行の際，運動に起きている一つ
ひとつのことは運動能力に，それを原因として遡るが，し
かし，斜めであることは，運動能力から生ずるのではな
く，足が曲がっていることから生ずる。
　そしてそれゆえ，事物のうちに起きる一つひとつの悪
は，あるいはなんらかの種をあるいはなんらかの存在を有
している限り，神を原因としてそれに遡る。すなわち，先
に言われた[448]ことに明白に現れているとおり，悪は善の
うちでなくては存在し得ない。しかしながら，不足を有し
ているものとしては，その限りで，不足し得る下位の原因
に遡る。そして，以上のように，たとえ，神はすべてのも
のの普遍的原因であるとしても，それでもやはり，悪であ

　446）　Cf. ST, I, q.48, a.6; q.49, a.2. 本章と次章は，神がいるのに
なぜこの世に悪が存在するのかという神義論的な問いについての考察
である。

　447）　本書第 111-113 章参照。

　448）　本書第 118 章。

論考前半　三一なる神，およびその業について　　223

る限りでの悪の原因ではなく，善に属していながらそれら
〔悪〕に結びついている一つひとつが神によって生じるの
である。

第142章　悪を許容することは，神の善 性から遠ざかるものではない こと[449]

　それでもやはり，彼〔神〕に治められているもののうち
に悪が存在することを〔神が〕許しておられることは，神
の善性には反しない。まず，御摂理が，治められているも
のの自然本性を滅ぼすことはなく，〔治められているもの
の自然本性を〕救うからである。しかし，すべてを完成さ
せるためには，悪が生じ得ないものがあり，一方，その本
性上，悪すなわち不足を被り得るものもあらねばならな
い。したがって，悪が事物からまったく排除されたなら，
神の御摂理によって事物がその本性に従って治められてい
るというのではないだろう。すなわち，このことは，取り
除かれた個々の不足よりもさらに大きな不足であろう[450]。

　次に，あるものの善は別のものの悪なしには起こり得な
い。例えば，我々が，あるものの生成が，あるものの消滅
なしには起こり得ないのを，見〔て知っ〕ているように。
ライオンの栄養は，他の動物の殺害なしにはないように。
そして，正しい人の忍耐は，正しくない人による迫害なし
にはないように。それゆえ，悪がまったく事物から排除さ

---

　449)　Cf. ST, I, q.22, a.2, ad2; q.48, a.2.

　450)　不完全なものがすべてなくなり，完全なものだけで宇宙が
構成されるということは，不完全なものが存在することで実現してい
た神の完全性の反映が失われるということである。その結果，宇宙は
不完全なものが存在する状態以上に不完全になる。

れてしまったなら，その帰結として，多くの善もまた取り除かれてしまう。したがって，悪がまったく事物から排除されると言うのは，神の御摂理の1つではなく，生じている悪がなんらかの善へと向かっていることがそうなのである。

第3には，特殊な悪そのもののおかげで，善はより賞賛に値するものとなる。それら〔悪〕と比較されて。例えば，黒の暗さのおかげで，白の明るさがよりはっきりとするように。そして，以上のようにして，悪が世界に存在するのを許容していることによって，神の善性が諸々の善のうちでよりはっきりする。そして，諸々の悪が善へと向かう秩序づけのうちで知恵がはっきりする。

第143章　神は，特別な仕方で人間に，恵みによってはからうこと

それゆえ，神のはからいは，個々のものに，それら〔個々のもの〕のあり方にしたがってはからうが，理性的被造物は自由な決定力により，他の被造物とは違って自分の行動の主人であるので，それ〔理性的被造物〕は2つのものに関する限りでのみ，個々の様態ではからわれているのでなければならない。まず，業の助けに関する限りで。これ〔業の助け〕は神から与えられたものである。次いで，業のためにそれ〔理性的被造物〕に与えられるものに関する限りで。すなわち，非理性的な被造物には，このような助けがそのはたらきのために神によって与えられるのは，それによって本性的にはたらきへと動いていくという助けとしてのみ与えられるだけなのに対して，理性的な被造物には，生きるための戒めと掟が与えられる。すなわち，掟が与えられるのは，そのはたらきの主人であるもの

に対してだけである。たとえ，非理性的被造物にも，なんらかの比喩によって神が掟を与えられると言われようとも。すなわち，詩編第148編〔6節〕のように。「〔神は〕掟を定め，〔掟は〕去ることがないだろう」。すなわち，ここでの掟は，神のはからいによって，自然のものをその固有の運動に向けて動かすことで整えることに他ならない。

　同じく，理性的被造物のはたらきもまた，罰すべきことか，賞賛すべきこととして，それら〔理性的被造物〕に対してはかられており，すなわち，〔理性的被造物は〕自分の行動の支配権を有しているからであり，人間の場合は，監督者である人間によってはかられるだけでなく，神によってもまたはかられている。人間は人間に統べられるだけではなく，神にもまた統べられているからである。しかし，服従している人がいるならどんな統治であれ，それ〔統治〕によって彼〔服従している人〕に対して，〔服従している人が〕賞賛すべき行動をとっているか，罰せられるべき行動をとっているかがはかられている。そして，善く為されたこと〔善い行為〕のゆえに報奨があらねばならないが，先立つ箇所[451]で言われたとおり，過ちには罰があらねばならないので，理性的被造物は，神のはからいの正しさによって，悪のためには罰せられ，善のためには報いられる。しかし，非理性的な被造物の場合，罰も報奨も〔あるべき〕場所がない。〔非理性的な被造物が〕褒められることも，とがめられることもないように。

　しかしながら，理性的被造物の最終目的は，自然そのものの能力を超えているが，目的への手立てとなるものは，はからいによる正しい秩序から見て目的に釣り合っているものでなければならないので，その帰結として，理性的被造物には神による助けももたらされなければならない

451）　本書第121章。

226   第Ⅰ部　信仰について

ということになる。それも自然に釣り合っているもの〔助け〕だけではなく，自然の能力をも超え出ているもの〔助け〕までもが〔もたらされなければならない〕。そこで，理性の自然本性的能力を超えて人間には，神によって恵みの光[452]が加えられる。これ〔恵みの光〕によって，〔人間は〕能力に関して，また認識に関する限りでも内的に完成される。そして時には，人間の精神がこのような光によって，理性を超えているものの認識に，また行為に関する限りで，また情動に関する限りで高められ，時には，そのような光によって，人間の情動が，被造物すべてを超えて，神を愛するよう高められ，また彼〔神〕に希望をおくように，そしてそのような愛が求めることを為すように高められる。

　そして，このような賜物は，あるいは超自然的に人間に与えられた助けは，2つの理由で無償のものと言われる。第1には，神から無償で恵まれているがゆえに。すなわち，人間のうちになんらかのものが，これに相応しい助けがあらねばならないものとして見出され得ないがゆえに。というのは，これ〔助け〕は人間の自然の能力を超えているからである。しかしながら，第2に，ある特別な仕方で，このような賜物を通して人間は神の好意を得るものとなるからである。というのは，神の愛は，諸物のうちの善性の，我々の愛のように，先んじて実在する善性によって呼び出されたのではない原因であるので，必然的に，善性のなんらかの特別な業を〔神が〕それに対して与えているものの観点から，神の愛の特別な本質は考えられることになる。そこで，最大にかつ特別な仕方で彼らを愛すると言われるのは，その彼らに対して，そのような〔最大にして特別な〕善性の業を〔神が〕与え，それら〔最大にして特

_____
　452)　註368参照。

論考前半　三一なる神，およびその業について　　227

別な善性の業〕を通して最終目的に行くようにするという時で，これ〔最終目的〕こそまさに，善性の源泉である[453]。

第144章　神は，無償の賜物を通して罪を赦す，恵みを取り除く罪ですら赦すこと

　そして，罪が起きるのは，行為が目的への正しい秩序から外れることによるが，人間は自然の助けだけではなく，恵みの助けによっても目的に秩序づけられるので，必然的に，人間の罪は，自然の助けにだけではなく，恵みの助けにもまた対立する。そして，対立するものは相互に排除しあう。そこで，罪によってはこのような恵みの助けは人間から取り除かれるのと同様，恵みの賜物によって人間の罪は赦される。罪を犯す際の人間の悪意が神の善性を上回り，恵みによって罪が取り除かれるよりも，〔悪意が〕神の恵みを取り除くことがないように。

　さらに，神は諸々のもののために，それらのあり方にしたがってはからう。しかし，これは，変化し得るもののあり方，すなわち，それらのうちで反対物への変化が起き得るあり方である。例えば，物体的質料の場合の生成と消滅，色を持つ物体の白と黒のように。そして，人間は，そ

─────────────

453)　神は，無限の善性を認識するにはふさわしくない，すなわちそこまでの能力を自然本性的には有していない人間にも恵みの光を与え，無限の善性である神自身に触れさせる。それは，神が先在する原因に動かされて愛するのではなく，神の愛そのものが究極的原因だからある。そして，人間に恵みの光を与えるのは，人間を最終目的である自分自身の善性に関わらせ，人間に無限の善性を反映させるためである。

の生に留まる限りはその意志によって変化し得る。それゆえに，神による恵みの賜物が人間に与えられるのは，〔人間が〕それら〔恵みの賜物〕を罪によって棄ててしまい得るためであり，〔人間が〕罪を犯すのは，それら〔罪〕が恵みの賜物によって赦され得るためである。

さらに，自然を超えてはたらいているものの場合，その可能なことと不可能なことは神の能力との関連で考えられるのであって，自然の能力との関係では考えられない。すなわち，目の見えないものが光に照らされ，死んだものが生き返ることができるというのは，自然の能力でできることではなく，神の能力でできることである。そして，恵みの賜物は超自然的である。それゆえ，それら〔恵みの賜物〕を実現することができるというのは，神の能力の1つである。したがって，罪の後，恵みの賜物を実現できないと言うことは，神の能力を小さく見積もることである。そして，恵みの賜物は，罪と同時にあることができない。恵みの賜物によって人間は目的に秩序づけられ，罪によって逸らされるからである。それゆえ，罪が赦され得るものでないと言うのは，神の能力に反するものだということになる。

第 145 章　罪は赦され得ないものでは ないということ

しかし，もし，赦され得ない罪が神の無能のゆえではなく，神の正義が，誰かを恵みから零れ落ちるようにし，後にそれ〔恵み〕に帰らせることのないようにしたのだ，と言うならば，これが偽であることは明白である。すなわち，神の正義の秩序は，この世にある限り，道の終端に関わるものが与えられるようにする。そして，善に関しても

悪に関しても動かし得ない状態にあることは，道の終端に関わっている。すなわち，動かし得なさと安らぎは運動の終端であるが，現在の生全体は道の状態であり，人間が，物体として見ても，霊魂に関しても変わり得るものであることがその証明である。したがって，神の正義は，人間が罪の後に，そこ〔罪〕に留まることを求めてはいない[454]。

さらに加えて，神の好意によって，人間に危険が課せられることはない。特に最も大きな好意においてすら。そして，移ろいやすい生を送っている人間にとって，恵みを受けることが危険となるのは，恵みの後に罪を犯すかもしれず，そして恵みに戻り得ないということである。ことに，恵みに先立つ罪は，恵みによって赦される，恵みを受けた後に人間が犯すもの〔罪〕より時には大きい罪が赦されるので。それゆえ，人間の罪が赦され得ないとは，罪を犯す前であれ，犯した後であれ，言うべきではない。

第 146 章　神だけが罪を赦すことができること

一方，罪を赦すことは神だけがなし得る。というのは，ある人に対してなされた過ちは，その人だけ，自分に対して罪を犯された人だけが，赦すことができるからである。すなわち，罪は人間に対して，過ちであるとしてはかられるのは，人間によってだけではなく，先立つ箇所[455]で言

454）　正義は，善を善とし，悪を悪として裁くものであり，悪をも善に立ち返らせるあわれみが対置されることが多い。しかし，本書には神のあわれみという文言は一言もあらわれず，代わりに神の正義が，人間が悪に留まることも，悪から善に立ち返ることを求めるというように，意味が拡張されている。それゆえに，神の正義という観点からは，赦され得ない罪というものはあり得ない。

455）　本書第 143 章。

230   第Ⅰ部　信仰について

われたとおり，神によってもはかられる。そして，以上の
ように，今我々は，神によって人間に対してはかられてい
るとおり，罪について論じている。したがって，神だけが
罪を赦すことができるのである。

　さらに加えて，罪により人間は最終目的への秩序から外
れるので，人間が目的への秩序に戻るのでない限り，赦さ
れることはあり得ない。そして，これは，恵みの賜物に
よって起こり，これ〔恵みの賜物〕は神によってのみあ
る。〔それら恵みの賜物は〕自然の能力を超えているから
である。したがって，神だけが罪を赦すことができる[456]。

　さらにまた，罪が過ちとして，人間に対してはかられて
いるのは，意志的なものである場合に限られる。そして，
意志は神だけが変えることができる。したがって，彼〔神〕
だけが真に罪を赦すことができる。

第 147 章　信仰箇条のうち，神による統治の業に関して論じられるものについて

　それゆえ，神の第 2 の業[457]は，すなわち諸事物の統治，
特に理性的被造物の統治の業であり，それら〔理性的被造
物の統治の業〕によって〔神は〕それら〔理性的被造物〕
に恵みを与えもし，罪を赦しもする。このような業は確か
に，信仰の信条で触れられている。そして，すべてが神の
善性という目的への秩序を成しているということに関して
は，聖霊は神であると我々は宣言する。すなわち，自分に

　456）　罪はすべて，神に対する罪であり，神との関係からの逸脱
である。それゆえに，赦すことができる，すなわち，罪から本当に人
間を解放し，神との関係を回復できるのは神だけである。
　457）　第 1 の業は創造である。

論考前半　三一なる神，およびその業について　　231

従うものを目的に秩序づけることは神に固有であり，そして，すべてのものを動かしているということに関しては，「また命を与えるものを」と言うのである。というのは，体のうちの霊魂による運動が体の命であるのと同様，すべてが神によって動かされる運動は，ある意味ですべてのものの命だからである。そして，神の統治の本質は全面的に神の善性によっており，これ〔神の善性〕は当然，愛として発出する聖霊のものともされるので，神のはからいの業は，聖霊のペルソナに関わるものとして置かれるのが相応しい。しかし，超自然的な認識の業に限って言えば，それら〔超自然的な認識の業〕を，信仰を通して神は人間のうちに作るので，「聖なる普遍の教会を」と言われている。すなわち教会とは，信仰する者の集まりだからである。しかしながら，人間たちと〔神が〕共有している恵みに関しては，「聖徒の交わりを」と言われている[458]。一方，過ちの赦しに関しては，「諸々の罪の赦しを」と言われているのである[459]。

第148章　すべてが人間のために作られ　　たものであること

しかし，すべては，既に示された[460]とおり，神の善性に対し，それを目的として秩序を成しているが，この目的への秩序を成しているもののあるものは，他のものより目的に近接しており，そのもの〔他のものより目的に近接し

---

458)　使徒信条による。
459)　使徒信条による。ただし，「諸々の罪の赦しに至る唯一の洗礼」という文言としてなら，ニケア＝コンスタンティノープル信条にもある。
460)　本書第101章。

ているもの〕はより豊かに神の善性を分有しているので、その帰結として、諸々の被造物のうちでより下位にあるものは、神の善性の分有がより小さいので、より上位の存在者に、それを目的としてなんらかの仕方で秩序づけられている。すなわち、最終目的に近接する諸目的の全秩序のうちには、より〔最終目的から〕遠いものの目的までもある。例えば、薬〔下剤〕を飲むことが下すためであり、下すのは痩せるためであり、痩せるのは健康のためであるように。そして、以上のように、やせることは、ある意味で下すことの目的であるのは、薬を飲むことの目的が下すことであるのと同じである。そして、このこと〔目的の系列が成立すること〕は理性に適う仕方で起きる。すなわち、能動的作用因の秩序のうちに、最初の能動的作用者の力が、中間の原因を通して、最後の業に向けて起こっているように、目的の秩序のうちでもまた、より目的から遠いものが最終目的には、目的に近接しているものに媒介されて、到達するのである。例えば、服用が健康に秩序づけられてあるには、下すことを通さなければならないように。そこで、宇宙の秩序のうちでも、より下位のものは、特に最終目的を達成するのにより上位のものへと秩序づけられなくてはならない。

　また、以上のことは、諸事物の秩序そのものを考えても、明白に示される。すなわち、自然本性的に生じるものは、これこれのはたらきをなすべく生まれたとおりにはたらくが、我々が見〔て知っ〕ているように、より不完全なものはより高貴なものに使用されるに至る、例えば、植物が大地によって養われ、動物が植物によって養われるが、以上のものはまた人間が使うようになるので、その帰結として、非生物は生物〔霊魂あるもの〕のためにあり、植物は動物のためにあり、以上のものは人間のためにあるとい

うことになる。しかし，既に示された[461]とおり，知性ある自然的存在は物体的なものより上位にあるので，その帰結として，物体的な自然的存在はすべて，知性的なものに秩序づけられる。そして，自然的存在は物体に最も近接しており，その1つが，理性的霊魂，すなわち人間の形相である。したがって，人間には，それ〔人間〕が理性を有する動物である限りなんらかの形で，物質的な自然が全体として備わっていると思われる。したがって，物質的自然全体の総仕上げは，ある意味で人間の総仕上げにかかっているのである。

第149章　人間の最終目的は何か

　ところで，人間の総仕上げは，最終目的の達成にあり，これ〔最終目的〕は完全な至福あるいは幸福であり，先立つ箇所[462]で示したとおり，これ〔完全な至福あるいは幸福〕は，神の直視という形で成り立つ。そして，神の直視には，知性と意志が変わり得なくなることが伴っている。まず知性がそうであるのは，そのうちですべてが認識され得る第1の原因に到達したなら，知性による探求はやむからである。そしてこれ〔探求がやむこと〕は，最終目的が獲得されたからであり，このこと〔最終目的の獲得〕には，善性全体の豊かさがあるので，〔他に〕欲せられるべきものとして残っているものは何もない。そして，意志が変化するのは，いまだ持ったことがないものを欲するがゆえである。したがって，明らかに，人間の最後の総仕上げは，完全な安らぎあるいは動かし得なさの形で成り立つの

---

461)　本書第74章。
462)　本書第105，107章。

234 第 I 部 信仰について

である。知性に関しても，意志に関しても。

第 150 章 人間は永遠に対して，それを
総仕上げとして関係している

　また，先に論じられた[463]なかで，永遠という概念は，動き得ないということによって成り立つということが示された。すなわち，運動によって時間が生じ，そのうちにより先とより後が見出されるように，運動が取り除かれれば，より先とより後はなくなること，そしてそれゆえに永遠の概念が残ることは，すなわち，すべてが同時に存在するということになるのは必然である。それゆえ，その最後の総仕上げで，人間は命を永遠にするが，それは，既に示された[464]ように死ぬことなしに霊魂によって生きるという理性的霊魂がその本性からして有している[465]ことのみによってではなく，完全な動き得なさに至るということにもよっている。

　463）　本書第 5，8 章。
　464）　本書第 84 章。
　465）　理性的霊魂は，それ自体としては非質料的存在であり，複合によらずに成立している。それゆえに，創造によってのみ生じ，自然本性的には消滅することはない。

論考前半　三一なる神，およびその業について　　235

第 151 章　理性的霊魂の完全な至福のためにそれ〔理性的霊魂〕は再び体と 1 つにされていなければならない[466]ということの意味[467]

　また考えねばならないのは，自然本性的欲求が全面的に満たされていなければ，意志があらゆる意味で動き得ないということはあり得ないということである。そして，また生まれつき，その本性上合一されるべきものはなんでも，自然本性的に合一されることを欲する。すなわち，どんなものでも，自分に本性上適合するものを欲するからである。したがって，先立つ箇所[468]で示されたとおり，人間の霊魂は自然本性的に体と一つであるので，それ〔人間〕にとって自然本性的な欲望は，体の合一に内在している。したがって，意志の完全な安らぎは，もう一度霊魂が体に結び付けられていない限り，あり得ないだろう。これが人間の死からのよみがえりである。

　さらに，目的としての完全性は，第一の完全性を必要とする。そして，どんなものであれその第一の完全性は，その本性において完成しているということである。しかしながら，目的としての完全性は，最終目的を達成することである。したがって，人間の霊魂があらゆる意味で目的との関係上完成させられるということは，その本性のうちで完成させられているということでなければならない。すなわ

---

　466)　知性のみ，霊魂のみが神を直接認識しているだけでは至福とは言えず，身体の復活もなければならないことを論じる。

　467)　Cf. ST, I-II, q.4, a.5.

　468)　本書第 85 章。

ち，霊魂の本性は，人間にとって，形相としてその一部である。しかし，完全な部分というのは，その〔人間の〕本性のうちには，その〔人間〕全体として〔完全であるの〕でないなら存在しない。それゆえ，人間の最終的至福には，霊魂が再び体と一つになることが必要である。

さらに加えて，付帯的にであっても自然本性に反しているものは，常にあるものではあり得ない。そして，霊魂が体から分離しているということは必然的に，付帯的にそうなっていることであっても，自然本性に反している。体と一つだということが，霊魂に，自ずからそうあるべき自然本性として内在しているなら。したがって，霊魂は，恒久的に体から分離しているのではないだろう。先立つ箇所[469]で示されたとおり，その〔霊魂の〕実体は消滅し得ないので，〔結論として〕残るのは，〔霊魂〕がもう1度体と一つにされるべきだということである。

第152章　霊魂の体からの分離はどのようなわけで，自然本性に適っているか，そしてどのようなわけで自然本性に反しているか[470]

そして，霊魂が体から分離されているということは，付帯的でなく，自然本性に適っていると思われる。すなわち，人間の体は，反対物が複合してできたものである。そして，このようなものはすべて，自然本性的には，消滅するものである。したがって，人間の体は，自然本性的には

469）　本書第84章。

470）　Cf. ST, I, q.76, a. 5, ad1; q.97, a.1.

論考前半　三一なる神，およびその業について　　237

消滅するものである。そして，体が消滅すると必然的に，
霊魂は分離して存続するのでなければならない。先立つ箇
所[471]で示されたとおり，霊魂が死すべきものでなければ。
それゆえ，霊魂が体から分離していることは自然本性に
適っているように思われる。

　したがって，考えるべきは，自然本性に適うということ
はどういうことで，自然本性に反するということはどうい
うことか，ということである。先立つ箇所[472]で示された
とおり，理性的霊魂は，他の形相のあり方を超えて，物体
的質料全体の能力を超え出ている。このことはその〔理性
的霊魂の〕知性によるはたらきが証明している。これ〔知
性によるはたらき〕を〔理性的霊魂は〕体なしに有するか
らである。したがって，物体的質料は，それ〔理性的霊
魂〕に相応しく適合されてあるために，体になんらかの状
態が加えられていなければならない。これ〔体に加えられ
たなんらかの状態〕によって，質料はこのような〔理性
的霊魂という〕形相に相応しくなったのだ。そして，こ
の〔理性的霊魂という〕形相が，神のみから存在へと，創
造を通して出てくるように，かの物体的自然を超える状態
もまた，神のみによって人間の体に帰せしめられた。それ
〔物体的自然を超える状態〕は，明らかに，体そのものを
消滅してないものとして保存し，そのようにして霊魂の恒
久性に適合せしめるものである。そして，この状態は，人
間の霊魂が神から離れないでいる限りは，人間の体のうち
に留まっていた。しかし，人間の霊魂が，罪によって神か
ら離れると，人間の体もまた，かの超自然的な状態を滅ぼ
してしまうのが相応しかった。すなわち，それによって
〔人間の体は〕動くことなく霊魂に従っていた状態を。そ

---

471)　本書第 84 章。
472)　本書第 79, 92 章。

して，そのようにして人間は死なねばならなくなったのである。したがって，体の本性に目を向けるなら，死は自然本性的なものである。しかし，霊魂の本性に，そして，霊魂のために自然を超えて人間の体に初めに加えられていた状態に目を向けるなら，〔死は〕付帯的であり，自然本性に反している。霊魂と肉体とは一つであることが自然本性的だからである。

第153章　霊魂がまったく同じ肉体を，その本性を変えることなく取り戻すこと[473]

　そして，霊魂は形相として体と一つであるが，一つひとつの形相に質料は対応しているので，必然的に，霊魂が再び一つになるから，死によって捨てられた体と同じ本質と形象を有しているということになる。すなわち，霊魂は復活の際，天の体〔天体と同じ素材の体〕を得るのでもなければ，空気の体を得るのでもなく，ある人たちがおしゃべりしているように，なんらか他の動物の体を得るのでもなく，肉と骨から組み合わされた，今それからできあがっているのと同じ器官から成っている人間の体を得るのである。

　さらに，種として同じ形相には，種として同じ質料があらねばならないのと同様，数として同じ形相には，数として同じ質料があらねばならない。すなわち，牛の霊魂は，馬の体の霊魂ではあり得ないのと同様，この〔牛の〕霊魂は，別の牛の霊魂ではあり得ない。したがって，数として同じ理性的な霊魂が存続しているので，復活の際は数とし

---

473)　Cf. ST Suppl, q.79, a.1.

て同じ体と再び一つになるのでなければならない。

第 154 章 〔霊魂は〕数として同じ体を神 の力のおかげでのみ取り返す こと[474]

しかし，実体として消滅してしまうものは，数的に同じものとしては，自然のはたらきで繰り返すことはなく，その種としてのみ繰り返す。すなわち，数として同じ雲が雨を降らせることはなく，降っている水と蒸発している水とから再び生じるのである。それゆえ，人間の体は死によって実体として消滅するのであるから，自然のはたらきによって数的に同じものとして再び現れることはない。したがって，既に示された[475]とおり，これを復活の概念は排除するので，その帰結として，人間の復活は，ある人々がそう考えたように，多くの年月の後，体が同一の状態に戻されて，同じ数の人間たちが帰ってくる[476]というぐあいに，自然のはたらきによっては起こらないだろうということになるが，復活するものたちの再来は，神の力によってのみ起こるだろう。

さらにまた，失われた感性は，〔自然のはたらきでは再生し得ない。〕また，生成によってのみ手に入れ得るものの何も，自然のはたらきでは再生し得ない。というのは，数として同一のものが複数生ずることはあり得ないからである。そして，そのようなものが，何かのうちに〔再生されることがあるなら〕，例えば，刳り抜かれた目や切り落

---

474) Cf. ST, Suppl. q.75, a.3; q.79, a.2; q.91, a.2.

475) 本書第 153 章。

476) ある種の永遠回帰思想を指す。

240 第Ⅰ部 信仰について

とされた手が再生されることがあるなら，これは神の力に
よってであろう。これは，先立つ箇所[477]で示されたよう
に，自然の秩序を超えてはたらいているものである。それ
ゆえ，死によって人間の感性と肢体はすべて滅ぶので，死
んだ人間が命に再び現れることは，神のはたらきによらず
してはあり得ない。

そして，復活を我々は神の力による未来のことと考えて
いるので，数として同じ体がどのようにして再び現れるか
が容易に分かる。すなわち，先立つ箇所[478]で示されたと
おり，すべてのものは，最も小さいものまで，神のはから
いのもとに包まれているので，明らかに，この人間の体の
質料は，人間の死後にどんな形相を受け取るにせよ，神の
力も知も免れることはない。これ〔人間の体の質料〕は数
として同じ質料であり続ける。次元のもとにあるものとし
て理解され，これ〔次元〕によってこれこれの質料と，そ
して個体化の始原と言われ得る限り。そして，これ〔質
料〕から，神の力によって，人間の体が〔再生し〕，また
理性的霊魂も再生しないではない。これ〔理性的霊魂〕は
消滅し得ず，同じ体と一つになったままであるので，その
帰結として，数として同じ人間が再生する。

ある人たちが反論しているのによれば，人性が数として
同一でなかったとしても，数として同一であることが妨げ
られることはあり得ない。すなわち，人性すなわち全体の
形相は，ある人たちによれば，部分の形相すなわち霊魂に
他ならない。確かにこれ「霊魂」は，身体の形相と言われ
るが，それはそれ〔霊魂〕が全体の種を与えるという限り
でのことである。これがもし本当なら，数として同じ人性
が存続するのは，明らかに理性的霊魂が数的に同じものと

---

477) 本書第 136 章。
478) 本書第 123，130，131，133，135 章。

論考前半　三一なる神，およびその業について　　241

して留まっているからである。

　しかし，人性は，人間の定義が表しているものであり，それは，どのようなものの本質もまたその定義が表しているものであるのと同じだが，人間の定義は，形相を表すだけでなく，質料をも表すのであって，というのも，質料的な事物の定義には必ず質料が含まれているので，別の人たちによれば，より適切にもこう言われている。すなわち，人性の概念には，霊魂も肉体も含まれているが，人間の定義のうちとは違ったあり方をしていると。すなわち，人性という概念には，人間の本質的な諸始原だけが，排他的に含まれている。というのは，人性とは，それによって人間が人間であるものだと言われるので，それらによって人間が人間であると言うことが，それらについて真ではないようなものはすべて，人性から切り捨てられている。しかし，人間は人性を有すると言われているが，人性を有するがゆえに，他のものを持つことから締め出されているということはない，例えば白さや，そのようなものを有しているので，この，人間という名は，その本質的な始原を表すが，それでも，他のものを切り捨てることはない。たとえ，他のものが現実態としては，その概念に含まれておらず，可能態として含まれているのみだとしても。そこで，「人間」〔という名は〕全体として意味を表すのであるが，一方「人性」は部分的に意味を表すのでもなければ，人間について述語されるのでもない。しかし，ソクラテスあるいはプラトンには，これこれの質料とこれこれの形相が含まれているが，人間の概念が，〔人間が〕霊魂と体とが複合してできているということに基づいているように，もしソクラテスが定義されるとしたら，〔人間が〕それらの肉と骨とその霊魂とが複合してできているものだということが，その概念である。したがって，人性は，霊魂および体とは別のなんらかの形相ではなく，両方が複合してできて

いる何かであるので，同じ体が復活し，同じ霊魂が存続する以上明らかに，数として同じ人性があるだろう。

また，ここまで述べられてきた，数として同じであるということは，身体性が，体が消滅すると消滅してしまうということで数的に同じものとして戻ってこなくても，差し支えないものである。すなわち，身体性によって実体形相が理解され，それ〔実体形相〕によって物体的な実体の類に属する何かが秩序づけられるなら，一なる実体形相でなければ何も一を有しないので，そのような身体性は霊魂に他ならないということになる。すなわち，これこれの動物はこれこれの霊魂によって動物であるだけでなく，生きているものであり，そして，実体の類のうちにある何かですらある。そうでなければ，霊魂は現実態としてあるものに〔外から〕付け加わったのだということになり，そして，そうであるなら，付帯的形相であったということになる。すなわち，実体，つまり実体形相は，現実態としてはこの何かではなく，可能態としてのみそうなのだ。そこで，〔ものは〕実体形相を受け取る時，付帯的形相の場合のように，相対的にのみこれあるいはあれとして生じると言われるのではなく，端的に生じると言われる。いわば，端的に受け取る存在として。そしてそうであるなら，身体性が数的に同じものとして受け取られたままであり，理性的霊魂が同じものとしてあるということになる。

しかし，身体性という名で，あるなんらかの形相が理解され，それ〔あるなんらかの形相〕によって体が名づけられ，これ〔体〕が量の類に属するとすると，そうであるなら，それはなんらかの付帯的形相である。というのは，それが表すのは3つの次元に他ならないからである。そこで，たとえ，数として同じものが戻るのではないにしても，実体が同じであることに差し支えはない。この〔実体が同じであることの〕ためには，本質的な始原が一つであ

れば十分である。同じ議論が，付帯性すべてについて成り
立つ。それら〔付帯性〕が様々であることは，数として一
つであることを取り除かない。そこで，合一はある種の関
係であり，このゆえに付帯性であるので，それ〔合一〕が
数として様々であることは，実体が一つであることを取り
除かない。また同じく，感性的霊魂と植物的霊魂の能力が
数として様々であることも〔実体が一つであることを取り
除くということをし〕ない。やはり〔感性的霊魂と植物的
霊魂が〕消滅するとされるなら。すなわち結合体の自然本
性的な能力は付帯性の類に属する存在であり，そして可感
的なものは，動物を成り立たせる種差として感性によって
〔受容されるの〕ではなく，感性的霊魂の実体そのものに
よって受容され，これ〔感性的霊魂〕は人間のうちでは実
体として理性的なものと同じである。

第155章　同じ生き方のものとして，
　　　　　　われわれは復活するか

　人間たちは，数として同じものとして復活するとして
も，それでも，同じ生きる方式を有しているわけではな
い。すなわち，今，消滅可能な生を有していても，かの時
には消滅不可能な生を有することになる。すなわち，人間
の誕生の際に自然が永遠に存在することを目指すなら，神
は人間の再生の際になおさら〔それを〕目指す。すなわ
ち，自然が永遠の存在を目指すということは，神によって
動かされるということから来ている。そして，復活する人
間の再生の際，種が永遠に存在するということが考えられ
ているのではない。これは，生成が持続することで保持さ
れるからである。それゆえ，〔結論として〕残るのは，個
人が永遠に存在することが目指されるということである。

244   第Ⅰ部　信仰について

したがって，復活する人間は，永遠に生きるのである。

　さらに，復活する人間が死ぬなら，体から分離された霊
魂は，永遠に体がないままでいるわけではないということに
なる。すなわち，先立つ箇所[479]で言われたように，霊
魂の本性に反しているからである。それゆえ，再び復活し
なければならないということになる。そして，同じことが
起こるだろう，すなわち，2度目の復活の後にも死ぬとし
たら。それゆえ，以上のようなことは，無限に死と生が同
じ人間の周りを循環して繰り返すということであり，これ
は，無意味であると思われる。それゆえ，一度で確固たる
ものとなる，すなわち，一度の復活で，人間は不死のもの
として復活するというほうが適切である。

　やはり，不死性を取り去っても，種が様々であること
も，数として様々であることももたらされないだろう。と
いうのは，固有の本性によって死すべきであるということ
は，人間の種差ではあり得ない。〔死すべきであるという
ことは〕ある種の受動を指しているからである。そして，
人間の種差とは別に，死すべきであると言われることで，
人間の自然本性が指されるということになる。すなわち，
反対のものから複合されているということが。例えば，理
性的だと言われることで，その固有の形相が指されるよう
に。すなわち，質料的事物は，質料なしには定義され得な
いということである。そして，固有の質料を捨てたからと
いって，可死性が捨てられるわけではない。すなわち，先
立つ箇所[480]で論じられたとおり，霊魂は〔天体と同じ素
材の〕天の体あるいは永遠の体を〔得るわけ〕ではなく，
反対物が複合した人間の体を得る。しかしながら，消滅不
可能であることが神の力によって加わっており，これ〔消

---

　479)　本書第151, 152章。
　480)　本書第153章。

論考前半　三一なる神，およびその業について　　245

滅不可能であること〕のおかげで，霊魂は体を，〔体が〕消滅し得ないほどに支配する。形相が質料を支配すればするほど，事物は存在するよう保たれる[481]。

第156章　復活の後，食事と生殖が役立つことはなくなること[482]

　しかしながら，目的が取り除かれるなら目的への手立てとなるものもまた取り除かれるので，復活する者から可死性が取り除かれることで，死すべきものの命の存続のためのものもまた取り除かれる。そして，食事と飲むことはこのようなものであり，これらは死すべきものの生が保たれるのに必要である。自然の熱によって分解されるものが，食事によって回復するという時には。したがって，復活の後には，食事と飲むことが役立つことはない。同じく，衣服が役に立つこともない。衣服は人間にとって，外的なものによって，〔すなわち〕熱や寒さによって滅ぼされないために必要だからである。また同じく，肉欲の営みもやめるのが必然である。動物の生殖のためのことだからである。しかし，死すべき命の生殖は，〔死すべき命が〕個体としては保存され得ないので，少なくとも種としてのみ保存されるのに役立つ。したがって，数として同じ人間が永遠に保存されるだろう時，生殖は彼ら〔永遠に保存される人間たち〕の間に場所を持たないだろうし，また肉欲の営みもないだろう。

---

　481)　復活後の人間の身体も，特別な素材でできた消滅し得ないものに変わるわけではなく，その意味で可滅的であり，可死的である。復活後の人間が不死であるのは，神の恵みによる。

　482)　Cf. ST, I, q.97, a.3; Suppl, q.81, a.4.

246   第Ⅰ部　信仰について

　さらに，子種は栄養のあまり〔から成るもの〕[483]なので，
食事が役に立たなくなれば，必然的に生殖の営みもやめな
ければならない。

　しかし，次のように言うことは適切ではあり得ない。す
なわち，快楽のためだけに，食事と飲むことと肉欲の営み
とが存続するとは。すなわち，かの目的を達した状態には
秩序から逸脱したものは何もないだろう。というのは，か
の時にはすべては，その〔それぞれの〕あり方で完全な総
仕上げをされているからである。そして，秩序から逸れて
いるということは完全さに反する。また，復活による人間
の再生は直接神によるので，かの境地〔復活後〕にあっ
ては，秩序から逸れていることはあり得ない。「神による
ものは，秩序づけられたものである」と，「ローマの信徒
への手紙」13章〔1節〕にも言われているとおりである。
そして，食事と肉欲の営みが快楽のためにのみ求められる
ということは，秩序から逸れている。そこで，今〔現世〕
でも人々の間で悪徳と考えられているのである。したがっ
て，復活する人々の間で快楽のためにのみ食事と飲むこ
と，肉欲の営みがあるということはあり得ないだろう。

第 157 章　しかし，すべての肢体が
　　　　　　復活すること[484]

　たとえ，そのようなものどもが復活する人々の間で役に
立たないにせよ，それでもそれら〔食事と飲むこと，肉欲
の営み〕をするための肢体が欠けるということはない。と
いうのは，それらがなくては，復活する者の体は無傷では

　483）　アリストテレス『動物発生論』2 巻 3 章 (736b26sq.)。
　484）　Cf. ST, Suppl, q.80, a.1.

論考前半　三一なる神，およびその業について　　247

ないからである。しかし，復活する人の再生の場合，直接
神によるだろうし，その〔神〕の業は完全なので，自然本
性は完備した状態で再生しなければならない。したがっ
て，復活する人々の肢体はこのようなものであろう。これ
は自然の無傷さが保存されるためであって，切り捨てられ
たはたらきのためではない。

　さらにまた，もし，かの境地で人間たちが，後に[485]明
らかにされるだろうように，今〔現世で〕営んでいる行為
のために罰か報いかを受けるのなら，人間が同じ肢体を
有するのは，〔適切である。つまり〕それら〔の肢体〕に
よって〔人間たちは〕この世で罪か正義かに仕えてきたの
だから，それらによって罪とせられるか報いを受けるべき
とせられ，罰せられるか報われるかするのは，適切であ
る。

第158章　なんらかの欠陥とともに復活するか

　また同じく，復活する者たちの体の生まれつきの欠陥も
すべて取り去られるのが適切である。すなわち，このよう
な欠陥すべてによって，自然の無傷さは遠ざけられるから
である。それゆえ，もし復活の際，人間の自然存在が神に
よって無傷な状態で再生するのが適切なら，そのような欠
陥もまた取り去られねばならない。

　さらに，このような欠陥は，人間の生成の始まりである
自然の力の欠陥から生じたのである。そして，復活の際に
はたらく力は，神のもの以外にはないであろうし，それ
〔神の力〕に欠陥は起こらない。したがって，生み出され
た人間のうちにあるそのような欠陥は，復活によって生き

---

485)　本書第172，173章。

248   第Ⅰ部　信仰について

返った人間のうちにはないだろう。

第159章　自然本性の真理に属するもの
　　　　　　だけが復活すること

　そして，復活する者の無傷さについて言われてきたこと
は，人間の自然本性の真理に属することに関連するのでな
ければならない。すなわち，人間の自然本性の真理に属さ
ないものは，復活する者たちに取り戻されるということが
ない。さもなくば，復活する者たちの大きさがとんでもな
いことになるに違いないからである。もし，食事によって
肉と血に変わったものがいちいち，復活したもののうちに
取り戻されては[486]。そして，どんな自然本性の真理であれ，
その形象と形相という観点で考えられる。それゆえ，形象
と形相に即して考えられる人間の部分は，すべての人が無
傷で，復活するもののうちにあるだろう。器官から成る
〔複雑な〕部分だけでなく，肉や筋やそのような一様な部
分もまた。それらから複雑な肢体が組み上がっているのだ
から。そして，自然本性的に，その部分のもとにあったも
のを，何もかもひっくるめて〔取り戻すの〕ではなく，無
傷な部分の形象に十分なだけ取り戻すのである。
　しかしながら，このことゆえに，人間は数として同じで
ないとか，無傷でなくなるとかいうことはない。彼〔人
間〕のうちに質料的にあったものが，何もかもひっくるめ
てよみがえるというのでないなら。すなわち，この生の状
態では，始めから終わりまで人間は数として同じであり続

―――――――――
　486）　食事によって一度その人の血肉になったことがある元素
が，すべてその人の体の一部となって復活するとしたら大変な物量に
なる，という意味。

論考前半　三一なる神，およびその業について　　249

けるのは明らかである。しかしながら，質料的に，部分の
形象の元にあるものは同じのものではあり続けず，段々と
流出し，流入する。そして，薪が燃え尽きては継ぎ足され
る限り同じ火が保たれているとするなら，人間もまた，種
と種の然るべき量が保たれている時，無傷である[487]。

第 160 章　　神はすべてを，作りかえられ
　　　　　　た体のうちに〔補い〕，あるい
　　　　　　は質料において欠けているも
　　　　　　のをいちいち補うこと

　そして，質料として人間の体にあったものをすべて，復
活する者の体の再生のために神がもう一度取り出すのでは
ないように，何かが質料として欠けていたなら，神は補う
だろう。すなわち，然るべき量を有していない少年が，食
事と飲み物を摂取することを通してさらに質料を，彼〔少
年〕が完全な量を有するのに必要なだけ加えられるという
ことが自然の仕事によって起こり得，またこのことのため
に，彼が数として同じであったのをやめるということがな
いなら，より少なく有しているものに対し，外からの質料
を補うということは神の力によってはなおさら，起こり得
る。すなわち，彼らにこの生〔現世〕で本来あるように肢
体がそろっていた，あるいは量が然るべき分だけあったと
言うには欠けているということに対し〔補うということは
神の力によってはなおさら起こり得〕。それゆえ，以上

────────────
　487）　人間は，その人としては生涯にわたって同一であるが，質
料的には新陳代謝のため同一ではあり得ない。誰かの身体を構成する
元素は，このように流動的にしかその人と結び付いていないので，一
度その人の血肉になった元素がすべてその人の身体として復活すると
いうことは，身体の復活には必要ない。

250 第Ⅰ部　信仰について

のようであるなら，この生〔現世〕で肢体が何か欠けていたとしても，あるいは完全な量を有することが決してなかったとしても，どれほどの量が不足していたのであれ，神の力によっては復活の際，肢体と量との然るべき完成が達成される[488]。

第161章　反論され得る諸点についての解決[489]

　以上のことから，ある人たちがこの〔ここまで論じられてきた〕復活に反論するのに対して解決することができる。すなわち，〔彼らは〕ある人間は人間の肉を常食とし，そしてさらにそのようにして栄養をとって息子を持ち，彼〔息子〕は同じ食事を摂るようになることもあり得ると言っている。それゆえ，栄養が肉の実体に変わるなら，ある人の肉が別の人の肉に変わっているのであるから，両方〔の人〕が無傷で復活するのは不可能と思われる。またより困難に思えることがある。すなわち，哲学者が論じているように，子種が栄養の余りから成る[490]ものなら，子種は，子が生まれた時，他の者〔父〕の肉からとられたものである。また同じく，そのような子種から生まれた少年が復活することは，その肉をその父と本人が食べつくしてしまった人間が無傷で復活するなら〔質料がその人のために使われてしまっているので〕不可能であると思われる。

　しかし，以上〔の議論〕は「共通の復活」に反するも

---

　488)　なんらかの理由で肢体が欠損している人であっても，復活の際は，その人が人間の自然本性上持つはずだった肢体を回復している。

　489)　Cf. ST, Suppl, q.80, a.4.

　490)　アリストテレス『動物発生論』2巻3章 (736b26sq.)。

のではない。すなわち，先立つ箇所[491]で言われたとおり，
質料としてある人のうちにあったいちいちのものが，復活
の際に取り戻されねばならないということはなく，然るべ
き量の程度を守るのに十分なだけあればよい。言われたよ
うに，何かが質料で完全な量に足りないなら，神の力で補
われる。
　質料として人間の体にある何かは，様々な段階によって
人間の自然本性の真理に属するのが見出されるということ
を，さらに考えなければならない。すなわち，主なものと
して最初に，親からもらうものが，人間の種の真理のもと
に，言わばもっとも完全なものとして，形相的な力で完成
される。そして，2 番目には，食事から生じたものが，肢
体の然るべき量のために必要である。外的なものの混入は
常に事物の能力を麻痺させるので，そこでおしまいには，
成長をやめ，体が衰えて分解していかなければならない，
ということになる。ぶどう酒もまた，水を混ぜれば水っぽ
くなってしまうように。また，さらに，なんらかの食事に
よって，人間の体の中の余剰が生じるが，この余剰のうち
のあるものは，なんらかの用途に不可欠である。例えば，
生殖のための子種や，覆いや飾りのための頭髪などのよう
に。しかし，〔余剰のうちの〕あるものはまったく，何の
役にも立たない。汗や様々な分泌によって排出され，再び
自然のやっかいになるもののように。
　それゆえ，「共通の復活」の際，神のはからいによって，
質料として数的に同じものが様々な人間のうちに〔かつ
て〕あったなら，その人のうちでは，それが主なもの〔体
の主要構成物〕という位置を占めていた人のうちに，そ
れが復活するように〔心配りがされている〕。そして，も
し 2 人の人のうちで，まったく同じあり方で〔すなわち，

---

491)　本書第 159 章。

まったく同じく体の主要構成要素としての位置を占めて〕
生じていたとすると，その人のうちで最初〔に主要構成要
素としての位置を占めていたの〕だった人のうちで復活す
るだろう。一方，もう１人の人は神の力で補われるだろ
う。そして，以上のようであるなら，人間の肉がある人に
食い尽くされたとしても，それを食い尽くした人のうちに
〔復活するの〕ではなく，より先にその人のものであった
人のうちに復活する。しかしながら，そのような〔他の人
間を食べたことによる〕子種から生じた人のうちには，そ
れらの人のうちで栄養ある液体に属していたというものだ
けが〔復活するが〕，また一方，他のものは最初の人のう
ちで復活する。神がおのおのの人に，欠けているところを
補ってくださることで。

第162章　死者の復活が信仰箇条に
表されていること

　この復活への信仰を宣言するために，使徒信条中に「肉
体の復活を」という言葉が置かれている。「肉体の」とい
う言葉は理由なく付け足されたものではない。というの
は，使徒たちの時代に，肉体の復活を否定した人たちがい
たからである。彼らは霊の復活のみによって人間は罪によ
る死からよみがえると宣言していた。そこで，使徒は「テ
モテへの手紙　二」２章（18節）で，ある人たちについ
て語っている。彼らは真理のもとから出て行ってしまい，
〔霊はもうよみがえって天国にいるので〕復活は既になさ
れたと言い，自分たちの信仰をひっくり返してしまった。
彼らの誤りを取り除き，未来の復活を信じるために，教父
たちの信条ではこう言われている。「死者の復活を待ち望

論考前半　三一なる神，およびその業について　　253

む」と[492]。

第163章　復活する者たちの業はどの
　　　　　　ようであろうか

　さらに，考えねばならないのは，復活する者たちの業が
どのようであるかということである。すなわち，生きてい
るなら誰でも，その人が特に目指している業があり，そし
てこのことによってその人の生は成り立っていると言われ
る。例えば，特に享楽にうつつを抜かしている人なら，享
楽的な〔生を送っていると言われ〕，また，観想に〔没頭
している人〕なら，観想的な〔生を送っていると言われ〕，
社会を治めることに〔我を忘れている人〕なら社会的な生
を送っていると言われるように。また，既に示されたよ
う[493]に，復活する者には，食事が役に立つことも，肉欲
が役に立つこともないだろう。物体的な営みはすべて，こ
のこと〔食事と肉欲の営み〕に向かって秩序づけられてい
ると思われるからである。ところで，物体的な営みが取り
去られたなら，霊のはたらきが存続する。そのうちに人間
の最終目的があると我々は言った[494]。この目的を達成する
ことは復活する者には，既に示された[495]とおり，消滅と
可変性の境遇から解放されているがゆえに相応しい。しか
し，霊のあらゆるはたらきのうちに，人間の最終目的があ

　　492）　ニケア＝コンスタンティノープル信条による。本書ではニ
ケア＝コンスタンティノープル信条は，本文中にあるとおり，教父た
ちの信条 Symbolum Patrum と呼ばれる。
　　493）　本書第156章。
　　494）　本書第104-107章。
　　495）　本書第155章。

るのではなく，既に示された[496]とおり，神が本質によっ
て見られることのうちにある。そして，神は永遠である。
そこで，知性は永遠に結びつけられているということにな
らなければならない。それゆえ，享楽にうつつを抜かして
いる人が，享楽的な生を送っていると言われるように，神
の直視を享受している人は，永遠の生を成就する。「ヨハ
ネによる福音書」17章〔3節〕にあるように。「これこそ
永遠の生，真の神であるあなたを，そしてあなたがお遣わ
しになったイエス・キリストを知ることこそは」。

第164章　神は本質によって見られる
　　　　　のであって，類似によって
　　　　　見られるのではないだろう

　神は，本質によって被造の知性に視られるだろうが，な
んらかの類似によって〔視られるの〕ではない。それ〔類
似〕によって知性のうちに現前しているということは，理
解されたものが離れてあり得るということである。例え
ば，石が類似によって目の中に現前していながら，実体と
しては不在であるというように[497]。しかし，先立つ箇所[498]
で示されたように，神の本質そのものは被造の知性に，神
が本質によって視られ得るようある仕方で結びついてい
る。それゆえ，最終目的のうちに，神についてより先に信
じられていたことが視られるだろうように，距離をおいて

---

　　496)　本書第104-107章。
　　497)　アリストテレス『霊魂論』3巻8章 (431b29-432a1)。似て
いるということはそのものではないということである。それゆえに，
見られているものは，目の中に現前していながら不在であるというこ
とになる。
　　498)　本書第105章。

いるものとして分離されていたものが，現前するものとして含まれているだろう。そして，これは把握と名付けられる。使徒の「フィリピの信徒への手紙」3章（12節）で「しかし，従うのは，どうにかして捉えられればと思うからです」と言われているとおり。これ〔捉える〕ということは，包囲して捕まえるという意味に取ってはならず〔そうすると「捕まえるために追いかけるという意味になるから」―パウロは迫害者だった〕，把握されているものの，ある種の現前と保持を意味すると取るべきである。

第165章　神を視ることは，最高の完成であり喜びであること[499]

　さらに，考えねばならないことは，視覚が美しい色に快さを感じ，食べる感覚が甘い味に快さを感じるように，〔知性に〕相応しいものの把握から喜びが生じるということである。しかし，上のような感性の快さは，器官が悪い状態にあることで妨げられ得る。すなわち，病んでいる目にとって光は厭わしい。健康な目には愛すべきなのだが。しかし，先立つ箇所で示された[500]とおり，知性は物体から成る器官によって理解するわけではないので，真理を考えることにある快さには，どんな悲しみも対置されない。しかし，付帯的には，知性が考えることに悲しみが伴いうる。理解されているものが有害なものとして捉えられている場合は，以上のようにして喜びが真理を知ることによって知性に加わるが，そのようにして意志のうちに知られた

---

　499)　Cf. ST, I-II, q.3, a.4; q.4, a.1; q.35, a.5; III, q.46, a.7, ad4; Suppl, q.90, a.3.

　500)　本書第79章。

ものについて悲しみが，知られているという限りでではな
く，それがそのはたらきでもって害をなすという限りで，
どうしても生じるということになる。それゆえに，知性が
神を視るなら，その直視のうちに喜ばないということはあ
り得ない。

さらに，神は善性そのものであり，喜びの根拠なので，
それゆえ，それ〔善性〕がそれを捉える者すべてに愛され
るのは必然である。すなわち，たとえ，善である何かが愛
されないということがあり得，あるいは憎しみをもって扱
われさえし得るとしても，これは善として捉えられている
限りでのことではなく，有害なものとして捉えられている
がゆえのことである。それゆえ，神の直視の際には，彼
〔神〕は善性そのものにして真理そのものであるので，把
握と同じく愛あるいは喜ばしい果実が加わらねばならな
い。「イザヤ書」の最後（66 章 14 節）で言われているよ
うに。すなわち，「あなた方はあなた方の心臓を視て喜ぶ
だろう」。

第 166 章　神を視るものはすべて，善の
うちに固められていること[501]

そして，以上のことから，神を視る霊魂あるいはそれ以
外のあらゆる霊的被造物は，彼〔神〕のうちに固められ，
他の何かのために反対のものへと曲げられることがないよ
うになった意志を有している。すなわち，意志の対象は善
なので，意志が，なんらかの善の性質のもとにあるもので
ないのに，何かのほうに傾くということはあり得ないから
である。しかし，特殊な善はどんなものでも，何かが足り

---

501)　Cf. ST, I, q.64, a.2; q.94, a.1; I-II, q.4, a.4; q.5, a.4; a.7.

論考前半　三一なる神，およびその業について　　257

ないということは起こり得る。これ〔特殊な善の足りない
ところ〕は，まさに認識する者にとっては，他のもののう
ちに求めるべきものとして残っている。そこで，あらゆる
特殊な善を視るものの意志が，それ〔特殊な善〕のうち確
固として留まり，その秩序の外に出ていかないということ
は必然ではない。しかし，神のうちでは，先立つ箇所で示
された[502]とおり，彼〔神〕は普遍的善であり，善性その
ものなので，善に属する何も，欠けていて，よそに求め得
るものであるということはない。それゆえ，神の本質を視
るものはどんなものでも，意志を彼〔神〕から逸らすとい
うことはできない。すべてのもののうちに〔神〕そのもの
という根拠に従って向かうというのではない仕方では。

　また，このことは，可知的なもののうちにも同じものを
通して視ることができる。すなわち，我々の知性は，あれ
やこれやと疑って方向を変えることができる。最初の始原
に到達するまでは。そこ〔最初の始原〕では必然的に，知
性は固くなる。それゆえ，欲すべきもののなかでの目的
は，可知的なもののなかの始原と同じ[503]なので，意志は，
最終目的を知り，それを楽しめるようになるまでは，反対
のものへと曲げられうる。そこ〔最終目的〕では必然的
に，それ〔意志〕は固くなる。さらに，人間が，反対のも
のに転向し得るとしたら，それは完全な幸福の概念に反し
さえする。すなわち，失うことへの恐れは，全体的に排除
されるわけではなく，であるからして，欲求が全体的に安
らぐこともないからである。そこで，「ヨハネの黙示録」3
巻（12節）では，至福者についてこう言われている。「前
へとさらに進み出ることはないだろう」と。

502）　本書第21，106章。
503）　アリストテレス『自然学』2巻9章 (200a20sqq.)。

第167章　物体が霊魂に全く服従する
　　　　　　ものであること

　しかしながら，質料が形相のためにあり，また道具が職人のためにあるのと同じく，体は霊魂のためにあるので，以上述べられてきた生を成就した霊魂に，復活の際，神によって結び付けられる体とは，霊魂の至福と釣り合うものである。すなわち，目的のためにあるものは，目的の実現に見合った準備がされていなければならない。そして，知性によるはたらきの最高のものに達する霊魂には，なんらかの妨げを受けたり，遅らされたりするもとになる体を持つことは相応しくない。そして，人間の体は，それが消滅するものであるがゆえに，霊魂の邪魔をし，遅れの原因になって，観照し続けることもできなければ，観照の極みに到達することもできないようにするのである。そこで，体の感性から引き出されることで，人間は，神に関することを捉えようとする，より強い傾向を帯びる。すなわち，預言者のものとなる啓示が，眠る者たちや，精神がなんらかの仕方で〔体の〕外に出ている状態にある人々に明らかにされている。「民数記」12章（6節）にこうあるように。すなわち「お前たちの中の誰かが主の預言者となったなら，私は，見えるものを通してその者に現れよう，あるいは夢を通してその者に語るだろう」と。それゆえ，復活する至福者たちの体は，今〔現世で〕のように，消滅すべきものでも，霊魂にとって遅れの原因となるものでもなく，むしろ消滅し得ないものであり，全体として霊魂そのものに服従しており，決してそれ〔霊魂〕に逆らわないもので

ある[504]。

第168章　栄光を受けた体への賜物について[505]

　以上のことから，至福者の体の状態がどのようであるかを見て取ることができる。すなわち，霊魂は形相であり，動かし手だからである。形相という面に限って言うと，それは実体的存在であるという点で体の始原であるだけでなく，付帯的な固有性，すなわち基体のうちに形相の質料への合一から起きるものであるという点でも，体の始原である。そして，形相がより強かったなら，形相の質料への影響は，どんな外的な作用者によっても，より妨げられ得ない。例えば，火の場合に明白なように。その〔火の〕形相は，諸元素の形相中最も高貴と言われており，火を，容易に本来の状態から，なんらかの作用者からのはたらきを受けて，変わってしまうことのないようにしている。

　それゆえ，至福なる霊魂は，諸事物の最初の始原に結びついていることで，高貴さと徳の極みにあるだろうから，神の力によってそれ〔至福なる霊魂〕と一つになっている体が，確かに，最も高貴な仕方で実体であるようにする。すなわち，それ〔体〕はそれ自身〔霊魂〕のうちに全体として包まれている。そこでは，それ〔体〕は繊細かつ霊的であろう。そして自ずから，最も高貴な質を得ることにな

　504）　身体は自己の維持のため，食事をし，睡眠をとる。質料的存在者である以上，身体は常に消滅可能性にさらされており，消滅を避けるため体内の物質のバランスをとらなければならないからである。それゆえに，霊魂とは別の身体の論理で，霊魂にはたらきかけることになる。これを身体の霊魂に対する不従順と表現することができる。復活した至福者たちの身体にはそのようなことはあり得ない。

　505）　Cf. ST, I, q.97, a.3; III, q.57; Suppl, q.82, a.1; q.83, a.1; q.84, a.1; q.85, a.1.

ろう。すなわち，明らかなる栄光を。そして，霊魂の力の
ゆえに，どのような作用者も，その状態から変えてしまう
ことができないだろう。すなわち，それ〔至福なる霊魂〕
は受動し得ないものだということである。そして，〔体は〕
全体として霊魂に服従していて，動かすものに対する道具
としてあるので，敏捷になるだろう。それゆえ，これら4
つが至福なる体の条件であろう。すなわち，繊細さ，明ら
かさ，受動し得なさ，敏捷さが。そこで，使徒は，「コリ
ントの信徒への手紙 一」で，こう言っている。体が死に
よって「消滅のうちに種撒かれるなら，消滅しなくなって
生い出る」と。これは受動し得なさに関しての言葉であ
る。「賤しさのうちに種撒かれるなら，栄光のうちに生い
出る」と。これは明らかさに関しての言葉である。「弱さ
のうちに種撒かれれば，力のうちに生い出る」と。これは
敏捷さに関しての言葉である。「動物の体として種撒かれ
れば，霊の体として生い出る」と。これは繊細さに関して
の言葉である[506]。

第169章　人間はかの時新しくされ，物 体的被造物もまたすべて新し くされること[507]

　また，目的への手立てと成るものが，目的の実現へと準
備されていることは明らかである。そこで，なんらかのも
のがそのためにあるものが，完全であるか，不完全である
かに応じて違ったものになるなら，それへの秩序を成して

506）　ここで列挙されている繊細さ，明らかさ，受動し得なさ，
敏捷さは，すべて霊魂の身体に対する優位，身体の霊魂への従順と一
体である。

507）　Cf. ST, Suppl, q.74, a.1; q.91, a.1.

論考前半　三一なる神，およびその業について　　261

いるものもまた，それぞれの事情に即して役立つために
違った状態にあらねばならない。すなわち，食事と衣服
は，少年に対すると大人に対するとでは違った仕方で用意
されねばならない。しかし，先立つ箇所[508]で示されてい
るとおり，物体的被造物は，理性的な存在に対して，言わ
ば目的に対するようにして，向けられている。したがっ
て，人間が復活によって最終的に完成させられるなら，物
体的被造物は〔それまでとは〕別の状態を受け取らねばな
らない。そしてこのことゆえに，人間が復活すると，世界
は新しくされると言われる。「ヨハネの黙示録」21 章（1
節）に「私は，新しい天と新しい地を見た」とあり，「イ
ザヤ書」65 章（17 節）に「見よ，私は，新しい天と新し
い地を創造する」とあるように[509]。

第 170 章　どんな被造物が新しくされ，
　　　　　どんな被造物がそのままで
　　　　　あるのか[510]

それでもやはり，考えねばならないのは，物体的被造物
の類が多様であるのは，人間に対する関係が多様であるの
に応じてそう秩序づけられているのだということである。
すなわち，植物と動物とが人間にとって，その弱さを助け
るものとして役立つということは明らかである。時に，そ
れらから食物や衣服やそのようなものを得て，それらで人
間の弱さを支えるからである。しかしながら，最後の状態
では，復活によって人間から，そのような弱さはすべて取

---

508)　本書第 148 章。

509)　復活後の人間に相応しく，宇宙も作り変えられるというこ
と。

510)　Cf. ST, Suppl, q.91, a.5.

り除かれている。すなわち，先立つ箇所[511]で示されたとおり，人間は，消滅し得ないものになっているので，そうなってからもなお食べるために食事を必要とするということはなく，また，栄光の明らかさを身にまとっているから，活動するために衣服を必要とすることもない。そして，俊敏さが加わっているから，動物を乗り物として必要とすることもない。受動し得ないものになっているから，健康を保つためのなんらかの薬も必要としない。そしてそれゆえに，このような物体的被造物，すなわち植物と動物とそのような他の混合体は，かの最後の総仕上げの境地では，存続していないのが適当である。

しかしながら，四元素は，すなわち，火，空気，そして水，そして土は，人間のための秩序を，体の生に役立っているという点だけではなく，その体を成り立たせているという点でも成している。すなわち，人間の体は諸元素から成っている。そうであるなら，したがって，諸元素は人間の体に対して本質的な関係にある。それゆえ，人間が，体と霊魂を総仕上げされたなら，諸元素もまた存続するのが適切である。ただし，よりよい状態に変わって。

しかしながら，天体は，その実体に関する限り，消滅すべき生に役立てるために人間に取り入れられることもなければ，人間の体の実体に入り込むこともない。しかしながら，人間にとって，それらの形象と大きさでもって，それらの創造者が優れていることを証明するということで役に立つ。それゆえ，聖書の中ではしばしば，人間は天体について考えるよう動かされ，それら〔天体〕によって神を敬うことへと引き入れられるようになる。例えば「イザヤ書」40巻（26節）で明白に示されているように。「あなた方の目を高く上げ，これらを造った者を見よ」。また，た

511）　本書第155章。

論考前半　三一なる神，およびその業について　　263

とえ，かの完全さの境地で人間が，神を彼ご自身として視
るので，感性的被造物から神の知に引き入れられるとして
も，やはり，原因を認識するものにとって，それ〔原因〕
への類似が結果のうちにいかに光り輝いているかを考える
のは，快く喜ばしい。そこで，聖人たちも，喜びのために
神の善性の，物体のうちにある反射を考えることになるだ
ろう。特に，天体を。それは他のものに抜きん出ていると
思われる〔からである〕。また，天体は，作用因の意味で，
本質的ななんらかの関係を人間の体に対して有している。
すなわち，人間を生むのは人間と太陽である[512]。それゆえ，
このような理由で，天体もまた存続するのが適切である。

　人間への関係からだけではなく，物体的被造物のここま
でで論じられてきた自然本性からも，同じことが明らかに
なる。あらゆる面で消滅不可能ではないものは，かの消滅
不可能性の境地でも存続しない。天体は確かに部分ででも
全体としても消滅し得ない。しかし，諸元素は，全体とし
ては消滅し得ないが，部分としてはそうではない。一方，
人間は，部分としては，すなわち理性的霊魂としては消滅
し得ないが，全体としてはそうではない。複合体は死に
よって分解するからである。また，動物と植物と混合され
た物体すべては，全体としても部分としても，消滅不可能
でない。それゆえ，かの最後の消滅不可能性の境地では，
人間と諸元素と天体は存続するだろうが，他の動物も，植
物も，混合された物体も存続しないだろうとするのが適切
である。

　また，宇宙の概念から同じことが，論理的に明らかにな
る。すなわち，人間は物体的宇宙の部分であるので，人間
の最後の総仕上げでは，物体的宇宙が存続していなければ
ならない。というのは，全体がなかったとしたら，完全な

――――――――――
512)　アリストテレス『自然学』2 巻 2 章 (194b13)。

264   第Ⅰ部　信仰について

部分があると思われないからである。また，物体的宇宙
は，その本質的な部分が存続していないなら，存続し得な
い。そして，天体と諸元素は，その〔宇宙の〕本質的な部
分である。それらから世界という機械の全体は成り立って
いるからである。しかしながら，それ以外のものは，物体
的宇宙が無傷であるということに関わっているとは思われ
ず，むしろ変化し得ないという状態に相応しいものの，あ
る意味では飾りである。というのは，天体は能動的作用者
〔作用因〕として，諸元素は質料〔因〕として，それらか
ら動物と植物と鉱物とが生まれるからである。そして，最
後の総仕上げの境地では，他の飾りは諸元素に，消滅不可
能な境地を飾るものとして帰属するだろう。それゆえ，か
の境地では人間，諸元素，そして天体が存続するだろう
が，動物と植物と鉱物は存続しないだろう。

第171章　天体は運動をやめるだろうこと[513]

　しかし，天体は連続して運動しているように思われるの
で，もしそれら〔天体〕の実体が存続するなら，かの時，
かの総仕上げの境地にあっても運動していると思われると
いう人がいるかもしれない。また，天体に運動が起こる理
由が，諸元素に運動が起こる理由であるなら，話の筋が通
る。すなわち，諸要素の運動は重さと軽さにより，それら
の完全さを実現するために起きる。すなわち，その本性的
な運動によってそれぞれに適合する本来の〔位置〕，そこ
にあるのがそれらにとってより善である位置に向かうので
ある。それゆえ，かの最後の総仕上げの境地では，元素の
1つ1つとそのあらゆる部分が，その本来の場所にあるだ

---

　　　513)　　Cf. ST, Suppl, q.74, a.4; q.91, a.2.

ろう。しかし，これを天体の運動について言うことはでき
ない。天体は，どんな位置を占めても，安らがないからで
ある。〔天体は〕自然本性的にそれぞれの場所に動くよう
に，自然本性的にそこから離れる。したがって，もし，運
動がそれら〔天体〕から取り去られて，天体から何も滅び
去ることがないなら。そこから言えるのは，その運動はそ
れら〔天体〕に，それら〔天体〕を完成させるものとして
内在しているのではないということである。

　また，軽い物体が，その自然本性によって上へ動くよう
に，天体がその自然本性によって，すなわち能動的な始原
によって，輪を描いて動いていると言うのは笑うべきこと
だ。すなわち，自然が常に一つのものに向かっていること
は明らかである。そこで，その本質上一性に対立するもの
は，自然の最終目的ではあり得ない。そして運動は一性に
対立している。運動しているものは，運動しているその都
度に違ったあり方をしているという限りで。したがって，
自然は運動を，自分自身のために生み出すのではなく，運
動の終端を目指す運動を生ぜしめるのである。例えば，軽
い自然存在が上の場所を目指して上昇し，他のものについ
ても同様であるように。したがって，天体の円運動は，ど
こか決まった場所には向かわないので，重いものと軽いも
のの運動の始原と同じように，物体の円運動の能動的始原
は自然であると言うことはできない。それゆえ，天体の自
然本性が同じものであり続けるなら，それ〔天体〕は安ら
いでかまわない。たとえ，火が本来の位置の外にありなが
ら，安らぐことは不可能であっても〔火と天体では事情が
異なるからである〕。もし，その自然本性が同一であり続
けるなら。しかしながら，天体の運動が自然本性的と言わ
れるのは，運動の能動的始原のためではなく，動き得るそ
れ自身のために，すなわち，かくかくのとおり動こうとい
う傾向を有しているということのためにである。したがっ

266   第Ⅰ部　信仰について

て，〔結論として〕残るのは，天体の運動がなんらかの知
性によるというものである。

　しかし，知性は目的への意図がなければ動かないので，
天体の運動の目的は何かを考えなければならない。さて，
運動そのものが目的だとは言えない。というのは，運動は
完成への道であるので，目的という性質を有さず，むしろ
目的への手立ての性質を有するからである。同じく，位置
の更新が天体の運動である，すなわち天体が運動するの
は，可能態としてそこに存在している場所すべてを現実態
として得るためだと言うこともできない。これは無限とい
うことであり，無限は〔終点である〕目的に反するからで
ある。

　したがって，この，天の運動の目的を考えなければなら
ない。すなわち，知性によって動かされた物体はすべて，
それ〔知性〕の道具であることは明らかだ。道具の運動の
目的となるのは，主導権を握る作用者〔すなわち道具を使
う人〕〔の心〕に宿っている形相である。これ〔道具を使
う人の心のうちの形相〕は道具の運動を通して，現実態
〔現実〕になる。神の知性の形相は，天の運動を通して成
就する。〔これは〕諸事物の生成と消滅の道による完成で
ある。生成と消滅の最終目的は最も高貴な〔程度の高い〕
形相，すなわち人間の霊魂であり，先立つ箇所[514]で示さ
れたとおり，その〔人間の〕最終目的は永遠の生である。

　そこで，天の運動の最終目的は永遠の生のために生み出
されるべき人間を多くすることである[515]。しかし，この多
くあるということは，無限ではあり得ない。すなわち，あ
らゆる知性の意図は，なんらかの有限のものにある。それ

─────────
　　514)　本書第104，149，150章。
　　515)　天体の運動は地球上の生命を生み出すための現象であるの
で，地上の生命の主となる人間が永遠の生におかれるなら，それ以上
運動する必要はない。

論考前半　三一なる神，およびその業について　　267

ゆえ，永遠の生のために生み出されるべき人間の数が満ち，永遠の生に置かれたなら，天の運動はやむだろう。業が完成した後はどのような道具の運動もやむように。天の運動がやむなら，その帰結として，より下位の物体の運動もやむだろう。ただ1種類の運動だけが，人間の霊魂によってあるだろうということを除いて。そしてそうであるならば，物体からなる宇宙は，全体として，別の状態と形相を有するだろう。「コリントの信徒への手紙　一」に「この世の姿は過ぎ去る」とあるように。

第 172 章　人間の，その業に応じた
報いと惨めさについて[516]

　ところで，なんらかの目的に到達する道が決まっているのなら，そうする〔何らかの目的に到達する〕ことは，反対の道に入っている者，正しい道から逸れている者には達成できない。すなわち，医者が禁じている体に悪いことをするなら病人は，おそらく偶然でもない限り，健康にはならない。というのは，本来自分でせねばならないことをよくなすことができないというのなら，その目的を達成するものは何一つないからである。すなわち，自然本性的に有しているはたらきの仕組みが，そのうちでうまくはたらいていないなら，植物が実をつけることもなく，走者が賞品を，兵士が名誉を得ることもない。そのいずれも〔走者も兵士も〕，固有の仕事に関してはたらいていないなら。人間が固有のはたらきを正しく為すということは，自ら徳に適ったはたらきを為すということである。すなわち，どんな事物にせよその徳とは，『ニコマコス倫理学』第 2 巻に

---

516)　Cf. ST, I, q.62, a.4; I-II, q.5, a.7.

言われている[517]ように，「有するものを善くし，かつその業を善にするもの」である。したがって，人間の最終目的は，それについて既に語られてきた[518]永遠の生であるので，すべての者がそれに到達するのではなく，徳に適ったはたらきを為す者たちだけであるということになる。

さらに，先立つ箇所[519]で示されたとおり，神のはからいのもとには自然のものだけではなく，人間に関わる事柄も含まれている。それも普遍としてのみではなく，個々のものとして。徳に対して報いを，罪に対して罰を与えることは，個々の人間に心を配るもののすることである。罰は，先立つ箇所[520]で論じられたように，過ちの薬であり，それ〔過ち〕を正すものである。ところで，徳の報いは幸福であり，神の善性から人間に与えられる。したがって，徳に反して振舞う者たちに対して，幸福ではなく反対のものを罰として，すなわち外的な惨めさを与えることは，神がすることである[521]。

第 173 章　人間の報いがこの生〔現世〕の後にあり，また同じく惨めさもあること

また考えねばならないのは，反対のものには反対の業{わざ}があるということである。徳に適うはたらきの反対のものは，悪意によるはたらきである。それゆえ惨めさは，悪意

---

517)　アリストテレス『ニコマコス倫理学』6 巻 2 章 (1106a15)。

518)　本書第 104-107 章

519)　本書第 123-135 章。

520)　本書第 121 章。

521)　神が摂理を以て統治する以上，徳に幸福を，罪に外的な惨めさを与えるということは神がすべきことである。

論考前半　三一なる神，およびその業について　　269

による行ないによってそれに至るものであり，幸福とは反
対である。それ〔幸福〕は，徳のある行ないが報いられる
に値するものだから。それゆえ，最後の幸福は，それには
徳のある行ないで至るものであり，先立つ箇所[522]で言わ
れたことから分かるように，この生〔現世〕のなんらかの
善ではなく，この生〔現世〕の後のなんらかの善であっ
て，その帰結として，最後の惨めさは，悪意によって引き
込まれるものであり，この生〔現世〕の後のなんらかの悪
である。

　この生〔現世〕の善あるいは悪は，すべてなんらかのこ
とを行なうことに関連している。すなわち，外的な善，そ
して物体的な善さえもが，道具として，徳のために役立
つ。これ〔徳〕は，以上述べられているもの〔外的な善，
物体的な善〕を善く用いる者たちにとって，至福に真っ直
ぐ到達する道である。悪しくそれらを用いる者たちにさ
え，悪意の道具があって，それ〔悪意〕により惨めさへと
至るように。また同じく，これら〔外的な善，物体的な
善〕に対置されている悪，例えば，弱さ，貧しさ，またそ
のようなものは，ある人たちにとっては徳を完成させるた
めのものであり，他のものにとっては，悪意を増やすもの
である[523]。それらを様々な仕方で用いることで。そして，
〔これらと〕別のものに向かっているものは，最終目的で
はない。最後の報いでも，〔最後の〕罰でもないからであ
る。それゆえ，最終の幸福も，最終の惨めさも，この生
〔現世〕の善あるいは悪のうちに成立しているのではない。

---

　522)　本書第108章。
　523)　貧困や苦難に陥っている人は神の裁きを受けていると短絡
的に判断してはならない。外的な悪の意味づけは，最終目的，すなわ
ち神という最高善との関わりで変わってくる。

第174章　人間の惨めさと，呪われた
　　　　　者への罰との関係[524]

　それゆえ，惨めさ，すなわち悪意がそこに引き込むところは，幸福，すなわち徳がそこに引き込むところと反対であるので，惨めさに関係するものは，徳に関して言われることに対置されるものとして理解しなければならない。しかし，さらに既に言われている[525]とおり，人間の最終的な幸福は，知性に関する限りでは，神の十分な直視にあり，一方情動に関する限りでは，人間の意志が第一の善性のうちに動かし得ないほど確固として固められていることにある。それゆえ，人間の最もはなはだしい惨めさとは，知性がまったく神の光を欠いていること，および情動が神の善性から断固として離れていることにある。そして，これは呪われた者の特別な惨めさであり，これが呪われた者の罰と呼ばれる[526]。

　しかしながら，先に言われたこと[527]から明らかなように，悪は全面的に，善を排除できない。悪はすべてなんらかの善に基づいているからである。それゆえ，惨めさは，すべての悪から解放された幸福に対立しているとしても，やはり，自然の善に基づいている。しかし，知性ある存在の善は，知性が善を受け取ることにあり，かつ意志が善に

　524）　Cf. ST, I-II, q.85, a.2 ad3; Suppl, q.98, a.1. 呪われた者たち damnati とは，地獄に堕ちた者たちを指す。

　525）　本書第104-107, 149, 164-166章。

　526）　永遠の至福の本質が神の直視 visio Dei であるのと同様，永遠の罰の本質は神をまったく見ることができず，神を求める情動すら失われるという神からの完全な断絶である。

　527）　本書第104-107, 149, 164-166章。

論考前半　三一なる神，およびその業について　　271

向かうことにある。そして，すべての真，すべての善は第
一の最高の善，すなわち神から出てくるのである。そこ
で，最もはなはだしい惨めさのうちにある人間の知性は，
神についてのなんらかの知を，そして神に対するなんらか
の愛を，すなわち，自然本性的な完全さの始原としての神
に対する愛を有しているのでなければならない。これが自
然本性的な愛である。これは，御自身としてあるがままの
神に対するものでも，徳の始原としての神，あるいは恵み
さえもたらす始原としての神に対するものでも，知性ある
存在が，それらを通して彼〔神〕によって完全にされ，徳
と栄光の完成態であるような諸善いずれの始原としての神
に対するものでもない[528]。

　それでもやはり，そのような惨めさのうちにある人間
は，自由な決定力を失っている。たとえ，悪のうちで動
き得ないほど確固として固められた意志を有すると言え
ども。至福者たちが，善のうちで，たとえ善のうちで確固
として固められた意志を有していても，そうである〔自由
な決定力を失っている〕のと同じく。すなわち，決定の自
由は，本来的に選択行為へと拡大していく。しかし，選択
は，目的への手立てであるものに関わるのであるが，最終
目的はあらゆる者に自然本性的に欲せられるのである。そ
こで，人間はすべて，知性的であるがゆえに，自然本性的
に幸福を，最終目的として欲する。そしてまさしく，いさ
さかもゆるぐことなく，何ものも惨めになることを欲し得

　528）　まったく神から関係を断たれたとしても，人間は神の創
造したものである以上，自然本性的な神への愛は保持している。これ
は，神の神自身への愛でも，恵みによるものでも，栄光に引き入れら
れたがゆえのものでもないが，神の被造物である以上，神なくしては
充足し得ない根源的な傾向が，神との関係を失った人間にも残る。そ
して，そうであるにもかかわらず神と関係を持つことはもはや不可能
である。これは最大の罰である。

272　　　　　　　第I部　信仰について

ないということになる。

　しかし，この人間がこの特殊なことを自分の最終の幸福
とし，あの人間があの〔特殊な〕ことを自分の最終の幸福
とするということは，人間という面で見たこの人間とあの
人間とには当てはまらない。このような見定めと欲求のう
ちで，人間はお互いに違っているが，以上のこと〔各人が
各人の最終目標を持っていること〕は，一人ひとりの人間
になら，それ自身として，あるあり方をしているという面
で当てはまる[529]。しかし，私はあるあり方をしている人の
ことを，なんらかの受動あるいは所有という観点で語って
いる。それゆえ，その人がそっくり変わってしまうなら，
〔それまでとは〕別のものがその人には最善に見えるだろ
う。そして，このこと〔状態が変わると，何が最善に思え
るかも変わること〕は，情念〔という受動〕のために何か
を，最善のものとして欲している人たちが，しかし情念
を，例えば怒りのあるいは欲望の情念を抑えている時，先
と同じようには善を判断しない場合に，最も明白になる。
また所有は，より存続し得るので，そこで，より確固とし
て，所有のゆえに続くもののうちで持続する。しかしなが
ら，所有が変化し得るものである限り，人間の欲求と見定
めは，最終目的によって変えられる。

　それでもやはり，以上のようなことは，この生〔現世〕
の人間に相応しい。ここ〔現世〕では，〔人間は〕変化し
得る境遇にある。すなわち，霊魂はこの生〔現世〕の後で
は，変化によって移し変えられることがなくなるが，それ
はこのような変容は，付帯的に，体に関してなんらかの変
容が起きるというのでもなければ，それ〔現世の後の霊
魂〕には相応しくないからである。つまり，体が取り戻さ
れるとしても，体の変化は引き起こされず，むしろ逆であ

───────────
　529)　アリストテレス『ニコマコス倫理学』3巻7章 (1114a32-b1)。

る。すなわち，今は，霊魂はそれが種撒かれた体に基礎を置いており，それゆえ体の変化に従うのは相応しいが，かの時には，体は先んじて存在する霊魂と1つになるだろう。それゆえ，〔体は〕その〔霊魂の〕条件に全面的に従うことになる。それゆえ，霊魂が，一々の目的を自分にとって最終のものと定めてきたのが，死の境地で明らかになり，その目的を永遠のものとしてそのうちに留まり続けるだろう，すなわち，それを最善のものとして欲し続けるであろう，それが善であれ，悪であれ。『コヘレトの言葉』第11章〔3節〕にあるように。「木が南に，あるいは北に倒れると，どこに倒れたにせよ，そこにあるだろう」。そうであるなら，したがって，この生〔現世〕の後には，死のうちで善であることが見出される者は，固い意志で善のうちに永遠に留まるが，かの時悪であることが見出される者は，悪のうちにあるまま永遠に離れられなくなるだろう[530]。

第175章　死すべき罪は，この生の後で捨てられないが，赦される罪は完全に捨てられること[531]

以上のことからまた，死すべき罪はこの生〔現世〕の後には捨てられないが，赦される罪は捨てられるということが考えられる。すなわち，死すべき罪は最終目的から逸れていることにより，これ〔最終目的〕に関して人間は，

---

530)　復活の際，霊魂が肉体に先在しているがゆえに，肉体は霊魂に全面的に従う。それゆえに，善に固定された霊魂も，悪に固定された霊魂も，その意志を肉体に影響されて変えることはもはやない。

531)　Cf. ST, II-II, q.13, a.4; III, q.86, a.1; Suppl, q.98, a.2.

既に言われた[532]ように，死の後ではもはや動かし得ない，変わり得ないまでに固められてしまうが，赦される罪は，最終目的にではなく，最終目標への道に関わるものだ，ということである[533]。しかし，悪しき者の意志が死の後では確固として，悪のうちに固められているのなら，より先に〔現世で〕欲していたものを，常に最善のものとして欲することになる。したがって，〔悪しき者は〕罪を犯すことで苦しむことはない。というのは，最善と見做していることを実現して，苦しむものはないからである。

　しかし，知っておかねばならない。最終の惨めさに繋がれた呪われた者たちは，最善のものとして求めているだろうものを，死の後で有することはできないだろう。すなわち，そこ〔最終の惨めさ〕では，官能を味わうための官能の機能，他者を攻撃し，足を引っ張るためのねたみの機能はなく，また悪徳の１つ１つについて同じことが当てはまる。そして，〔呪われた者たちは〕徳に適った生き方をしてきた者が，自分たちが最善のものとして欲しているものから離れることがないことを知る。したがって，悪しき者たちが苦しむのは，罪を犯してきたことのゆえであって，罪が彼らを不快にするからではない。かの時には，もし機能があれば，かの罪を犯すことを好みさえする，神を有することよりも。そうではなくて，〔悪しき者たちが苦しむのは〕彼らが〔かつて〕選んできたことを，〔もはや〕持ち得ないからである。かくて，彼ら〔悪しき者たち〕の

　532）　本書第166，177章。

　533）　罪には，最終目的すなわち神から完全に人間を逸らす死すべき罪 peccatum mortale と，最終目的への道に関わる赦される罪 peccatum veniale とがある。赦される罪は，最終目的から逸れるということは伴わないまま，間違った行為をするということである。したがって，最終目的から完全に逸れてしまうなら，赦される罪が成立する余地はない。

意志もまた永遠に，悪から離れないものとしてあり続ける
が，それでもやはり，犯した罪のためにこの上なく重い苦
しみを味わう。そして捨ててしまった栄光のために。そし
て，この苦しみは，良心の呵責と呼ばれる[534]。これ〔良心
の呵責〕は，聖書では比喩的に虫と呼ばれている。「イザ
ヤ書」の最後〔66章24節〕にあるように。曰く「その虫
は死ぬことがない」。

第176章　呪われた者の体は苦しみ得る
　　　　　ものであるが無傷であり，
　　　　　そして賜物がないというこ
　　　　　と[535]

　そして，先立つ箇所[536]で言われたように，聖人たちの
うちに霊魂の至福が何らかの形で体へと流れ込んでいるよ
うに，霊魂の惨めさもまた，呪われた者たちの体に流れ込
んでいる。しかしながら，このことを観察すると，惨めさ
は自然本性の善を霊魂から排除しないように，体からも排
除しない。それゆえ，呪われた者の体はその本性に関して
は無傷であろうが，しかしながら，かの諸条件〔呪われた
者の場合でも無傷である体の自然本性的な諸条件〕が至福
者の栄光に関わるものを有するわけではないだろう。すな
わち，繊細でも受動し得ないものでもなく，むしろ粗野で

---

534)　この良心の呵責は，気の持ちようでなんとかなる類のもの
ではない。人間は，たとえ神との関係を完全に失ったとしても，人間
であるかぎり神との関係を自然本性上求めている。ここでの良心の呵
責は，言うなれば，そのような根源的な傾向性が満たされないゆえの
不快感ないしは痛みであり，神との関係喪失に必然的に伴う客観的な
苦しみである。

535)　Cf. ST, Suppl, q.86, a.1.

536)　本書第168章。

276 　　　　　　　第Ⅰ部　信仰について

苦しみを受け得るものであり続け，さらにはなはだしく
なっているだろう。敏捷ではなく，かろうじて動き得るも
のになっているだろう。明らかではなく，暗くなっている
だろう。霊魂の暗さが体で証明されているのだ[537]。「イザ
ヤ書」13章〔8節〕に「彼らの顔をあなたは焼け焦がす
だろう」とあるように。

第177章　呪われた者の体は，たとえ苦しみ得るものであるとしても，それでも消滅不可能であること[538]

　しかしながら，知らねばならないのは，呪われた者の体
が，苦しみ得るものだろうとしても，やはり消滅はしない
だろうということである。たとえ，その存在が，今我々が
経験しているものの本性に反するように思われるとして
も。すなわち，「受動はむしろ生じたものを実体から捨て
去る」[539]からである。それでもやはり，かの時には，2つ
の理由で，苦しみは永遠に苦しみ続け得る体を消滅させな
いだろう。

　第1に，先立つ箇所[540]で言われたように，天の運動が
やむなら，自然のすべての変化もやむのでなければならな
い。それゆえ，自然の変化としては何も変化し得ず，霊魂
の変化としてのみ変化し得るということになる。私はあえ
て，熱いものから冷たいものに変わる時や，どんなもので

---

　537)　身体は復活の後，霊魂中心に復活するので，霊魂が暗いな
らその影響が身体にも表れる。

　538)　Cf. ST, Suppl. q.86, a.2; a3.

　539)　アリストテレス『トピカ』6巻6章 (145a3sq.)。

　540)　本書第171章。

論考前半　三一なる神，およびその業について　　277

あれ，質に関する自然本性的な存在に従って変化するという時，自然の変化と言う。そして，霊魂の変化と，私は言う。その霊の存在に従ってではなく質を得る時や，目が色の形相を，色付けられたものとして受け取るのではなく，色を感じるものとして受け取る時のように。かくて，呪われた者の体もまた，火に苦しめられ，あるいは他の物体的なあらゆるものに苦しめられる。火の形象あるいは質に変化するのではなく，その質の優越を感じるという仕方で。そして，このことはひどく悲しいことだろう，このような優越は，そのうちに快の感覚が成り立つ調和に対立しているという限りで。それでも，これは消滅させるものではない。霊がいろんな形相を受容したからと言って，体の自然本性が変わってしまうということは，付帯的な意味ででもなければ起きないからである。

　第2の理由は，霊魂の側のものであるだろう。すなわち，それ〔霊魂〕が永遠であるのと同じくなるように，体が神の力で引き上げられるだろう。それゆえ，呪われた者の霊魂は，そのような〔引き上げられた〕体の形相と本性である限り，それ〔体〕に永遠性を与えるだろう。しかしながら，その〔体の〕不完全性のために苦しみ得ないということは，それ〔体〕に与えないだろう。かくて，その体は常に苦しむが，消滅はしないということになる。

第178章　呪われたものの罰は，復活前に悪しき者のうちにあるということ

　したがって，ここまで述べられてきた[541]ことから，幸

---

541)　本書第171-177章。

278 第Ⅰ部 信仰について

福も惨めさも，主に霊魂のうちで成り立ち，そして，二次
的に，体へのある意味での派生によっても成り立つという
ことが明らかになる。したがって，霊魂の幸福と惨めさと
は，体の幸福と惨めさに依存せず，むしろ逆である。そ
れゆえ，死の後の霊魂は，体を取り戻す前にも存続して
おり，そのあるもの〔霊魂〕は至福という功徳と共にあ
り，あるものは惨めさという報いとともにある。復活の前
にも，ある者たちの霊魂は，ここまで語られてきた幸福を
我が物とする。使徒の「コリントの信徒への手紙 二」5
章（1節）に「我々は知っている。地上にある我々の，こ
の住処たる家が解体されるなら，神が我々に家を作ってく
ださることを。手で造られたものではなく，天にある永遠
の家を」とあり，その後で「そして我々は聞くだろう。ま
た，我々は体からはなれて，神の前にあろうとする善き意
志をも持つ」とあるように。またある者たちの霊魂は，惨
めさのうちに生きている。「ルカによる福音書」16巻（22
節）に「金持ちは死んだ。そして地獄に埋められた」とあ
るように。

第179章 呪われた者の罰は悪しき者た
ちのうちに霊においてだけで
はなく体においてもあること

やはり，考えなければならないことは，聖なる霊魂の幸
福が霊的な善のみのうちにあるだろうが，しかし呪われた
霊魂の罰は，復活の前には，ある人たちが考えたように，
霊的な悪のうちにだけではなく，体の罰も〔呪われた霊魂
は〕被るということである。というのは，聖人たちの霊魂
は，この世にあった時は体と一つになり，その秩序を保
ち，物体的事物に服従せず，神だけに従っていた。彼〔神〕

論考前半 三一なる神，およびその業について 279

の実りのうちに，彼ら〔聖人たち〕の幸福全体は存する
が，物体的善のうちにはまったく存在しない。そして，悪
しき者たちの霊魂は，自然の秩序が保たれておらず，情動
によって物体的事物に服従しており，神的なものと霊的な
ものとを侮っている。そこで，その帰結として，〔悪しき
者たちの霊魂は〕霊的な善の欠如によってだけではなく，
物体的事物に服従していることによっても罰せられる。

そしてそれゆえ，聖なる書物のうちに，聖なる霊魂に対
して物体的な善という形での報いを増大させるものが見出
されるなら，神秘として解釈せねばならない。これまで語ら
れてきた聖書のうちでは，霊的なものが物体的なものの
比喩で指し示されるのが慣わしだったように。しかしなが
ら，呪われた者たちの霊魂に対して，物体的な罰を預言す
るもの〔言葉〕，例えば，地獄の火によって責められるなな
どのことは，字義通りに解されるべきである。

第180章 霊魂が物体的な火で苦しみ得るか[542]

しかし，体から分離された霊魂が物体的な火で苦しむと
いうことが，不合理に思える人が出ないように，考えねば
ならないのは，体に結び付けられることが，霊的実体の自
然本性に反していないということである。すなわち，こ
れ〔霊的実体が体に結びつくこと〕は自然本性によっても
起きる。例えば，霊魂の体との合一の場合でも明らかであ
り，魔術においても，なんらかの霊が像に，あるいは指輪
に，あるいは何かそのようなものに結び付けられるよう
に[543]。それゆえ，神の力によって，なんらかの霊的実体が，

---

542) Cf. ST, I, q.64, a.4 ad1; Suppl, q.70, a.3.

543) トマスは魔術に言及することがほとんどないように思われ

280　　　　　　　第Ⅰ部　信仰について

その本性上すべての物体的なものを超えて高められている
とは言え，なんらかの物体に結びつけられるということが
起きる。例えば，地獄の火に。それ〔火〕を生かすためで
はなく，それ〔火〕になんらかの仕方で縛り付けられるた
めに[544]。そして，霊的実体によってはまさにこう考えられ
るに違いない。すなわち，最下位の被造物にある意味で服
従するというのは，それ〔霊的実体〕にとって消沈させる
ことだ[545]。

　それゆえ，このような思考が霊的実体を消沈させる限
り，霊魂は，自分が灰にされるのを見るというまさにその
ことによって灰になるのだと語ることは正当化される。そ
してまたさらに，かの火〔地獄の火〕が霊的なら，すなわ
ち，〔先ほどは〕結びつけるものとして理解された火が直
接消沈させるものであるということになる。しかし，それ
に〔霊魂が〕結び付けられている火が物質的なものである
限り，グレゴリウスが言っていること[546]は正当化される。
すなわち，「霊魂は見るだけではなく」火を「被ることで
苦しむ」。そして，かの火はその自然本性によってではな
く，神の力によって，霊的実体を結び付けることができる
ようになるので，ある人たちがこう言ったのは適切であ
る。すなわち，かの火が霊魂に対し，復讐する神の正義の
道具としてはたらくが，霊的実体に対してはたらくのでは
ない。物体に対して熱し，乾かし，分解するという形では
たらくのであるが，既に述べられたように〔霊的実体に〕

───────────
る。この印象が正しいなら，この箇所は貴重な例外である。
　　544）　霊魂を火に宿して火を生き物にするためではなく，霊魂へ
の処刑具とするために。
　　545）　身体が復活する前の呪われた者の霊魂には身体がないの
で，身体が焼かれる苦しみなどを味わうのではない。そうではなくて，
物体に服従させられる苦しみを味わうのである。
　　546）　グレゴリウス『イタリアの教父たちの生と奇跡に関する対
話』4 巻 29 章 (PL77/368A)。

結びついていることではたらいているのである。そして，霊的実体にとって最も近い消沈すべきこととは，罰のうちに結びつける火を理解することであるので，消沈はやまないということを明白に理解することができる。たとえ，霊的実体を火に結びつけないということが，時間によっては起きるにせよ。例えば，誰かが呪われて永遠の桎梏に縛られていたとしても，このことで，打ち続く消沈をより少なく感じるということがないなら，時によっては桎梏から解き放たれるとしても[547]。

第 181 章 この生の後には，永遠ではないある浄めの罰が，死すべき罪についての，生きている時には不十分だった悔い改めを十分にするためにあること[548]

またたとえ，なんらかの霊魂が，既に言われた[549]とおり，物体から解放されている時には常に，永遠の至福を成就しているとしても，それでも，あるものはこの成就が時間的に遅らされている。時には，犯してしまったが最終的には悔い改められた罪のための悔い改めが，この生〔現世〕では十分なされていなかったということがある。そして，神の正義の秩序は，過ちに対して罰をもたらすように

---

547) アウグスティヌス『エンキリディオン』112, 113 章（PL40/284-285）参照。具体的には霊魂が地獄のありさまを警告するためにこの世に現れる場合や，民間伝承的な「地獄の休暇」を指すのかもしれない。

548) 煉獄についての議論である。Cf. ST, I-II, q.87, a.6; III, q.86, a.4; Suppl, Append, q.1, a.1; a.7.

549) 本書第 178 章。

なっているので，この生〔現世の生〕の後に霊魂が，この
世では果たしきれなかった罰を果たし切ると言わなければ
ならない。しかし，呪われた者たちが，最終の惨めさに陥
るようなこととは違う。〔すなわち〕悔い改めを通して，
神の愛の状態に引き戻される時，これ〔神の愛〕によって
神から，彼〔神〕を最終目的として離れなくなったので，
永遠の生を報いとして与えられるということである[550]。そ
れゆえ，〔結論として〕残るのは，この生の後になんらか
の浄めの罰があって，これ〔浄めの罰〕によって，悔い改
めが十分にされて不完全でなくなるのである。

第182章　赦される罪についても何か
浄めの罰があること[551]

　同じく，死すべき罪なくしてこの生〔現世〕から去った
が，赦される罪があるということもある。これ〔赦される
罪〕によっては最終目的には背かない，たとえ，目的への
手立てに関してあるべきでない仕方で固着して罪を犯して
しまったにせよ。このような〔赦される〕罪は，ある完全
な人たちの間では，愛の炎で浄められるが，他の人たちの
間では，ある罰によって，このような〔赦される〕罪が清
められなければならない。永遠の生を成就するに至るに
は，すべての罪と不足から自由にならねばならないからで
ある。それゆえ，浄めの罰をこの生〔現世の生〕の後に置

　550）　地獄に堕ちた霊魂は，神から逃れる方向に自らを固定して
しまっており，永遠に神に向き直ることがないゆえに地獄にいる。一
方，煉獄にいる霊魂は，罰の中にあるものの神に向かう方向へ自らを
固定することができた霊魂である。ゆえに，永遠の生と結びついてい
る。

　551）　Cf. ST, I-II, q.87, a.5; III, q.86, a.4.

論考前半　三一なる神，およびその業について　　283

かねばならない。

　また，それらの罰は，それら〔罰〕を受けているものの
条件に応じて浄めるようになっている。彼らの間には神へ
の愛があり，それによって彼らの意志は神の意志に一致し
ている。この神の愛の力によって，彼らが受けている罰は
彼らにとって浄めに役立つものとなっているのである。そ
こで，神への愛がない者たちの間，例えば呪われた者の
間では，罰は浄めではなく，罪の不完全さが常に存続す
る[552]。そしてそれゆえ罰は常に続くのである。

第183章　過ちが一時（いっとき）のものであるので
　　　　　永遠の罰を受けることは神の
　　　　　正義に反するか[553]

　しかし，永遠の罰を受けるということは，神の正義の概
念に反しているわけではない。というのは，人間の法に
よってもまた，罰が過ちに時間に関して釣り合うことが求
められているわけではないからである。すなわち，姦通や
殺人の罪に対して，これは短い時間で犯す罪であるが，人
間の法は時に永久追放を，あるいは死さえも判決として下
す。これ〔死〕の場合は永久に，共同体社会から締め出さ
れる。追放が永久に続くものではないということは，人間
の命が永遠でないから，付帯的に〔結果として〕そうなる
〔だけの〕ことであり，裁判官の意図としては，彼を，ま
るでそれができるかのようだが，永久に罰したいのだと思
われる[554]。そこで，瞬間的なあるいは有限の時間での罪に

---

　552)　罪すなわち悪と，悪にふさわしい苦痛に満ちた存在様態が
地獄の本質である。

　553)　Cf. ST, I-II, q.87, a.3; III, q.86, a.4; Suppl, q.99, a.1.

　554)　現在の教育刑の観念とは相容れない考え方であり，現代

284　　　　　第Ⅰ部　信仰について

対し神が永遠の罰を判決として下されたとしても，それは
不正ではないということになる。

　同様にして，罪を悔いず，そのまま死ぬまでその〔罪
の〕うちに固く留まり続ける罪びとには，永遠の罰が下さ
れると考えねばならない。

　また，神に対して犯されたどんな罪であっても，罪を犯
された神の側から見れば，ある種の無限性を有する。す
なわち，その人に対して罪が犯される人の身分が高いほ
ど，罪は重くなる。例えば，騎士に平手をくれるのは，農
民にくれるより〔罪が〕重いと看做され，加えて，君主や
王にそうするなら〔騎士の場合より〕さらに重く受け取ら
れるように。以上のようであるなら，神の場合もまた，無
限に偉大なので，彼〔神〕に対して犯された侮辱はある意
味で無限である。それゆえ，それ〔神に対する侮辱〕に
は，なんらかの仕方で無限の罰があるべきだということに
なる[555]。しかし，罰は無限に重くし得ない。そういう意味
で無限な被造物は何もあり得ないからである。それゆえ，
〔結論として〕残るのは，死すべき罪に対しては，持続と
いう点で無限な罰があるべきだということである。

　また，更正させ得る者には，一時的な罰が，その更正か
浄めのために下される。それゆえ，罪から更正され得ず，

───────────────

社会の刑罰もこうなっている，あるいはこうあるべきであると理解す
る必要はない。かつての社会では罪および罪人は，存在自体が社会共
同体に危機をもたらす存在であり，社会秩序を回復するためにも共同
体からの追放，あるいはこの世からの追放 (死) が必要であった。こ
のことから逆に，罪を悔いることなく死んだ霊魂は，神との共同体的
な結びつきから自らを追放したまま固定されたという理解が浮かび上
がってくる。

　　555)　中世の身分制の中での考え方であり，そのまま現代社会と
重ねる必要はない。しかしながら，神の尊厳と人間の尊厳との根本的
な違いを理解するために，当時の社会では有効でありえた比喩として
理解されたい。

その意志が罪に固執して離れることがない者の場合，例えば，呪われた者たちについて既に語られた[556]ような場合，その罰は有限とされるべきではない。

第184章 掟が霊魂と同じく，他の霊的実体にも当てはまるべきこと

　また，知性ある自然的存在だという点で，人間は天使たちと同じであるので，彼ら〔天使たち〕の場合もまた罪があり得る。人間の場合に，先立つ箇所で霊魂の罰と栄光について言われた[557]ように罪があるのと同じく。これら霊魂の罰と栄光について語られてきたあらゆることは，善なる天使の栄光と悪しき天使の罰についてのことでもあると解されねばならない。人間と天使たちのただ１つの違いは，意志が善に固く結び付いて離れないことと，悪に固執して離れないこととである。〔このようなことは〕先立つ箇所[558]で語られたように，人間の霊魂には体から離れた時しか起きないが，一方，天使たちは始めの時に，熟慮の結果としての意志により，自分に対して，あるいは神，あるいはなんらか被造のものを，目的として定め，この時から，至福者にも，惨めなものにもなっているということである[559]。すなわち，人間の霊魂の場合，〔その〕可変性は意志の自由だけではなく，体の可変性にも由来するが，天

---

556)　本書第174, 175章。
557)　本書第112, 120章。
558)　本書第174章。
559)　天使はその存在を開始した最初の瞬間に，神を目的とするか否かを選ぶ。そして，いったん選択した後は，その意志を変えることはなく，善に固定された至福なる天使か，悪に固定された惨めなる天使かになる。この惨めな天使が，俗に言う堕天使であり，すなわち悪魔である。

286   第I部　信仰について

使たちの場合は，決定の自由にのみ由来する。つまり，天
使たちは最初の選択で不可変性を達成しているが，霊魂は
体から出て行かない限りはそうでない。

　以上のことゆえに，善なる者たち〔善なる人間たちと善
なる天使たち〕の報奨を示すために，信仰の信条で「永遠
の生を」と言われている[560]。これ〔永遠の生〕は持続のゆ
えにではなく，永遠を享受するということで永遠であると
解すべきである[561]。しかし，これ〔永遠の生〕に関しては，
他にも多くの信ずべきこと，呪われた者たちの罰と世界の
最終の状態について語られたことがあって，すべてが包
含されるように，教父たちの信条ではこう言われている。
「来るべき世の命を」[562]と。すなわち，来るべき世〔とい
う表現が〕以上のようなものすべてを包含している[563]。

　560）　使徒信条による。

　561）　永遠とは，単に無限に持続する時間ではなく，時間を超え
る境地である。そしてそれは，永遠なる神を直視することにおいて成
り立つ。

　562）　ニケア＝コンスタンティノープル信条による。

　563）　次章からキリスト論が開始する。本章までトマスは，神の
創造と摂理の中に，人間の霊魂を，知性的存在の底辺にして物質的存
在の頂点であり，物質的宇宙を完成させるものとして位置づけ，それ
が神との関係を保ったまま身体的可変性を失い，すなわち死んで意志
が不可変的に固定し完成するか，それとも神との関係を失ったままそ
うなるかで，その存在様態が永遠の幸福か，永遠の惨めさに分かれ
るということを，理論的な議論の体裁の下，抽象的に論じてきた。次
章からは，イエスという具体的な人格により，いかに救いが遂行され
たのかが語られる。

もう1篇の論考
キリストの人性について

第185章　キリストの人性への信仰について

さて，最初に言った[1]ように，キリスト教信仰は特に2つのことを巡っている。すなわち，三位一体の神性と，キリストの人性とを。これまでは神性とその業に関することについて論じてきたので，ここからはキリストの人性に関わることを考えるべきだ。また，使徒が「テモテへの手紙一」1章で言っているように，「イエス・キリストがこの世に来られたのは，罪びとを救うためだった」[2]し，人類がどのようにして罪に陥っているかをこれまで論じてきた[3]のも，キリストの人性を通してどのように人間たちが罪から解放されるかを，より明らかに知るのに必要だと思われたからなのだから。

---

1)　本書第2章。
2)　「テモテへの手紙　一」1章15節。
3)　本書第172-184章。

第186章　最初の人間に与えられた掟と 最初の状態での彼〔人間〕の 完全さについて

　先立つ箇所[4]で言われたように，人間は，その条件のもとに，神によって，〔1〕体がまったく霊魂に従属するように定められた。さらに，〔2〕霊魂の部分の間でも，より低い力が理性に，反抗することなく従属し，〔3〕人間の理性そのものもまた神に従属するものであるように〔造られたのである〕。そして，〔1〕体は霊魂への従属物であったので，体のうちに，霊魂の体に対する支配に反抗するような情念は何も生じ得ないということになった。そこで，死も弱さも人間のうちに場所を持たなかった。一方，〔2〕より低い力が理性に従属しているので，人間の精神はまったく穏やかだった。秩序に反する情念がないので，人間の理性がかき乱されなかったからである。また，〔3〕人間の意志が神への従属物だったので，人間はすべてを神に，彼〔神〕を最終目的として返し，そうすることで，彼〔人間〕は正義であり無垢であった[5]。

　これら3つのうち最後のもの〔人間の意志の神への従属〕が，他のもの〔体の霊魂への従属と，霊魂の中のより低い力の理性への従属〕の原因である。すなわち，それ〔体〕が複合されたものであることを考えるなら，分解や生に反抗する情念がその〔体の〕うちに場所を持たないこ

---

　　4)　本書第152章。
　　5)　いわゆる原初の義の状態を論じている。そして，神を頂点とした秩序が〔1〕人間の霊魂と体との間で，〔2〕理性とより下位の力との間で，〔3〕神と人間との間で保たれていることと原初の義が重ね合わせられている。

もう 1 篇の論考　キリストの人性について　　289

とは，体の自然本性によるものではなかった。〔その時で
も，体は〕相反する元素が組み合わさってできているもの
だったのだから。また同じく，感性的な力が反抗すること
なく理性に従属しているということも，霊魂の自然本性に
よるものではなかった。感性的な力は自然本性的に，感性
によって快であり得るものへと動き，それ〔感性によって
快であり得るもの〕はしばしば正しい理性に反抗するから
である。したがって，以上のこと〔感性など低い力が理性
に従属すること〕はより高いものの力，すなわち神の力に
よる[6]。彼〔神〕が，理性的霊魂を，すなわち体との関係，
および感性的な力がそうであるような物体的な諸能力との
関係を超越しているものを体に結びつけ，同じく理性的霊
魂に能力を与え，体の諸条件を超えて〔霊魂が〕体と感性
的な力を，理性的霊魂に釣り合う限りで保持することがで
きるようにするのである。

　したがって，理性が下位のものを自分のもとに固く保持
するためには，自身が神のもとに固く保持され，ここまで
述べられてきた諸能力を彼〔神〕によって，自然の条件
を超えて有していなければならない[7]。それゆえ，人間は，
その理性が神から離れることがないように，またそうであ
ることで，その体が霊魂の指示から離れることなく，感性
的な力が理性の正しさから離れることもないように定めら

　　6)　すなわち神の恵みの力による。身体の霊魂への服従が，霊魂
の不滅性を身体に及ぼしているという点については，本書第 155 章参
照。そして，そのように身体が不滅性へと高められていることは超自
然的な神の力によることについては，本書第 152 章参照。
　　7)　原初の義は，神が意図したままのありようであるという意味
で，人間の最も自然なありようであるが，それは単に，人間の自然本
性的な能力が完全であるというありようではない。この最も自然な本
来の人間としてのありようは，神の恵みの力への完全な従属によって
保持される。人間は，人間を超える恵みに完全に従属する時，最も自
然なのである。

れたのである。そこで，ある種の不死にして，苦しみのあり得ない生があった。すなわち，〔人間は〕死ぬことも苦しむこともなかったからである。もし罪を犯さなかったのであれば。しかし，〔人間は〕最終目的の達成によって固定されたのでは決してないその意志によって，罪を犯すことはできたし，この出来事〔罪を犯すこと〕のもとに死ぬこと，苦しむことも起き得ることになったのである。

　そして，このこと〔最初の人間は罪を犯し得たこと〕が最初の人間が有していた苦しむことのないおよび不死の，復活した聖人が持つだろうそれら〔苦しむことのないおよび不死〕との違いである。彼ら〔聖人〕は，先立つ箇所で言われた[8]ように，彼ら〔聖人〕の意志は神からまったく離れることがないので，決して苦しみ得ず，死に得ない。他のことでも違いはあって，復活の後人間は，食事も肉欲のことも営まないが，最初の人間は，生命を食事で保たねばならないように，また生殖の業を行なわねばならないよう，そうすることで人類を一人から多くするように決められていた。そこで，2つの掟を，その条件のもと〔最初の人類は〕受けたのである。第1に関して，彼はこう言われた。「この楽園にあるすべての木から取って食べよ」[9]。第2に関して，彼はこう言われた。「生まれよ，増えよ，そして地を覆え」[10]。

---

8)　本書第 166 章
9)　「創世記」2 章 16 節。
10)　「創世記」1 章 18 節。

もう1篇の論考　キリストの人性について　　291

第187章　かの完全な状態が原初の正
　　　　義[11]と名付けられたことと人
　　　　間が置かれた場所について[12]

　以上の，人間の秩序正しい境遇は，原初の正義と名付け
られていた。その〔原初の正義〕おかげで彼〔人間〕は，
その上位のものに服従するものでもあり，すべての下位の
ものが彼に従属してもいた。このことは，彼〔原初の正
義にある人間〕について言われていることに拠っている。
〔原初の正義にある人間は〕海の魚，空の飛ぶものたちに
対しても支配権を有し[13]，その諸部分の間でさえ，下位の
ものは反抗することなく上位のものに服従していた。この
状態が最初の人間に許されていたのというのは，ある個人
としての彼に対してではなく，人性の最初の始原としての
彼に対してのことであった。〔原初の正義を最初の人間に
許したのと〕同じく，彼〔原初の正義にある人間〕を通す
と同時に人性を通して子孫たちに及ぼさせるためである。
　そして，一人一人にあるべき場所とは，その条件に相応
しいということに拠るので，かく秩序正しく定められた人

───────────

　　11)　原語は originalis iustitia。原初の義と通常訳される語である
が，原初の正義と訳す。トマスにおける正義とは，各人が各人に応分
のものを得ている状態を指し，公正と言い換えることもできる状況で
ある。徳としての正義は，そのような状態をもたらそうとする意志の
徳である。
　　原初の完全な状態について，トマスは，下位のものが上位のものに
従属するという正しい秩序が確立されている点を強調する。これはト
マスの用語法では，上位のものと下位のものが応分の地位にあること
で，正義の状態と表現すべきものである。
　　12)　Cf. ST, I, q.102, a.2.
　　13)　「創世記」1 章 26 節。

292　　　　　第Ⅰ部　信仰について

間は，最も調和した快適な場所に置かれ，内的な厄介ごと
だけでなく，それ以外の外的なものまであらゆる逆境が，
彼〔原初の正義にある人間〕から取り除かれていた。

第188章　善悪の知識の木と，人間の
　　　　　　最初の掟について

　しかしながら，ここまで述べてきた人間の状態は，人間
の意志が神に服従して，人間が常に始めから神の意志に従
うことに慣れていたということに依っているので，神は人
間にある掟を，すなわち楽園にある他のどの木からも日々
の糧を得てよいが，善悪の知識の木から日々の糧を得るこ
とは死を以って警告し禁じるという掟を示している。この
木〔の実〕を食べることは，だから，そのこと自体が悪い
から禁じられているのではない。人間が，神による掟だと
いうその理由だけで何かをわずかに取るに足らない程度に
遵守するためだった。そこで，これまで語られてきた木
〔の実〕を食べることは，禁止されているから悪いという
ことになる。かの木が善悪の知識の木と言われたのは，知
識の徳を生ぜしめるからではなく，〔食べた後に〕続いて
起こる出来事のため，すなわち人間がそれを食べること
で，その実体験のために，服従の善と不服従の悪との間に
何があるかを知ってしまうからである[14]。

───────────

　　14)　木の実になんらかの力があったのではなくて，神の掟に反
するという実体験が，服従の善と不服従の悪との間，すなわち，その
両者の間を揺れ動く人間の状態に陥らせるということである。神が人
間を知識から遠ざけたという浅薄な理解や，知識を求めることは罪で
あるという誤解が本章の議論で防止される。

もう1篇の論考　キリストの人性について　　293

第189章　悪魔のエヴァに対する誘惑について

それゆえ，悪魔は，人間が永遠の幸福に至り得るよう定められているのを見た時，既に罪を犯し，それ〔永遠の幸福〕からは自ら離れて，それにもかかわらず罪を犯すことができるので，正義の正しさから〔人間を〕引き離そうと企てて，人間のより弱いほうから近づいて，女を誘惑した[15]。その〔女の〕うちでは知恵の賜物と光は活発である程度がより少ない。そして，さらに掟を踏み越えやすくなるように，偽りによって死への恐れを締め出し，人間が自然本性的に欲しているもの，すなわち無知からの解放[16]を約束して言った。「あなたたちの目は開かれるだろう」。そして，優れた尊厳を約束して言った。「あなたたちは神々のようになる」。そして，知識が完全になることを約束して言った。「善と悪を知る者となる」〔すべて「創世記」3章5節〕。すなわち，人間は知性という部分では無知を避け，知識を欲し求める[17]。一方意志という部分では，これ〔意志〕は自然本性的に自由なので，高く完全であり，何ものにも服従しないこと，あるいはできるだけ少ないものに服従すればすむことを欲し求めるからである。

---

　15)　あくまでも中世の文化的な偏見としての男女の序列であり，現実の男女のあるべき序列の反映と理解するべきではない。第190，191章も同様である。

　16)　無知からの解放を求めること自体は正当な欲求である。

　17)　アリストテレス『形而上学』1巻1章 (980a22) 参照。

294   第 I 部　信仰について

第 190 章　女を引き付けたものについて[18]

　それゆえ，女は約束された高さと同時に知識の完全さを
欲望した。また，それに加えて，実の美しさと甘美さが食
べるよう誘いかけたので，そのまま死への恐れは侮られ，
〔実を〕食べることを禁じられた木についての神の掟は踏
み越えられた。そうであるからこそ，その〔女〕の罪は何
重にもなった。まずは慢心の罪で，〔女は〕序列に反して
卓越することを欲した。次は好奇心の罪で，〔女は〕自分
にあらかじめ定められていた限界を超えて知識を欲した。
第 3 には貪食の罪で，〔女は〕食事の甘美さに突き動かさ
れて食べるに至った。第 4 には不信の罪で，〔女は〕神に
ついて偽りの評価を下し，神に反することを語る悪魔の言
葉を信じた。第 5 には不服従の罪で，〔女は〕神の掟を踏
み越えた。

第 191 章　罪の，男への及び方[19]

　そして，女の説得を通して，罪は男にまで及んだが，彼
〔男〕は，使徒〔パウロ〕が言う[20]ように，女と同じよう
に誘惑されたのではない，すなわち，神に反することを

---

　18)　求めるべきでないものを求めることが神への反抗になって
いるという原罪の一面に当たる。
　19)　求めるべきでない仕方で求めることが神への反抗になって
いるという原罪の一面に当たる。第 190 章と第 191 章を合わせるこ
とで，原罪の全体的な理解がなされる。Cf. ST, I-II, q.89, a.3 ad2; II-II,
q.105, a.2. ad3; q.163, a.1; a.2
　20)　「テモテへの手紙　一」2 章 14 節。

もう1篇の論考　キリストの人性について　　295

語る悪魔の言葉を信じたのではなかった。すなわち，彼
〔男〕の精神には，神が嘘を付いて何か脅しをかけたとか，
無益にも，有益なものを禁じたとか〔の考えは〕起こりえ
なかった。しかし，悪魔の誘惑には縛られてしまった。卓
越と知識を，然るべからざる仕方で欲し求めることで。こ
れら〔然るべからざる仕方で欲し求められた卓越と知識〕
のゆえに，彼〔男〕の意志が正義の正しさから後退したの
で，彼の妻に従おうと思って，禁じられた木の実を食べる
べく，神の掟を踏み越える彼女に着いて行った。

第192章　下位の力が理性に謀反を起こ すという意味で過ちを犯す業 について

　それゆえ，ここまで語られてきた状態の，秩序ある無
傷さは全面的に，人間の意志の神への服従に起因する[21]の
で，その帰結として，人間の意志が神への服従から引き離
されれば，下位の力の理性に対する，また体の霊魂に対す
る，あの完全な服従が滅びたということになる。そこで，
その帰結として，人間は下位の感性的欲求のうちに，欲望
の，怒りの，その他の情念の，秩序を成していない運動を
感じるようになった。すなわち，理性の秩序に従わず，む
しろ，それに反抗し，それ〔理性〕を多くのもので覆い，
言わばかき乱す運動を。そして，これは，これについて聖
書が語っているとおり，肉による霊への反抗である。すな
わち，感性的欲求は，その他の感性的諸力と同じく，物体
的な道具〔体の器官〕によってはたらくが，理性はいかな
る体の器官もなしにはたらくので，感性的欲求に属するも

---

　21)　本書第186章。

296 　　　　　　第Ⅰ部　信仰について

のは肉に帰せられるのが相応しい。一方，理性に属するものは霊に帰せられるのが相応しい。霊的実体は，体から分離されたものと言われるのが慣わしだからである。

第 193 章　死なねばならぬということに 関する罰が下された仕方[22]

また，〔人間は〕消滅という欠陥を帯び，このことによって，人間は必ず死なねばならないということに陥るということになった。すなわち，命あるものは，命をそれ〔体〕に委ねてしまっているため，その体を永遠に保持するということができない。それゆえに，人間は苦しみ得るものとなり，死すべきものとなった。それ以前と同じく，苦しみ得る，死に得るものだというだけでなく，苦しむべき，死ぬべき必然性を有するものとして[23]。

第 194 章　知性と意志に起きる他の欠陥について

その帰結として，人間のうちには，さらに別の多くの欠陥が生じた。すなわち，下位の欲求のうちには，情念の無秩序な運動があふれ出し，同時にまた理性のうちでは，神に服従していた時意志が照らされていた神による知恵の光が足りなくなり，その帰結として，その〔人間の〕情動は感性的なものに従属するようになった。そのうちで〔人間は〕神から迷い離れて，多くの仕方で罪を犯し，さらに

---

22)　Cf. ST, I-II, q.85, a.5; II-II, q.164, a.1.
23)　身体の霊魂への服従が失われたため，霊魂の不滅性が身体に及ばなくなり，身体の可滅性が人間全体を滅び得るものとした。

もう1篇の論考 キリストの人性について　297

不浄なる霊に服従し，彼らによってこのような〔感性的な〕なすべき，獲得すべき事物に関して自分たちに助けが用意されると信じ，そうであるならば，人類のうちに偶像崇拝並びに様々な種類の罪が起きる。そして，そのようにして，むしろこれらのことのうちで人間は滅んだのであり[24]，それゆえさらに，霊的善と神的善の認識とそれらへの欲求から後退してしまったのである。

第195章　それらの欠陥の子孫に波及した仕方について

　そして，ここまで語られてきた原初の正義という善は，以上のようにして最初の親のうちで神のものとされて，やはり彼〔親〕を通して子孫に及んでいたのだが，原因が取り除かれると結果も取り除かれるので，その帰結として，最初の人間が，ここまで語られてきた善を本人の罪で失ったために，子孫もみな，失うことになった。そして他の点でも同様のことが起きた。すなわち，最初の親の罪の後すべての人は，原初の正義なしに，その帰結である諸々の欠陥と共にあることになったのである。

　また，これは正義の秩序に反するものではない。すなわち，あたかも神が，最初の親が罪を犯したので，その子どもたちを懲らしめているかのようなものではない[25]。というのは，超自然的な仕方で最初の人間に対して神によって許されていた，彼〔最初の人間〕を通して他の者たちに波及すること〔すなわち，神からの恵みとして原初の正義

---

　24)　身体の可滅性よりも，罪のほうがより一層破滅的である。
　25)　親の罪を子に償わせるのは正義に反しており，正当化されない。正義は各人が応分のものを得ることを求める。それゆえに，罪を犯した当人以外のものが罰を受けるのは不当である。

が，最初の親から子孫である全人類に波及すること〕の除去としてでなければ，このような罰はなかったからである。それゆえ，他の者たちには，最初の親を通して彼らに移ったという限りでなければ，〔罰は〕あり得なかった。王が騎士に封土を与えるなら，彼を通して相続人たちに移るだろうし，騎士が王に逆らって罪を犯すなら，封土を失うのが相応だということになる。後者の事態ともなれば，その相続人たちに〔封土が〕至ることはあり得ない。それゆえ，親の過ちによって子孫が〔原初の正義を〕失うのは正当だということになる[26]。

第196章　原初の正義が欠けたのは，子孫のうちで過ちとしての性格を有するか[27]

しかし，残っているのは，むしろ差し迫った問いである。すなわち，原初の正義の欠陥が，これら，最初の親から出た人々の間で，過ちの性格を有し得るか。というのは，過ちの性格には，先立つ箇所[28]で言われたように，過ち得ると言われる悪が，過ちありとされる人の権限のうち

---

26)　神は人間という生き物全体，すなわち最初の人間の子孫すべてが，最初の人間の原初の正義を受け継ぐことを期していたが，最初の人間の罪により，受け継ぐべき原初の正義が最初の人間のうちに保たれなくなった。それゆえに，子孫であるすべての人類もまた，原初の正義に与ることができなくなった。原罪とその罰に目を留めるなら，罰たる死が子孫に波及したということになるが，それは当人が犯していない先祖の罪で子孫が罰を受けているのではなく，子孫に伝えるべき神からの恵みを，先祖が喪失してしまった結果である。

27)　Cf. ST, I-II, q.81, a.1.

28)　本書第120章

もう１篇の論考　キリストの人性について　　299

にあるということが属していると思われるからである[29]。すなわち、どんな人も、なす、あるいはなさないということがそのうちにないことについて過ちを犯さない。しかし、生み出された側の人の権限には、原初の正義と共に生まれるか、それ〔原初の正義〕なしに生まれるかということは属していない。それゆえ、そのような欠陥は、過ちの性格を有し得ないと思われる。

　しかし、この問いは、人格の罪と自然の罪[30]を区別するなら、容易に解決できる。すなわち、一つの人格に複数の肢体が属するように、一つの人性に〔複数すなわち〕多くの人格が属している。ポルピュリオス[31]が言っている[32]とおり、種を分有〔種に参与〕することで多くの人間が、一なる人間として理解されるように。そして、様々な肢体が様々な罪を実行するということは、一なる人間の罪のうちで罰すべきことであり、過ちの性格があるということに、個々の罪が、それを実行する個々の肢体の意志による意志的なものであることは必要でなく、主となる人間に属するものの意志、すなわち知性的部分の意志による意志的なものであればよい。というのは、手は意志が命じなければ殺

───────────

29)　論考前半註 391 参照。

30)　自然の罪というカテゴリーは、人間の法の中にはあり得ない概念である。すなわち、ある罪が人間の種としての本質そのものに影響を与えるとは通常考えられない。あくまでも不正確な比喩であるが、社会の中で当たり前とされてきた悪のようなものだと考えることで理解を試みたい。この社会悪というものの分かりやすい例は、差別や奴隷制である。これは、社会全体が正されない限り、その社会の将来の成員に至るまでが共犯となる。その社会で生きるということが、その社会の罪を受け継ぎ、自分のものとすることだからである。

31)　ポルピュリオス（233 頃 -304 頃）は、新プラトン主義の哲学者。アリストテレスの『カテゴリー論』の註釈である著作『エイサゴーゲー』が主著。

32)　ポルピュリオス『エイサゴーゲー』第 2 巻「種について」の章 (PL64/111D)。

すことができず，足は〔意志が命じなければ〕歩くことが
できないからである。

　それゆえ，このような事情で，原初の正義に欠けること
は，自然の罪である。人性のうちの最初の始原の，すなわ
ち最初の親の無秩序な意志から波及した限りで。そして，
そのようにして，自然本性という観点で意志を有するがゆ
えに，すなわち自然本性の最初の始原という観点で意志を
有するがゆえに，〔この罪は〕意志的であり，そのゆえに
彼〔最初の親〕から人性を受けているすべての人に及んで
いる。あたかも，その肢体であるかのように。そしてこの
ことゆえに，原罪と言われる。すなわち，最初の親から子
孫に，それを始原としているという関係を通して，及んで
いるからである。それゆえ，他の罪は，すなわち行為の罪
は，罪を犯している人格に直接属するので，この罪はその
まま自然の罪である。すなわち，最初の親は，その罪で自
然本性を汚した。そして汚された自然本性は子たちの人格
を汚す。すなわち，彼ら〔子たち〕はそれ〔汚された自然
本性〕を最初の親から受け継ぐのである[33]。

第 197 章　罪はすべてが子孫に伝わる
わけではないこと[34]

　しかしながら，最初の親の最初の罪が，超自然的な仕方
で最初の親の人格の自然本性にまかされていた賜物すべて
の後を襲い，そしてそのようにして自然本性は滅んだ，あ

---

　33)　人間性の生物的な始原である最初の人間において，人間性
は原初の正義を失った。原初の正義という恵みを欠いた人間性を，そ
の子孫である全人類は受け継いでいるのである。その意味で，これは
自然の罪であると言える。

　34)　Cf. ST, I-II, q.81, a.2.

もう1篇の論考　キリストの人性について　　301

るいは汚染されたと言われるからと言って，最初の親ので
あれ，さらに他の者たちのものであれ他の罪もすべて子
孫に移されるわけではない。それゆえ，罪を犯すことで，
はっきりと，このようなこと，すなわち罪が人間の本性全
体から何かを抜き取ってしまい得ることが起きるわけでは
なく，人間からあるいはなんらかの特殊な善を，すなわち
個人の善を取り除く，あるいは弱めるということが起きる
のであって，あれこれの人格に関する限りでなければ自然
本性を滅ぼすことはない。さて，人間は，人格として自分
に似ているものを生むのではなく，自然本性として似てい
るものを生む[35]。またそれゆえ，親から子孫に受け継がれ
る罪とは，人格を損なう罪ではなく，自然本性を損なう最
初の罪である。

　　第198章　アダムの功徳は子孫たちに
　　　　　　　とって復活に役立たなかっ
　　　　　　　たこと

　たとえ，最初の親の罪が，人性を全体的に汚染したのだ
からと言って，やはり彼〔最初の親〕の悔い改めか，なん
であれ彼〔最初の親〕の功徳によって自然本性が全体的に
再生し得るわけではない。すなわち，アダムの悔い改め，
あるいはなんであれ別の功徳は，個々の人格のしているこ
とであるが，ある個人のしていることは，種の本性全体の
こととしてはあり得ないということは明らかである。とい
うのは，種全体のこととしてあり得る原因は，異名同義的
な原因であって同名同義的な原因ではない。すなわち，太

────────────
　35)　親と子は，人間としての自然本性は共通しているが，人格
としては互いに独立した別個の個人である。

陽が，人間の種全体の誕生の原因であるが，この人間の誕
生の原因は人間である。したがって，アダム個人の功徳，
あるいは誰であれその人だけの功徳は，自然本性全体を再
び無傷にするに十分ではあり得ない。しかし，最初の人間
個人のしたことによって，自然本性全体は傷つけられたと
いうことは，付帯的に起きたのである。すなわち，彼〔最
初の人間〕が無垢の状態を欠いたため，〔無垢の状態が〕
彼〔最初の人間〕を通して他の人々にまで及ぶということ
が起こり得なくなったという限りで。またたとえ，可能態
によって恵みに帰ったとしても，それでも，原初の無垢さ
に帰ることはできなかった。それ〔原初の無垢さ〕から神
によってここまで語られてきた原初の正義の賜物がなく
なってしまったからである。

　また同じことだが，原初の正義のここまで語られてきた
境地は，ある種の特殊な恵みの賜物であるが，恵みは功徳
によって得られるのではなく，神から無償で与えられるの
である。それゆえ，最初の人間が始めから，原初の正義を
功徳によらず有していたように，罪の後に，悔い改めに
よって，あるいはなんであれ業をなすことで，それ〔恵
み〕に値し得るということはさらに少ない。

第199章　人性のキリストによる再生について

　そして，ここまで語られてきた仕方で汚染された人性
は，神のはからいで再生されねばならなかった。すなわ
ち，そのような汚染が取り除かれない限り，完全な至福
には到達し得ない。というのは，至福は完全な善であるの
で，どんな欠陥も〔被ることはなく〕，極端な場合，既に

もう 1 篇の論考　キリストの人性について　　303

述べられた[36]とおりある仕方でかのもの〔至福〕への道である徳と対立する罪の欠陥も，被らないからである。そして，そうであるなら〔神のはからいで再生されねば〕，人間は至福のために作られたので，神の業（わざ）は，かくも高貴な被造物のうちで空しいものとなったということになり，詩編作者は，不適切な考えでこう言ったということになる。「詩編」88 篇（89 篇 48 節）にあるように。「人間のすべての子を，あなたは空しく作られたのか」。それゆえ，人性は再生されねばならないということになる。

　さらに，神の善性は，被造物の善への可能態を超えている。しかし，先立つ箇所で述べられた[37]ことから，人間の条件は，死すべき生に生きている限り，不動の仕方で善を確信しているということでは決してないように，不動の仕方で悪に取り付いているということでも決してない。それゆえ，人性の条件には，罪による汚染から浄められ得るということが含まれている。したがって，神の善性がこの能力を全面的に空っぽにしてしまったということは適切でない。再生のための薬がそれ〔人性〕のためにあがなわれなかったらそうなっていただろう。

第 200 章　受肉した神によってのみ，自然本性は再生されねばならなかったこと[38]

　また既に示された[39]とおり，アダムによっても，他の誰かによっても，純粋なものは再生され得ない。というの

---

36)　本書第 172 章。

37)　本書第 144，145，174 章。

38)　Cf. ST, III, q.1, a.1; a.2.

39)　本書第 198 章。

は，どんな個人も自然本性全体に対し優位にあったことはないし，また純粋な人間は，恵みの原因ではあり得なかったからである。それゆえ，同じ理由で，天使によっても再生され得なかった。というのは，天使は恵みの原因ではあり得ず，また人間が呼び戻されなければならない完全なる至福に関する限り，〔それは〕人間の対価ではあり得ない。そこ〔完全なる至福〕では等しいもの〔対価となるものを介した等しい交換〕があるからである。

　それゆえ〔結論として〕残るのは，神によってのみ，そのような再生は起こり得たということである。しかし，もし神が人間を彼〔神〕の意志と能力だけで再生したなら，神の正義の秩序は保たれなかっただろう。神の正義は，罪に対する償いを求めるからであるが，神の場合，功徳と同じく償いということは起きない。このことは，他のものの下にあるものがすることである。

　したがって，そうであるなら，神にとって人性全体の罪を償うということは相応しくないということになる。また，既に示された[40]とおり，純粋な人間はなし得ない。それゆえ，神が人間になったということは適切だった。こうすることで，〔神は〕再生することができる者でありながら，〔まったく〕一にして同一の償い得るものになったのである。そして，神の受肉のこの原因を使徒は，「テモテへの手紙　一」1章（15 節）でこうだとしている。「キリスト・イエスがこの世に来られたのは，罪びとを救うためである」。

40）　本書第 198 章。

もう1篇の論考　キリストの人性について　　305

第201章　神の御子の受肉の他の原因について

　しかしながら，神の受肉には他にも原因がある。すなわち，人間は霊的なことから退き，全身を物体的なものに委ねてしまっているので，そこ〔物体的なもの〕から神へと自ら自分自身の力で帰ることはできなかった。神はその知恵で人間を創り，物体的な自然本性を受け取ることで物体的なもののうちに身を置く人間を見た。その体の神秘によって，彼を霊に呼び戻すために。

　また，人類にとって，神が人間になったということは，人性の尊厳を，すなわちそうであるのだから〔神がなって下さるほどなのだから〕人間は悪霊にも，物体的なものにも従属すべきでないということを示すのに必要だった。

　また同時に，神が人間になろうと思ったことは，彼〔神〕の愛の測り知れなさを明らかに示し，このこと〔神の愛の測り知れなさを示すこと〕で人間たちは神に，最初の人間が侮った死の恐れによってではなく，愛の情動によって従うようになる。

　また，これ〔受肉の神秘〕によって人間になんらかの至福的合一，被造の知性が創られざる霊に理解によって合一することの範型が与えられる。すなわち，被造物の知性が神に合一し得るのは，その本質を視ることによってであって，このことによって神は人間と，その本性〔人性〕を受け入れて合一するということに，信ずべからざることは残らない。

　そして，人間，すなわち最後に創られたものが，輪を描いて彼の始原に，諸事物の始原そのものと受肉の業によって一つになって帰るという時，これ〔受肉の神秘〕によっ

306 第Ⅰ部　信仰について

て，ある仕方で神の業全体の普遍性が完成する[41]。

第202章　神の御子の受肉を巡るフォティヌスの誤りについて

　ところで，この神の受肉の神秘をフォティヌス[42]は，彼自身に関する限りでは，空しいものとした。すなわち，エビオン派[43]とケリントス[44]とサモサタのパウロ[45]に従い，主イエス・キリストが純粋な人間であったとした。〔すなわち，イエスは〕乙女マリアの前にあったのではなく，至福なる生の功徳と，死を受けることとで，神性の栄光に値するようになった。そうだとすると，〔イエスが〕神と言われるのは，自然本性によってではなく，恵みを得たがゆえであることになる。したがって，そうであるなら神と人間との合一が起きたのではなく，人間が恵みによって神になったことになる。すなわち，以上はキリスト独自のものではなく，聖人すべてに共通である。たとえ，この恵みのうちで，ある人々が他の人々より優れたものを有し得るとしても。

　41）　すなわち，受肉は，神の創造の業の完成とも言える。

　42）　フォティヌス（376没）は，異端者として排斥されたパンノニア地方の主教。アウグスティヌスの記述では，キリストの先在を否定したとされている。

　43）　エビオン派は初期キリスト教における一つの宗派。イエスの神性を否定し，処女懐胎も認めない。5世紀まで続いたと言われる。

　44）　ケリントス（1世紀-2世紀）は小アジアのグノーシス主義者。霊的なキリストが人間イエスのうえに，洗礼の際に降臨したと考えた。

　45）　サモサタのパウロは，サモサタ出身のアンティオキアの主教（在職260-272）。イエスは人間であって，モーセより偉大であるが神ではないと説いた。その主張はキリスト養子説と呼ばれる。

もう 1 篇の論考　キリストの人性について　　307

　しかし，この誤りは，神の書物の権威ある言葉〔聖句〕に矛盾している。すなわち，「ヨハネによる福音書」1 章〔1 節〕ではこう言われている。「始めに御言葉があった」。そしてその後にはこうある。「御言葉は肉となられた」〔14 節〕。したがって，始めに神のもとにあった御言葉が肉を得たのであって，人間が前もって存在していて，恵みを得ることで神になったのではない。さらに，主は「ヨハネによる福音書」6 章〔38 節〕でこう言われる。「私が天から降ったのは，私の意志を実現しようとしてではなく，私を遣わした方の意志を実現するためである」。フォティヌスの謬説によれば，キリストにとって〔天から〕降りたということは相応しくなく，〔天に〕昇ったことだけが相応しい。しかし，使徒は「エフェソの信徒への手紙」4 章（9節）でこう言っている。「〔天に〕昇ったものは，最初に地のより低いところに降ったのでなければなんであるか」。以上から，明らかに理解されるのは，キリストが〔天に〕昇るということは，〔天から〕降りるということが先になければできなかったということである。

第 203 章　受肉を巡るネストリウスの 誤りとその否認について

　それゆえ，これ〔受肉の教え〕を捻じ曲げようとしていたネストリウス[46]は，部分的にはフォティヌスの誤りから学んでいたということになる。というのは，〔ネストリウ

　46）　ネストリウス（381-451）は，428 年以降コンスタンティノープル司教であった人物。子なる神のペルソナに神性と人性があるというのではなく，人性が人格的に独立しており，それゆえにマリアは神の母と呼ばれるべきではなく，キリストの母とのみ呼ばれるべきであると主張したとされる。

308   第Ⅰ部　信仰について

ス は〕キリストが神の御子となったのは，恵みを受けるこ
とによってだけではなく，神性によって，そのうちで父と
共に永遠の存在となることによってであると考えたからで
ある。また部分的には，フォティヌスと一致してこう言
う。神の御子が人間と一つであるのは，神と人間の一なる
人格が生じたという意味でではなく，〔神が〕彼〔人間〕
のうちに住んでいるという意味でのみ一つなのである。そ
してそうであるなら，かの人〔イエス〕は，フォティヌス
の場合恵みによって神と言われるに過ぎなかったように，
ネストリウスによれば〔イエスが〕神の御子と言われるの
は，彼〔イエス〕が真に神だからではなく，神の御子が彼
〔イエス〕のうちに共に住んでいるからであり，これは恵
みによる。
　しかし，この誤りは，聖なる書物の権威ある言葉〔聖
句〕に逆らっている。すなわち，神と人間とのこのような
合一は，使徒が無化と呼んでいるものである。「フィレモ
ンへの手紙」2章〔6節〕以下で〔パウロは〕神の御子に
ついてこう言う。「神の形であった人はそれゆえ，彼が神
と等しいものであることを僭越と看做されることはない者
であるが，自らを無化し，僕の形を取ったのである」。し
かし，恵みによって理性ある被造物のうちに住むことが，
神の無化なのではない。さもなくば，御父も聖霊も無化さ
れることになったはずだ。というのは，彼ら〔御父と聖
霊〕も恵みによって理性ある被造物のうちに住むから，す
なわち主が，御自身と御父について「ヨハネによる福音
書」14章〔23節〕で「彼のもとに私たちは行くだろう。
そして彼のもとに留まるだろう」と言われ，使徒は，「コ
リントの信徒への手紙　一」3章〔16節〕で「神の霊が
私たちの間に住んでいる」と言っているからである。さら
に，神性の諸々の声を発することがかの人〔イエス〕に
は，もし〔イエスが〕ペルソナとして神でなかったら，相

もう1篇の論考　キリストの人性について　　309

応しくなかったことになり，したがって〔イエスが〕こう
言ったのはこの上ない傲慢だったことになるだろう。すな
わち，「私と父は一つである」。そして「アブラハムが生ま
れた，それより前に，私はいる」。すなわち，この「私」
は〔ここで〕語っているものの人称を示している。そし
て，人間は語られていたものである。それゆえ，神と人間
とに同一のペルソナがあることになる。

　したがって，この〔ネストリウスの〕誤りを排除するた
めに，教父たちの信条だけでなく使徒信条には，御子のペ
ルソナについて言及し，こう続けている。

　「彼は聖霊によって宿り，生まれ，苦しみを受け，死に，
復活した」と。すなわち，もし，神の御子と人間とに同一
のペルソナがあるのでなければ，人間のものを神の御子に
ついて宣言すべきではない[47]。あるペルソナに当てはまる
ものは，それとは別のものについては，それそのものとし
ては宣言されない。パウロに当てはまるものは，ペトロに
ついてはそれそのものとしては宣言されない。

第204章　受肉を巡るアリウスの誤りと
　　　　　　その否認について[48]

　したがって，神と人間とが一つであると宣言するため
に，ある異端者たちは反対の側に向いて，言っている。神
と人間とは，一なるペルソナだけでなく，〔一なる〕本性

　47）　宿り，生まれ，苦しみ，死に，復活するというのは人間だ
けに起こり得ることであって神に起こり得ることではない。使徒信条
およびニケア＝コンスタンティノープル信条では，それらを子なる神
に起きたこととして宣言する。ゆえに，キリストにおいて，子なる神
と人間とは同一のペルソナである。
　48）　Cf. ST, III, q.5, a.3.

もまたあると。このような誤りの始原はアリウス[49]から来ている。彼〔アリウス〕は，書物のうちでキリストについて語られている，それらによっては御父より小さなものが示されている言葉を，受け取る側の本性〔神性〕の観点からは，まさに神の御子以外の何ものも指し得ないとした。そして，キリストのうちに，神の御言葉以外に霊魂は存在せず，キリストの体は霊魂のためにあり，例えば，「父は私より偉大である」[50]と言われる時，あるいは，〔イエスが〕祈ったということが，あるいは悲しまれたということが読まれる時，まさに神の御子の本性が言及されていると考えた。そして，この立場では，神の御子の人間との合一はペルソナのうちでのみ起きることではなく，本性においても起きる。すなわち，霊魂と体とから人性の統一性が成り立っているのは明らかだからである。

また，この立場の偽なることは，御子が御父より小さいものだとしていることに関しては，先立つ箇所[51]で御子が御父と等しいことを示した時，既に明らかになっている。また，このことが意味することだけで，キリストのうちでの神の御言葉は霊魂の代わりであったという，これまで論じてきた誤りの偽なることは示され得る。すなわち，先立つ箇所[52]で示されたとおり，霊魂は体と，形相として一つになっているが，神が体の形相であるということは，先立つ箇所[53]で示されたとおりあり得ない。そしておそらく，アリウスは最高の神である御父について知るべきこと，天

49）　アリウス（250頃-336頃）は，アレクサンドリアで活躍した神学者。子なる神は父なる神により造られた被造物であると考えた。本章では受肉を，神が直接一種の霊魂として身体に宿ることとする誤解も論じられる。

50）「ヨハネによる福音書」14章28節。

51）　本書第41-43章。

52）　本書第85，90章。

53）　本書第17章。

もう1篇の論考　キリストの人性について　　311

使たちについても同じように示すことができることとして，本性上〔御父と天使たちは〕形相という形で体と一つになり得ないのは，その本性上物体からは分離しているからであるということを語らなかった。したがって，神の御子は天使たちが彼〔神〕によって生まれたという方なのだから，アリウスでさえ宣言しているように，彼〔神〕が体の形相であるなどということはなおさらあり得ない。

　さらに，神の御子もまた，アリウスが言うように，被造物であるとしても，それでもそれによってすべての被造の霊は至福のうちに生ずる。ところで，天使たちの至福全体は，悲しみを有し得ない。すなわち，真にして充溢した至福は，彼ら〔天使たち〕の願いに何かが足りなければ，成り立たない。すなわち，至福の概念に，目的として完全な，欲求を全体として安らがせる善が含まれている。したがって，神の御子が悲しんだり恐れたりすることは，その本性から言ってなおさらあり得ない。

　また，〔イエスが〕悲しまれたということが読まれるのは，「イエスは震え，吐き気を催され，悲しまれた」[54]と言われている時，そして，御自身さえ御自分の悲しみを表明されて，「私の霊は死ぬほど悲しんでいる」[55]と言っておられる時だが，悲しみが体のものでなく，なんらかの知覚する実体のものであることは明らかである。したがって，御言葉と体の他にキリストのうちに悲しみを受け得る実体があったのでなければならない。そしてこれを我々は霊魂と呼ぶ。

　さらに，キリストが，それゆえ，我々のものを，我々を罪から浄めるために受け入れたが，むしろ我々にとって必

────────────

　54）「マルコによる福音書」14章33節および「マタイによる福音書」26章37節。この箇所はいわゆるゲッセマネの祈りの箇所である。

　55）「マルコによる福音書」14章34節。

312　　　　　　　第Ⅰ部　信仰について

要だったのは，そこを起源として罪が生じてくる，罪の基
体である霊魂に関して浄められることであるなら，した
がって〔キリストが〕体を，霊魂なしに受け取ることはな
く，より主要的には霊魂を受け取り，霊魂と共に体を受け
取ったということになる。

第205章　受肉を巡るアポリナリオスの 　　　　　　　誤りとその否認について[56]

　以上から，アポリナリオス[57]の誤りもまた排除される。
彼〔アポリナリオス〕は，最初はアリウスに追随し，キリ
ストのうちに神の御言葉の他に霊魂を置かなかった。しか
し，〔アリウスが〕神の御子が被造物であると語ったこと
では，アリウスには従わなかったので，キリストについ
て，体に帰すことができず，創造者にも相応しくないこと
を多く語った。例えば，悲しみ，恐れ，およびその類のも
のが，なんらかの霊魂を，すなわち体に感性を与え，これ
らの情念の基体であり得るが，理性と知性を欠いている霊
魂をキリストのうちにおくことを強いられていたが，御言
葉そのものが人間キリストにとって知性と理性の代わりで
あった。
　しかし，以上のことは，何重もの意味で偽であることが
示される。第1に，理性的でない霊魂が人間の形相である
というのは，自然本性の本質に反するということである。
というのは，〔人間は〕やはり身体の形相を有するが，キ
リストの受肉の際，どのような奇形も不自然なものもあっ

---

　56)　Cf. ST, III, q.5, a.4.
　57)　ラオディキアのアポリナリオス（315頃-390頃）。キリス
トが完全な意味で人間であるということを認めなかったとされる。

もう 1 篇の論考　キリストの人性について　　313

たと考えるべきではないからである。第 2 に，受肉の目
的すなわち人性の再生に反していたからである。これ〔人
性〕はより主要的には，知性的な部分に関して再生される
ことを必要としており，これ〔知性的な部分〕は分有者と
して罪あるものであり得る。それゆえ，〔イエスが〕人間
の知性的な部分を受け取ったのは，特に適切である。また
キリストが驚かれた[58]と言われているが，驚くということ
は，理性的霊魂のすること以外の何ものでもない[59]が，し
かし，神にはまったく当てはまり得ない。それゆえ，悲し
み[60]がキリストのうちに感性的霊魂を置くよう強いるよう
に，驚きはキリストのうちに知性的霊魂を置くように強い
る。

第 206 章　本性における合一を認めた エウテュケスの誤りについ て[61]

　また，これらの人たちにエウテュケス[62]は，なんらかの
点で従っていた。すなわち，キリストには霊魂や知性や，
本性の無傷さに関わる何かが欠けていたとは考えることな
く，受肉の後，神と人間とに一なる本性があったと考えた
からである。
　しかし，この考えの偽なることは火を見るより明らかで
ある。すなわち，神性はそれ自体として完全で変化し得な

58）「マルコによる福音書」6 章 6 節。

59）　驚くためには，当たり前の場合に何が起きるはずだったか
を考えられなければならない。

60）「マタイによる福音書」26 章 37-38 節。

61）　Cf, ST, III, q.2, a.1.

62）　エウテュケス（378 頃 -454）はキリスト単性説の創始者。

いものである。すなわち，そのような本性がそれ自体として完全だというのは，他のものが〔それに対して〕一なる本性として合致しない時，あるいはそれ〔本性〕が他のものに置き換わる，例えば食事が栄養分に置き換わるようなことがない限り，あるいは他のものがそれ〔本性〕に置き換わる，例えば，木が火に置き換わるようなことがない限り，あるいは両者が第3のものに変化する，例えば元素が混合体に変化するようなことがない限りのことである。また，これらすべてを神の不変性は取り除く。すなわち，それが他のものに置き換わるという意味で変わり得ないのでも，他のものがそれに置き換わり得るという意味で変わり得ないのでもない。したがって，神性はそれ自体として完全であるので，なんらかの本性と同時に一なる本性として合致するということは決してあり得ない。

さらに，諸事物の秩序を考えるなら，より大きな完全性の追加が，自然存在の種を変える。すなわち，存在し，かつ単に生きるのみであるもの，例えば植物は，単に存在するだけのものとは別の種に属する。存在し，かつ生き，かつ感じるもの，例えば動物は，存在し，かつ単に生きるのみであるもの，例えば植物とは別の種に属する。同じく，存在し，生き，感じ，そして理解するもの，例えば人間は，存在し，生き，かつ感じるのみのもの，例えば理性なき動物とは別の種に属する。それゆえ，キリストのものとされたある本性が，以上のすべて〔存在する，生きる，感じる，理解する〕の上に神的なものを有しているなら，その帰結として，かの〔キリストのものとされた〕本性は，人性とは別の種に属していたということになる。人性が理性なき動物の本性とは別であるように。それゆえ，キリストは，〔普通の人間と〕同じ種に属する人間ではないということになる。このことが偽であるのは，〔キリストが〕肉に関しては人間によって生み出されたということで示さ

もう1篇の論考　キリストの人性について　　315

れている。マタイが彼の福音書の始めでこのことを示して
こう言っているように。「アブラハムの子，ダヴィドの子，
イエス・キリストの生成の書〔すなわち系図〕」[63]。

第207章　キリストは真の体を持たず，幻を有していたと言うマニ教徒の誤りに反駁して[64]

ところで，フォティヌスが神性をキリストから除去する
ことで，受肉の神秘を空しくしたように，マニ教徒[65]は人
性を取り除いて空しくした。すなわち，物体的被造物すべ
てを悪魔によって創られたものとし，また善なる神の御子
が悪魔の被造物を受け取るというのは適切でないと考え
た。それゆえ，キリストは本当の肉を有したのではなく，
幻だけを有していたとし，そして福音でキリストについて
語られている，人性に関わることはすべて幻であって，本
当に生じたのではなかったと看做した[66]。

しかし，以上の立場が，聖なる書物に矛盾していること
は歴然としている。それ〔聖書〕は，キリストが乙女から
生まれ，割礼を受け，空腹を覚え，食事をし，その他，人
間の肉の本性に関わることを辛抱したと断言している。そ
れゆえ，〔如上の立場に立つなら〕福音の書物が以上のよ
うなことをキリストについて語っているのは嘘だったとい

---

63)　「マタイによる福音書」1章1節。

64)　Cf. ST, III, q.5, a.1.

65)　マニ教はマーニー（216-277）を教祖とする宗教であり，し
ばしばグノーシス主義と結び付けて理解される。本文中でも，物質は
悪魔の作り上げたものであり，したがって神が受肉するなどとは不合
理であるとする見方がマニ教のものとして取り上げられている。

66)　このような考えはキリスト仮現説と呼ばれる。

うことになるだろう。

さらに，キリスト御自ら，御自身についてこう言っている。「このために私は生まれた。このために私は世界に来た。真理の証拠を示すために」と。しかし，真理の証人だったのではなく，むしろ虚偽の証人だったことになるだろう。もし，存在しなかったと御自ら示したのなら。特に，〔キリストが〕本当の肉なしには感じ得ないことを感じるだろうと前もっておっしゃった時，すなわち，人間の手に渡され，唾を吐きかけられ，鞭打たれ，十字架に架けられるとおっしゃった時に。したがって，キリストが本当の肉を有していたのではなく，またその類のこと〔人間の手に渡され，唾を吐きかけられ，鞭打たれ，十字架に架けられること〕を本当にではなく，幻として彼〔キリスト〕が耐えたに過ぎなかったと言うことは，キリストに虚偽を帰するものである。

さらに，人間の心から真の憶見を取り除くことは，偽り者のすることである。そしてキリストは，弟子たちの心からこの憶見を取り除いた。すなわち，復活の後，彼〔キリスト〕が霊か，あるいは幻であると思った弟子たちの間で，彼らの心からそのような疑いを取り除くためにこう言われた時である。「触れよ。見よ。お前たちが私で見ているようには，霊は肉と骨を，持たないからだ」。〔「ルカによる福音書」24章39節〕そして他の箇所では，湖の上を歩いていらっしゃった時，彼を幻と思った弟子たちに，またこのことを前にして恐れをなした弟子たちに，主はこう言われた。「私だ。恐れるな」〔「マタイによる福音書」13章27節，「マルコによる福音書」6章50節，「ヨハネによる福音書」6章20節〕。したがって，以上の憶見が真であるなら，キリストを偽り者だったと言わなければならない。しかし，キリストは，御自身が御自分についておっしゃっているように真理である。したがって以上の臆見は

もう 1 篇の論考　キリストの人性について　　317

偽である。

第 208 章　キリストが真の体を有したの
であって，天の体を有したの
でないこと，すなわちヴァレ
ンティヌスに反駁して[67]

　また，ヴァレンティヌス[68]は，たとえ，キリストが真の
体を持っていたと宣言したとしても，それでも，彼〔キリ
スト〕は肉を乙女から受け取ったのではなく天によって形
相を与えられた体を持っていたのであり，これ〔天によっ
て形相を与えられた体〕は乙女を通過したのであって，
〔キリストは〕彼女〔乙女〕からは，水が水路を通る場合
のように，何も受け取らなかったと言った。
　以上のことはまた，聖書の真理に矛盾している。すなわ
ち，使徒〔パウロ〕は「ローマの信徒への手紙」1 章〔3
節〕でこう言っている。「肉に関してはダヴィドの種から
彼へと生じた」と。また「ガラテヤの信徒への手紙」4 章
〔4 節〕でこう言っている。「神は御自身の独り子をお遣わ
しになり，女から生まれさせられた」と。またマタイは
〔「マタイによる福音書」〕1 章でこう言っている。「そして
ヤコブはマリアの夫ヨセフを生んだ。彼女〔マリア〕から
お生まれになったのがイエス，キリストと呼ばれる方だ」
〔16 節〕と。そしてその後すぐ彼女〔マリア〕を彼〔キリ
スト〕の母と呼んでこう続ける。「彼〔キリスト〕の母マ

---

67)　Cf. ST, III, q.5, a.2; q.31, a.1, ad1.

68)　ヴァレンティヌス（2 世紀）はエジプト出身のグノーシス
主義者。彼の生涯と著作については詳しいことは分かっておらず，そ
の思想は彼を異端として批判する立場からの証言によってのみ知られ
ている。

318   第 I 部　信仰について

リアはヨセフと婚約していた時」〔18 節〕と。しかし，キ
リストが乙女から肉を受け取らなかったなら，以上は真で
なかったことになる。したがって，〔キリストが〕天の体
を持っていたということは偽である。しかし，使徒が「コ
リントの信徒への手紙　一」15 章（7 章）で「次の人間は
天で生まれた天のものである」と言っていることは，こう
理解すべきである。すなわち，〔次の人間が〕天から降り
てきたというのは，神性を観点に入れてのことであり，体
の実体を観点に入れてではない。

　さらに，天から体を持ってきている神の御子が，彼女
〔マリア〕から何も受け取っていないのなら，なぜ乙女の
胎に入ったのか，何の理由もなくなる。そして，母の胎か
ら出てくることで〔キリストは〕，自身が，〔それまでは〕
受け取っていなかった肉を彼女〔マリア〕から受け取った
ことを示しているのだから，〔キリストが天の体を有して
いたという説は〕むしろ作りごとのように思える。した
がって，あらゆる虚偽はキリストと無縁であるので，端的
にこう宣言すべきである。キリストは，乙女の胎から，彼
女〔乙女〕から肉を受けてお生まれになったと。

第 209 章　受肉に関する信仰の教えは何か[69]

　したがって，ここまで論じてきたことをまとめると，キ
リストのうちにはカトリック信仰の真理に従い，我々と同
じ本性を持つ本当の体，本当の理性的霊魂があり，また同
時に以上のものと共に完全な神性がある。しかし，以上の
3 つの実体は，一なるペルソナとして合致しているが，一
なる本性としてではない。

───────────
　69)　Cf. ST, III, q.2, a.5; a.6.

もう１篇の論考　キリストの人性について　　319

　またこれらの真理を解釈するために，ある人たちはある種の誤った道を通って議論を進めた。すなわちある人たちは，存在が完備したあとにある人に加わったものはすべて付帯的に，例えば人間にとっての衣服のように結びついているものであると考え，人性は付帯的合一で，御子のペルソナのうちに神性と結びついたとした。すなわち，受け取られた本性は神の御子のペルソナに対し，衣服が人間に対するのと同じ関係にある。以上を確信するために彼らは，使徒が「フィレモンへの手紙」２章（７節）でキリストについて言っていることを引用した。「装いのおかげで，人間として見出されている」と。

　さらに，彼らは，霊魂と体との合一から，理性的本性を有するある種の個人が生まれると考えた。これ〔理性的本性を有するある種の個人〕がペルソナと呼ばれる。したがって，キリストのうちの霊魂が体と合一しているとしたら，そのような合一からペルソナが成立したということにならなかったとは考えられない。したがって，キリストのうちには２つのペルソナがある，すなわち受け取る側のペルソナと受け取られた側のペルソナということになる。服を着せられた人間に２つのペルソナはない。というのは，服を着るということにペルソナという本質はないからである。しかし，もし衣服がペルソナだったなら，服を着た人間にはペルソナが２つあることになっただろう。

　それゆえ，以上のことを排除するために，ある人々は，キリストの霊魂は決して体と一つにならず，神の御子のペルソナは霊魂と体をバラバラに受け取ったと考えた。しかし，ある不適切を避けるよう努めてこの臆説を取るなら，より大きな〔不適切な〕ものに陥る。すなわち，必然的な帰結として，キリストは本当の人間ではなかったことになる。というのは，人性が本物であるには，霊魂と体が合一していることが不可欠だからである。すなわち，人間は，

320   第Ⅰ部　信仰について

〔霊魂と体〕両方が組み合わさっているものなのだ。また，キリストに真の肉がない，または彼〔キリスト〕の肢体が本物でないということにもなる。というのは，霊魂が取り除かれれば，目はなく，あるいは手はなく，あるいは肉も骨もないからである。例えば，描かれた目や石でできた目のように[70]。また，キリストは真に死んだのではなかったことになる。というのは，死は生の欠如であり，すなわち，神性の生は死によって欠き得なかったことは明らかだからである。しかし，体は，霊魂と結びつかなかったら，生きているものであり得ない。またさらに，キリストの体が感じることができなかったということにもなる。すなわち，体が感じるためには，霊魂がそれ〔体〕に結びついていなければならないからである。

　さらにまた，この臆説は，ネストリウスの誤りに逆戻りするが，しかし，それとは別の方向に向かう。すなわち，ネストリウスが犯した誤りとは，神の御言葉が人間キリストと，恵みが中に住んでいることで１つになったと考えたこと，また同じく，神の御言葉が，かの人〔キリスト〕をその〔御言葉の〕神殿として，そのうちにあったと考えたことである。しかし，御言葉が人間をその〔御言葉の〕神殿としてそのうちにあって，人性は御言葉に，衣服が着ている人に対する関係で付け加わったものであるということは，言われていることに関する限りでは，わざわざ取り上げるほどのことではない。この臆説が，キリストが本当の人間であると宣言できないものであることで，より劣悪なものになるということさえなければ。したがって，この臆説は，甲斐なく断罪されるのである。

　さらに，衣服を着ている人間は，衣服のペルソナではあり得ない。また，衣服の種に属するとは決して言えない。

---

　70)　アリストテレス『霊魂論』2 巻 1 章 (412b20sqq.) 参照。

もう1篇の論考　キリストの人性について　　321

したがって，神の御子が人性を，衣服のように受け取っているのなら，人性に属するペルソナがそうしているとは決して言えない。また，神の御子が他の人間と同じ種に属するということもできない。しかしながら，使徒はこのことについて「〔神の御子は〕人間の似像となった」と言っている。それゆえ，以上の臆説がまったく避けるべきものであることは明白である。

第210章　彼〔神の御子〕のうちに２つ
　　　　　の基体があるとは考えられな
　　　　　いこと[71]

　しかし，他の人々は，これまで語られてきた不適切さを避けようとして，キリストのうちでは霊魂が体と１つになった，またそのような合一のうちにある人間が出来上がったと考えた。彼〔出来上がった人間〕が，神の御子によってペルソナの一性のうちに受け取られていると彼ら〔上述の他の人々〕は言う。このような受け取りという概念により，彼ら〔上述の他の人々〕はかの人〔出来上がった人間〕を神の御子であると言う。そして神の御子がかの人〔出来上がった人間〕であると言う。そして，これまで語られてきた受け入れは，ペルソナの一性を果てとして定められたものであるので，〔上述の他の人々は〕キリストのうちでは神と人間に一なるペルソナがあると告白するが，この人間は，霊魂と体から成り立っていると〔上述の他の人々は〕言っており，人性のある種の基体，あるいはヒュポスタシスであるので，〔上述の他の人々は〕キリストのうちに２つの基体，２つのヒュポスタシスがあると考

―――――――――――
71)　Cf. ST, III, q.2, a.3; q.4, a.3.

えている。1つは人性の基体で、創られた時間的なものであり、もう1つは神性の基体で、創られざる永遠のものである。

しかし、以上の立場は、ネストリウスの誤りから、言葉の上では退いているように見えても、それでも、これ〔以上の立場〕を内的によく調べるなら、ネストリウスと同じところに滑り落ちている。というのは、ペルソナが理性的という自然本性を有する個的実体以外の何ものでもないことは明らかだが、人間の自然本性は理性的であり、それゆえ、キリストのうちに、人性のなんらかのヒュポスタシス、あるいは基体が置かれているというまさにそのことによって、キリストのうちになんらかの時間的な創られたペルソナは置かれているからである。すなわち、基体、あるいはヒュポスタシスという名で表されているのはこのこと、すなわち個的実体である。したがって、キリストのうちに2つの基体、あるいは2つのヒュポスタシスを置く人たちは、言っていることを理解しているならば、2つのペルソナを置かなければならない。

さらにまた、基体を異にするものはなんであれ、あるものに固有のものどもが別のものに適合し得ないという状態にある。したがって、神の御子と人の子が同じ基体でないなら、人の子に属するものは、神の御子に属し得ず、その反対もあり得ないということになる。したがって、神が十字架に架けられたと言うことや、あるいは乙女から生まれたと言うことはできなくなる。これがネストリウス派の不敬虔である[72]。

しかし、以上のことに関して、かの人〔キリスト〕のものであるものが、神の御子のものであって、その逆もまた

---

72) 異端は単なる謬説ではなく、倫理上の問題を引き起こすという理解がこの「不敬虔」という語に表れている。

もう1篇の論考　キリストの人性について　　323

そのとおりであるが，それは，たとえ基体が様々であって
もペルソナは一だからであると言いたいなら，これは全く
成り立ち得ない。すなわち，神の御子の永遠の基体が〔神
の御子の〕ペルソナそのものに他ならないことは明らかで
ある。したがって，神の御子について，彼〔神の御子〕の
ペルソナという観点で語られることはなんであれ，彼〔神
の御子〕について基体という観点で語られたことである。
しかし，人間に属するものは，基体という観点で彼〔人
間〕について語られることはない。というのは，神の御子
が，人の子とは基体を異にするとされているからである。
したがって，ペルソナという観点で神の御子について，人
の子に固有なこと，例えば乙女から生まれたことや，その
類のことを語ることもまたできなかった。

　さらに，なんらかの時間的な基体について神の名を述語
づけるなら，これは目新しいことである。しかし，目新し
く神について語られたものはすべて神ではない。神になっ
たというのでなければ。しかし，神になったものは，生ま
れながらに神なのではなく，養子縁組でそうなったに過ぎ
ない。したがって，かの人〔キリスト〕は真に生まれなが
らにして神なのではなく，養子縁組でそうなったに過ぎな
い。以上のこともまた，ネストリウスの誤りに関係してい
る。

　　第211章　キリストのうちには唯一つの
　　　　　　基体があり，そして唯一つの
　　　　　　ペルソナがあること[73]

　したがって，キリストのうちに，神と人間との一なるペ

───────────

73)　Cf. ST, III, q.2, a.3.

324   第Ⅰ部　信仰について

ルソナだけがあり，それだけではなく，基体またはヒュ
ポスタシスも一である。しかし，本性は１つではなく２
つである。このことを証明するためには，このペルソナ，
ヒュポスタシス，そして基体という語が，ある種の無傷な
ものを指し示していることを考えなければならない。すな
わち，手あるいは肉あるいはなんであれ他の部分が，ペル
ソナあるいはヒュポスタシスまたは基体と言うことができ
ず，この全体，すなわちこの人間全体がそう〔ペルソナあ
るいはヒュポスタシスまたは基体〕だと言えるが，一方，
実体と付帯性からなる個体に共通の名称，例えば，「個体」
とか「個々のもの」とかは，全体にも部分にも適用させら
れる。すなわち，部分は，付帯性と共通する何かを有す
る。すなわち，それ自体として実在するのではなく，他の
ものに内在する，たとえ，その仕方は様々であっても。

　したがって，ソクラテスの手とプラトンの手は，ある意
味で個体，あるいはある意味で個々のものだと言うことが
できる。たとえ，ヒュポスタシスあるいは基体あるいはペ
ルソナではないにしても。

　また，さらに，なんらかのものの結びつきは，それ自体
として考えるなら，時になんらかの無傷なものを生ぜしめ
る，すなわち，互いに別であるものが加わり，加えられる
ことで，なんらか無傷なものを成り立たせる，例えば，石
のうちに四元素が混合して，なんらかの無傷なものを成り
立たせている場合のように。そこでは，諸元素から成り
立っているものは石のうちでは基体あるいはヒュポスタシ
スと言われ得る。これ〔諸元素から成り立っているもの〕
はこれこれの石であるが，ペルソナではない。というの
は，理性的という自然本性のヒュポスタシスではないから
である。しかし，諸元素の動物のうちでの複合は，なんら
かの無傷なものを成り立たせず，部分を，すなわち体を成
り立たせる。というのは，動物が完成するには何か他のも

のが加わらねばならないからだ。すなわち，霊魂が。それ
ゆえ，動物のうちでの諸元素の複合は，基体あるいはヒュ
ポスタシスを成り立たせず，これこれの動物全体が，ヒュ
ポスタシスあるいは基体である。しかしながら，このこと
ゆえに，動物のうちでは諸元素の複合は，石のうちでの場
合より無意義なわけでもなく，さらにより有意義である。
より高貴なものへの秩序をなしているからだ。

　それゆえに，他の人間たちの間では霊魂と体の合一が
ヒュポスタシスと基体とを成り立たせている。というの
は，この2つ〔霊魂と体〕の他に何もないからである。そ
して主イエス・キリストのうちでは霊魂と体の他に第3の
実体が加わる。すなわち，神性が。したがって，体と霊魂
とが組み上がってできたものは，それがペルソナでないの
と同様に，特に基体あるいはヒュポスタシスではない。基
体，ヒュポスタシス，ペルソナであるのは，3つの実体，
すなわち体と霊魂と神性から成るものである。そしてそう
であるなら，キリストのうちには，一なるペルソナだけが
存在するように，1つの基体，1つのヒュポスタシスがあ
る。

　しかし，霊魂が体に加わる原理と，そして神性が両者
〔霊魂と体〕に加わる原理とは異なる。すなわち，霊魂は，
体に対し，その生じつつある形相として加わる。それゆ
え，これら2つから1つの本性が成り立ち，これ〔本性〕
は人性と言われる。しかし，神性は霊魂と体に，形相とし
て加わるのではなく，部分として加わるのでもない。すな
わち，以上のことは，神は完全だということに反するから
である。それゆえ，神性と霊魂と体から，1つの本性が成
り立つというのではなく，神性〔神の自然本性〕そのもの
がそれ自体として無傷で純粋なものとして生じており，あ
る何らかの，把握できず，言い表すこともできない仕方
で，霊魂と体から成り立っている人性を自分に取り入れた

ということになる。これは、それ〔神の自然本性の〕無限の能力から発した。すなわち、我々は、ある能動的作用者がより大きな能力を有するほど、それだけなんらかの道具を、なんらかの業を完成させるのに使うようになる。それゆえ、神の能力が無限であるので、無限でありかつ把握できないように、キリストが人性を、あたかも、人間の救いの業のためのある種の道具であるかのように、自分に合一させたやり方もまた、我々には言い表すことができず、神の被造物とのあらゆる他の合一を超えている。

そして、かつて我々が言ったように、ペルソナ、ヒュポスタシス、そして基体はなんらかの無傷なものを指しているので、キリストの神性〔キリストが現実に神としてあること、キリストの神としての現実存在〕が、霊魂が人間の複合の場合にそうであるように部分であって、なんらかの無傷な全体でないなら、キリストの一なるペルソナは、神性〔キリストが現実に神としてあること、キリストの神としての現実存在〕の側にだけ基づくのではなく、3つのものから成るあるものでもあった。また人間のうちにペルソナ、ヒュポスタシスまたは基体が、霊魂と体が組み合わさっているなんらかのものであるように。しかし、神性は、なんらかの無傷なものであり、ある種の言い表し得ない合一によって人性を取り入れるものであるので、ペルソナは神性の側に基づき、ヒュポスタシスまたは基体も同様だが、一方、霊魂と体は、神のペルソナのペルソナ性に引き込まれて、神の御子のペルソナとなる。人間の子のペルソナとヒュポスタシスまたは基体さえそうなるように。

また、このようなことは、被造物に例が見つけられる。すなわち、基体と付帯性とは1つになっても、それらによって第3の何かが成り立つものではなく、それゆえに、基体は、そのような合一の場合部分ではなく、ある意味では無傷の全体であり、これ〔無傷の全体〕がペルソナであ

り，ヒュポスタシスまたは基体である。しかし，付帯性は，基体のペルソナ性に引き込まれて，人間と白いもののペルソナが同一であるように，また同じくヒュポスタシスまたは基体も同一である。したがって，そうであるならば，あるなんらかの類似のゆえに，神の御子のペルソナ，ヒュポスタシスまたは基体は，キリストのうちの人性のペルソナ，ヒュポスタシスまたは基体である。それゆえ，このような類似のゆえに，ある人たちはあえてこう言ってきた。キリストの人性〔現実に人間としてあること，人間としての現実存在〕は付帯性に堕しており，付帯的に神の御子と一つになっていると。つまり〔彼らは〕，真理〔本当にそうだということ〕を類似〔それに似ているということ〕から分離していない。

　それゆえ，ここまで論じてきたことから明らかなように，キリストのうちには，永遠であるより他のペルソナはなく，これ〔永遠のペルソナ〕が神の御子のペルソナである。また，〔永遠であるより〕他のヒュポスタシスあるいは基体はない。それゆえ，キリストを示して「この人」と言われる時，永遠の基体を意味している。しかし，だからと言って，「人間」という呼び名がキリストと他の人間たちについて，同名異義的に言われているのではない。同名異義であるとは，基体の様々であるのに応じてではなく，意味表示の様々であるのに応じて考えられることだからである。そして，ペトロとキリストに帰せられている「人間」という呼び名が，同じもの，すなわち人性を表示しているのだが，同じものを基体としているわけではない。というのは，一方では神の御子の永遠の基体を置き，もう一方では被造の基体を置いているからである。

　しかし，なんらかの本性を有する基体のどれについてであれ，その基体の本性に適うものであると言うことができるが，またキリストのうちにある人性と，神性とには同一

328   第Ⅰ部　信仰について

の基体があるので，いずれの本性のこの基体についても，
神性あるいは神的ペルソナを表示する名称，または人性あ
るいは人間のペルソナを表示する名称によって基体である
ことが示されており，神性に属することと，人性に属する
こととは差異なく言い得ることは明らかである。例えば，
神の御子が永遠である，神の御子が乙女から生まれたなど
のことを我々が言おうとするなら，同じく，この人間が神
であり，星を創ったのであり，生まれ，死に，葬られたの
だと言うこともできる。

　ところで，なんらかの基体について言われていること
は，それについてなんらかの形相として，あるいは質料と
して言われている。例えば，ソクラテスが白いとは，白さ
に関してであり，理性的であるとは霊魂に関してである。
また，先立つ箇所[74]で言われたように，キリストのうちに
は2つの本性と1つの基体がある。したがって，基体に
関して言うなら，キリストについて人間であるとあるいは
神であると述語づけられることに差異はない。しかし，ど
ちら〔神と人間のいずれ〕にせよどの面に即して言われて
いるのかは区別しなければならない。というのは，キリス
トについて神に関わることが言われるときは，神としての
面に即してであり，一方，人間に関わることは，人間とし
ての面に即して言われる。

────────────
　74）　本書第 209-211 章。

もう1篇の論考　キリストの人性について　　329

第212章　キリストのうちで，一あるいは多といわれるものについて[75]

　したがって，キリストのうちには1つのペルソナと2つの本性があるので，それらの合致から考えなければならないのは，キリストのうちで1つと言わなければならないのは何かと，多と言わなければならないのは何かである。すなわち，本性が多様であるのに即して多くなるものはなんでも，キリストのうちでは複数存在すると言わなければならない。それらのうちで第1に，考えねばならないのは，生むことあるいは生まれること[76]を通して，自然本性は受け取られるのであるから，キリストのうちに2つの本性があるように，〔キリストにとっては〕2つの生むことあるいは生まれることがなければならないということになる。その1つは永遠なるもので，これによって〔キリストは〕御父から神性を受け取る。もう1つは時間的なもので，これによって〔キリストは〕母から人性を受け取る。

　同じく，本性に関わることが，神と人間とに相応しく帰せられるのなら，それがなんであっても，キリストのうちに複数存在すると言われなければならない。しかし，神に知性と意志と，例えば，知識あるいは知恵，また愛，あるいは正義といったこれら〔知性と意志〕の完全性が帰せられ，これらはまた，人性に関わることとして人間にも帰せられる。すなわち，意志と知性は霊魂の部分であり，またこれら〔知性と意志〕の完全性とは知恵，正義，またその

---

75)　Cf. ST, III, q.17, a.2; q.18, a.1; q.19, a.1; q.35, a.2; a.5.
76)　本書第59章。

第Ⅰ部　信仰について

類のことである。したがって，キリストのうちに，2つの
知性を置かねばならない。すなわち，人間の知性と神の知
性とを，また同じく2つの意志を置かねばならず，さらに
は二重の知識あるいは愛を置かねばならない。すなわち，
創られたそれらと，創られていないそれらを。

　しかしながら，基体あるいはヒュポスタシスに関するこ
とでは，1つだけがキリストのうちにあると宣言されねば
ならない。それゆえ，1つの基体につき1つの存在が属す
るものとして存在が受け取られるなら，キリストのうちに
は1つの存在だけがあると言わねばならないと思われる。
すなわち，様々な部分が個々のものとしては固有の存在を
有しているが，全体として考えられる限りはその存在を有
さず，すべてが全体の存在によってあるということは明ら
かである。したがって，我々が，キリスト自身を，2つの
本性を有するある種の無傷の基体として考えたとすると，
彼〔キリスト〕にはたった1つの存在だけがあるだろう，
また同じく1つの基体だけがあるように。

　しかしながら，はたらきとは基体のはたらきであるか
ら，ある人たちにはこう思われた。すなわち，キリストの
うちに基体は1つしかないように，はたらきも1つしかな
かっただろうと。しかし，〔彼らは〕正しく考えてきたわ
けではなかった。すなわち，誰であれ個人のうちに，多く
のはたらきが見出されるのは，はたらきに複数の始原があ
ればのことである。例えば，人間のうちに，理解するはた
らきと，感じるはたらきが別にあるのは，感性と知性が違
うことによってである。例えば，火のうちで熱するはたら
きと上昇するはたらきは，熱と軽さとが違うことによって
である。そして，自然は，はたらきに対して，その始原と
いう関係にある。したがって，キリストのうちでは1つ
の基体のゆえに1つのはたらきがあるのでなく，2つの本
性のゆえに2つ〔のはたらき〕がある。逆に，聖三位一

もう 1 篇の論考　キリストの人性について　　331

体のうちに，3 つのペルソナの 1 つのはたらきが 1 つの本
性のゆえにあるように。

　しかしながら，キリストの人性のはたらきは，神の能力
のはたらきの何かを分有している。すなわち，1 つの基体
として合致しているものどもすべてのうちで，主要なもの
に対して，それ以外のものが道具として役立っている。人
間のそれ以外の部分が知性の道具としてあるように。した
がって，そうである以上，キリストのうちでは人性が，あ
たかも神性のある種の道具と看做されることになる。ま
た，道具が，主要なはたらき手の能力のうちではたらくこ
とは明らかである。それゆえ，道具のはたらきのうちに
は，道具の能力だけが見出されるのではなく，主要なはた
らき手の能力もまた見出される。斧のはたらきで箱ができ
るというのは，斧が職人によって操られている限りでのこ
とであるように。したがって，また同じくキリストのうち
の人性のはたらきも，神性からある種の，人間の能力を超
える力を得ている。すなわち，〔キリストが〕ハンセン氏
病の患者に触れたことは人間のはたらきだが，あの〔キリ
ストの〕接触でハンセン氏病から癒したということは，神
性の力から発したのである。そして，このようにして，す
べてのその〔キリストの〕はたらきは神の力によって救う
ものとなり，および人間の苦しみは神の力によって救われ
るものとなった。そしてそれゆえ，ディオニュシウスは，
キリストの人としてのはたらきをテアンドリクス，つまり
神人的と呼んでいる[77]。すなわち，〔キリストの人としての
はたらきは〕人性から発しながらも，そのうちでは神性の
能力が力を揮っているからである。

　また，ある人たちは，子性への疑いに戻っていく。キリ

---

　77)　偽ディオニュシウス・アレオパギータ『第 4 書簡』(PG3/
1072C)

332　　　　　　　第Ⅰ部　信仰について

ストのうちには基体が１つであることにより，１つしか
〔はたらきが〕ないのかどうか，あるいは２つ〔のはたら
き〕が生まれることが２つであることによってかどうか
〔を疑う〕。そして，２つのものがあるのは，原因が多くあ
ると結果も多くなるせいだと思われるが，子性の原因は生
まれることである。したがって，キリストに２つの生まれ
ることがあるがゆえに，その帰結として子性も２つあるこ
とになるのだと思われる。また，子性がペルソナ的関係で
ある，つまりペルソナを成り立たせるものであってもかま
わない。すなわち，これ〔子性がペルソナを成り立たせる
関係であること〕は，神の子性に関し〔常に〕本当のこと
だからである。しかし，人間の場合の子性は，ペルソナを
成り立たせず，成り立ったペルソナに付帯的に伴うもので
ある。同じく，１人の人間が，１つの子性によって父と母
とに関係してもかまわない。同じ１度の生まれること〔つ
まり母親から生まれること〕で両親から〔つまり，母親だ
けからではなく，父親からも〕生まれるからである。また
関係の原因が同一であるところでは，関係は事実として１
つだけだからである。たとえ，多くの仕方で関係していよ
うとも。すなわち，何かが，事実としてそれに関係が内在
することなしに，他のものに対して関わりを有してかまわ
ない。可知的なものの，知識に関わるのが，そこに実在す
るのではないもののうちでの関係においてであるように。
また同じく，現実の関係が複数の関わりを有してかまわな
い。すなわち，関係が，その原因からして，ある事物が存
在することを有するように。それも，それ〔事物〕が１つ
であれ多数であれ。そして，そうであるならば，キリスト
は，同じ１つの生まれることによって，父と母とから生ま
れ，本物の子性が２つ，彼〔キリスト〕のうちに，２つ
の生まれることのためにあったと思われる。

　しかし，別の妨げがあって，キリストのうちには本物

もう1篇の論考　キリストの人性について　　333

の子性が2つもあり得ないということになる。すなわち，
なにかから生まれるものがすべて，その子と言えるわけで
はなく，基体として完全な時だけ〔子と言えるの〕であ
る。すなわち，人間の手が娘と言われることはなく，足が
息子と言われることもなく，個々のペトロあるいはヨハネ
全体が〔息子と〕言われる。したがって，子性の固有の担
い手は基体そのものである。そして，先立つ箇所[78]で示さ
れたとおり，キリストのうちには，創られざる基体の他は
ない。それ〔創られざる基体〕には時間からなんらかの本
物の関係が付け加わることがあり得ない。しかし，先立つ
箇所[79]で我々が言ったように，神の被造物に対する関係は
すべて理性だけによっている。したがって，子の永遠の基
体がそれによって母なる乙女に関わるところの子性は，本
物の関係ではなく，理性のみによった関わりでなければな
らない。また，だからといって，キリストは本当の意味で
実際に母なる乙女の子であるということが妨げられるとい
うことはない。彼女〔母なる乙女〕から実際に生まれたの
であるから。神もまた，被造物を本当に支配する能力を有
するがゆえに，本当の意味で実際に被造物の主人である
が，しかしながら，支配関係〔主従関係〕は理性によって
のみ神に帰せられるように。しかし，ある人たちが考えた
ように，キリストのうちに複数の基体がもしあったとした
ら，キリストのうちには2つの子性を置いてかまわなかっ
たことになる。時間的な子性には，創られた基体が従属す
るからである。

---

78)　本書第210，211章。
79)　本書第99章。

334　　　　　　　　第 I 部　信仰について

第 213 章　キリストが恵みに関しても，真理を知る知恵に関しても完全であらねばならなかったこと[80]

　しかしながら，既に言われた[81]ように，キリストの人性はその神性に対し，言わばある意味でその〔神の〕道具のようなものだが，しかし，道具の状態と質が見定められるのは，特に目的によってさらには，道具を使っているものの相応しさなので，以上のような事情であるなら，その帰結として，我々は，人性を神の御言葉に受け取られたものとしてその質を考えるべきだったことになる。そして，神の御言葉が人性を受け取った目的は，人性の救いと再生である。したがって，キリストが，人間の救い主であることができるためには，人性によってあらねばならなかったことになる。

　ところで，人間の救いは神を享受することにあり，これ〔神を享受すること〕によって，人間は至福になるのである。そしてそれゆえ，キリストは人性によって完全に神を享受するものとならねばならない。すなわち，どんな類であれ，その始原は完全でなければならない。しかし，神を享受することは，2 つのことに基づいて存在する。すなわち，意志と知性とに基づいて。意志に基づいてとは，神に完全に愛によって固着して離れない意志によってということだが，知性に基づいてとは，神を完全に認識する知性に基づいてということである。しかし，意志が愛によって神

---

　80)　Cf. ST, III, q.7, a.1; a.9.
　81)　本書第 203，210，212 章。

に完全に固着することは，恵みによる[82]。これ〔恵み〕によって人間は義とされるのである。すなわち，「ローマの信徒への手紙」3章（24節）にあるように。「彼らは恵みによって無償で義とされた」。すなわち，人間が義であるというのは，愛によって神に固着しているからである。しかし，神を完全に知るのは，知恵の光による。これ〔知恵〕が神の真理の知なのである。したがって，神の御言葉は恵みのうちに，そして知恵のうちに，受肉したものとして，完全なものとしてあらねばならない。それゆえ，「ヨハネによる福音書」の1章（14節）でこう言われているのである。「御言葉は肉となり，我々の間に住まわれた。そして我々はその栄光が，言うなれば，神からの独り子の栄光であること，〔御言葉が〕恵みと真理に満ちているのを見た」。

第214章　キリストが恵みに満ちていること[83]

そしてまず，その〔キリストの〕恵みに満ちていることについて見ておかなければならない。このことについて考えねばならないのは，恵みという名称が採用できるのは2つのことによる。1つには，〔キリストが神に〕好かれているものであるということによる。すなわち，我々がある人がある人の恵みを得ていると言うのは，ある人がある人に好かれているからである。もう1つは，無償で与えられているということによる。すなわち，ある人がある人に恵みをなすと言われるのは，その人に無償でなにかいいこ

---

[82]　神を愛することは人間の能力を超えている。それゆえに神からの恵みが必要である。

[83]　Cf. ST, III, q.2, a.10; q.6, a.6; q.7, a.1; a.9; a.10; a.13; q.8, a.1; a.4; q.27, a.5, ad1.

とをしてあげる時である。だからすなわち，あるものを他の人に無償で与えられるのは，与えてもらう人が与える人に，端的にであれ〔そのままの意味であれ〕，何らかの意味によるのであれ，好かれているからである。すなわち，端的にとは，受け取る者が与える者に，ある仕方で彼〔与える者〕を自分と結びつけるという形で好かれているということである。我々は可能なら，我々に好かれている人々を，我々に好かれている好かれ方に応じて，我々に引き寄せる。しかし，何かの意味によるとは，受け取るものが与えるものに，彼から何かを受け取るという限りで好かれているということであるが，彼に受け入れられているという意味で好かれているのではない。それゆえ，恵みを得ているものはみな，何かを無償で与えられている。しかし，何かを無償で与えられている人がみな，与える人に好かれているわけではない。

　そしてそれゆえ，恵みを2通りに区別するのが慣わしである。すなわち，その1つは，無償で与えられたそれ〔恵み〕，もう1つは〔恵みを受けるものを〕さらに〔神に〕好かれるものとするそれ〔恵み〕。そして，無償で与えられるということは，決して当然の取り分ではないということである。また，なんらかの当然の取り分も2通りの仕方で存在する。すなわち，1つは自然による当然の取り分であり，もう1つははたらきによる当然の取り分。自然によって事物の当然の取り分であるとは，その事物の自然本性的な秩序が要請するということである。例えば，理性と手と足を有することが，人間の正当な取り分であるように。また，はたらきによる当然の取り分とは，例えば，はたらく人には賃金が与えられなければならない場合のことである。したがって，あの〔例の〕賜物は，人間たちに神によって無償で与えられている，自然の秩序を超えており，かつ，功徳によって獲得されたのではないもの

　　　　もう1篇の論考　キリストの人性について　　　337

である。また，功徳のために神から与えられることもある
としても，時には，恵みの名や性格は破棄されないことが
ある。それはある場合には，〔恵みとして与えられるはず
のものを，正当な取り分として求めるに〕値することの始
まりは恵みによっていたからであり，ある場合には，人間
の功徳が要求する以上に与えられたものがあふれ流れ出
しているからである。「ローマの信徒への手紙」6章（23
節）でこう言われているように。「神の恵みは永遠の命で
ある」。

　このような賜物のあるものはまた，人性の能力をも超え
ており，かつ功徳によって再び返されるのでもなく，やは
り，人間がそれらを有しているというまさにそのことに
よって，神に好かれるものになるのではない。例えば，預
言の賜物や，奇跡の業をなす賜物，知識の賜物，教えの賜
物によって，あるいは神から委ねられたのであればそのよ
うなもののなんであれ，そのようなものによって神に好か
れるものになるのではない。すなわち，以上の類のもので
は，人間は神と結びつかない。おそらく，ある種の類似に
よってでなければ，つまりその〔神の〕善性に属する何か
を分有するのによってでなければ，すなわち，すべてが神
に似ているというのでなければ。しかしながら，〔賜物の〕
あるものは人間を神に好かれるものとし，神に結び付けて
いる。そしてこのような賜物が，無償で与えられていると
いうことだけではなく，人間を神に好かれるものとするこ
とで，恵みと言われている。

　しかし，人間の神への結びつきには2通りある。1つは
情動によるもので，これは神への愛によるものである。そ
れ〔神への愛による結びつき〕は何らかの仕方で，好きな
気持ちを介して一人の人間を神に結びつける。「コリント
の信徒への手紙　一」6章（17節）のあの言葉のように。
「神に固着しているのは，1つの霊である」。これを介して，

神もまた人間のうちに住む。「ヨハネによる福音書」14 章
〔23 章〕のあの言葉のように。「もし私を愛しているなら，
私の言葉を守るだろう。そして私の父は彼を愛するだろう
し，彼のところに我々〔キリストと父なる神〕は行くだろ
う。そして，彼のところに留まるだろう」。そして，〔神へ
の愛による結びつきは〕人間を神のうちに存在させさえす
る。「ヨハネの手紙　一」4 章（16 節）のあの言葉のよう
に。「神への愛のうちに留まる者は，神のうちに留まり，
かつ神は彼のうちに留まる」。したがって，彼〔神への愛
のうちに留まる者〕は無償の賜物を受けることで，神への
愛という愛によって神と共にある 1 つの霊になり，自分が
神のうちにあり，神が彼のうちにあるということに至るほ
どに神に好かれている者となる。それゆえ，使徒は「コリ
ントの信徒への手紙　一」13 章（1-3 節）でこう言ってい
る。すなわち，神への愛がなければ，それ以外の賜物は人
間にとって無益である。というのは，神に好かれる者にす
るには，神への愛が加わらなければならないからである。
そして，この恵みはすべての聖人に共通している。それゆ
え，「ヨハネによる福音書」17 章（22 節）で，この恵みを
人間キリストは，祈ることで弟子たちに対して成就し，こ
う言われた。「我々が一つになるように」，すなわち，愛の
結びつきを介して，「また私たちがあたかも一つであるか
のように」。

　しかし，人間の神とのもう 1 つの結びつきは，好きな
気持ちや共に住むことを介するだけでなく，ヒュポスタシ
スあるいはペルソナの一性を介することによってもまた成
り立つ，すなわち，一にして同一のヒュポスタシスあるい
はペルソナとして，神でありかつ人間である。そして，こ
の，人間の神との結びつきは，イエス・キリストに固有
である。このような結びつきについては何度も語ってき

もう1篇の論考　キリストの人性について　　339

た[84]。ペルソナの一性によって神と一つであることはまた，人間キリスト個人の恵みである[85]。そして，それゆえ，無償で与えられたのである。というのは，自然の能力を超え出ているからでもあり，この賜物に，なんの功徳も先行していないせいでもある。しかし，〔ヒュポスタシスあるいはペルソナの一性を介する結びつきは，人間キリストを〕神に最も好かれているものとしているので，彼〔人間キリスト〕については独自の仕方でこう言われるほどだ。「これは私の愛する子，私の心に適うもの」。これは「マタイによる福音書」3章（17節）と17章（5節）の言葉である。

　しかしながら，両方の恵みの間のこととして，それによって確かに人間は神と，好きという気持ちを介して一つになる恵みが，霊魂のうちで能力態的なものとして実在すると思われる。というのは，この結びつきは愛の現実態によるが，完全なものの現実態は，能力態から出てくるので，その帰結として，その，それによって霊魂が愛を介して神と一つになるという，最も完全な能力態には，なんらかの能力態的な恵みが霊魂のうちに流し込まれたということになる。しかし，ペルソナ的あるいはヒュポスタシス的存在は，なんらかの能力態によらず，諸々の自然本性による。ヒュポスタシスあるいはペルソナはそれら〔諸々の自然本性〕に属する。したがって，人性の神との，ペルソナの一性のうちでの合一は，なんらかの能力態的な恵みによって起きるのではなく，一なるペルソナのうちでの諸々の自然そのものの結びつきによる。

　あるなんらかの被造物が神により近づくほど，その〔神

84）　本書第202-212章。

85）　神的ペルソナのうちで神と一つになるということは，他の人間にはない人間キリストだけの恵みである。

340 第Ⅰ部 信仰について

の〕善性をより分有することになる。そして，よりあふれ
出している賜物によってその〔神の〕流入で満たされる。
火が熱をより分有するほど，よりそれ〔熱〕に近くなるこ
ともそうであるように。しかし，なんらかの被造物が神
に，彼〔神〕にペルソナの一性で結びつく以上に近づいて
固着するなどとは，そうなることもそう考えることも決し
てできない。したがって，人性の神との，ペルソナの一性
での合一そのものにより〔それだけで〕，キリストの霊魂
は，諸々の恵みの能力態的賜物で，それ以外のもの以上に
満たされている。そしてそうであるなら，キリストのうち
の能力態的恵みは，合一への準備態勢ではなく，むしろ合
一の結果である。以上のことは，福音書記者がこれまで論
じられてきた言葉で用いている言葉遣いで語るなら，次の
ように言えば，まったく明白になる。「我々は彼が，言わ
ば御父の独り子であること，恵みと真理に満ちていること
を見た」。そして，人間キリストは，御言葉が肉となった
のである限り，御父の独り子である。それゆえ，御言葉が
肉となったのであるから，〔人間キリストは〕恵みと真理
に満ちているのである[86]。

　なんらかの善性あるいは完全さに満ちている諸々のもの
の間では，他のものにもあふれ出しているものの中に〔他
のものと比べて〕より満ちているものが見出される。他の
ものを照らしうるものの方が，より光に満ちて輝くもので
あるように。したがって，人間キリストは，父の独り子と
して恵みに最高に満ちていることを保持しているので，そ
の帰結として，自分から他の人たちにあふれ出すというこ
とがあったし，同じく，人間になられた神の御子が，諸々

────────

　86）　キリストにおける神との合一の恵みは，存在そのものが神
と一つになるという恵みであり，能力における恵みはそれから派生し
たものである。

もう1篇の論考　キリストの人性について　　341

の人間を神々に，神の子たちにしたのである。使徒が「ガ
ラテアの信徒への手紙」4章（4節以下）でこう言ってい
るように。「神はその御子をお遣わしになり，女から生ま
れさせ，旧い法のもとに生まれさせた。旧い法のもとに
あった人々を買い戻し，子として受け入れるためである」。

　しかし，キリストから他の者たちに恵みと真理が波及し
ているのであれば，彼〔キリスト〕には，教会の頭である
ことが相応しい。すなわち，頭から，それ〔頭〕と本性的
に〔現実の存在として〕同じ〔人間としての〕形に属して
いる他の肢体へと，なんらかの仕方で感覚と運動が波及し
ているからである。そのようであるなら，キリストからも
恵みと真理が，他の人間たちに波及する。それゆえ，「エ
フェソの信徒への手紙」1章にはこうある。「そして〔神
は〕彼〔キリスト〕を，全教会の上に頭としてお与えに
なった。それ〔全教会〕はその体である」（22-23節）。ま
た，頭とは人間の頭としてのみ言われ得るのではなく，卓
越と流出に関する限りで天使たちの頭としても言われ得
る。たとえ，同一の主に属するという自然本性の一致の限
りではそうでなくても。先に述べられた言葉の前に，使徒
はこう前置きしている。神は「かの人を」すなわちキリス
トを「彼〔神〕の右に，天のものたちの間で，すべての優
先権，権能また力また支配の上におく」（20-21節）。

　そうであるならば，これまで言われたことによれば，3
重の恵みがキリストのうちに割り振られるのが慣わしであ
る。まず，合一の恵み，これは人性が何らの先行する功徳
もなく神の御子とペルソナにおいて1つであったという賜
物を受けているということである。次に，〔キリスト〕個
人の恵みで，これによってキリストの霊魂は彼以外の者よ
りも，恵みと真理に満ちている。第3に頭の恵みで，こ
れは彼〔キリスト〕から他の者たちに恵みがあふれ出して
いるということである。これら3つを福音書記者は適切

342　　　　　　第 I 部　信仰について

な順序で追いかけている。すなわち，合一の恵みに関して
「御言葉は肉になられた」（「ヨハネによる福音書」1 章 14
節）と言い，〔キリスト〕個人の恵みに関して「我々は彼
が，言わば御父の独り子であること，恵みと真理に満ちて
いることを見た」（同節）。頭の恵みに関してはその後にこ
う続ける。「そして彼の豊かさから我々はみな受け入れる
ものがある」（16 節）。

第 215 章　キリストの恵みが無限である
　　　　　　　ことについて[87]

　その恵みが無限であるということは，キリストに固有で
ある。というのは，洗礼者ヨハネの証言にあるように，こ
れだけという程度を定めず，神は人間キリストに霊を与え
られる。すなわち，「ヨハネによる福音書」3 章（34 節）
で言われているように。しかし，他の者たちには，ある程
度までだけ霊は与えられる。そして，これが合一の恵みに
関わることであるなら，言われたことは一切疑いを容れな
い。すなわち，他の聖人たちに与えられるのは，なんらか
の賜物の流入による分有で，神々で，あるいは神の子らで
あるということである。これ〔分有によって神の子らであ
ること〕は，創られたものであるがゆえに，他の創られた
ものと同じく，それは有限であらねばならない。しかし，
人性という面での〔人間である限りでの〕キリストに与え
られたのは，分有によらず，自然本性によって〔ありのま
まで〕神の子であることである。そして，合一そのものに
よって，〔キリストは〕無限の賜物を受け取ったのである。
それゆえ，合一の恵みは，どんな疑いもなく，無限であ

---

87)　Cf. ST, III, q.7, a.11.

もう1篇の論考　キリストの人性について　　343

る。

　しかし，能力態的な恵みについては，無限かどうか，疑いがあり得る。すなわち，このような恵みもまた創られた賜物なので，有限の本質を有する〔有限の本質しか有さない〕と宣言しなければならない。それでも，3つの根拠で無限だと言うことができる。第1に，〔恵みを〕受け取る側に基づいて。すなわち，創られた自然はなんであれ受容力が有限であることは明らかである。たとえ，無限の善を認識と享受で受け取ることができるとしても，それ〔無限の善〕を際限なく受け取るわけではない。したがって，どんな被造物でも，受容力に，その種と自然本性によって定まった限度がある。しかし，これ〔限度〕は神の権能に対し，より大きな受容力を持つ被造物を創れないように定めることではない。しかし，そうなったら〔神が既存の被造物の受容力をその自然本性の限界を超えて大きくすることがあったら〕，種として同一の自然本性は保たれないことになる[88]。3に1が加われば，別種の数があるだろうように。したがって，ある人に神の善性から，その種の自然本性的な受容力を十分満たさない程度〔恵みが〕与えられる時，彼〔ある人〕に贈られた限度によって与えられているように思われる。しかし，自然本性的な全受容力が満ちる時，彼に贈られた限度によって与えられているようではない。というのは，たとえ，受容する側にある限度であっても，与える側にある限度ではないからである。彼〔与える者〕は，与える準備がすべて整っている。器を川に入れる人が，限度なしに水が用意されているのを，たとえ，一定の量の器でもって限度内ですくい取るのだとしても，〔無

────────────

88)　人間の自然本性的な限界，例えば知性の限界を超える受容力を神が与えることがもしあったなら，その時，その人間はもはや人間ではなく身体を持った天使になっているだろう。

344   第Ⅰ部　信仰について

限の水を〕見る場合のように。そうであるなら，キリスト
の能力態的な恵みが有限であるのは，ゆえに，〔人間とし
ての〕本質によるものである。しかし，無限に，限度なく
与えられていると言われるのは，創られた自然本性が受容
できる限り与えられているからである[89]。

　また，第2に，受け取られた賜物そのものに基づいて。
すなわち，考えなければならないのは，何かが本質におい
て無限であってかまわないが，それでもそれ〔本質におい
て無限なもの〕は，あるなんらかの形相の性質として無限
である。本質に関して無限であるということは，存在する
ということでまったく充実してしまっているということ
である。これは，神だけに当てはまる。彼〔神〕は存在そ
のものである。しかし，基体のうちにはない，なんらかの
種的形相，例えば白さあるいは熱があるとされるなら，無
限の本質を有していなかったということになる。というの
は，その本質は類あるいは種の形に限定されているからだ
が，それでも，その種の豊かさを有しているからである。
それゆえ，種という観点からすると，その種に属するもの
をなんでも有しているものは，限界あるいは限度がない。
また，なんらかの基体のうちに白さあるいは熱が受け取ら
れている場合，その形相の性質に常に必然的に属するもの
はなんでもすべて常に有しているというのではなく，〔そ
れが〕完全に有され得る限りで完全に有している時だけで
ある。すなわち，有するその仕方と，有されているものの
力が釣り合っているということである。キリストの能力態
的な恵みは，〔人間としての〕本質によって有限だったが，
それでも限界や限度がなかったと言われるのは，恵みとい

　　89）　神は無限であるのに対し，人間キリストは有限である。そ
れゆえに，能力に関する恵みは，被造物としての自然本性が受容でき
る限りでの恵みが常に与えられているという意味で無限であるという
ことになる。

もう1篇の論考 キリストの人性について　　345

う性格に属し得たものはなんでも全体的に，キリストが受
け取っていたからである。また，他の人々は，全体を受け
ることはなく，ある人はこれこれ，別の人はこれこれと
いうように受けた。「すなわち恵みの間には様々な区別が
ある」と，「コリントの信徒への手紙　一」12章〔14節〕
で言われているように。

　また，第3には，原因という面に基づいている。すな
わち，原因のうちにはなんらかの仕方で結果が含まれてい
る。したがって，無限の力が流れ出す原因が加わったもの
はなんでも，限度なしに流出させられるものであり，そし
てなんらかの意味で無限である。例えば，水を無限に湧き
出せる泉があるとしたら，水を限度なく無限に有するとあ
る意味では言われただろうように。したがって，キリスト
の霊魂は，無限にして限度なき恵みを，御言葉が御自分と
一つになってくれているというまさにそのことゆえに有し
ており，このことは被造物の流出全体の，減ることなき無
限の始原である。

　また，キリストの霊魂個人の恵みが，これまで語られて
きた仕方で無限であるということから，彼〔キリスト〕が
教会の頭であるという面での恵みもまた無限であること
が，明瞭に分かる。すなわち，〔恵みを〕有することで，
流出させているからである。それゆえ，限度なしに霊の賜
物を受け取るなら，頭の恵みに関しては限度なしに流出す
る能力を有する。すなわち，彼〔キリスト〕の恵みは，あ
る人間の救いに十分であるに留まらず，全世界の救いに十
分なのである。「ヨハネの手紙　一」2章〔2節〕にあるよ
うに。「また彼こそ我々の罪のとりなしであり，我々だけ
ではなく，全世界のそれ〔罪〕のとりなしでもある」。そ
して，複数の世界のそれ〔罪〕と付け加えることもでき
る，もしあったなら。

346   第Ⅰ部　信仰について

第 216 章　キリストが知恵に満ちて
　　　　　　　いることについて[90]

　したがって，また，キリストが知恵に満ちていることに
ついて語らなければならない。そうであるなら，まず，考
えねばならないのは，キリストのうちには 2 つの本性が，
すなわち神性と人性とがあり，そのいずれに関係するもの
であっても，先立つ箇所[91]で述べられたように，キリスト
のうちでは対になる。そして，神性の知恵はまた人性にも
当てはまる。だから，「ヨハネによる福音書」9 章（4 節）
ではこう言われているのだ。「心に知恵があるということ
は，力に強さがあること」。しかし，時に聖書が人々を知
恵ある者と呼ぶのは，あるいは世の知恵のゆえであること
もある。「エレミヤ書」9 章（23 節）のあれ〔あの言葉〕
のように。「知恵あるものは，その知恵では栄光あるとさ
れないだろう」。あるいは神の知恵のゆえであることもあ
る。「マタイによる福音書」23 章（34 節）のあれ〔あの言
葉〕のように。「見よ。私が，お前たちに預言者と知恵者
と書記とを使わす」。したがって，キリストのうちには，
2 つの自然本性に応じ 2 つの知恵があると宣言しなければ
ならない。すなわち，創られざる知恵，彼〔キリスト〕に
神であるがゆえに相応しいそれと，創られた知恵，彼〔キ
リスト〕に人間であるがゆえに相応しいそれと。そして，
神の御言葉もまた神である限り，御父により生み出された
知恵もまた神である。「コリントの信徒への手紙　一」1

　90）　Cf. ST, III, q.7, a.8; q.9, a.1; a.2; a.3; a.4; q.10, a.1; a.2; a.4;
q.12, a.1; a.2; q.15, a.8.
　91）　本書第 212 章。

もう1篇の論考　キリストの人性について　　347

章（24節）のあれ〔あの言葉〕のように。「キリストは神
の力であり，神の知恵である」。理解のはたらきをなす者
すべてに内在するもう1つの御言葉は，彼の〔キリスト
の〕知恵を宿すことに他ならない。そして，神の御言葉が
完全で一であると，我々は先立つ箇所で[92]言ったが，それ
ゆえ，必然的に，神の言葉は，父なる神の知恵の完全な宿
りであり，すなわち，父なる神の知恵のうちに，生み出さ
れたものではなく保たれているものはなんでもすべて，宿
され生み出されたものとして言葉のうちに保たれるように
なる。それゆえまた，彼，すなわちキリストのうちに「知
恵と知識の宝すべてが隠されている」[93]と言われるのだ。

　人間キリストにはまた，2つの知がある。1つは神の形
のそれ〔知〕で，神を本質によって見ており，そして他の
ものは神のうちで見ていることによる。神御自身もまた御
自身を理解することで，他のすべてを理解するのと同じ
く。この直視によって神御自身もまた至福であり，完全に
神を楽しむ〔享受する〕理性ある被造物すべても至福であ
る。それゆえ，キリストは人間の救いの元締めであると
我々は言った[94]ので，以上のような知はキリストに対し，
元締めに相応しいだけ相応しいと言わなければならない。
また，〔以上のような知は〕始原は動かし得ないものでも
あり，力という点で最も優れていなければならない。した
がって，そのうちで人間が至福になり永遠に救われるあの
神の直視が他の者たちに増してキリストにすぐれて相応し
かったのは当然のことだ。〔これは〕すなわち動かし得な
い始原に〔相応しかった〕ということでもある〔のだか
ら〕。

---

92)　本書第41-44章。
93)　「コロサイの信徒への手紙」2章3節。
94)　本書第4, 21章。

348   第 I 部　信仰について

　また，動かし得るものの，動かし得ないものに見出され
る違いとは，動かし得るものは固有の完全性を，動かし得
るものである以上，始めから有しているわけではない〔始
めは有していない〕が，時間が進んでそれを達成するので
ある一方，動かし得ないものは，そういうものである以
上，存在の始めから常にその完全性を保っているというこ
とである。したがって，キリストが人間の救いの元締めと
して，まさにその受肉の始めから，満ち足りた神の直視を
有しており，他の聖人たちと異なり，時間が進んでそれ
〔満ち足りた神の直視〕に至ったのではないことは当然で
ある。
　また，他の被造物にも増して，かの〔キリストの〕霊魂
は神の直視で至福になっており，神にさらに親しく結び付
けられている。このような直観のうちには，ある人たちが
他の人々よりもよりはっきりと神を見るという段階が認め
られる。彼〔神〕は事物すべての原因であるが，原因は十
分知られれば知られるほど，そのうちにその結果をより多
く知ることができるようになる。すなわち，原因がより詳
しく知られるのは，その効力がより豊かに知られる場合で
あり，その力を，結果を知ることなしに知ることはできな
い。すなわち，どれほどの力かは，結果で測られるのが常
である。それゆえまた，神の本質を視る者たちのある者は
より多くの結果〔すなわち神の業〕を視，あるいは神の業
の根拠が神そのもののうちにあるのを視るが，他の人はよ
りぼんやりと見るということがある。そして，同じ理由
で，先立つ箇所[95]で言ったように，下位の天使たちは，上
位の者たちに教えられる。したがって，キリストの霊魂
は，神の直視の最高の完全さを，他の被造物の間にありな
がら保持し，神の業とその〔業の〕根拠をすべて，今あ

―――――――――――
　95)　本書第 126 章。

り，かつてあり，またいずれあるだろうあらゆるものを神のうちにまったく一目で見ており，人間たちだけではなく，天使たちのうちで最上のものたちさえ照らすほどだ。だから，使徒は「コロサイの信徒への手紙」2章（3節）で，彼〔キリスト〕のうちにある「知恵と知識の隠された宝すべてが隠されている」神のものであると言い，「ヘブライ人への手紙」4章（13節）で「彼〔キリスト〕の目にはすべてが裸で露わである」と言うのである。

しかしながら，キリストの霊魂は，神性の把握に至り得ない。すなわち，先立つ箇所[96]で言ったとおり，知り得る限りのことを知り尽くすという仕方の知が把握である。すなわち，どんなものでも，存在し真である限りで知り得るが，神の存在は無限であり，またその〔神の〕真理も同じである。それゆえ，神は無限に知り得るものである〔つまり，知り尽くすことができない。どれだけ知っても，さらに知り得る，つまり今は知らないことが残っている〕。また，どんな被造物も無限に知ることはできない〔ある瞬間に限界のない知を有することはできない〕。たとえ，知っていることが無限であるとしても〔無数の結論を導きうる原理を知っているがゆえに，そこから出てくることを無限に知っていると言えるとしても〕。したがって，どんな被造物も，神を視ることで把握することはできない。また，キリストの霊魂も被造物であり，キリストのうちの，人性にのみ関わるものはすべて，創られたものである。さもなくば，キリストのうちに，人性という，神性とは違う本性はないことになるだろう。しかし，神の言葉のヒュポスタシスあるいはペルソナは創られざるものであり，これは2つの本性のうちにあって1つである。以上の理由で，我々はキリストが被造物だとは，キリストの名で意味されるの

96）　本書第106章。

はヒュポスタシスなので，端的な言い方では言わないのである。しかしながら，キリストの霊魂あるいはキリストの体は被造物であると言う。それゆえ，キリストの霊魂は神を把握せず，キリストが神をその創られざる知恵で把握する。そのような意味で主は「マタイによる福音書」11 章（27 節）でこう言っている。「子を知る者は父の他にない。父を知る者も子の他にない」。これは彼〔イエス〕の把握のしるしについて言っているものだ。

　そして考えねばならないのは，ある事物の本質を把握するのと，その力を把握するのとは，同じ概念に属するということである。すなわち，どんなものでもはたらき得るというのは，現実態で存在するものである限りでのことである。それゆえ，キリストの霊魂は神性の本質を把握することが，既に示した[97]ように，できないので，神の力を把握するのは不可能である。だが，神がなし得ることすべてと，業（わざ）がどのようにして生み出されるかを知っていたのなら，把握していたということになるだろう。しかし，それは不可能だ。それゆえ，キリストの霊魂は，神がなし得ることすべてを，あるいはどのようにしてはたらき得るのかを知らない。

　しかし，キリストもまた，人間が父なる神によって被造物すべての上に置かれたので，どのようにであれ神によってつくられたものすべてを，まさに〔他ならぬ〕神の本質の直視のうちで知る。同じ理由で，キリストの霊魂はすべてを知ると言われる。充実したしるしを，存在し，かつて存在し，いずれ存在するであろうすべてについて有しているからである。一方，神を視る他の被造物は，あるものはより多く，あるものはより少なく充実した仕方でこれまで語られてきた業（わざ）を，神の直視そのもののうちに知る。

97）　本書本章。

もう1篇の論考　キリストの人性について　　351

　以上のようにして諸事物を知る以外に，つまり，被造の
知性が諸事物を神の本質そのものを直視することで知るの
とは別の，被造物が諸事物の知を有するやり方がある。す
なわち，天使たちには，諸事物を御言葉のうちで知る朝の
知の他に，諸事物を固有の自然本性で知る夜の知がある。
そういう知は，また人間にも，その自然本性上相応しい。
天使たちとは別のやり方で。すなわち，人間たちは，自然
の秩序に則り，諸事物の理解されるべき真理を，感覚を通
してまとめる。ディオニュシウスが言っている[98]ように。
すなわち，理解されるべき形象は，彼ら〔人間たち〕の知
性のうちで能動知性のはたらきにより，表象像から引き出
される。しかし，天使たちは，神の光が流入することで諸
事物の知識を獲得する。すなわち，神から諸事物が存在へ
と現れてくるように，天使の知性のうちでは，諸事物の概
念あるいは類似が神から出て刻印される。そして，どちら
の場合でも，すなわち人間でも天使でも，諸事物について
の自然本性に適っている知を超えて，神の諸々の神秘につ
いての超自然的な知がある。これら〔神の諸々の神秘〕に
ついては天使も，天使に照らされており，人間もまた，こ
れらについて預言する啓示に教えられている。
　そして，被造物にもたらされた完全性はどんなものであ
れ，キリストの霊魂という，被造物の中で最も高いところ
にあるものには，ないと言うことができないので，神の本
質を視つつ，かつすべてをその〔神の本質の〕うちに視る
知以外に，3重の意味での知がそれ〔キリストの霊魂〕に
帰せられるべきというのは適切だ。まずは体験によるそれ
〔知〕で，他の人間たちの場合と同じく，何かを感性を通
して知っているに過ぎないものである。これは人間本性に

―――――――――
　98)　偽ディオニュシウス・アレオパギータ『神名論』7章 (PG3/
865C)。

釣り合っている。

一方，他のそれ〔知〕は神によって注入されたものであり，人間の自然本性に適った知が延長される，あるいは延長され得るものすべてを知るためのものである。すなわち，人間の自然本性が，神の言葉によって受け取られたなら，決して完全性に不足が生じないと言ってかまわない。これ〔自然本性が神によって受け取られること〕によって人性は全体として再建されるべきだからである。また，現実態に引き入れられる前に可能態として〔の状態に〕あるものはすべて，不完全である。そして，人間の知性は，可知的なもの，すなわち人間が自然本性上理解できるものに対し可能態としてある。したがって，このようなものすべての知識を，キリストの霊魂は神により，流れ込んだ形象を通して受け取ったのである。すなわち，人間知性の可能態全体が現実態に引き込まれたことで。

しかし，キリストは人性の面では，自然の再生者であっただけでなく，恵みを育て殖やすものであるので，彼〔キリスト〕にはまた第3の知があることになる。すなわち，最も充溢して，恵みの神秘に属し得るあらゆるものを知るそれ〔知〕が。これら〔恵みの神秘に属し得るもの〕は人間の自然本性的な知を超えているが，人間たちには知恵の賜物によって知られる。すなわち，このようなものを知ることに対し，人間知性は可能態としてある。たとえ，より高い能動的作用者によって現実態に引き入れられるのであるとは言え。そして，これらを知ることができるのは，神の光によってである。

したがって，ここまで言われてきたことから，キリストの霊魂はそれ以外の被造物の間では，最高の知の段階に留まっていたことが明らかになる。神の本質が視られ，かつ他のものがそれ〔神の本質〕のうちで視られる神の直視に関する限り，また同じく恵みの神秘の知に関する限りは。

もう1篇の論考 キリストの人性について 353

また，自然本性的に知り得るものの知に関する限りでも
〔最高の知の段階で〕ないことはなかった。これら3つの
知のいずれの場合も，キリストに進歩の余地はなかった。
しかし，感性的な事物の場合は，時間が進むにつれて感性
により物体的な経験を重ねることで，段々と知っているこ
とが多くなる。またそれゆえ，経験知に関してのみキリス
トは進歩する[99]。「ルカによる福音書」2章（52節）のあれ
〔あの言葉〕のように。「少年は知恵と年が進んだ」。たと
え，これ〔この言葉〕が他の仕方でも理解され得るとして
も。例えば，キリストの知恵が進むということは，彼〔キ
リスト〕がより知恵あるものになるからではなく，知恵が
他の人たちのところに進んでいったというように。という
のは，すなわち，彼の知恵を通して〔他の人々は〕段々と
多くのことを教えられたからである。御自身を他の人々に
同じ姿でお示しになったということは，御自身の自由でな
されたことである。少年時代に〔キリストが〕完全な知を
明らかに示し，〔他の人々が〕受肉の神秘を幻に見たとい
うのでないとしたら。

第217章　キリストの体の質料[100]

したがって，これまで論じてきたことに基づき，キリス
トの体の形成がどうでなければならなかったかが，明白に
なる。神が本当に，キリストの体を地の泥から，あるいは
どのようなものであろうと質料から，最初の親の体を形
作ったように，形作ることができたとしたら，しかし，こ

99）　感性的な事物についての知は，感性を通した経験を積まな
ければ蓄積できない。それゆえ，この点に関してのみキリストの知は
進歩する。

100）　Cf. ST, III, q.4, a.6; q.31, a.1.

354   第Ⅰ部　信仰について

のことは，神の御子が，我々が言ってきた[101]ように，そ
のために肉を受け取られた人間の再生には適切でなかった
ことになる。すなわち，最初の親から派生した人類の，健
やかにされるべき本性が，かつての名誉のうちに再建され
ないことになるからである。もし悪魔に対する勝者にして
死に対する勝利者が，体を〔最初の親の子孫とは〕別のと
ころから受け取ったとしたら。これら〔悪魔と死〕のもと
に，人類はとりことなって，最初の親の罪のために暗くさ
れた。しかし，神の業は完全で，それも，取り去られたも
のより多く得ることが許されるほど再生することを目指す
に至るまで完全である。

　さらに，受肉の神秘は人間には，信仰によって有用にな
る。すなわち，人間が，神の御子が人間と見られるもので
あったと信じるのでなければ，彼〔神の御子〕を人々が救
い主と信じる，ということにはならない。これがユダヤ人
たちに起きたことである。彼らは不信のために，受肉の神
秘から救いを得るよりも，永遠の断罪を得た。したがっ
て，この言い表すことのできない神秘をより信じやすくす
るために，神の御子が，自身が真の人間であることを示す
ようにすべて按配した。もし〔神の御子が〕御自分の体の
本性を，人性以外のところから受け取ったとしたら，その
ようには見えなかっただろう。したがって，最初の親から
殖えてきた体を取ったということは適切であった。

　さらに，神の御子が人になり，人類に救いをもたらし
た。恵みの治療薬をあたえるだけではなく，手本を示す
ことで。このことは切り離すことができない。すなわち，
他の人間の教えも，生も，人間の知と力の[102]不足のため，

─────────
　　101）　本書第200章。
　　102）　この箇所の原語は virtutis だが，異本には veritatis「真理
の」となっているものがあるという。すなわち，この箇所の文言は，
本来「人間の知と真理の不足のため」だった可能性もある。

もう1篇の論考　キリストの人性について　355

疑いに向かい得る。しかし，神の御子が教えたもうたこと
は，本当のことだと疑うことなく信じられているように，
なさったことは，善いことだと疑うことなく信じられてい
る。また，彼〔神の御子〕から手本を受け取らなければな
らない。私たちが希望している栄光の〔手本〕も，それ
〔栄光〕に値する徳の手本も。すなわち，いずれの手本で
あっても，〔神の御子が〕体の自然本性を，他の人間たち
が得ているのとは違うところから得たとしたら，効き目が
より少なくなっただろう。すなわち，キリストが持ちこた
えられたように，苦しみを耐え忍べと説得しても，キリス
トが復活されたように，自分がよみがえることを望めと説
得しても，体のいろんな制約を言い訳に持ち出せることに
なってしまう。したがって，キリストという手本は，体の
自然本性を他ならぬ最初の親から殖えた自然本性から取っ
たということによって，さらに効き目があるのだ。

第218章　キリストの体の形成について，
　　　　　子種によらざるものだったこ
　　　　　と[103]

　それでも，キリストの体が人性に形作られたのが，他の
人間たちの体が形作られるのと同じやり方だったというの
は不適切である。すなわち，〔キリストがこの人間の〕自
然本性を受け取ったのは，それ〔人性〕が罪から清められ
るためであるので，〔キリストは人性を〕罪とまったく接
触することが起きない仕方で受け取らねばならなかった。
そして，人間たちが原罪に陥るのは，人間の能動的な力に
よって生まれることによってであり，これ〔人間の能動的

---

103)　Cf. ST, III, q.33, a.1; a.2.

な力〕は男の子種のうちにある，すなわち罪を犯したアダムのうちに，子種のあり方で先在していたということである。すなわち，最初の人間が原初の正義を子孫に，自然本性を受け継がせるのと同時に受け継がせるはずだったように，また原初の過ちをも自然本性を受け継がせることで受け継がせる。すなわち，男の子種の能動的な力で。それゆえ，キリストには，男の子種抜きで，体が形作られねばならなかった。

さらに，男の子種の能動的な力がはたらくのは，それゆえ男の種から生まれた人間がすぐに完全にされるわけではなく，一定の前進を重ねることでそうなるということである。すなわち，自然本性的なものは，一定の途中段階を経て，一定の目的に前進する。しかし，キリストの体は，その受け取り自体のうちで完成されていなければならず，また理性ある霊魂は形を整えられていなければならなかった。というのは，体が神の御言葉に受け取られるということは，理性ある霊魂と一つになったということでなければならないからである。たとえ，量が十分なことで完全であるのだとしても。それゆえ，キリストの体は，男の子種の力で形作られてはならない[104]。

第219章　キリストの体を形作る原因について[105]

しかし，人間の体の形成は男の子種によるのが自然なので，キリストの体がそれとは違うどんなやり方でなされた

104）　生殖において男性が能動的な役割を果たすというのは，アリストテレスの自然学説であり，本章の議論はそれに基づいている。

105）　Cf. ST, III, q.32, a.1.

もう 1 篇の論考　キリストの人性について　　357

としても，そのような形成は自然を超えていた。そして，神だけが自然の定め手として，先立つ箇所[106]で言ったように，自然の事物のうちで，超自然的な仕方ではたらく。それゆえ，〔結論として〕神だけがかの〔キリストの〕体を奇跡によって，人性〔人の現実存在〕の質料〔素材〕から形作ったということになる。しかし，神の被造物のうちでのはたらきはすべて，3 つのペルソナに共通しているものの，やはりキリストの体の形成が聖霊に帰せられているのは，ある意味で適切である。すなわち，聖霊は御父と御子との愛であり，彼〔聖霊〕によって〔御父と御子は〕お互いに愛し合い，また我々を愛してくださる。また神は，使徒が「エフェソの信徒への手紙」2 章（4 節）で言っているように，「我々を愛されたその愛が，はなはだしいがゆえに」，御自分の御子を受肉せしめられた。したがって，肉の形成が聖霊に帰せられているのは適切である。

　さらに，聖霊がすべての恵みの元締めである。というのは，そのうちですべての賜物が与えられる最初〔の賜物〕だからである。そして，あふれ流れ出す恵みには，既に言った[107]ことから明らかなように，人性が神のペルソナと一つになるよう受け取られることも含まれている。したがって，そのような恵みを証明するために，キリストの体の形成は聖霊の割り当てなのである。

　また，以上のように言ってきたのは，人間の言葉と聖霊が似ているという点からも適切だ。すなわち，心の中にある人間の言葉は，永遠の御言葉に，〔永遠の御言葉もまた〕御父の中にあるという点で類似している。また，人間の言葉は，人間に感性を通して分かるように，声〔という形〕を〔自身に〕受け取るが，同じく神の御言葉も，肉を受け

106）　本書第 136 章。
107）　本書第 214 章。

358　　　　　第Ⅰ部　信仰について

取る。人間を見て明らかであるように。また人間の声は，人間の息によって形作られる。それゆえ，神の御言葉の肉もまた，御言葉の息すなわち霊によって形作られねばならない。

第 220 章　キリストの宿りと生まれることについて信条に置かれた箇条の講解

　だから，キリストの体は男の子種によって形作られたと言ったエビオン派とケリントス派の誤りを締め出すために，使徒たちの信条でこう言われている。「彼〔キリスト〕は聖霊によって宿った」と。教父たちの信条では，それに代わってこう言われている。「また聖霊によって受肉した」。つまり，マニ教徒による幻の体でもなく，真の肉を受け取ったと信ぜられるべきなのだ。そして，教父たちの信条では，「我々人間のために」。すなわち，オリゲネスの誤り[108]を締め出すためである。彼〔オリゲネス〕は，キリストの御受難の力で悪霊までも解放されるに違いないと考えた。また，同じ箇所でこう付け加えられている。「我々の救いのために」。これは，キリストの受肉の神秘が人間の救いに十分であることを示し，ナザレ派[109]の異端を駁するためである。彼ら〔ナザレ派〕は，旧法の業（わざ）なき

---

　108)　オリゲネス『諸原理について』1 巻 6，8 章 (PG11/165C; 168A; 178A)。オリゲネス（185 頃 -254 頃），ギリシア教父の 1 人で，アレクサンドリア学派の代表的神学者。

　109)　ナザレ派とは，紀元 70 年より前にエルサレムで起こったユダヤ人キリスト者の思潮の流れを汲む者たちの呼称。モーセの律法，すなわち旧法を護持していたが，その他の点では正統信仰を保っていたという。

もう 1 篇の論考　キリストの人性について　359

キリストへの信仰は，人間が救われるのに十分でないと考えた。また，こう付け加えられている。「天から降りた」。これは，フォティヌスの誤りを締め出すためである。彼〔フォティヌス〕は，キリストを単なる人間であると主張し，彼〔キリスト〕はマリアから始まりを受け取り，地上での善い生の功徳で天に昇る始原を得て昇っていったのであり，起源が天にあって肉を受け取って地上に降りたのではないと言った。また付け加えられている。「そして人間になった」。ネストリウスの誤りを締め出すために。彼の見解によれば，信条で語られている神の御子は，人間であるよりもむしろ人間のうちに住むものと言われるべきだった。

第 221 章　キリストが乙女からお生まれになったのは適切だったこと[110]

また，既に示された[111]とおり，人性の質料から神の御子が肉を受け取られることは適切だったが，人の誕生には女が従事するので，キリストが女から肉を受け取ったのは適切だった。使徒の「ガラテアの信徒への手紙」4 章（4 節）でのあれ〔あの言葉〕のように。「神は御自分の御子を女から生まれさせられた」。また，女は男と結びつくことを，彼女が用立てる質料が人間の体に形作られるために必要としているが，キリストの体の形成は，先立つ箇所[112]で既に言ったように，男の子種の力によって起きる

---

110)　Cf. ST, III, q.28, a.1; q.31, a.4.

111)　本書第 217 章

112)　本書第 218 章

のであってはならない。それゆえ，男の子種が混ざり合う
ことなしに，かの女〔マリア〕は〔子を〕宿し，彼女から
神の御子は肉を受け取ったのである。

　また，霊的な賜物に満ちる度合いは，肉から離れる度合
いに比例する。すなわち，霊的なものによって人間は上へ
と引き上げられ，一方，肉なるものによって下へと引き下
ろされる。また，キリストの体の形成は，聖霊によって生
じなければならなかったから，キリストがそこから体を受
け取った女は最も大きく霊の賜物で満ちていなければなら
ない。聖霊によって霊魂が徳に富むだけでなく，胎が神の
子で満ちるほど。それゆえ，その精神が罪から自由であら
ねばならないだけでなく，またその体も，肉の欲望による
あらゆる誘惑から遠く離れていなければならない。それゆ
え，男と交わることは，キリストを宿すために体験されな
かっただけでなく，その前にも後にもなかった。

　また以上のことは，彼女から生まれた彼〔キリスト〕に
も当てはまった。すなわち，神の御子が肉を受けて世に来
られたのは，我々を復活の境地に押し上げるためであっ
た。そこでは「嫁ぐことも，嫁がれることもなく，天使た
ちのような人間になる」[113]。ここから，またいつまでも続
き，欠けることのない教えを〔キリストは〕知らされた。
信じる者たちの生になんらかの形で，来るべき栄光の像が
輝きわたるためである。したがって，始めからその生に無
傷さを，乙女から生まれることで，委ねていたことは適切
である。それゆえに，使徒たちの信条でもこう言われてい
る。「乙女マリアから生まれ」と。また，教父たちの信条
でも「乙女マリアから」と言われ，かつ「受肉され」とあ
る。こうすることで，ヴァレンティヌスと他の〔主張を同
じくする〕者たちの誤りが締め出される。彼らは，キリス

---

113)　「マタイによる福音書」22章30節

もう1篇の論考　キリストの人性について　　361

トの体は，あるいは幻であり，あるいは別の本性のもので
あって，乙女の体から取られ，形作られたものではなかっ
たと言っていた。

第222章　至福なる乙女がキリストの
　　　　　　母であるか[114]

　また，ネストリウスの誤りが以上によって締め出され
る。彼は，至福なる乙女が神の母であると宣言したくな
かった。しかし，いずれの信条でも，神の御子は乙女マ
リアから生まれ，あるいは受肉されと言われている。ま
た，ある人間が彼女から生まれたという女が，その人の母
〔mater〕と言われるのは，人間の胎児に質料〔materia〕を
用立てるからである。それゆえ，至福なる乙女マリアは，
質料を胎児である神の御子に用立てたのであるから，神の
御子の真の母と言わなければならない。すなわち，彼女に
用立てたられた質料がどんな力で形作られるのかは，母の
本質に関わらない。したがって，質料を，聖霊によって形
作られるように用立てた女も，質料を，男の子種の力で形
作られるよう用立てる女に劣らず母である。

　また，もし誰か，至福なる乙女が神の母だと言ってはい
けない，それは，彼女から受け取られたのは神性ではな
く，肉だけだからであると，ネストリウスが言っていたよ
うなことを言いたい者がいるなら，明らかに自分の言って
いることが分かっていない。すなわち，そういうことな
ら，誰かの母と言われる女性はいなくなる。というのは，
そのもの〔生まれるもの〕のうちにある全体が〔体も霊魂
も〕，彼女〔生む女〕から受け取られなければならないと

---

114)　Cf. ST, III, q.35, a.4.

362　　　　　　　　第Ⅰ部　信仰について

いうことになるからだ。すなわち，人間は霊魂と体とから
成り立っている。また，人間は，体という面で人間である
よりも，霊魂という面でより人間である。また，その霊魂
を母から受け取った人間はおらず，真理がそうであるよう
に，神によって直接作られたか，ある人たちが考えたよう
に伝播したかだが，もし伝播なら〔霊魂は〕母から受け取
られたのではなく，むしろ父からということになる。とい
うのは，他の動物の誕生の場合，哲学者の学説では，雄が
霊魂を与え，雌が体を与えるからである[115]。

　したがって，どんな人間にも，ある女が母だと言われる
のは，彼女からその体を受け取っているからであるよう
に，至福なる乙女マリアが神の母と言われなければならな
い，彼女から神の体が取られたのであれば。また，言わな
ければならないのは，神の御子の，すなわち真の神のペル
ソナの一性のうちで受け取られたなら，神の体だというこ
とである。したがって，人性が神の御子にペルソナの一性
のうちで受け取られたと宣言する者たちにとって，至福な
る乙女マリアが神の母であると言うのは必然である[116]。し
かし，ネストリウスは，神と人間イエス・キリストが１つ
のペルソナであることを否定したので，その帰結として乙
女マリアが神の母であることを否定した。

───────────

　　115）　アリストテレス『動物発生論』１巻２章 (716a5)：２巻４章
(738b20)：４巻１章 (765b10sqq.) 参照。トマスは，アリストテレス思
想を自身の思索に多く取り入れているが，無批判に取り入れているわ
けではないことがここに示されている。アリストテレスは，人間の場
合も霊魂は雄に由来すると考えているが，トマスは，人間の霊魂は神
により直接創造されると考える。

　　116）　それゆえにマリアは，父なる神とも子なる神とも聖霊なる
神とも，被造物では最も近い位置にいた。父なる神に対しては子なる
神の親という立場を共有しており，子なる神を胎内に宿し，子なる神
が宿ったのは聖霊によってであった。『天使祝詞講解』第１項（マリ
エッチ版トマス全集では『神学小品集』第２巻の節番号 1119）参照。

もう1篇の論考　キリストの人性について　　363

第223章　聖霊はキリストの父ではないのか[117]

またたとえ，子なる神が聖霊によって乙女マリアから受肉し，宿ったと言われても，それでも聖霊は人間キリストの父であると言うべきではない。たとえ，至福なる乙女がその母と言われるとしても。それはまず，至福なるマリアという乙女のうちに，母の概念に属するものがすべて見出されるからである。すなわち，〔マリアは〕質料をキリストの胎児のために，聖霊によって形作られるように用立てた。母の概念に必要であるとおり。しかし，聖霊の側には，父の概念に必要なものが一切見出されない。すなわち，父の概念には，その本性〔現実存在〕から自分と本性を同じくする子を生み出すということがある。それゆえ，なんらかの作用者が，何かをその実体からではなく作るものであり，またそれを自分の本性に似ているように生み出すこともないなら，その父と言うことはできないだろう。すなわち，我々は人間を，技術で作ったもの[118]の父とは，おそらく比喩ででもなければ言わない。そして，聖霊は，確かに，神性という面でキリストと本性を同じくするが，だからと言ってキリストの父ではなく，むしろ彼〔キリスト〕から発するものである。また，人性という面では〔聖霊は〕キリストと本性を同じくしない。すなわち，先立つ箇所[119]で言われたように，人性と神性とはキリストの中で別だからである。また，先立つ箇所で[120]言われたよう

---

117)　Cf. ST, III, q.32, a.3.

118)　ここで言われている「技術で作ったもの」とは，現代の例で言うならコンピュータのようなものであろう。

119)　本書第206，209，211章。

120)　本書第206章。

364   第 I 部　信仰について

に，神性から人性に変わるようなことは決してない。した
がって〔結論として〕残るのは，聖霊が人間キリストの父
と言われ得ないことである。

　さらにまた，あらゆる子どもの場合，その〔子どもの〕
うちで他と比べて主要なものは父に由来し，また二次的な
ものは母に由来する。すなわち，他の動物たちの間でも霊
魂は父に由来するが，体は母に由来する[121]。だが，人間の
場合は，理性ある霊魂が父に由来せず，神が創ったとして
も，それでも父の子種の力は，形相を受ける準備としては
たらく。また，キリストのうちにより主要的にあるのは，
御言葉のペルソナである。これは決して聖霊によるのでは
ない。したがって〔結論として〕残るのは，聖霊がキリス
トの父とは言われ得ないことである。

第 224 章　キリストの母の聖化について[122]

　したがって，これまで述べてきたこと[123]から明白なよ
うに，至福なる乙女マリアは神の御子の母となった，す
なわち聖霊によって子を宿したので，〔マリアが〕最も高
い純粋さで浄められたということ，それによって御子に適
うものとなったということは相応しいことだった。それゆ
え，彼女〔マリア〕が行ないの罪というすべての汚れと無
縁だったという場合，それは死すべき罪だけではなく，赦
される罪からも無縁だったということをも信じねばならな
い。このようなことはキリストの後のどの聖人にも適わな
かったことである。そこで「ヨハネの手紙　一」1 章（8

　121）　註 104 参照。
　122）　Cf, ST, III, q.27, a.1; a.2; a.3, a.4; a.5 ad2; q.27, a.6.
　123）　本書第 221，222 章

もう1篇の論考　キリストの人性について　　365

節）ではこう言われている。「もし我々が，我々は罪を有さないので，それ〔罪〕から我々を切り離していると言ったとしたら，真理は我々のうちにはない」。しかし，至福なる乙女にして神の母について理解できることは「雅歌」4章（7節）で言われている。「あなたはすべてが美しい，我が友なる女よ，またあなたにはしみがない」。

　また，行ないの罪と無縁であるだけでなく，原罪からも特別の恩典として浄められている。もし本当に原罪によって宿ったものがあるなら，それは両性の交わりによって宿ったものであるがゆえであらねばならない。すなわち，乙女が神の御子を宿したというこの特典は，彼女だけに保たれている。そして，性の交わりは，最初の親の罪以来，情欲なしにあることができないので，原罪を子孫に受け継がせる。

　同じくまた，もし，原罪と共に〔マリアが〕宿ったのでないなら，キリストによって買い戻される必要はなかった。またそうであるなら，キリストは人間たちの普遍的な贖い主ではなかったことになるが，このようなことはキリストの尊厳を制限するものであろう。したがって，原罪と共に〔マリアは〕宿ったが，何か特別な仕方で浄められたということが支持されなければならない[124]。すなわち，ある人たちは子宮から生まれた後，原罪から浄められた。例えば，洗礼で聖とされるように。ある人たちは，またなんらかの恵みの特典で，母の子宮のうちでも聖とされてい

　124）　ここでトマスは，現代ではカトリックの教義として認められている「無原罪の御宿り」と違う見解を示している。現代では，マリアは，原罪なくしてその母の胎内に宿ったとカトリックでは信じられているが，これを教義として宣言したのは19世紀の第1ヴァティカン公会議であって，トマスの時代には教義宣言されていなかった。
　トマスは，マリアが原罪なくして宿ったのなら，キリストによってマリアが贖われる必要はなかったという理由で，マリアは原罪とともに宿ったが，その後，母の胎内で聖化されたと考える。

366   第Ⅰ部　信仰について

たことが〔聖書に記され〕読まれている。例えば，「エレ
ミヤ書」1章（5節）でこう言われているように。「私はお
前を子宮のうちに形作るより先に，私はお前を知ってい
た。お前が子宮から出るより前に，私はお前を聖とした」
と。また，洗礼者ヨハネについて，天使はこう言ってい
る。「その母の胎内にいた時から既に聖霊に満たされてい
た」と。また，〔イエスの〕先駆け〔洗礼者ヨハネ〕と預
言者たち〔例えばエレミヤ〕に対してキリストの勝ってい
るところが，母その人については否定されていると信じて
はならない。またそれゆえ，〔マリアは〕子宮のうちで聖
とされていたのであり，すなわち子宮から生まれる前にそ
うだったのである。

　また，このような聖化は，霊魂が注入されるのに先立つ
ものではない。そうであるなら〔マリアは〕原罪に従属し
ていたことが決してなかったし，贖いを必要とすることも
なかった。すなわち，罪の基体であるには，理性ある被造
物でなければならないからである。また同じく，聖化の恵
みは先立って霊魂のうちに根付いており，体には，霊魂を
通してのみ達する。それゆえに，霊魂の注入の後に，彼女
〔マリア〕が聖化されたと信じなければならない[125]。

　また彼女〔マリア〕の聖化には，他の子宮のうちで聖化
された人々より完全であった。またすなわち，子宮のうち
で聖化された他の人々は原罪から確かに浄められた人々だ
が，それでも，その後罪を犯し得ないということが彼らに

─────────
　125）　ここでもトマスは，現代のカトリック神学とは異なる見解
を示している。当時の自然学では，人間の胎児は，植物的霊魂，動物
的霊魂の段階を経て理性的霊魂を獲得するとされていた。この理性的
霊魂，すなわち，人間としての霊魂が胎児に生ずることを，霊魂の注
入と呼んでいる。この考え方では，胎児は霊魂の注入までは人間では
ない。現代のカトリック神学では，人間は受精の瞬間から人間である
とされており，人間としての霊魂は受精卵の最初の瞬間から宿ってい
る。

保証されているわけではない。2，3の赦される罪であっても。しかし，至福なる乙女マリアはあふれ出した恵みすべてのおかげで聖化され，次いですべての罪に，死すべき罪だけでなく，赦される罪にさえも無縁に保たれたのである。

　赦される罪は時に，こっそりと起こる。すなわち，欲望の，あるいは他の情念のある無秩序な運動が，理性より先に起き，このような第1の運動が罪と言われる意味で。したがって，至福なる乙女マリアは決して赦される罪を犯さなかった。情念の無秩序な運動を感じなかったからである。ところで，以上のような無秩序な運動は，感性的欲求，すなわちこれら情念の基体が，時に理性の秩序づけから離れて何かに向かって動くことのないように理性に従属していない，また時には理性に反することから起きる。このことのうちに，罪の運動は成立する。そうであるならば，至福なる乙女のうちでは，したがって，感性的欲求は理性に従属し，それは恵みの力によってであり，〔そして〕すなわち，それ〔恵み〕はそれ〔感性的欲求〕を聖化するのである。だから〔マリアは〕決して理性に反して動かず，理性の秩序に従っていた。しかしながら，なんらか咄嗟の行動が理性に秩序づけられていないということはあり得はしたが。

　また，主イエス・キリストの場合，さらに完全なものがあった。すなわち，彼〔キリスト〕のうちでは下位の欲求が理性に従属しているので，理性の秩序によらなければ，すなわち，理性が，下位の欲求を固有の運動で動くよう秩序づけ，あるいは許したのでなければ，何ものに向かっても動かないほどだった。また，下位の力がまったく理性に服従していたので，最初の状態の無傷さに至ったと思われる。このような従属は最初の親の罪によって，本人〔最初の親〕だけでなく，彼〔最初の親〕によって原罪に結び付

けられた他の人々からも取り去られた。彼ら〔他の人々〕のうちで、その後、罪からの浄めが、恵みの秘蹟によってあってさえ、下位の力の理性に対する反抗あるいは不服従はそのまま続いており、それ〔下位の力の理性に対する反抗あるいは不服従〕が罪の火口と言われる。これ〔下位の力の理性に対する反抗あるいは不服従〕は、ここまで論じられたところによれば、キリストのうちには決してない。

　しかし、至福なる乙女マリアのうちでは、下位の力がまったく理性に従属していたわけではないので、すなわち、どんな運動も、理性によって前以て秩序づけられていない限り、〔下位の力には〕ないというほどではないが、そうだとしても、〔下位の力は〕恵みの力で制約されており、理性に反して動くことはなかった。それゆえ、こう言われることになっている。至福なる乙女のうちには、聖化の後も、罪の火口が残ったが、その火口は縛られていた。

第225章　キリストの母の永遠の処女性について

　また、〔マリアが〕最初の聖化によって、罪の運動すべてに反し、守られていたなら、彼女〔マリア〕のうちで恵みはさらに成長し、罪の火口は弱められた、あるいはまったく取り去られさえしたということになる。聖霊が、彼女〔マリア〕のうちで天使の言葉どおり、キリストの体を彼女〔マリア〕から形作るために訪れることで[126]。それゆえ、〔マリアが〕聖霊の聖所、神の御子の住まいとなった後、彼女のうちに何か罪の運動があったと信ずることだけがとんでもないことなのではなく、肉の欲望の快楽を彼女

―――――――――
　126）　マリアが原罪から完全に浄められることがあるとしたら、それは聖霊によってキリストを宿した時であると考えられている。

もう 1 篇の論考　キリストの人性について　　369

〔マリア〕が味わったということもまた信じてはならない。
それゆえまた，ヘルヴィディウス[127]の誤りは避けるべき
なのだ。彼〔ヘルヴィディウス〕は，キリストが乙女に宿
り，〔乙女から〕生まれたと主張していたとしても，しか
し彼女〔マリア〕はヨセフから他の子どもたちを生んだと
言っていたからである。

　また「マタイによる福音書」1 章（25 節）で言われてい
ることは，彼〔ヘルヴィディウス〕の誤りを支持するもの
ではない。すなわち「ヨセフは彼女を」すなわちマリア
を「知らなかった，その最初の子を生み出すまで」。これ
ではまるで，キリストがお生まれになった後，彼女〔マリ
ア〕を知ったかのよう〔に見える〕だが，〔この箇所が上
記の誤りを支持するものではないのは〕「までに」という
語がこの箇所では限界ある時間を指さず，不特定の時間を
指しているからである。すなわち，聖書の〔表現の〕習慣
上，特別な時まで何かがなされる，あるいはなされないと
言うのは，いつまでのことなのか疑おうと思えば疑える。
例えば，「詩編」109 篇（110 篇 1 節）でこう言われてい
る。「私の右に座れ。お前の敵たちを私がお前の足の台に
するまでに」。すなわち，キリストが神の右に〔今〕座っ
ているか，彼〔キリスト〕に敵たちが従ったのが見られな
い間は疑うことができる。これ〔敵たちがキリストに従っ
たこと〕が分かってしまえば，その後は〔キリストが神の
右に座っていることに〕疑う余地は残らないだろう。同じ
く，神の御子が生まれる前に，ヨセフがマリアを知ってい
たかということも，疑うことができる。それゆえ，福音書
記者はこれ〔上記の疑い〕を取り除くようはからった。生

───────────
　127)　ヘルヴィディウス（4 世紀後半）は，ローマの神学者。ヒ
エロニムスの論敵で，イエスを生んだ後，マリアはヨセフとの間にイ
エスの弟妹を儲けたと主張し，ヒエロニムスから反駁を受けた。

370   第Ⅰ部　信仰について

まれた後に〔ヨセフがマリアを〕知られることがなかった
ので，〔それは〕言わば，疑い得ないものとして〔言及せ
ず〕残したのである[128]。

　また，キリストはその〔ヨセフの〕最初の子と言われる
のは，あたかも彼〔キリスト〕の後に他の子たちが生まれ
たかのようだということを支持するものでもない。すなわ
ち，聖書のうちで，その前に誰も生まれていない息子であ
れば，その後に誰も続かなくても，最初の子と言われるの
が常である。例えば，旧法で主に聖とされ，祭司たちに
よって献げられた最初の子〔初子〕のように。

　また，福音のうちである人たちがキリストに兄弟がいた
と，あたかも母が他にも自分の子を持っていたように言っ
ていることを支持するものでもない。すなわち聖書では，
同じ一族のものはみな兄弟と言うのが常である。例えば，
アブラハムとロトを兄弟と呼んだが，〔実際は，ロトはア
ブラハムの〕甥であったように。そして，これを踏まえれ
ば，マリアの甥たち，彼女〔マリア〕と同族の他の者たち
が，キリストの兄弟と言われている。そしてまた，ヨセフ
の同族も〔キリストの兄弟と言われている〕。彼〔ヨセフ〕
はキリストの父と考えられていたのだから。

　それゆえまた，信条でもこう言われている。「彼は乙女
マリアから生まれた」と。この乙女とは端的に〔文字通り
の意味で〕言われている。というのは，お産の前も，お産
の最中も，お産の後も，乙女であり続けたからである。そ
して，お産の前とお産の後では，その処女性は否定されて

　　　128)　「までに」と訳した語の原語は donec で，ここでは，何ら
かの条件が満たされるまでの不特定の時間を指すとされている。それ
ゆえ，「敵が従うまでに座れ」と言われた場合は，どの時点に座るか
分からないことになる。そして「出産までに彼女を知らなかった」と
いう文では，不特定の時間のどこでも彼女を知ることはなかったとい
う意味になる。

もう1篇の論考　キリストの人性について　　371

いないということは，既に十分語られた[129]。しかし，お産の最中には，処女性が破壊されたかというとそれもない。すなわち，キリストの体は，閉ざされた扉を通り弟子たちのところに入り込んだのと，同じ力で，閉ざされた子宮から出ることができた。すなわち，〔キリストが〕生まれる際，無傷さを取り除くなど，相応しくなかった。彼〔キリスト〕がお生まれになったのは，崩れたものを無傷に作り直すためであったのだから。

第226章　キリストに受け取られた
諸々の不足について[130]

　また，神の御子が人性を受け取ったのは，人間の救いのためには適切だった。すなわち，本性を受け取ったということで，〔神の御子は〕完全な恵みと知恵による人間の救いという目的を示した。そして同じく，神の御言葉が人性を受け取ったということで，人類の解放に最も相応しいやり方に合うなんらかの制約がある。また，人間に最も合うやり方があった。この，不正によって滅び，正義によって再生する人間に。

　また正義の秩序が要求するのは，罪を犯すことでなんらかの罰を負う者となった人が罰を解かれて自由になることである[131]。しかし，我々が友によってなし，受けることは，ある仕方で我々自身がなし，受けると思われる。というのも，愛は互いに愛し合う2人をある意味で1つにする相互の力だからである。それゆえ，誰かが友が彼のため

---

129)　本書第221章。

130)　Cf. ST, III, q.14, a.1; a.3; a.4; q.15, a.3.

131)　本書におけるトマスの正義概念は，悪への罰だけでなく，そこからの回復までも射程に収めている。論考前半註454参照。

に十分なことをしてくれたおかげで解放されたというのは，正義の秩序に一致せぬものではない。また，最初の親の罪により全人類に滅びが来たのであり，ある人への罰が全人類を解放するのに十分だということはあり得ない。すなわち，単なる1人の人間が償うことで，すべての人々を解放するのに値するような償いなどはなかった。同じくまた，天使が人類への愛からそれ〔最初の親，または人類の罪〕を償えたとしても，正義に照らせば十分〔な償い〕にならない。すなわち，天使は，数限りない有限のものどもと，有限のものどもが犯した諸々の罪に十分なだけ償う無限の尊厳を有さない。先立つ箇所[132]で我々が言ったように，神だけが，無限の尊厳を有しているのだ。すなわち，肉を受け取って人間のために十分なだけ償ってくださった方だけが。このような者〔肉を受け取って人間の罪の十分な埋め合わせをする者〕は，それゆえ，人間のために人性を受け取り，これ〔人性〕により，人間が罪を犯したためにそれに値するのが明らかな諸々のものを，人間に代わって苦しむことができるようになる。

　また，人間が罪を犯すことで遭う罰は何もかも，償うことができるわけではない。すなわち，人間の罪は，神から離れて変わり易い〔変わりゆく〕善に向かうことで生じる。そして，人間が罪のために罰せられるのは次の両方の形で，すなわち，恵みと他の賜物を欠き，それらによって神に結び付けられることがないということと，それどころかそのために神から離れたものに不足し労苦で苦しめられて当然の身になることとの両方の形で，である。したがって，かの償いがうまくいったのなら，罪びとが変わり易い〔変わりゆく〕善のうちで苦しんでいる罰により，神に呼び戻されたのでなければならない。そして，この呼び戻し

---

132)　本書第200章。

もう1篇の論考　キリストの人性について　　373

は，人間を神から引き離したあの諸々の罪と反対である。
したがって，誰も，恩寵を欠いていることでもって，ある
いは，神を知らないことでもって，あるいは無秩序な霊魂
を有することでもっては，たとえ，これが罪への罰だとし
ても，神に罪を償わず，何かを悲しむことで，そして外的
な事物を失うことでそうするのである。

　したがって，キリストは，人間が神から引き離されたあ
の不足を，たとえそれらが罪への罰だとしても，恩寵の欠
如，無知，またはその類のこととして受け取ってはならな
かった。すなわちこうであったなら〔仮にキリストが恩寵
の欠如，無知，またその類のこととして何らかの不足を受
け取っていたなら〕，償うのに必要な能力が，少なくなる
からである。さらに人間の救い主であるには，先立つ箇
所[133]で言ったとおり，恵みと知恵に満ちている必要があっ
た[134]。しかし，人間は罪のゆえに，死なねばならないこと
になり，体と霊魂の面で苦しみを受けるものになったの
で，その類の不足をキリストは受け入れることを欲した。
人間に代わって死を受けることで，人類を贖うために。

　やはり注目すべきは，以上の類の不足が，キリストと
我々に共通しているが，それでもキリストと我々とでは違
う理由で見出されている。すなわち，既に言った[135]よう
に，この類の不足は，最初の罪の罰であり，したがって，
我々は，損なわれた起源から原罪を〔我が身に〕引き付け
ているので，その帰結としてこれらの不足は我々にとって
は〔自ら〕引き付けたものである。しかし，キリストは，
その起源から罪による汚れを〔その身に〕引き付けなかっ

　133）　本書第213章。
　134）　恵み，知は真理の反映である。これらは神から注いでくる
ものなので，救いのためには救い主に完璧に備わっていることが必要
である。
　135）　本書第193章。

た。上記のような不足は，御自分の意志で受け容れられた
のである。それゆえ，〔キリストは〕以上の不足を引き付
けたのではなく，むしろ受け容れたと言わなければならな
い。引き付けられるとは，他のものに必然性によって引き
寄せられることだからである。しかし，キリストは，以上
のような不足無しに人性を受け容れることができた。〔現
に〕過ちの醜さなしに〔人性を〕受け容れたように。そし
て，理性の秩序は，過ちのない人は罰もないことを要求す
ると思われる。そうであるならば明らかに，どのような必
然性によっても，損なわれた起源のための必然性によって
も，正義の必然性によっても，彼〔キリスト〕のうちに不
足はなかったのだ。それゆえに，〔結論として〕残るのは，
引き付けたのではなく，本人の意志で受け容れた不足が，
彼〔キリスト〕のうちにあったということである。

　しかし，我々の体がこれまで語ってきた不足に従属する
のは，罪の罰としてであり，すなわち罪の前にはこれら
〔不足〕から自由だったので，キリストが，上記のような
不足を自分の肉で受け容れている以上，罪の類似を〔御自
身の身に〕もたらしたのである。だから，「ローマの信徒
への手紙」8 章（3 節）の使徒の言葉がある。「神は御自身
の子を罪の肉に似せて遣わされた」。ここでは，まさにキ
リストが苦しみを受け得ることと御受難とが使徒により罪
と呼ばれていて，こう続く。「そして，罪のために肉にお
ける罪を断罪された」。そして，「ローマの信徒への手紙」
6 章（10 節）では「罪において死ぬということを，ただ 1
度死なれたのである」と言われた。また，以上のようなこ
とを踏まえてさえ，なお〔奇跡と感じ〕驚くべきは，使徒
が「ガラテアの信徒への手紙」3 章〔13 章〕でこう言って
いることだ。〔キリストは〕「我々のために呪いとなった」。
以上の理由で，〔キリストが〕我々の一重の必然を，すな
わち罰として受け容れられたのは，我々の二重の必然を，

すなわち過ちと罰とを滅ぼすためであったと言われるのだ。

しかし、さらに考えねばならないのは、体には二重の不足があるということである。そのあるものは、皆に共通のもので、例えば、お腹が空く、のどが渇く、働いた後は疲れる、痛みを覚える、死ぬ、またその類のことだが、あるものは皆に共通しているわけではなく、ある人々に固有のもので、例えば、目が見えない、重い皮膚病である、手足を切断されたなどのことがある。また、以上の不足には種差がある。すなわち、我々に共通の不足はよそから、すなわち最初の親から受け継いだものである。彼〔最初の親〕は罪のためにそれら〔共通の不足〕に陥った。しかし、固有の不足は、個々の人間の特殊な原因によって生じる。

しかし、キリストには、御自身に由来する不足の原因が一切ない。また〔御自身の〕霊魂に由来するもの〔不足の原因〕も。それ〔御自身の霊魂〕は恵みと知恵に満ちており、神の御言葉と一つ〔だから〕である。また、〔御〕体に由来するものもない。それ〔御体〕は最も善い仕方で出来上がり、様々な業への準備が整い、聖霊の全能の力と一致している〔からである〕。そうではなくて御自身の意志によって、我々の救いを取り仕切るために手法として、なんらかの不足を〔その身に〕受け取られたのである。したがって、〔キリストがその身に〕受け取らなければならなかったあれら〔不足〕は、ある人から別の人へと波及する、すなわち共通のものであって、固有の、個々の人間にそれぞれ固有の原因により生じるものではない。同じく、〔キリストは〕人性を建て直すことをも重視していたので、〔キリストが〕受け取らねばならなかった不足は、全自然のうちに見出された。

また、ここまで述べてきたことから明らかになるのは、

376 第Ⅰ部 信仰について

ダマスケヌスが言っている[136]ように，キリストは我々の
取り去るべからざる，すなわち取り去ることのできない不
足を受け入れたのである。すなわち，知識あるいは恵みの
不足を受け取ったなら，あるいは重い皮膚病になったり，
目が見えなくなったり，または何かその類のことを受け容
れたなら，そのようなことはキリストの尊厳を弱めること
につながると思われた。そして，〔これらの不足を〕取り
去る機会は，全自然の不足からは決して与えられなかった
だろう。

第227章　なぜ，キリストは死のうと 思ったか[137]

したがって，ここまで述べてきた[138]ことにより，キリ
ストが私たちの不足を受け取ったのは，必然性によってで
はまったくなく，ある目的，すなわち我々の救いのために
であった。しかし，なし得るということとできるというこ
と，あるいはなせるということは，実際にするということ
を目的としてそれへの秩序をなしている。それゆえ，苦し
み得るということが，償いをし，負い目を果たすために
は，実際に苦しむのでなければ十分でない。すなわち，誰
かが善いあるいは悪いと言われるのは，そのようなこと
〔善いことあるいは悪いこと〕をなし得る〔するかもしれ
ない＝可能態である〕からではなく，〔善いことあるいは
悪いことを実際に〕する〔＝現実態である〕からである。
賞賛あるいは非難は可能態にではなく，現実態に対してあ

---

136)　ヨハネス・ダマスケヌス『正統信仰論』3巻20章 (PG94/
1081B)。

137)　Cf. ST, III, q.47, a.2; q.50, a.1; q.52, a.1.

138)　本書第226章。

もう1篇の論考　キリストの人性について　　377

るべきなのだ。それゆえ，キリストもまた，我らを救うた
めに我らと同じく苦しみ得るだけではなく，我らの罪を償
うためにも〔実際に〕苦しもうと志された。

　そして，彼は我々のために，我々が最初の親の罪のため
に苦しむべきことで〔実際に〕苦しまれた。その筆頭が死
である。それ以外の人間の苦しみはすべて，これを最終の
ものとする秩序をなしている。「すなわち罪の罰は死」で
あるとは，使徒が「ローマの信徒への手紙」6章（23節）
で言っているとおりである。それゆえ，キリストもまた，
我々の罪のために死を〔その身に〕受けようと志された。
また我々には相応の罰を，彼〔キリスト〕が過ちなしに受
け取られた時，〔キリストは〕我々を死という罰から解放
された。誰かが，他の人が彼に代わって罰を引き受けるこ
とで，罰の負い目から解放された場合のように。

　また〔キリストが〕死のうと志されたのは，その死が，
我々にとって救いの薬であるからだけでなく，また，その
死に似ることで我々が肉の生に死んで霊の生に移される，
救いの秘蹟であるからであった。すなわち，「ペトロの手
紙　一」3章（18節）のあの言葉のように。「キリストは
我々の罪のためにただ1度死なれた。正義の人が正義でな
い人のために。それも我々が神に献げられ，肉に死に，霊
に生きるものとせられるために」。

　また，死のうとされたのは，我々にとってその死が完
全な力の実例だからであった。まず，愛に関して言えば，
「友のために霊魂を捨てようとするほど大きな愛は誰にも
ない」と，「ヨハネによる福音書」15章（13節）で言われ
ているとおりである。すなわち，友のためにより多く，よ
り重く苦しむことを拒まないなら，それだけ大きく愛して
いることが示される。そして，人間の悪すべてのうちで死
はより重い。それによって人間の生は取り除かれる。それ
ゆえ，人間が友のために自らを死に渡すよりも大きな愛の

第Ⅰ部　信仰について

しるしは決してない。また，勇気に関して言えば，それは
敵対されるからといって正義を捨てないということであ
り，また，死の恐れがあっても，徳を捨てないということ
は勇気の最も大きい一面であると思われる。それゆえ，使
徒は「ヘブライ人への手紙」2章で，キリストの受難につ
いて，こう言っている。「死を通して，死を支配していた
者を，すなわち悪魔を壊し，死の恐れゆえに，一生奴隷
として〔悪魔に〕従属させられていた者たちを解放した」
（14-15節）。すなわち，〔キリストは〕真理のために死ぬ
ことを拒まなかった時，死ぬことへの恐れを締め出した。
これ〔死ぬことへの恐れ〕こそ，人間たちを奴隷として罪
に最も従属させるものだ。また，忍耐に関して言えば，こ
れは，敵対するものの間で悲しみが人間を呑みこむのをそ
のままにするということではなく，よりひどく敵対されれ
ばされるほど，それだけより強く忍耐の徳を，敵対される
中で光り輝かせるということである。それゆえ，もろもろ
の悪のうち最大のもの，すなわち死の場合，精神をかき乱
されることなく受け容れるなら，最も完全な忍耐の見本が
ある。これがキリストについて預言者〔イザヤ〕が「イザ
ヤ書」53章（7節）で言ったことである。「まるで，毛を
刈る者の前の羊のように黙し，口を開かないだろう」。ま
た従順に関して言えば，より困難な状況のうちで従順を貫
くほど，その従順はより賞賛されるべきものとなる。そ
して，すべてのうちで最も困難なものは死である。それ
ゆえ，キリストへの完全な従順を勧めるために，使徒は
「フィリピの信徒への手紙」2章（8節）でこう言っている。
「死に至るまで」御父に「従順を貫く者となられた」。

もう1篇の論考　キリストの人性について　　　379

第228章　十字架の死について[139]

　また，同じ理由で，〔キリストが〕十字架の死を望んだ
かが明らかになる。まず第1に，償いの薬という面では適
切だからである。すなわち，人間が，そこで罪を犯したも
のによって罰せられるというのは適切である。すなわち，
「罪を犯すのに用いたもので，また拷問される」と，「知恵
の書」11章（17節）で言われているように。そして，人
間の最初の罪は，善悪の知識の木の実を，神の掟に背いて
食べたことによるので，その代わりにキリストは，自らを
木に架けることを許した。詩編作者が，詩編第68篇（69
篇5節）で言っているように，奪わなかったものを償うた
めに。

　また，秘蹟という面でも適切である。キリストは彼の死
により，我々が肉の生に死んで，我々の霊がより高く上げ
られたということを示そうと望んだのである。それゆえ，
また彼〔キリスト〕は「ヨハネによる福音書」12章（32
節）でこう言っている。「私が地から上げられたら，すべ
てを私自身のところに引くだろう」。

　完全なる徳の見本という面でも適切である。すなわち，
人間たちは時には，死の苦しさに劣らず，罵られる種類
〔の死〕であることで死を拒む。それゆえ，完全な徳には，
徳に含まれる善のために，罵られる死すら受けることを拒
まないことがその一面にある。それゆえ，使徒は，キリス
トの完全な従順を勧めるために，「死に至るまで従順を貫
く者となられた」と言った後こう加えている。「しかも十
字架の死〔に至るまで〕」（「フィリピの信徒への手紙」2章

───────────
139)　Cf. ST, III, q.46, a.4.

380 第Ⅰ部 信仰について

8節）。これ〔十字架の死〕は，最も見苦しく恥ずべき死
と思われていた。「知恵の書」2章（20節）によれば「最
も見苦しく恥ずべき死で，我々は彼を蔑むだろう」とのこ
とである。

第229章 キリストの死について[140]

しかし，キリストのうちでは，1つのペルソナのうちに
3つの実体がある。すなわち，体と霊魂と御言葉である神
が。それらのうちの2つ，すなわち霊魂と体は，1つの本
性のうちで1つになっている。キリストの死の際，確かに
体と霊魂の合一が分離された。すなわち，言い換えれば，
体は真の意味で死ぬものではなかった。というのは体の死
とは，それから霊魂が離れることに他ならないが，〔体と
霊魂との〕どちらも，ペルソナの合一に関して言えば，神
の御言葉からは分離しなかったからである。また，霊魂と
体との合一から，人性が生じる。それゆえ，キリストの体
から死によって霊魂が分離した時，人間として死の3日
の喪のうちにあったと言うことはできない。また，先立つ
箇所[141]で言われたように，〔キリストが〕人格〔人間のペ
ルソナ〕のうちで神の言葉に合一していたならば，人間キ
リストについて言われるあらゆることが，子なる神につい
て言うことができるし，相応しいということになる。それ
ゆえ，子なる神のペルソナは死の際もキリストの体に合一
し，同じく霊魂にも合一し続けたので，〔霊魂と体の〕そ
れらのどちらについて言われることであれなんでも，神の
御子について述語づけられ得た。それゆえ，信条で神の御

---

140) Cf. ST, III, q.50, a.4.
141) 本書第203，211章。

もう1篇の論考　キリストの人性について　　381

子について「葬られた」と言われているのは，彼〔神の御子〕と一つである体が墓に横たわったからであり，「黄泉〔地獄〕に下った」と言われているのは，霊魂が下ったからである[142]。

　また，考えねばならないのは，男の性はペルソナを表示しているが，〔人性と神性の〕どちらの本性も表示していないのである。それゆえ，我々は三位一体についてこう言う。御子は御父とは異なるが，別のものではない。したがって以上によれば，キリストは死の3日の喪の間，すべてが墓のうちにあり，すべてが地獄にあり，すべてが天にあった。ペルソナのゆえに，すなわち，それ〔ペルソナ〕が墓のうちに横たわる肉と1つであり，地獄を平らげていた霊魂と一つであるがゆえに，〔死の3日の喪の間，キリストは〕神性のうちに天を統べるものとして存立する。しかし，全身が墓にあった，あるいは地獄にあったとは言えない。というのは，人性すべて〔人間としての現実存在すべて〕がというのではなく，一部が墓のうちにあり，一部が地獄にあったからである[143]。

第230章　キリストの死が意志による
ものであったこと[144]

　したがって，死の本質から言ってキリストの死は我々の死と同じ形をしていた，すなわち霊魂は体から離れていた。しかし，ある点から言えば，キリストの死は我々の死

---

142)　使徒信条による。

143)　キリストの死は，霊魂の身体からの分離という意味では，端的な意味での死である。そして同時に，墓にあった身体と，地獄に下りていた霊魂は，いずれも子なる神のペルソナと一体であった。

144)　Cf. ST, III, q.47, a.1.

第 I 部　信仰について

と異なっていた。すなわち，我々は必然性によって，ある
いは自然本性的に，死に従属しているものとして死ぬが，
キリストが死んだのは必然ではなく，その権限と本人の意
志による。それゆえ，御自身〔キリスト〕が「ヨハネによ
る福音書」10 章でこう言っている。「私は，私の霊魂を捨
てる権限も，取り戻す権限も持っている」(18 節)。

　さて，以上のような違いがある理由は，自然のものは
我々の意志に従うものではないということである。そし
て，霊魂の体との結びつきは自然のものであるので，そ
れゆえ，我々の意志にはよらず，霊魂は体と一つであり続
けたり，体から離れたりする。すなわち，以上のことはな
んらかの作用者の力によって生じるということにならざる
を得ない。しかし，キリストのうちに人性のゆえにあるも
の，すなわち自然のものはいずれも，全体がその〔キリス
トの〕意志に従っている。すなわち，全自然がそれに従う
神性の力のために。したがって，その〔キリストの〕霊魂
をいつまで体と一つにしたままでおこうということはキリ
ストの権限のうちにあったし，また望めばいつでも，〔霊
魂は〕それ〔体〕から離れたのだ。そして，以上のような
神的な力のしるしを，キリストの十字架の下に居合わせた
百人隊長は，彼〔キリスト〕が叫んで息を引き取った時に
感じ取った。このことでしっかりと示されたのは，他の人
間たちが自然の欠陥のために死んでいたのと違うというこ
とである。すなわち，人間たちには叫びと共に霊を送り出
すことはできない。死の際には痙攣しながら舌を動かすだ
け，それさえ辛うじてできるに過ぎないのだから。それゆ
え，キリストが叫びながら息を引き取ったのは，彼〔キリ
スト〕における神の力を証するものだ。そしてそれゆえに
百人隊長はこう言った。「真にこの人は神の御子だった」
(「マタイによる福音書」27 章 54 節)。

　しかしながら，ユダヤ人たちはキリストを殺さなかっ

た，あるいはキリスト御自身が御自分を殺したと言うべきではない。すなわち，誰かを殺すと言われるのは，その死の原因を作る場合であるが，死は死の原因が，生命を保つ自然に勝利するのでなければ起きない。そして，自然が滅ぼす原因に従うか，彼〔キリスト〕が望む限り抵抗するかは，キリストの権限のうちのことであり，それゆえ，キリスト御自身が〔御自分の〕意志で死なれたのだが，それでもやはりユダヤ人たちが彼を殺したのである[145]。

第231章　体に関するキリストの
御受難について[146]

そして，キリストは死を〔その身に〕受けようと望まれただけではなく，それ〔死〕以外の，最初の親の罪から子孫へと発していくものを望まれた。すなわち，罪の罰を〔死だけではなく〕すべてそのまま受け取られ，我々が完全に償いを済ませ罪から解放されるために。この〔死以外の苦しみの〕うちあるものは死の前に起き，あるものは死の後に起きる。死の前に起きる体の苦しみとは，自然のものでは，腹が空く，喉が渇く，疲れる，他その類のことであり，暴力によるものでは，傷を負う，鞭で打たれる，その他似たようなことである。それらはすべてキリストが，罪の結果として〔その身に〕受けようと望まれたことである。すなわち，人間が仮に罪を犯さなかったとしたら，腹

---

[145]　ユダヤ人が殺したというのは，西洋中世における一般的な図式の適用にすぎず，思想上の必然性がない。それゆえに現代の観点では，「キリストは自分の意志で死を受け入れたが，人間が，すなわち我々がキリストを殺した」というような表現で，理解しなおす必要があろう。

[146]　Cf, ST, III, q.14, a.4; q,15, a.10; q.19, a.3; a.4; q.48, a.1.

が空く，渇く，疲れる，凍えるという苦しみを感じること
も，外的なものに暴力で苦しめられるのに耐えることもな
かった。

　しかし，キリストが以上の苦しみを耐える理由は，他の
人間たちが苦しむ場合とは違う。すなわち，他の人間たち
の場合，それらの苦しみに抵抗できるものは何もない。キ
リストの場合，それらの苦しみに抵抗するために，神の創
られざる力だけでなく，霊魂の至福までもがある。その力
全体が，アウグスティヌスが言う[147]ように，その至福が
体に，そのやり方であふれ出している。それゆえ，復活の
後は，霊魂が神の直視，さらには〔神の〕明白で豊かな享
受によって栄光を与えられるだろう，まさにそのことに
よって，栄光ある霊魂と1つである体が栄光あるものと
なり，苦しまない，死なないものとなる。

　したがって，キリストの霊魂は，神の完全な直視を，こ
の直視の力の及ぶ限り享受していたので，その帰結とし
て，栄光が霊魂から体にあふれ出すなら，体は苦しまな
い，死なないものとなったが，栄光が，霊魂から体へあふ
れ出すことが決して起きなかったので，霊魂が神の直視を
享受している時，体も同時に苦しんだということが，御自
身の意図によって起きた。すなわち，既に言った[148]とお
り，キリストにとって，人性という面で自然なことは，彼
〔キリスト〕の意のままだった。それゆえ，〔キリストは〕
上位の部分から下位の部分への自然なあふれ出しを，彼
〔キリスト〕の自由で妨げることができた。それぞれの部
分に，他の部分に妨害されず，自身に固有のことを受けさ
せ，あるいはなさせるために。このようなことは他の人間
たちのうちではあり得ない。それゆえ，御受難の際，キリ

---

　147)　アウグスティヌス『書簡118』3 章 (PL33/439A)。
　148)　本書第 230 章。

ストは体の最大の痛みを耐えられた。というのは，体の痛みは決して，理性のより上位の喜びによって和らげられなかったからである。また反対に体の痛みが理性の喜びを邪魔することもないように。

以上のことから，またキリストだけが旅人であり，把握する者である。というのは，神の直視を享受する（これは把握する者に関係している）のは，それでもやはり，体が苦しみに従属し続けるためであり，これが旅人に関係している。そして，旅人に固有のこととは，愛から善なる業《わざ》を行なうことで，あるいは自分に，あるいは他の人間たちに尽くしているのである。それゆえ，キリストはたとえ把握する者だとしても，やはり，〔キリストは〕なさった，あるいは苦しまれたことによって御自身と我々に尽くされた。御自身のためには，その宿られた始めから霊魂の栄光は有しておられたので，それではなく，体の栄光を得られた。これ〔体の栄光〕に〔キリストは〕苦しむことで到達した。我々にとってもまた，彼〔キリスト〕の個々の受動とはたらきが救いに役立つものであった。見本としてだけではなく，功徳としても。すなわち，愛と恵みのあふれ出しのため，我々にとって恵みが手に入れられるものとなる。頭の豊かさを手足が受け取るように。

以上のようであるなら，彼〔キリスト〕のどのような受難であっても，その最も小さいものまでが，人類を癒すのに十分だった。苦しみがより尊厳ある人格に及べば及ぶほど，大きな不正になると思われる。例えば，君主を打つことは，民衆の中の誰かを打つことよりもそうである〔より大きな不正である〕。したがって，キリストは無限な尊厳を有するので，彼〔キリスト〕のどんな受難であれ無限の評価を有し，だからこそ，無限の罪を捨て去るのに十分な

のである[149]。

それでもやはり、〔受難のうちの〕どれによっても人類を贖い尽くしたということにはならない。それは死によっている。先立つ箇所[150]で論じた理由で、〔キリストは〕苦しむことを望まれた。すなわち、人類を罪から贖うために。というのは、買うということにはどんな場合でも、一定の価値とそれを買う代価について決める必要があるからである。

第232章　キリストの霊魂が苦しみ 得ることについて[151]

しかし、霊魂は体の形相なので、体が苦しめば霊魂もなんらかの形で苦しむということになる。それゆえ、キリストがかの境遇で苦しむ体を持っていたのだから、霊魂も苦しむものであった。しかしながら、霊魂の苦しみには2種類あることを考えねばならない。すなわち、体の側から起きるものが1つあるが、一方もう1つは対象の側から起きるものである。これは、機能のうちある1つのこととして考えることができる。そうであるならばすなわち、霊魂と体は、霊魂の部分と体の部分が対応しているという関係で対応しているということになる。そして、視覚機能は確かに、例えば強過ぎる光で視覚が麻痺するように、対象のせいで苦しむことがあるが、一方器官の側では、目が傷

---

149)　本書第183章における、罪は無限の存在である神に対してなされるので、永遠の罰を被ることになっても神の正義には反しないということの論証と同じ論法で、キリストの苦しみによる償いが無限の力を有することが論じられている。

150)　本書第227, 228章。

151)　Cf. ST, III, q.15, a.4; a.5; a.6; a.7; a.9; q.18, a.6; q.46, a7; a.8.

もう1篇の論考　キリストの人性について　　387

つけば視力が弱まるようなことが起きる〔体が傷つくこと
で霊魂の視覚機能がダメージを受ける〕。

　したがって，キリストの御受難について体の側から起き
るものとして考えるなら，体が苦しむことで，霊魂も全身
全霊で苦しんだのだ。すなわち，霊魂は，その本質上体の
形相だが，しかし，霊魂の機能はすべて本質に由来する。
それゆえ，〔結論として〕残るのは，体が苦しめば，なん
であれ霊魂の機能はなんらかの形で苦しむということであ
る。しかし，霊魂の苦しみを対象の側から起きるものとし
て考えるなら，霊魂の機能がすべて苦しむわけではない。
苦しみは本来の意味でとるなら害を意味するから，すなわ
ち，〔キリストの霊魂の〕あらゆる機能に対して対象の側
から害があり得たわけではない。

　すなわち，先立つ箇所[152]で既に言ったように，キリス
トの霊魂は神の完全な直視を享受していた。したがって，
キリストの霊魂のうちでより高い理性は，観照し思い巡ら
すべき永遠のものどもに固く結びついているので，対立す
るもの，抵抗するものをまったく持たなかった。それ〔対
立するもの，抵抗するもの〕があったとしたら，その〔理
性の〕うちになんらかの害という苦しみがあったことにな
るのだが。しかし，感性的機能は，物体的なものをその対
象とし，体の苦しみによってなんらかの害を持ち得る。そ
れゆえ，キリストのうちに感性的な痛みがあったのは，体
が苦しんだからである。そして，体の疲れは，感性によっ
て〔体に〕害をなすものと感じられるように，内的想像力
もまたそれ〔体の疲れ〕を〔体に〕害あるものとして捉え
ているので，体に痛みを感じていない時でさえ，内的な悲
しみが起こる。そして，このような悲しみによる苦しみ
が，キリストの霊魂にあったと我々は言う。しかし，想像

---

152)　本書第216，231章。

力だけではなく，下位の理性もまた体にとって害あるもの
を捉える。そしてそれゆえ，下位の理性，時間的なものど
もについて思い巡らす役割のそれ〔下位の理性〕による把
握によってさえも，悲しみという苦しみはキリストのうち
にある。すなわち下位の理性が死と体の疲れを，害あるも
のとして，そして自然本性的な欲求に反対するものとして
捉えたという限りで。

　しかし，愛のゆえになら，それは人間2人を言わば一つ
にするので，ある人が悲しみにくれるという時，それは想
像力によって，あるいは下位の理性によって自分に害ある
ものを捉え得たからだけでなく，〔彼が〕愛する他の人々
に害あるものを捉え得たという時にも悲しみにくれるとい
うことになる。それゆえに，キリストは，神の愛によって
愛した他の人々に過ちの，あるいは罰の危険が迫っている
のを知って，悲しみにくれられた。そこでは，御自分のた
めだけでなく，他の人々のためにも苦痛を感じられたの
だ。また，たとえ隣人への愛が，すなわち，隣人が神への
愛によって神のために愛されているというその限り〔意
味〕での隣人愛が，ある意味で上位の理性に属していると
しても，それでも，キリストのうちの上位の理性が隣人た
ちの諸々の不足によって悲しみを有するということはあり
得なかった。すなわち，キリストの上位の理性は，神の豊
かな直視を享受していたので，神の知恵のうちに保たれて
いる限りで，他の人々の不足に属するものをなんでも認識
していた。それ〔神の知恵〕によって正しく秩序づけられ
たものがあり，またある人は罪を犯すことを許され，ある
人は罪のために罰せられる。また，それゆえ，キリストの
霊魂も，神を視る至福者も，隣人の不足のゆえに悲しみに
くれるということはあり得ない。

　しかし，旅人の場合は事情が異なる。旅人は知恵の根拠
を見るということに携わっているわけではない。すなわ

ち，彼らは上位の理性によっても，他の人々の不足について悲しむ。〔旅人たちは〕誰か〔今〕断罪されている人が，それでも救われるべきだということが，神の名誉と信仰を高めることに関わると考えている。そうであるならばしたがって，〔キリストは〕感性，想像力，下位の理性によって苦痛を感ぜられたまさにそのものどもについて，神の知恵の秩序にそれらを関係づけられたという限りで，上位の理性で喜ばれたのである。そして，何かを他のものに関係づけるのは理性固有の業なので，それゆえ，キリストの理性は死を嫌ったと，〔キリストを人間としての〕自然本性の観点で考えるなら，そう言うのが常である。というのは，すなわち，死は自然本性的には憎むべきものだからである。しかし，〔キリストを〕理性として考えるなら，〔キリストは〕それ〔死〕を受けることを望まれたのだ。

　また，キリストのうちには悲しみがあったように，悲しみから起きる他の情念，例えば恐れ，怒り，その他そのようなものがあった。すなわち，ただ今悲しまされたという時，いずれ悪が来ると考えさせられた場合は我々のうちに恐れが生じ，我々が共に悲しんでいるのを誰かが喜んでいる場合は彼に対して我々は怒る。しかし，以上の情念は，我々のうちにあるのとは違う仕方でキリストのうちにあった。すなわち，〔以上の情念は〕我々のうちでは，理性の判断の大部分を，時に理性の限度を越え出てしまうことで妨げる。キリストのうちでは〔以上の情念は〕決して理性の判断を妨げなかった。また，理性に監査されている限度を超え出ず，下位の欲求が，すなわち情念の基体が，理性が秩序の中でそう動くべきと定めた限りで動かされたに過ぎなかった。したがって，キリストの霊魂は下位の部分では何かを嫌いながら，上位の部分では求めていたということが起こり得たが，それでも彼〔キリスト〕のうちに諸欲求の対立，あるいは肉の霊に対する反逆はなかったのであ

390 第Ⅰ部 信仰について

る。これ〔肉の霊に対する反逆〕は我々のうちでは，下位
の欲求が理性の限度と判断を飛び越えることで，起きる。
しかし，キリストのうちでは，理性の判断で〔下位の欲求
が〕動いていた。すなわち，〔理性が〕下位の力一つひと
つに，固有の運動を許していた分だけ動いており，そうす
ることでそれ〔固有の運動〕は適切になった。

　したがって，ここまで考えられてきたことから，キリス
トの上位の理性が全体として，その対象との関係で享受
し，統治されたということがはっきりする（すなわち，こ
の面〔上位の理性〕では何か，悲しみの原因だったものが
彼〔キリスト〕の身に降りかかるということはあり得な
い）。しかし，既に言った[153]ように，基体という面では全
体として苦しまれた。また，かの〔神の直視の〕享受が苦
しみを小さくすることもなかったが，苦しみが〔神の直視
の〕享受を妨げることもなかった。ある機能から別の機
能へのあふれ出しが起きず，あらゆる機能が，先立つ箇
所[154]で言ったように，自身に固有のはたらきを許されて
いたからである。

第233章　キリストの祈りについて[155]

　しかし，祈りは願いの表れなので，多様な欲求の中で
も，キリストが，苦しみが迫りくる中，口にした祈りを
取り上げることができる。すなわち，「マタイによる福音
書」26章（39節）でキリストはこう言っている。「私の父
よ，もし可能なら，この杯が私を過ぎ越しますように。し

　153）　本書本章。
　154）　本書第231章。
　155）　Cf. ST, III, q.21, a.2; a.4.

もう１篇の論考　キリストの人性について　　391

かし，私が欲するとおりにではなく，あなたが欲するとお
りになりますように」。すなわち，ここでキリストが言っ
た「この杯が私を過ぎ越しますように」という言葉は，よ
り低い自然本性的な欲求の運動を指している。これ〔より
低い自然本性的な欲求〕によって，誰でも自然本性的に死
を避け，生を求めるからである。そして「しかし，私が欲
するとおりにではなく，あなたが欲するとおりになります
ように」という言葉は，神の知恵による秩序づけのもとに
保たれているままにすべてのことを考える上位の理性の運
動を表している。

　以上のことにはまた，「もし可能でないなら」という言
葉が関係している。これは，〔これらの言葉が〕神の意志
の秩序によって発するということを示すものでしかあり得
ない。また，苦しみの杯が，それを飲むことがないように
彼を過ぎ越さなかったとしても，それでも，彼〔キリス
ト〕の祈りが聞き届けられなかったと言うべきではない。
すなわち，使徒が，「ヘブライ人への手紙」5章（7節）で
言っているように，〔キリストは〕すべての者のうちでも
「その崇敬のゆえに〔神に〕聞き届けられていた」。既に
言った[156]とおり，祈りは願いの表れであるので，我々は
端的に欲するものを端的に祈る。それゆえ，正義の人の欲
望も，祈りの力を神のもとに保っている。だから「詩編」
9篇（10篇17節）でこう言われているのだ。「貧しい者の
欲望は神に聞き届けられる」。そして，我々が端的に欲す
るものとは，一致して業（わざ）をなすことが関わっている唯一の
上位の理性によって，我々が求めるものである。そして，
キリストが端的に祈ったこととは，御父の意志が実現する
ようにということだった。というのは，端的に欲していた
ことは，彼〔キリスト〕を杯が過ぎ越すことではなく，つ

_____
156)　本書本章。

392 第Ⅰ部 信仰について

まりこれを端的には欲しておらず，既に言った[157]ように，下位の理性によって〔欲していたの〕だからである。

第234章 キリストの埋葬について[158]

 また，人間には罪の結果，死の後に他の滅びが体の面でも霊魂の面でも起きる。まず，体の面では，体が土になっていく。これ〔土〕から〔体は〕取られたのだから。また，この体の滅びは，我々の間では2つの面から関心を持たれる。すなわち，位置に関してと解体に関して。まず，位置に関して，すなわち，死んだ体は土の下に置かれ埋葬されるという面で。一方，解体に関しては，体が，結合して体になっていた元素に分解していくという面で。

 また，これらの滅びのうち最初のもの〔体が土の下におかれ埋葬されるということ〕をキリストは〔その身に〕受けようとされた。すなわち，その体が土の下に置かれることを欲せられた。しかし，もう1つの滅びは〔その身に〕受けなかった。すなわち，その体は土に解体していくということはなかったのである。それゆえ，このことについて「詩編」15篇（16篇10節）でこう言われている。「あなたはあなたの聖なる者に滅びを見させられないだろう」。すなわち，体の腐敗を。

 しかし，以上のことの理由は，キリストの体が質料を，人性のゆえに取り入れているが，その形成は人間の力にではなく，聖霊の力によっているということである。それゆえ，〔御自分の〕質料を含む実体のために，土の下の場所，すなわち慣わしとして死体に割り当てられてきた場所

 157） 本書第232章。
 158） Cf. ST, III, q.51, a.1; a.3; q.52, a.1, ad1.

もう1篇の論考　キリストの人性について　　393

を〔その身に〕受けようと望まれた。すなわち，体には，先立って支配している元素の質料に応じて相応しい場所があるからである。しかし，聖霊によって精妙に作られた体の解体は欲せられなかった。というのは，この点〔聖霊によって精妙に作られたという点〕では〔キリストは〕他の人間たちと異なっていたからである。

第235章　キリストが地獄に降りた ことについて[159)]

　また，霊魂の面では，人間たちの間では罪のために，死後，地獄に落ちるということが起きる。場所だけではなく，罰として。また，キリストの体が場所としては土の下にあったが，解体という〔人間〕共通の滅びはなかったように，キリストの霊魂は場所として地獄に降りたが，そこで罰に服するということはなく，むしろ他の者たちを罰から解き放った。彼ら〔キリストに解き放たれた者〕は，最初の親の罪のためにかしこ〔地獄〕に留め置かれていたが，これ〔最初の親の罪〕を〔キリストは〕死を受けることで十分に償ってくださったのである。それゆえ，死後苦しむべきことは何も残っておらず，一切の罰の苦しみなく場所として地獄に降りられたのであり，それは御自ら生きる者と死んだ者との解放を示すためだった。以上のことからさらには，死者のうちでただ1人自由だったとまで言われるのである。というのは，彼〔キリスト〕の霊魂は地獄で罰に服さず，彼〔キリスト〕の体は墓の中で滅びに服さなかったからである。

　そして，たとえキリストが地獄に降りて，最初の親の罪

---

159)　Cf, ST, III, q.52, a.1; a.5; a.6.

のためそこに留め置かれていた者たちを解放したとして
も，同じ場所に自身の罪のため罰を加えられていた者たち
はそのまま残された。そしてそれゆえ，地獄を齧り取った
と言われるのであって，飲み込んだとは言われない。すな
わち，一部を解放し，一部は見捨てられたからである。し
たがって，以上のキリストの「滅び」に信仰の信条は触れ
て，こう言っている。「ポンティウス・ピラトゥスの下で
苦しみを受け，十字架に架けられて，死に，葬られ，地獄
に降りた」[160]と。

第236章　キリストの復活と復活の
時について[161]

　したがって，キリストによって人類は，最初の親の罪か
ら波及してきた悪から解放されたので，彼〔キリスト〕が
我々の悪を，それら〔悪〕から我々を解放するために引き
受けられただけでなく，人間の再生には，御自身が御自身
のうちでその〔再生の〕初穂となって現れられたのでなけ
ればならない。それはどちらの局面でも，キリストが我々
に対し，救いのしるしとして現れるためだった。罪のため
に我々が何に従っているのか，そして罪から解放されるた
めに我々が耐え忍ぶべきことを彼〔キリスト〕の御受難を
踏まえて我々が考え，彼〔キリスト〕の高さによって我々
に御自身を通して望むべきこととして示されているものを
考えるならば。

　それゆえ，最初の親の罪から生じた死を超えたので，
〔キリストは〕最初に死なない命となって復活した。アダ

　160）　使徒信条による。

　161）　Cf. ST, III, q.51, a.4; q.53, a.2; a.3.

もう1篇の論考 キリストの人性について   395

ムが最初に罪を犯したため死ぬ命が現れたように，キリストが罪の償いを果たすことで，キリストのうちで初めて死なない命が現れるためである。キリスト以前の他の者たちで，あるいは彼〔キリスト〕によって〔神へと〕駆り立てられた者たち，あるいは預言者たちによって〔神へと〕駆り立てられた者たちが命に帰ったが，彼らはもう一度死ぬだろう。しかし，「死者のうちから復活したキリストは，もはや死ぬことがない」。それゆえ，〔キリストは〕死なねばならぬことを脱した最初の者だったので，「死者たちの第一人者」，「眠る者たちの初穂」と言われる。すなわち，死のくびきを脱し，死の眠りから起き上がった最初の者だからである。

　また，彼の復活は遅らせられてはならず，また死のあと直ちにというわけでもなかった。すなわち，死のあと直ちに命に帰ったなら，本当の死であったことが証されないことになっただろう。一方復活が何日も遅らせられたら，彼〔キリスト〕によって死が超えられたというしるしが明らかにならず，また人間たちに，彼〔キリスト〕を通って死から解放されるという希望が与えられなくなっただろう。それゆえ，復活を3日目まで延ばしたのは，この時が，本当の死であったことを証するのに十分と思われたからであり，かつ解放への希望を取り除いてしまうほどはなはだしく遅いというわけではなかったからである。すなわち，さらに延ばしたとしたら，信ずる者たちの希望が疑いを受けただろうし，それゆえまた，あたかも希望が衰えてしまったかのように，ある者たちは3日目には「ルカによる福音書」の最後（24章21節）にあるように，「我々は，彼がイスラエルを贖うだろうものだと望みをかけていた」と言っていたのである。

　しかし，丸3日に渡ってキリストが死んだままでいたわけではない。やはり，3日と3晩，地のふところにあっ

396　　　　　　　第Ⅰ部　信仰について

たというのは，部分でもって全体に代える言い慣わしによる言い方である。すなわち，日中と夜間によって本来の1日が成り立っているのであるから，日中あるいは夜間のどこであれキリストが死のうちにあった一部を数えて，かの日は1日中死のうちにあったと言われるのだ。ところで聖書の言い慣わしでは，夜の後に昼が数えられる。ヘブライ人が時間を，月の動きによって管理しており，月は夕刻に見え始めるからである。また，キリストが墓の中にあったのは週の6日目[162]の最後の部分で，夜が先立つように数えられるなら，言わば本来は1日となるだろう。しかし，週の6日目に夜が続き，そして安息日[163]丸1日の間〔キリストは〕墓の中にいたという意味では，2日あったということになる。また続く夜[164]の間も死んだまま横たわっていたということなら，それ〔この夜〕は主日に先立っており，この〔夜の〕うちに〔キリストは〕復活した。あるいはグレゴリウスによれば，その真夜中に[165]。あるいは他の人たちによれば夜明けに。それゆえ，あるいは1晩中と数え，あるいは主日に先立つその〔夜の〕一部と数えるなら，本来なら3日目であろう。

　また，〔キリストが〕3日目に復活し，そうすることで三位すなわち三位一体すべての力で復活したことを確かにしようとされたことは，まさに神秘を秘めている。それゆえ，時には御父が彼〔キリスト〕を目覚めさせられたと言われ，時には〔キリスト〕御自身が御自分の力で復活され

───────────

　　162)　日曜日を1日目としての6日目であり，金曜日に当たる。
　　163)　ユダヤ教の安息日であるので金曜日の日没後から土曜日の日中に当たる。
　　164)　土曜日の日没後，ユダヤ教の暦では3日目に入ったことになる。カトリックの典礼暦における主日の前晩に当たる。
　　165)　グレゴリウス『福音書に関する説教』2巻, 21説教(PL76/1173C)。

たといわれるが，これ〔ら〕は〔相互に〕対立するもので
はない。神の力は，御父と御子と聖霊で同一だからであ
る。そしてまた，生命の再生が世の初めの日に，すなわち
自然の法〔則〕のもとでは起きず，また 2 日目にも，すな
わちモーセの法〔律法，旧約〕のもとでも起きず，3 日目
に，すなわち恵みの時に起きたことを示すためでもある。
　また，キリストが丸 1 日と丸 2 晩墓に横たわっていた
ことにはさらに理由がある。すなわち，キリストは彼が受
け取った古さ，すなわち罰の古さと，我々の 2 つの古さ，
すなわち過ちの古さと罰の古さとを滅ぼした。これら〔過
ちの古さと罰の古さ〕が 2 晩によって表されている。

第 237 章　復活するキリストがどの
ようであったかについて

　キリストは，人類のためにアダムが罪を犯して失ったも
のを取り戻しただけでなく，アダムが功徳を積むことで到
達したものまでも取り戻した。すなわち，キリストの功徳
を積む実行力は，罪を犯す前の人間よりはるかに大きかっ
た。アダムが罪を犯し，死なねばならなくなったのは，も
し罪を犯さなければ死ぬことがあり得なかったという能力
を失ったからである。そして，キリストは死なねばならな
いということを締め出しただけでなく，死ななくてもよい
ということを得たのである。それゆえ，キリストの体は復
活後，苦しむことも死ぬこともないものになった。それは
確かに最初の人間とは異なった意味で，死なないことがで
き，すなわちまったく死ぬことがあり得ないということで
あり，これを我々は未来の我々自身の身に期待しているの
である。また，キリストの霊魂は死の前に，体の苦しみに
応じて苦しむことができたので，したがって，体が苦しみ

得ないものとなったことで，霊魂もまた苦しみ得ないものとなった。また，人間の贖いの神秘が仕上がり，これ〔人間の贖いの神秘〕により〔キリストの〕御意志で，享受の栄光は霊魂の上位の部分のうちに保たれるが，それは下位の部分に，あるいは霊魂にあふれた分を流し込むためではなく，御自分のものとなったものをなすか，受けるかするそのあらゆる業（わざ）が許されるためであるので，したがって，栄光があふれ出すことで，霊魂の上位の部分によって体が，また諸々の下位の力が全体的に栄光を与えられるようになった。そして，それゆえ，御受難の前キリストは霊魂での享受に関しては把握する者であり，体が苦しみを受けることに関しては旅人であったので，復活の後にはもはや旅人ではなく，把握する者であるのみである。

第 238 章　キリストの復活を適切な
論拠で示す方法[166]

　また，既に言った[167]とおり，キリストは復活を先取りして，彼の復活が私たちにとって希望の論拠となるようにし，さらに，私たちもまた復活することを望むようにしたので，復活の希望を促して，彼の復活が適切な証拠で確証され，また復活がどのようであったかも確証されないことはなかった。しかし，すべての人にとって違いなく彼の復活を確証なさったわけではない。例えば，人間性と苦しみとは神によって先に定められた証人たちに対して，すなわち弟子たちに対してのみ確証されているのである。彼らを〔神は〕人間の救いの世話をさせるべく選んだのだ。すな

---

166)　Cf. ST, III, q.54, a.2; a.4; q.55, a.1; a.5; a.6.
167)　本書第 236 章。

もう1篇の論考　キリストの人性について　　399

わち，既に言った[168]ように，復活の境地は把握する者の栄光の一部であり，彼〔把握する者〕の知はすべての人の取り分ではなく，自らそれ〔知〕に値する者となった人だけの取り分である。

　そして，キリストは彼ら〔弟子たち〕に，復活が本当であることと，復活する者の栄光とを確証された。復活が本当であることは，まさに死んだ当人が自然本性の面でも，基体の面でも復活したことを示すことで〔確証した〕。自然本性の面では，〔キリストは〕御自ら人間の真の体を有していることを証明した。すなわち，御自分を見せるべく，触れさせるべく，弟子たちにお示しになり，彼らに「ルカによる福音書」の最後（24章39節）にあるように，こう言われた。「触れよ，見よ。霊なら肉と骨とを持たないからだ。お前たちが見ているとおり，私が持っているようには」。また，人性に相応しいはたらきを実行することでも，〔キリストは御自分が自然本性の面で復活したことを〕確証した。すなわち，御自分の弟子たちとともに食べたり飲んだりし，また彼らとたびたび語り，彼らとたびたび歩いた。これらは生きる人間の行為である。たとえ，食事の必要がなかっただろうとしても。すなわち，復活する者たちの体は滅ぶことがなく，さらに食事を必要としない。彼ら〔復活する者たち〕に，食事で回復させねばならない消耗が起きることはないからである。それゆえ，キリストが摂った食事は彼〔キリスト〕の体の栄養にはならず，〔出来上がったものの素材として出来上がったものの前にある〕先在する質料に解体した。しかし，食べ飲むことそのもので，御自分が真の人間であることを証明したのである。

　一方，基体に関しては，御自身が死んだ当人であること

168）　本書第237章。

を示したのは，御自身の体にあるその死の証拠を，すなわち傷の跡を，彼ら〔弟子たち〕に示すことによってであった。それゆえ，〔キリストは〕トマス[169]に「ヨハネによる福音書」20章（27節）にあるようにこう言っている。「お前の指をここに入れよ。私の手を見よ。お前の手を伸ばし，私のわき腹に入れよ」。そして「ルカによる福音書」の最後（24章39節）にあるようにこう言った。「私の手と私の足を見よ。誰でもない，私だ」。復活が本当であることを証するために，御心でなさったことではあるが，たとえ御自分の体の傷跡を残されたとしても，復活する滅びない体はあらゆる点で完全であって然るべきなのだ。また，殉教者たちのうちには，徳の証明として，ある種の優美さとともに過去の傷の証拠がなんらかの形で現れる。また，御自身が〔生前と〕同じ基体であることを，語り方や，〔生前の〕習慣どおりの振舞いで示された。すなわち，人間が〔これはあの人だと〕気付かれるのと同じやり方で。それゆえ，弟子たちもまた，「ルカによる福音書」の最後（24章30-31節）にあるようにパンを裂く時，彼〔キリスト〕に気付いたし，また彼〔キリスト〕がガリラヤで御自身を彼ら〔弟子たち〕に公に示されたのは，そこで彼らと普段どおり会話することによってであった。

　一方，復活する者の栄光を，〔キリストは〕閉ざされた扉を通って彼ら〔弟子たち〕のところに入ってくることで，また彼らの目の前で消えられたことで確証された。これらのことは「ルカによる福音書」の最後（24章31節）にある。すなわち，権限によって栄光のない目に望む時に現れたり，望むならば現れなかったりできるのは，復活す

169）　使徒トマスは十二使徒の一人。復活したイエスが弟子たちに顕れた時にいあわせておらず，他の弟子たちによる復活の証言を当初は信じなかった。その際，「イエスの傷を直に確かめなければ信じない」と述べたので，後述のイエスの言葉が語られた。

もう1篇の論考　キリストの人性について　　401

る者の栄光の一部である。

　やはり，復活についての信仰は難しいので，〔キリスト
は〕復活する体の栄光だけではなく，さらに多くの証拠に
よって，復活が本当であることを証明された。すなわち，
もし〔キリストが〕栄光を受けた体の普通でない状態をす
べて証明されたのだったら，復活の信仰に損害を与えただ
ろう。というのは，栄光の測り知れなさは，〔キリストと〕
同一の自然本性〔すなわち人間〕の見解を超えてしまって
いるからである。このことを〔キリストは〕，見ることが
できるしるしによってだけではなく，理解することができ
る教えによっても確証された。彼ら〔弟子たち〕の感性を
開いて，聖書を理解できるようにし，そして自分たちも復
活した預言者たちの書物を通して示された[170]。

第239章　キリストによって人間のうち
　　　　　に再生された二重の命につい
　　　　　て[171]

　しかし，キリストは彼〔キリスト〕の死によって我々の
死を打ち破ったように，彼〔キリスト〕の復活によって
我々の命を再生した。そして人間には二重の死と二重の生
とがある。死の1つは，霊魂から分離することによる体の
死であり，もう1つは神から分離することによる死であ
る。また，キリストの場合，2つ目の死はあり得なかった
が，1つ目の死に，すなわち体の死に服することで，我々
にあるどちらの死も，すなわち体の死も霊の死も打ち破っ

---

　170)　「ルカによる福音書」24章25-27節，44-49節。
　171)　Cf. ST, III, q.49, a.1; q.53, a.3; q.56, a.1; a.2; q.69, a.1, ad2;
a.3; Suppl, q.76, a.1.

た。

また同じく，二重の生も対比で理解される。すなわち，その1つは霊魂による体の生で，自然の生と言われる。もう1つは神による生で，義の生あるいは恵みの生と言われる。そして，これ〔神による生〕は信仰による。これ〔信仰〕によって神は我々のうちに住まわれる。「ハバクク書」2章にあるように。「そして，私の義の人は，彼の信仰のうちに生きるだろう」（4節）。また以上のことから，復活は二重であることになる。1つは体の復活で，霊魂が再生した体に結びつくことである。もう1つは霊の復活で，再び神に結びつくことである。そして，この2つ目の復活は，キリストの場合あり得ない。というのは，彼〔キリスト〕の霊魂は，罪により神から分離するということが決してないからである。したがって，彼〔キリスト〕の体の復活により，いずれの復活にせよ，すなわち体の復活にせよ，霊の復活にせよ，我々に〔復活の〕理由があることになる。

それでも考えなければならないのは，アウグスティヌスが「ヨハネによる福音書」について言っている[172]ように，神の御言葉が霊魂を再び目覚めさせたが，肉になった御言葉が体を再び目覚めさせたということである。すなわち，霊魂を生かすということは神にしかできない。それでも，肉はやはり，彼〔神〕の神性の道具であるが，道具は主要な原因となる力のもとではたらくので，私たちの復活のどちらにせよ，体の復活も，霊の復活も，キリストの体の復活に，それを原因とする関係にある。

すなわち，キリストの肉に起きたことはすべて，統一された神性の力により我々にとって救いとなる。それゆえ，

172）　アウグスティヌス『ヨハネ福音書註解』19 論文 (PL35/1552sq.)。

もう 1 篇の論考　キリストの人性について　　403

使徒はキリストの復活を，我々の霊の復活の原因として示
して，「ローマの信徒への手紙」4 章（25 節）にあるよう
にこう言っている。「我々の過ちのために渡され，我々を
義とするために復活された」と。また，キリストの復活が
我々の体の復活の原因であることをも，〔パウロは〕「コ
リントの信徒への手紙　一」15 章（12 章）にあるように，
「もしキリストが復活されたと公に言われるなら，あなた
たちのうちの誰かが，死者の復活はないとどうして言うだ
ろう」と〔述べている〕。
　また，使徒は，諸々の罪を赦されるということを，至当
にもキリストの死のおかげとしているが，一方我々を義と
されるのは，キリストの復活によるとしている。こうする
ことで業が，原因と同じ形である，または似ているという
ことが示されるから〔それゆえに，理論的に無理がないこ
とが分かるから〕である。すなわち，罪が赦される時に捨
てられるように，キリストは死ぬことで苦しみの生を捨て
た。つまり，罪に似たもののある生を。また，義とされる
時，新しい生を得るように，キリストは復活することで，
新たな栄光を達成した。したがって，キリストの死は我々
の罪が赦される原因であり，道具として効果ある原因であ
り，秘蹟という点で見本となる，かつ功徳をもたらす原因
である。また，キリストの復活は，我々の復活の，道具と
して効果ある，秘蹟という点で見本となるが，功徳をもた
らさない原因であった。というのは，キリストは，報いら
れる資格を得たがゆえに，もはや旅人ではないからであ
り，あるいは，復活が明らかとなったのは受難の報いだか
らである。使徒によって「フィリピの信徒への手紙」2 章
（8 節以下）で明らかにされているように。
　以上のようであるのにしたがって，キリストを「死者
のうちから復活する者の長子」（「コロサイの信徒への手紙」
1 章 16 節）と言うことができるのは，時間の順序の上で，

404 第Ⅰ部　信仰について

すなわち上述[173]のとおり最初に復活した者であるという
だけでなく，原因の序列の上で，すなわち彼〔キリスト〕
の復活が他の者どもの復活の原因であるということで，ま
た，尊厳の序列の上で，すなわちすべての者よりもより栄
光ある者として復活されたがゆえであるということが，確
かになる。したがって，キリストの復活についての以上の
ような信仰を，信仰の信条は保持しており，こう言う。「3
日目に死者のうちから復活された」[174]と。

第 240 章　謙遜の二重の報い，すなわち 復活と昇天について[175]

　しかし，使徒によれば，キリストが高められることは，
まさに謙遜〔身を低くすること〕の報いであったので，し
たがって，彼〔キリスト〕の二重の謙遜には，二重の高ま
りが対応しているということになる。すなわち，〔キリス
トは〕まずは，受け取った苦しみ得る肉での死の苦しみに
よって謙遜であり〔身を低くされ〕，次いで，場所に関し
て，体が墓に置かれるということと，霊魂が地獄に降りる
ということで謙遜であった〔身を低くされた〕。したがっ
て，最初の謙遜には復活という高まりが対応し，そのうち
で死から死ぬことのない生へと〔キリストは〕帰られた。
2つ目の謙遜には昇天という高まりが対応し，それゆえ使
徒は，「エフェソの信徒への手紙」4章（10節）でこう言っ
ている。「降りて行ったまさにその人がまた，すべての天
を越えて昇っていった方なのだ」と。

　173）　本書第 236 章。
　174）　使徒信条による。
　175）　Cf, ST, III, q.19, a.3; q.49, a.1; q.49, a.6; q.54, a.2; q.57, a.1;
a.2; a.3; q.58, a.2; a.3, q.59. a.3.

また，神の御子については，お生まれになり，苦しまれて葬られた，そして復活されたと言われるが，これらは神性の面ではなく，人性の面でのことであるように，神の御子について，天に昇られたと言われるのも，神性の面ではなく，人性の面のことである。すなわち，神性の面では，常にどこにでもいるものとして，決して天から去ったことがないからである。それゆえ，彼〔キリスト〕は「ヨハネによる福音書」でこう言っている。「天に昇ったのは，他でもない天から降りて来られた人の子，天にある方である」。このことゆえに，以上のことを踏まえれば天から降りたと言われるのは，地の本性を受け取ったがゆえにであって，それでもやはり，天には常に留まっていたのだということが分かる。

　以上のことからまた考えなければならないのは，キリストだけが御自分の力で天に昇られたということである。すなわち，かの場所〔天〕は，彼の起源であるという意味で天から降りて来られた方に相応しかった。しかし，他の人々は，自分自身では昇ることができず，キリストの力によって，彼〔キリスト〕の業の手足として，昇ることができる。また，天に昇るということが神の御子に当てはまるのは人性の面でのことであるのと同じく，加えて別のものが彼〔神の御子〕に神性の面で当てはまる。つまり御父の右に座すことが。すなわち，ここで考えてほしいのは，右ということでも，体による着座でもなく，右が動物にとってより力ある部位であるがゆえに，御子が御父と共に座すのに，神性という面から見てなんらかの点で彼〔御父〕より劣ったものとしてではなく，まったく彼〔御父〕と等しいものとしてあるということが分かるということである。

　それでもやはり，まさに以上のことは，神の御子の人性という面だから割り振ることができるのであって，神性の面では御子は御父そのもののうちに本質の一性によってあ

り，彼〔御父〕と共に王国の一なる玉座を，すなわち同一の権限を有しているということが我々に分かる。しかし，世の習いとして，王たちに同席するのは，すなわち王の権限のうちの何かを〔王が〕彼らと共有している者たちであるが，王が彼〔王〕の右の席に着かせるものが王国で最も力あるものであると思われるので，神の御子が，人性の面で御父の右の座に着くと言われているのは，言わば，すべての被造物を超えて，天の王国での〔御子の〕尊厳が高まったということなのである。

　したがって，どちらの仕方でも，右に座すということはキリストだけのものだ。それゆえ，使徒は「ヘブライ人への手紙」1章にあるように，こう言っている。「しかし，天使たちのうちの誰に向かって〔神が〕「私の右に座れ」と言うことがあったか」（13節）。したがって，以上のようなキリストの昇天を我々は，信条のうちで宣言してこう言うのだ。「天に昇って，父なる神の右に座しておられる」と。

第241章　キリストが人性という面で
裁くだろうこと[176]

　既に言ったこと[177]から確かにこう結論される。キリストの苦しみと死，復活と昇天の栄光を通して，我々は罪と死とから解放された，そして正義と不死の栄光を通して，正義を現実に，不死の栄光を希望のうちに得たのだと。また，我々がこれまで言ってきたこと，すなわち苦しみ，死，そして復活，さらに昇天は，キリストのうちでは人性

---

176)　Cf. ST, III, q.58, a.1; q.59, a.2; a.3; Suppl, q.90, a.1; a.2.
177)　本書 226-229，231，239 章。

もう1篇の論考　キリストの人性について　　407

の面で完遂された。したがって，その帰結として，こう言わなければならない。人性のうちでキリストはあるいは苦しまれ，あるいは我々を悪から，霊の悪だけでなく体の悪からも解放する業をなし，霊の，永遠の善へと押し上げたのだと。

　また，ある人々のためになんらかの善を手に入れる人々はその〔手に入れた〕当のものを彼ら〔ある人々〕に分配する。また，善を多くの人に分配することには裁き〔捌き〕が必要である。すなわち，銘々がそれぞれの分に応じて受け取るために。したがって，キリストは，人性の面で，すなわち人間の救いの神秘を遂行した面で，裁き手として神により，彼〔キリスト〕が救った人々の上に立てられた。それゆえ，「ヨハネによる福音書」5章（27節）ではこう言われている。御父は「裁きをなす権限を彼に」すなわち御子に「委ねられた」，「というのは，〔キリストは〕人の子だからである」。以上のことには別の理由もあるとしても。すなわち，裁かれるべき者たちが裁き手を見るというのは当たり前である。しかし神は，彼〔神〕のもとに裁き手の権威は留まっているが，彼をその〔神の〕本性のもとで視ることは報いとして，裁きを経て与えられるものだ。したがって，神が裁き手であるというのは，固有の本性としてではなく，受け取った本性として，すなわち，裁かれるべき人間たち，あるいは善き者ども，あるいは悪しき者どもに見られるものとしてでなければならない。すなわち，悪しき者どもが神を神性の本性のもとで見るなら，報いを得てしまった，すなわちそれに値しないのに報いを与えられてしまったということになるからである[178]。

――――――――――
　178）　まず，裁きは通常の裁判のイメージとは異なり，断罪ではなく，善を分配するにあたって各人の取り分を決めることとされる。キリストは，人間として苦しみ，死に，そのことによって人類の罪を贖ったので，人類に善を分配するのに取り分を決めるのにふさわしい

408   第Ⅰ部　信仰について

　また，高まりという報いは，キリストの謙遜に対応して
いて然るべきである。彼〔キリスト〕は，人間の裁き手の
もとに不正に裁かれるほどに，謙遜であろうと欲した。そ
れゆえに，このような謙遜を表すために，信条では彼〔キ
リスト〕がポンティウス・ピラトゥスのもとで苦しめられ
たことをしるしとして告白する。したがって，高まりとい
うこの報いは，彼〔キリスト〕のものでなければならな
かった。すなわち，彼〔キリスト〕が人性の面で神により
すべての死んだ人間と生きている人間の裁き手として立て
られたということは。だから，「ヨブ記」36 章（17 節）の
あの言葉がある。「お前の訴えは，邪なものの訴えとして
裁かれ，訴えと裁きをお前は受ける」と。

　裁く権限は，また復活の栄光と同じくキリストの高まり
の一部であるので，裁きの際キリストが謙遜のうちに現れ
るということは，これ〔謙遜〕は功徳の一部なので，そう
いうことはなく，報いの一部である栄光ある姿で現れる。
それゆえ，福音のうち[179]ではこう言われている。「彼らは
人の子が雲をまとい，大いなる権限と権威と共に来るのを
見るだろう」。また，選ばれた人々，すなわち彼〔キリス
ト〕を愛してきた人々の明らかな視力は，喜びに向かうだ
ろう。彼らには「イザヤ書」33 章（17 節）でこう約束さ
れている。「飾られた王を彼らは見るだろう」。しかし，邪
な者たちは混乱と悲しみに向かうだろう。というのは，裁
き手の栄光と権限が，断罪を恐れる者たちを，悲しみと恐
慌に陥れるからである。そこで「イザヤ書」26 章（11 節）
ではこう言われている。「民衆のうちでも熱心な者たちが
見てうろたえるだろう。そして火がお前の敵どもを食い尽

_____

ということになる。それゆえに，苦しんだのは人間としてのキリスト
であるから，キリストは神として裁くのではなく，人間として裁く。
　179）「ルカによる福音書」21 章 27 節。

もう1篇の論考　キリストの人性について　　409

くすだろう」。

　そして，栄光ある姿で〔キリストが〕御自身を示される
としても，それでも彼〔キリスト〕のうちに，苦しみの証
拠は，欠陥ではなく優美さと栄光を伴って現れるだろう。
これらを視ることで選ばれた者たち，キリストの苦しみに
よって自分たちが解放されたことを知る者たちが喜びを受
け，罪びとたち，善行を侮るだけだった者たちが悲しみを
受けるように。それゆえ「ヨハネの黙示録」1章ではこう
言われている。「すべての目は彼を見るだろう。彼を刺し
貫いた者たちも。そして彼のことで地のすべての区画で嘆
き悲しむだろう」（7節）。

第242章　彼〔神〕がすべての裁きを御子に委ね，彼〔神〕が裁きの時を知っていること[180]

　そして，御父が「すべての裁きを御子に委ねた」と，
「ヨハネによる福音書」5章（22節）で言われているが，
今，人間の生は，神の正しい裁きに管理されている。すな
わち彼〔神〕はすべての肉を裁いておられる。アブラハム
が「創世記」18章（26節）で言ったように。また，疑っ
てはならないのは，世界で人間が治められる裁きが，キ
リストの裁く権限の一部だということである。それゆえ，
「詩編」109篇（110篇）で，御父の言葉が次のように言っ
ているのは彼〔キリスト〕に関してである。「私の右に座
れ。お前の敵たちをお前の足の台とするまでに」（1節）
と。すなわち，神の右に座しているのは人性の面であ
り，すなわち，彼〔神〕から裁く権限を受けている限りで

---

　180)　Cf. ST, III, q.10, a.2, ad1; q.59, a.5; Suppl, q.88, a.1; a.3.

である。これは確かに今でも行使されている。すべての敵が彼〔キリスト〕の足元に身を投げ出しているということがはっきり露わになる前に。それゆえ，彼〔キリスト〕は復活の後すぐに，「マタイによる福音書」の最後（28章18節）にあるようにこう言ったのだ。「天と地のすべての権限が私に与えられた」。

　そして，神にはもう1つの裁きがある。各人に，その死という脱出の時，功徳に応じて霊魂に関するもののみの取り返しがある〔霊魂だけが人間に取り返され，体の復活はまだない〕裁き[181]が。また解放された義人たちは，パウロが欲したように，キリストと共にあり続ける。しかし，死んだ罪びとたちは地獄に葬られる。すなわち，このような差別は，神の裁きなしに起きたと考えるべきではなく，あるいは，このような裁きはキリストの裁く権限の一部ではないと考えるべきでもない。特に彼〔キリスト〕がその〔キリストの〕弟子たちに「ヨハネによる福音書」14章（3節）でこう言っているからには。「私が去って，お前たちのために場所を用意したなら，また来よう。そしてお前たちを私自身のもとに引き取ろう。私がいるところにお前たちもいるように」。確かに，遠ざけることができるのは，我々がキリストと共にあるように解き放つことができるものに他ならない。というのは，「この体のうちにいる間ずっと，我々は神から離れさまよう」と，「コリントの信徒への手紙　二」5章（6節）で言われているとおりだからである。

　しかし，人間を取り返すことは，善なる霊魂のもとだけで起こるのではない。〔そして〕善なる体のもとでも，すなわち復活を通して再び霊魂に取り戻されるべき体のもとでもまた〔起こる〕。〔そして〕すべてのものを取り返すに

181）　私審判を指す。

もう1篇の論考　キリストの人性について　　411

当たっては裁きが必要なので，もう1つの裁きがなければならない。霊魂のうちに生じるものだけではなく，本当に体のうちで生じるものも人間に取り返される裁き[182]が。このような裁きもまた，キリストのものでなければならない。彼〔キリスト〕が我々のために死んだ者として栄光のうちに復活され，天に昇られたように，彼〔キリスト〕もまた彼の力で，彼〔キリスト〕の明らかな体と同じ姿になった我々の謙遜な〔低い〕体を復活させられて，それらを天に運び上げるために。この先駆けとして，彼〔キリスト〕は，「昇天し，我々の前に道を開いてくださった」[183]。またこれは，ミカを通して預言されたことでもある。そして，すべての人の復活は，先立つ箇所[184]で既に我々が言ったように，この世の終わりに一時に起きるだろう。それゆえ，この裁きは，共通にして最後の裁きであろう。これをなすために，キリストが次には「栄光と共に来られる」と信じられている。

　しかし，「詩編」35篇（36篇7節）で，「主の裁きは大いなる深淵」と言われ，使徒が「ローマの信徒への手紙」11章（33節）で「なんと捉えがたいことか，彼〔神〕の裁きは！」と言っているので，約束された裁きの1つ1つには，何か深遠で，人間の知には捉えがたいものがあるということになる。すなわち，神の最初の裁き，すなわち人間の現在の生が処理される裁きの場合，裁きの時は人間にはっきりしているが，報いの根拠は隠されている。特に，この世では善人の身に悪いことが起き，また悪人の身によいことが起きることが極めて多いから。また，さらに別の，神の2つの裁きの場合は，報いの根拠は明ら

182）　公審判を指す。
183）　「ミカ書」2章13節。
184）　本書第162章。

かだろうが，時は隠されたままである。自分の死ぬ時も，人間は知らないからであり，だから「コヘレトの言葉」9章（12節）でこう言われている。「人間は自分の終わりを知らない」。また，この世の終わりを知ることができる者は一人もいない。というのは，未来の出来事を予知するには，我々はその〔未来の出来事の〕原因を把握していなければならないが，世の終わりの原因は神の意志であり，これ〔神の意志〕は我々には知られておらず，またそれゆえに世の終わりは，どんな被造物も知ることができず，神だけがご存知だということになる。だから「マタイによる福音書」24章（36節）の言葉がある。「しかし，かの日，かの時については誰も知らない。天の御使いすら知らない。御父御一人の他には」。

　しかし，「マルコによる福音書」（13章32節）で読まれるとおり，「御子もまた知らない」ので，ある人々は誤るきっかけを取り込んでしまい，御子は御父より劣ると言っている[185]。御父が知っていることを知らないからである。しかし，以上のことは次のように言うことで回避できる。すなわち，御子はこれら〔裁きの日に関すること〕を，人性の面では知らないが，神性の面では知らないことはなく，この〔神性の〕面で御父と同じ知恵を有し，あるいはもっとはっきりと言えば，心のうちに〔御父の〕知恵そのものを宿している。しかし，以上のことは不適切と思われる。すなわち，御子は受け取った本性〔すなわち人性〕の面であっても神の裁きに無知であるということは。というのも，彼〔御子〕の霊魂は，福音書記者の証言によれば，先立つ箇所[186]で言ったように，神の恵みと真理に満ちているからである。

---

185)　この誤りの一例が，アリウス派の誤謬である。
186)　本書第213-216章。

もう1篇の論考 キリストの人性について   413

　また，キリストは裁きの権限を受けたのは，人の子であるがゆえだったのでありながら，自ら裁く時を人性の面で知らないなどということは，理由がないとさえ思える。すなわち，〔そうだとすると〕すべての裁きを御父が御子に委ねたわけではないということになる。それ〔裁く時を御子が人性の面で知らないということ〕は，彼〔御子〕が到来する時を決める裁きを，彼〔御子〕から取り上げているということだから。したがって，このこと〔御子が裁きの時を知らないということ〕は，聖書では普通の語り方なのだが，神が何かを知ると言われるのは，そのものについての知識を示す時であるという語り方に即して理解すべきである。例えば，〔神が〕「創世記」22章（12節）にあるように，アブラハムに向かって「お前が主を恐れていることを今知った」と言ったが，これは，永遠の昔からすべてを知っている者がその時知るようになったということではなく，彼〔アブラハム〕の敬虔さをその行為によって示すため〔にこう言ったの〕であった。そうであるならばゆえに，御子が裁きの日を知らないと言われるのもまた，知識を弟子たちに与えず，「使徒言行録」1章（7節）にあるように，彼ら〔弟子たち〕に「時を知るのはお前たちのすることではない。それは御父が御自分の権限でお決めになったことだ」と答えたがゆえのことである。また御父が，その意味で知らないということはない。〔御父は〕少なくとも御子にはこのこと〔裁き〕についての知識を，永遠の生むことを通して授けたからである。

　しかし，ある人たちは，もっと簡単に済ませてしまっている。すなわち，このことは〔神の〕養子について言われていると解すべきだと言うことで。また，それゆえ，主が，未来の裁きの時が隠されていることを望まれたのは，人間たちが注意深く目覚めているようにするためであり，おそらく裁きの時に準備ができていないということが見出

414   第 I 部　信仰について

されないようにするためである。このために〔神は〕各々
の死の時さえ，知られないことを望んだ。すなわち，誰で
あれ，死によってここ〔この世〕を去った時のあり方で
裁きに備えることになるからである。それゆえに，主は，
「マタイによる福音書」24章（42節）でこう言われた。
「目覚めていよ。お前たちは，お前たちの主がいつ来るの
かを知らないからだ」。

第243章　すべての人が裁かれるか，否か[187]

　したがって，以上述べてきたこと[188]から，キリストが
生きている者と死んだ者とに対し裁く権限を有しているこ
とは明らかである。すなわち，〔キリストは〕現世で生き
ている者たちにも，死んでこの世を超えて行った者たちに
も裁きを行なう。そして，最後の裁きで〔キリストは〕生
きている者と死んだ者を一度に裁くが，この生きている者
という語は恵みによって生きている者と，そして死んだ者
という語は，恵みから離れ落ちた罪びとと，あるいは解す
るべきであり，また，生きている者という語は，生きてい
る主の到来の時見つけられた者と，そして死んだ者という
語は，その前に去ってしまった者と，あるいは解すべきで
ある。
　そして，以上のことは，ある人たちが考えたように，肉
体の死を経験したことがないという意味で生きている人々
が裁かれることであると，ここでは解すべきではない。す
なわち使徒は「コリントの信徒への手紙　一」15章（51
節）ではっきりとこう言っている。「我々は確かに復活す

---

187)　Cf. ST, I-II, q.81, a.3, ad, 1; Suppl, q.89, a.5; a.6; a.7.
188)　本書第241章以下。

もう 1 篇の論考　キリストの人性について　　　415

るだろう」と。そしてさらに論じてこう言う。「我々は確
かに眠るだろう」すなわち死ぬだろうと。また，何冊かの
書物で論じられているように，「すべての人が眠るわけで
はないだろう」。例えばヒエロニムスが，ミネリウス〔ミ
ネルヴィウス〕宛の，肉の復活についての手紙で言ってい
る[189]ように。このことは，ここまで述べてきた考えの確
かさを取り除かない。すなわち，使徒は〔先に引用した箇
所の〕直前で，あらかじめこう言っていた。「アダムのう
ちですべての人が死んでいるように，またキリストのうち
ですべての人は生きるものとされるだろう」。その上で先
に引用した言葉が言われているのだ。「すべての人が眠る
わけではないだろう」という言葉は，体の死に関連づけら
れない。これ〔体の死〕は「ローマの信徒への手紙」5 章
（12-21 章）で言われているように，最初の親の罪によりす
べての人に伝わったものである。解釈しなければならない
〔意味を引き出す努力を払わねばならない〕のは罪の眠り
についてであり，これ〔罪の眠り〕について，「エフェ
ソの信徒への手紙」5 章（14 節）ではこう言われている。
「眠っているものは起きよ。死んでいるものは甦れ。お前
をキリストが照らすだろう」。したがって，主の到来の時
見つけられた人たちは，その前に去ってしまった人たちと
区別されるだろう。これは，彼らが決して死ななかったか
らではなく，アウグスティヌスが言う[190]ように，雲の中
で空へとキリストのほうへとさらわれた[191]まさにその時，
即座に復活するからである。

　それでもやはり考えねばならないのは，3 つのことが裁
きという表現に当たると思われることである。まずは，人

―――――――――
　189）　ヒエロニムス『119 書簡』（PL22/967C）。ヒエロニムス
(347-419 あるいは 420) はラテン教父の 1 人。『ヴルガータ』の翻訳者。
　190）　アウグスティヌス『神の国』20 巻 20 章 (PL41/688sq.)。
　191）　「テサロニケの信徒への手紙　一」4 章 16 節。

416   第Ⅰ部　信仰について

が〔裁きの場に〕立たされるということ，次いで，彼の報いが論ぜられるということ，3つ目に，判決を受けること。したがって，最初の意味で〔裁きと〕言うなら，すべての善人と悪人とは，最初の人間から最終の裁きに至るまでキリストに服従しているだろう。「コリントの信徒への手紙二」5章（10節）でこう言われているように。「我々はみな，キリストの裁きの座を前に，罪を明らかにされる」。これら〔の裁き〕は普遍的なもので，『欄外註解』の当該箇所にあるように，小さな子どもと言えど除外されるわけではない。洗礼なしで〔世を〕去った[192]のであろうと，洗礼を受けて〔世を〕去ったのであろうと。

　一方，2つ目の意味で〔裁きと〕言うなら，すなわち報いを論じることに関して言えば，すべての人が裁かれるわけではないだろう。すなわち，善人も，悪人も，裁かれることはないだろう。というのは，裁きに議論が必要なのは，善が悪と混じり合っている場合だけだからである。一方，善が悪と混合していないなら，あるいは悪が善と混合していないなら，論ずるに及ばない。したがって，善人たちのあるものは，時間中の善をまったく蔑んで，神だけに，そして神に関わるものに専心している。したがって，罪を犯すというのは，変わることのない善を軽んじて，移ろいゆく善に執着することによるので，これらの者たち〔神に専心する善人〕のうちに善と悪の混合は一切ないと

　192）　洗礼を受けずに死んだ幼児が救われるか，という問いは，洗礼の必要性と，不可抗力で受洗前に死んだ子どもが天国から排除される不条理さの緊張関係から歴史的に議論されてきた。現代は，洗礼は救いに不可欠だが，洗礼を受ける機会を逸した人間をも救おうとする神の意志を強調する方向の議論がされている。ともあれ，この箇所で注目しておきたいのは，洗礼なしで世を去った子どもが裁きの対象とされているということ，すなわち，すでに神との関係から排除されており裁きを必要としない存在ではなく，神との関係を吟味される存在として認められているということである。

もう1篇の論考　キリストの人性について　　417

思われる。このことは罪なくして彼らが生きているだろう
ということではない。彼ら〔神に専心する善人〕の立場か
ら出るだろう言葉は、「ヨハネの手紙　一」1章（8節）に
ある。「我々には罪がないと言うなら、我々は自らを欺い
ている」。しかし、彼ら〔神に専心する善人〕にあるのは
ある種の軽い罪で、愛の熱によりなんらかの仕方で焼き尽
くされ、何も見られなくしてしまうのであるから、それゆ
え、彼ら〔神に専心する善人〕は裁きの時、報いについて
論じられながら裁かれる者ではないだろう。

　しかしながら、地上の生を営む者で、世の事物を求めつ
つも、これらを神に逆らって用いることはなく、それらに
適切に執着している者は、悪に属する何かを、信仰と愛と
の善に混合させている。注目すべきはその程度である。す
なわち、それら〔悪と、信仰および愛の善〕のうちどれが
重きを成しているのかは容易に明らかにできない。それゆ
え、そのような者たちは、報いを論じるという形でのみ裁
かれる。

　また同じく、悪しき者どもの側で考えるべきことは、神
に昇っていく始めは信仰だということである。だから「ヘ
ブライ人への手紙」11章でこう言われているのだ。「神へ
と昇るものは信じなければならない」（6節）と。したがっ
て、信仰を有しない者は、善に属する何ものもそのうちに
ない。これ〔善〕が悪に混入していれば彼〔信仰を有し
ない者〕の断罪も疑わしくなるのだが。そしてそれゆえ、
〔信仰を有しない者は〕報いを論ずることなく断罪される。
一方、信仰を有するが愛を有せず、また善き業も有しない
ものは、確かに、それによって神と結び付けられるなんら
かのものは有している。それゆえ、報いを論じて、彼〔信
仰のみを有し、愛も善き業も有していない者〕のうちで重
きを成すのは善か悪かを、証拠を上げて明らかにする必要
がある。地上の王が罪を犯している市民を、言い分を聞い

た上で断罪するが，敵は何も聞くことなく罰するように。

　一方，3つ目の意味で〔裁きと〕言うなら，すなわち判決を下すという意味でなら，すべての人は裁かれるだろう。すべての人はその人のための判決を，あるいは栄光を，あるいは罰を〔その身に〕返されるからである。それゆえ，「コリントの信徒への手紙　二」5章でこう言われているのである。「各々の人が自分のものを，その体に，〔自分が〕生み出したもの，あるいは善なるもの，あるいは悪なるものに応じて，受け取る」（10節）と。

第 244 章　裁きの際に取調べがないのは，〔神が〕やり方と場所を知らないからか[193]

　また，〔神の〕裁きの際の議論は，人間の〔裁きの〕場合の冒頭陳述でそうであるように，裁判官に情報を与えるために必ず要るわけではない。「ヘブライ人への手紙」4章（13節）で言われているように，すべてが「彼〔神〕の目には明らかだからである」。しかし，今まで論じてきた議論，すなわち各々の人に，どのようなわけで，罰に，あるいは栄光に相応しいか，自分自身についても，他の人についても知られるようにするための議論が必要になるのは，そのようにして〔議論を経て〕善なる人が，すべての人の間で神の正義について喜び，悪しき人は自分自身に逆らって怒るためである。

　考えるべきは，このような報いの議論が名目上はあるだろうことである。個々人が考え付いたこと，語ったこと，善行と悪行を語り尽くすには無限の時間が必要である。そ

---

　193)　Cf. ST, Suppl, q.88, a.2; a.4.

もう 1 篇の論考　キリストの人性について　　　419

れゆえ，ラクタンティウス[194]はだまされてしまい，裁き
の日は 1000 年続くだろうと考えていた。たとえ，この時
間が十分でないと思われようとも，1 人の人間を裁くには，
既に言ったように，多くの日を費やすことが必要であろ
う。したがって，神の力によって，直ちに，各々の人に対
して〔当人が〕なした善いあるいは悪しきものがすべて備
わるということが起きる。それら〔善い，あるいは悪しき
もの〕のゆえに，報いられるべき者となり，あるいは罰せ
られるべき者となる。そして，各々の人に対してと言うの
は，当人自身についてだけではなく，他の人々についても
言われる。したがって，善が勝っている限り，悪は無意味
であり，逆もまたそうであるので，善の悪に対する論争は
一切ないと，人間の判断ではそう見え，またこのことのゆ
えに，論ずることなしに報いられ，あるいは罰せられると
言われる。

　また，かの裁きの時，すべての人がキリストの前に立つ
とは言え，それでも善なる人々は，悪しき者たちとは異
なっており，それは報いの原因という点だけでなく，場所
においても，彼ら〔悪しき者たち〕から離されている。す
なわち，彼ら〔悪しき者たち〕は，地上のものを愛して，
キリストから遠ざかっており，地上に留まっている。一
方，善なる人々は，キリストに密着しており，「彼らは
キリストに向かって走っていく，空に上げられて」[195]，そし
てキリストと同じ姿になるのだが，それは彼〔キリスト〕
の明らかな栄光と同じ姿になるというだけではなく，場所
としても同じところにいるようになるということまで含
む。だから，「マタイによる福音書」24 章（28 節）でこう

　　194）　ラクタンティウス（240 頃 -320 頃）はラテン教父の
1 人。至福千年説を唱えた。『神の差配について』7 巻 24, 26 章
(PL6/808sqq.;813sqq.) 参照。
　　195）　「テサロニケの信徒への手紙　一」4 章 17 節 .

420   第Ⅰ部　信仰について

言われているのだ。「各々の者に体が生じる。かしこには
鷲たちもまた集まる」。その〔鷲たちという〕語で意味さ
れているのは聖人である。しかし，体という語の箇所で言
われている〔もともとの〕ヘブライ語は，ヒエロニムスに
拠れば「joatham[196]」だが，これは死体を意味し，キリス
トの苦しみを記念するためのものである。これ〔苦しみ〕
によってキリストは，裁く権限に値する者となった。そ
して人間たちは彼〔キリスト〕の苦しみと形を同じくし，
彼〔キリスト〕の栄光を共にするよう受け取られる。だか
ら，次のような使徒〔パウロ〕の言葉があるのだ。「我々
は，共に苦しむなら，また共に治めるようになる」。これ
は「テモテへの手紙　二」2章（12節）である。
　そして，それゆえ，主の苦しみの箇所あたりに基づい
て，キリストが裁きのために降りてこられるだろうことが
信じられる。だから「ヨエル書」3章（2節）でこう言わ
れているのだ。「すべての民を私は集めよう。そしてヨサ
ファトの谷に彼らを連れて降りて行こう。そこで彼らと裁
きを下そう」。そこ〔ヨサファトの谷〕はオリーブ園の山
〔オリーブ山〕の下にあり，そこでキリストは昇天された。
また，それゆえ，主が裁きに来られる時，十字架のしるし
と苦しみの他の証拠が明らかに示されるだろうということ
になる。『マタイによる福音書』24章にあるように。「か
の時には人の子のしるしを天で明らかにするだろう」（30
節）。不敬虔な者たちが「彼〔キリスト〕に結びついてい
るのを見て，苦しみ悶え，贖われた者たちが贖い主の栄光
を喜ぶように」。そして，キリストが神の右に座ると言わ
れるのが人性の面でのこと，すなわち〔キリストの人性

　196）　この語はヘブライ語には存在しないという。利用した写本
の誤記をトマスがそのまま記憶してここに記したという説もあるが確
証はないようである。

もう1篇の論考　キリストの人性について　　421

が〕御父の最も力ある善へと高められてあるという意味で
のことであるように，義人もまた裁きの時彼〔キリスト〕
の右に立てられると言われる。彼のもとで最も誉むべき場
所を占めている者として。

第245章　聖人たちが裁くだろうこと[197]

　キリストだけがかの裁きの時に裁くのではなく，他の者
たちも裁く。彼らのうちのある者たちは，比較によっての
み，すなわち善をより少ない善と，悪をより大きい悪と
比べるという意味でのみ裁くだろう。「マタイによる福音
書」12章（41節）にあるように。「ニネヴェの男たちは，
裁きの時，その生まれと共に甦るだろう。そしてそれを断
罪するだろう」。またある者たちは，判決に賛同するとい
う形で裁きに加わる。この意味ではすべての義人が裁くだ
ろう。「諸々の民を」聖人たちは「裁くだろう」と，「知恵
の書」3章（8節）にあるように。またある者たちは，キ
リストから裁く権限を受け取ったものとして裁く。「詩編」
149篇（6節）に「彼らの手に受け取られた剣」とあるよ
うに。上述の最後の裁く権限を，主は使徒たちに約束さ
れて，「マタイによる福音書」19章（28節）でこう言う。
「お前たち，私に従ってきた者たちよ，再生の時，人の子
が自分の権威の座にあるので，お前たちもまた12の座か
らイスラエルの12氏族を裁くだろう」と。
　しかし，使徒によって裁かれるのはユダヤ人たち，すな
わちイスラエルの12氏族に属する者たちだけだと判断し
てはならない。イスラエルの12氏族という語は，すべて
の信者と解される。すなわち，〔アブラハム・イサク・ヤ

---

197)　Cf. ST, Suppl. q.89, a.1.

422 第I部 信仰について

コブを始めとした〕太祖たちの信仰に取り込まれた者たちとして。すなわち，信じていない者たちは裁かれることなく，既に裁かれた者である[198]。同じく，その時にいた12使徒だけが，キリストと共に裁くのではないだろう。すなわち，〔その時にはまだ12使徒の1人だった〕ユダが裁くことはなく，パウロも，他の人たちより多くはたらきながら，裁く権限を欠いていることになるだろう〔そして，これは不合理だ〕。特に彼〔パウロ〕は「我々は天使たちを裁くだろうということを，あなたたちは知らないのか」と言っているのだから。この〔裁く者としての〕資格はそもそもすべてをおいてキリストに従ってきた者たちのものだ。すなわち，ペトロが次のように問うて言った時に約束されたことなのだから。「ご覧ください。私たちはすべてをおいて，あなたに従ってきました。だから，私たちには何があるでしょうか」[199]。それゆえ，「ヨブ記」36章（6節）で言われているように，「彼は，裁きを貧しい人々のものとした」。そしてこれを理性によって行なった。すなわち，既に言った[200]ように，議論が，地上のものを善くあるいは悪しく用いてきた人間の行ないについてあるだろう。そして，正しい裁きに必要なのは，裁き手の精神が，裁かねばならない相手から自由なことである。そして，それゆえ，地上のものから精神を完全に引き離すことで，裁く資格に値するようになるのである。

　また，このような資格の功徳として，神の掟の知らせが役立つ。それゆえ，「マタイによる福音書」25章（31節）で，キリストは天使たちと共に裁くために来られるだろうと言われている。これ〔天使たちという語〕は，アウグス

198）「ヨハネによる福音書」3章18節。
199）「マタイによる福音書」19章27節。
200）本書第243章。

ティヌスが悔い改めについての書物で言っている[201]ように，説教者たちと解されるべきである。すなわち，人間の行ないを，神の掟の遵守に関して論じる人々は，命の掟を知らせた者たちである。そして，今言った者たちが裁くだろうというのは，各々の者に救いの原因と断罪の原因を，自分自身のだけでなく他の者のものまでも，明らかにするのに協力するということでである。というのは，上の天使は下位の天使たち，またあるいは人間までも，照らすと言われているからである。したがって，以上のような，キリストにある裁く権限を我々は使徒の信条で宣言して言う。「そこから，〔キリストは〕生きる者と死んだ者とを裁くために来られるだろう」と。

第 246 章　ここまで述べてきたことども に関する箇条の区切り方につ いて[202]

したがって，以上，キリスト教信仰の真理に関わることを考えてきたからには，ここまで取り上げられてきたことはすべて，ある一定の箇条の形になるということが分かるはずだ。ある人々によれば，12 か条に，他の人々によれば，14 か条に。すなわち，理性で把握することのできないものについて信仰があるので，新しい何かが把握できないものとして理性にぶつかるなら，新しい箇条がなければならない。それゆえ，神の一性に関わる箇条が 1 つある。すなわち，神が一であることが理性によって証明されたと

---

201)　アウグスティヌス『人々への説教』351 説教，4 章 (PL39/1544C)。

202)　Cf. ST, II-II, q.1, a.8.

しても，それでも，彼〔神〕がそういうものとして〔一なるものとして〕すべてのものに直接先立って存在していること，あるいはそれだけがそういうものとして〔一なるものとして〕崇められるべきことは信仰に属するだろう。また，3つのペルソナについては，3つの箇条がある。また，神の3つの業，すなわち自然に関わる創造，恵みに関わる義化，栄光に属する報いの3つについては，もう3つの箇条が置かれる。そして以上のように，神性全般について7つの箇条が置かれる。

　一方，キリストの人性に関しても，7つの箇条が置かれる。最初の箇条は受肉と懐胎とについてであり，次の箇条は誕生についてである。これには，乙女の閉ざされた胎から出てきたがゆえの特別の困難がある。3つ目は，死と苦しみと埋葬とについてである。4つ目は地獄に降りたことについてである。5つ目は復活についてである。6つ目は昇天についてである。7つ目は裁きに来られることについてである。そして以上のように，総じて14の箇条がある。

　一方，他の人々も十分理性的に考えて，3つのペルソナに関する信仰を1つの箇条のもとに捉えている。御父を信じながら，御子とその両方を結びつける愛，すなわち聖霊とを信じないことはできないからである。しかし，彼らは復活の箇条を，報いの箇条から区別している。そしてそのようであるから，神に関して2つの箇条がある。1つは一性について，もう1つは三位一体について。業に関しては4つの箇条がある。1つは創造について，別のものは義化について，3つ目は普遍的復活について，4つ目は報いについて。同じく，キリストの人性への信仰に関しては懐胎と誕生とを，苦しみと死のように1つの箇条のもとにまとめている。したがって，以上の数え方なら総じて12か条あることになる。これでも信仰には十分であるはずだ。

第 2 部

希望について

第1章　キリスト者の生の完成には希望の徳が不可欠であるのは，希望そのものによっておのずから明らかであること

　使徒たちの頭〔ペトロ〕の言葉に従って我々は，信仰についてだけではなく，「希望によって我々のうちにあるものどもについても理性を」用いる（「ペトロの手紙一」3章15節）よう告げるので，ここまで，キリスト教信仰の教えを簡潔に論じ，追究してきた後は，希望に関わることについて我々は，あなたのためにまとまった解釈をすることにしよう。

　それにしても考えねばならないのは，ある知のうちで人間の欲望が安らぐことができるのは，人間が自然本性的に真理を知ることを欲し[1]，それ〔真理〕を知れば彼〔人間〕の欲望が安らぐからであるということだ。しかしながら，信仰の知では人間の欲望は安らがない。すなわち，信仰は認識としては不完全だからである。というのは，信じられるものとは見えないものだからである。それゆえ，使徒はこれ〔信仰〕を「明らかにならないものについての確信」と，「ヘブライ人への手紙」11章（1節）で呼んでいるのだ。したがって，信仰を有しているなら，さらに霊魂の他のものへの，すなわち信じているところの真理を完全に見ることへの，そしてそれによって以上で述べた類の真理に導き入れられることができるもの〔手立て〕を得ることへの運動が残る。

　ところで，信仰のさらに他の教えのうちの1つのことを

---

1)　アリストテレス『形而上学』1巻1章 (980a22) 参照。

我々は語ってきた[2]。それは，神には，人間に関わること
についてのはからいがあると信じられるべきだということ
である。それゆえ，以上のことから，信じる者の霊魂のう
ちに希望の運動が，すなわち，自然本性的に欲するところ
の善を，信仰について教え尽くされた者として，彼〔神〕
の助けにより達成するという希望の運動が起きる[3]。それ
ゆえ，先立つ箇所[4]で我々が既に言ったように，キリスト
者の生を完成させるためには，信仰の後に希望がなければ
ならない。

第2章　人間たちに，神に望むものを得
　　　　るための祈りが知らされている
　　　　のは適切だったこと，および神
　　　　への祈りと人間への祈りの違い
　　　　について[5]

　また，神のはからいの秩序によって，各々の者に，その
本性に適うように目的に達する仕方が割り当てられている
ので，人間の制約の固有性に応じて希望しているものを得
る適切で認められたやり方もまた，人間にはあるというこ
とになる。すなわち，人間の制約とは，誰かから，特に上
位者から，彼〔誰か，特に上位者〕に頼って望んでいるも
のを得るには，お願いをしなければならないということが

---

　　2)　本書第1部第129, 143章。
　　3)　希望は，人間の力だけでは到達できない真の幸福を，それで
も得ようとする徳である。それゆえに，それは助け手としての神に向
かう徳であり，信仰，愛とならぶ対神徳の一つである。この気持ちが
ない絶望の状態では，たとえ頭では神を信じているつもりになってい
ても，神との関係を形成するための実行が伴わない。
　　4)　本書序言。
　　5)　Cf. ST, II-II, q.83, a.2.

429

含まれている。そしてそれゆえ，人間たちに，それによって人間たちが神から獲得することを望んでいるものを得るための祈りが知らされているのだ。

それでもやはり，人間から何かを得るための祈りと，神から何かを得るための祈りとは違っていなければならない。すなわち，まず，人間に対しては，祈る者の欲と必要を表すようにされ，次いでお願いをされた者の気持ちが認める方向に変えられるようにされる。しかし，以上のことは，神に向かう祈りのうちでは起こり得ない。すなわち，祈ることで，我々の必要あるいは欲を神に対して明らかにしようとすることは〔でき〕ない。彼〔神〕はすべてを知る御方である。それゆえ，「詩編」37篇（10節）では神に対してこう言われている。「主よ，私の欲はすべてあなたの前にある〔だからあなたは私が何を欲しているかすべて御存知だ〕」。そして，福音書では，「マタイによる福音書」6章（32節）でこう言われている。「お前たちの御父は，お前たちがこれらすべてを必要としているのを知っておられる」。また，神の意志は，人間の言葉で，先には欲していなかったことを欲するように変えられない。というのは，「民数記」23章（19節）で言われているように，「神は，言わば人間のように欺くことはなく，人の子のように変わることはない」。そして「サムエル記　上」15章（29節）で言われているように，後悔によって変わることもない。しかし，神から〔何かを〕得るためには祈りが，祈っている当人のために不可欠である。すなわち，自分で自分の至らなさを考え，自分の精神を，祈りによって得ることを望むものを，熱心かつ敬虔に欲するように変えるために。というのも，こうすることで，〔望むものを〕受け取るのに相応しい者となるのであるから[6]。

6）　神への祈りは，神の気持ちを変えるために行うことではない。

また，神に対してなされる祈りと人間に対してなされる祈りとには，さらなる相違点が考えられるべきである。すなわち，人間に対してなされる祈りには，親しい交際が先に実現していなければならない。それ〔親しい交際〕によってその人への願いが始まるのは明らかだからである。しかし，神に向かって発せられた祈りの場合は祈りそのものが，我々を神に親しく交わらせる[7]。我々の心が彼〔神〕へと高められ，霊的な情動によって神と語り合う時，霊と真理のうちに彼を拝み，そしてそのようにして親しい交わりの業（わざ）の始めを祈ることで自ら準備し，さらにより〔神を〕信じる気持ちで祈るようになる。それゆえ，「詩編」16篇（17篇6節）ではこう言われている。「私は叫んだ」。すなわち信じる気持ちで祈った，「それは，神が私の声を聞き届けてくださったからだ」。言わば，最初の祈りによって親しい交わりに受け取られ，次いでより信じる気持ちで叫ぶのである。そして，このことゆえに，神への祈りの場合は，願いの執拗さ，あるいは頻繁さは重荷にならず，神に受け容れられると考えられる。すなわち，「ルカによる福音書」18章（1節）で言われているように，「常に祈り，気持ちをくじけさせてはならない」からである。それゆえ，主もまた，「マタイによる福音書」7章（7節）で，願うよう招くためにこう言われる。「願え。そうすればお前たちに与えられる……叩け。そうすればお前たちに開かれる」。一方，人間に対してなされる祈りの場合は，

神はすべてを知っており，人間の願いも既に知っているからである。祈りは，それを通して祈っている者が変わるための業である。祈ることで，祈る者の精神は，神の助けをより強く求めるようになり，神の助けを得るのによりふさわしくなるからである。

7) 信仰は，言うなれば神について信ずべきことを認めるだけだが，神に助けを求める希望の表明である祈りは，神との関係を構築する。本文中では，祈ることで神との親しい交際が始まると述べられている。

431

願いが執拗だと重荷になる。

第3章 我々に祈りの形式がキリストか ら伝えられたのは，希望の総仕 上げとして適切だったこと

　それゆえ，我々の救いのためには，信仰の後に救いも また必要になるので，我々の救い主が我々に対して，天 の秘蹟を保つことで，信仰の元締めとなり，また信仰を 仕上げるものとなったように，さらには我々を生きている 希望に引き込まなければならなかった。そして，我々に祈 りの形式を伝えることでそうしたのだ。これ〔祈りの形 式〕によって我々の希望は最高に高められる。我々が何を 彼〔神〕に望むべきかを，神御自身に教え尽くされるから である[8]。すなわち，聞き届けてくださいと口に出さない のなら，願うということにはなっていない。そして，他の 人に願うということは，必ず希望をかけている人に願うと いうことであり，何かを願うということは希望しているも のを願い求めるということである。したがって，〔神は〕 我々に何かを願うことを教えられ，神に希望を置くことを 常に忘れないようにされた。そして〔神は〕御自身に何を 希望せねばならないか，願うべきものを示すことで明らか にされた。

　したがって，主の祈りに含まれているものを追い求める 我々は，なんであれキリスト者の希望につながり得るもの を明らかに示そう。すなわち我々はそれ〔キリスト者の希 望につながり得るもの〕に〔こそ〕希望を置かねばなら

---

　8)　祈りは，人間が神に望むべきものが何かを教えるものでもあ る。

432   第2部　希望について

ず，そしてそれゆえ，また我々は彼〔神〕にそれらを希望
せねばならないからだ。我々の希望は神のうちにあらねば
ならず，また我々は彼〔神〕に祈らなければならない。だ
から「詩編」61篇〔62篇9節〕でこう言われているのだ。
「彼に」すなわち神に「希望を置け。民のすべての集会よ。
彼の前に吐き出せ」すなわち，祈ることでそうせよ，「お
前たちの心を」。

第4章　希望するものを，神そのものに 祈り願わねばならない理由[9]

　また，彼〔神〕に希望を置かねばならない理由は，特に
次のこと，すなわち，我々の神に対する関係は結果の原因
に対する関係だということである[10]。また，はたらきとい
うものはどんなものでも無意味ではなく，ある一定の目的
のためにある。したがって，どんなはたらき手であれ，結
果を出すということに結びつくには，それによって目的に
達することができるものがなければならない。そして，そ
れゆえ，自然にはたらくものに起きることの場合，必然的
なものを自然が欠いているのが見出されることはなく，自

---

　9)　Cf. ST, II-II, q.83, a.9.

　10)　本章では，人間の神に対する関係を，結果の原因に対する
関係であると位置づけ，神は不足がなく，善意が足りないと言うこと
もないとして，神の助け手としての力の大きさを適切に神に帰する認
識を示している。このような認識は，祈りに不可欠である。

　ちなみに，本書では，祈りは希望との関連を強調されるが，『神学
大全』では正義の徳との関連を強調される。徳としての正義は，それ
ぞれのものが応分のものを得られるようにしようとする意志の徳であ
る。そして祈りは，神を救い主として敬意と感謝を示し，自分をその
下におくという，それぞれにふさわしい位置をあたえる業であり，正
義の徳に属するということができる。

然が，生み出されたもの1つ1つに，その存在を成り立たせるものと，はたらくものの不足に妨げられなければ目的に達する業を完成させるためのものとを割り当てるのである。このはたらくものの不足とは，おそらく，これこれしかじかのものどもを表すのに不十分だということである。

ところで，知性によってはたらくものは，結果を生み出す際，その結果と共に，意図された目的に必要なこともつき合わせて考えるだけではなく，業が既に完成した後に，その実行そのもの，すなわち目的となっている業の実行そのものに十分な状態に整えることもする。例えば，鍛冶職人が，小刀を精巧に作り上げるだけでなく，それで切るのに十分な状態にしておくように。ところで，芸術作品が芸術家によって生み出されたものであるように，人間は神によって生み出されたものである。それゆえ，「イザヤ書」64章（7節）でこう言われているのだ。「今でも，主よ，あなたは我々の作り主であり，我らは泥です」。そしてそれゆえ，土の器が，考えを持っているなら，陶工に，よい形に整えてくれるよう希望するということがあり得るように，人間もまた神に，〔自分たちが〕彼〔神〕によってよく統治されるよう希望しなければならない。それゆえ，「エレミヤ書」18章（6節）ではこう言われているのである。「陶工の手の中の土のように，イスラエルの家よ，お前たちは私の手の中にある」。

また，以上のような，人間が神に有している信頼は，最も確かなものでなければならない。既に言った[11]とおり，はたらくものが，その業の正しい準備状態を維持できないのは，その不足のせいに他ならない。そして，神のうちでは不足は何一つあり得ない。すなわち，無知はあり得

---

11)　本書第1部第112章。

ない。「ヘブライ人への手紙」4章（13節）にあるように，「彼の目にはすべてが裸であり，露わとなっている」からである。また無力もあり得ない。「イザヤ書」59章（1節）で言われるように，「彼の手は短くなく，救えないことなどあり得ない」からである。さらに，善意が足りないということもあり得ない。「哀歌」3章（25章）で言われるように，「主は彼〔主〕に望みをかける者たち，主を問い求める霊魂に善い方だ」からである。それゆえ，「ローマの信徒への手紙」5章（5節）で言われるように，神に信頼する希望のために，希望をかけている者が「滅びることはない」。

　さらに考えねばならないのは，たとえ，〔神が〕あらゆる被造物を顧みて，常にその状態を慮っているとしても，やはり特別な理由による配慮をしている。理性ある被造物，すなわち，神の像としての尊厳を特徴とし，彼〔神〕を知り，愛するに至り得る，善と悪を区別できるものとして自分のはたらきの支配権を有するものども〔すなわち人間〕に対して。それゆえ，神に信頼を置くことがそれら〔人間〕に当てはまるのは，他の被造物にも当てはまることであるが，〔人間の場合，神に信頼を置くのは〕自身の自然本性に制約されることで存在を保つためだけでなく，悪から離れ善をなすことで自身が何かに値するものとなるためでもある。それゆえに，「詩編」35篇（36篇）ではこう言われている。「人々と家畜をあなたは救う」（7節），すなわち，非理性的な被造物と同時に人間たちに，生命の保護に関わるものを〔神は〕与えると。しかし，その後こう続く。「しかし，人の子たちは，あなたの翼の守りに希望をかける」（8節），すなわち言うなれば，彼〔神〕による守りのなんらかの特別な心配りに〔希望をかける〕と。

　そして，さらには考えねばならないのは，何かの意味での完成ということが起きたなら，何かをなす，あるいは獲

得する機能が加わるということ，すなわち，例えば，太陽に照らされた空気が，ものを見る際の媒介となり得る機能を有し，火に熱せられた水が沸き立つ機能を有し，かつ，もし〔空気や水に〕考えがあるなら，こういうこと〔ものを見る媒介になることや沸き立つこと〕を望むかもしれないということである。そして，人間に，霊魂の本性を超えて加わるのは恵みの完成であり，これ〔恵みの完成〕によって〔人間は〕「神性と同じ生まれのもの」となる。「ペトロの手紙　二」1章（4節）で言われているのはこのことなのだ。以上のことゆえに我々は，神の子に生まれなおすと言われる。だから「ヨハネによる福音書」1章（12節）のあの言葉がある。「〔神は〕神の子になる権限を彼らに授けた」と。そして，子となった者は適切に，遺産を望みうるので，「ローマの信徒への手紙」8章（17節）のあの言葉がある。「もし，子であり相続人であるなら」と。そしてそれゆえ，このような霊的再生により人間は，神により高い希望をかけることが相応しいものとなる。すなわち，永遠の遺産を手に入れるという希望を。だから，「ペトロの手紙　一」1章（3-4節）のあの言葉がある。「〔神は〕我々を，キリストの死者のうちからの復活によって，生きている希望のうちに，滅びることのない，汚れのない，萎むことのない，天で保たれている遺産のうちに再生した」。

　そして，私たちが受け容れてきた「養子を取る霊」によって，我々は「ローマの信徒への手紙」8章（15節）で言われているように「アッバ，父よ」と叫ぶ。それゆえに，主は，以上のような希望によって祈るべしと我々に示された時，御自身の祈りを御父に呼びかけることから始めて，「父よ」とおっしゃった。同じく，「父よ」と言うことはまた，純粋に祈り，希望しているものを手に入れようという人間の気持ちを整える。また子どもたちは，親に似ているものとして生まれて来なければならない。それゆえ，

神は父だと宣言するなら，神に似たものになるよう努めなければならない。すなわち，神に似なくするかのものどもを避け，以上のような，我々を神に似させるものを追い求めることで。それゆえ，「エレミヤ書」3 章（13 節）で次のように言われている。「お前は私を父と呼び，私の後についてくるのをやめないだろう。それゆえ，もし（ニュッサのグレゴリオスが言っている[12]ように）世のものに目を向け，人間の栄光，あるいは受動的欲求の汚れを求めるなら，どうやって，そのような滅んだ生命に生きるものが，滅びないものを生むものを父と呼ぶのだろうか。

第 5 章　神は，祈ることで我々が望むことを願う方であり，祈る者には我らの父と呼ばれるべきであって，私の父と呼ばれてはならないこと

ところで，なかんずく，自分が神の子であると気付いている者は特に，愛という点で主に倣わなければならない。だから，「エフェソの信徒への手紙」5 章（1-2 節）によって「神に倣う者たれ。最も美しい子たちであるかのように。そして，愛のうちに歩め」。そして，神の愛は私的なものではなく，すべての人に共通である。「〔神は〕すなわち，存在するものすべてを愛する」と，「知恵の書」11 章（25 節）で言われているように。そして，特に人間を愛し

12）ニュッサのグレゴリオス『主の祈りについて』第 2 論（PG44/1141D）。ニュッサのグレゴリオス（330 以降 -394）は，ギリシア教父の 1 人。実兄であるカイサリアのバシレイオス，友人であるナジアンソスのグレゴリウスと合わせてカッパドキア三大教父と呼ばれるが，その中で最大の神学者と目される。

ていらっしゃる。「申命記」33 章（3 節）に「〔神は〕人々
を信じてきた」とあるように。そしてそれゆえ，キプリ
アヌスが言う[13]ように，「祈りは我々みんなのものであり，
共通のものだ。そして，我々が祈る時，1 人のためだけに
ではなく，すべての人々のために祈る。というのは，我々
は全員で 1 つだからである」。「それゆえ，自分のために祈
ることは」，クリュソストムスが言う[14]ように，「必然性は
強いるが，兄弟愛は他の人のために駆り立てられる」。そ
してそれゆえ，我々は「私の父よ」と言わず，「我らの父
よ」と言う。

　また同時に，考えねばならないのは，もし我々の希望
が重荷，神の助けに支えられているとしても，それでも，
願っているものをより容易に手に入れるためには，我々は
お互いに助け合わねばならない。それゆえ，「コリントの
信徒への手紙　二」1 章（10-11 節）でこう言われている。
「〔神は〕我々を，あなたたち，我々のために祈ることで助
けてくれている人々のおかげで救い上げて下さるでしょ
う」。それゆえ，また「ヤコブの手紙」5 章（16 節）では
こう言われている。「あなたたたちが救われるように，お互
いのために祈れ」と。すなわち，アンブロシウスが言う[15]

　13）　キプリアヌス『主の祈りについて』8 章 (PL4/524A)。タス
キウス・カエキリウス・キプリアヌス（200 あるいは 210-258）はカ
ルタゴの司教。

　14）　クリュソストムス『説教』19 説教 4 節「「マタイ福音書」
について」(PG57/278D)。ヨハネス・クリュソストムス（ヨアンネス・
クリュソストモス）（347 頃 -407）は，4 世紀の代表的な教父。説教
の巧みさからクリュソストモス（黄金の口）と呼ばれたが，これは 6
世紀になってからの呼称であって，当人は生前この呼び名で呼ばれて
はいない。旧約および新約の主要部分の釈義を説教の形で行い，それ
が主著の形にまとめられたという。

　15）　アンブロシウス『「ローマの信徒への手紙」について』15
章 (PL17/177D)。アンブロシウス（334-397）は，西方教会の確立に
貢献した教父で四大教会博士の一人とされる。アウグスティヌスを回

438   第2部　希望について

ように，「多くの最も小さい者たちが，共に歩み，考えを
1つにする時，大きなものとなり」，そして多くの人によ
る願いは，成就しないことが不可能である。「マタイによ
る福音書」18章（19節）にあるように。「あなたたちのう
ちから2人がこの地上で，願うことならなんでもあらゆる
ことについて一致しているなら，その者たちには，天にお
られる私の御父によりそれ〔願うこと〕が生じる」。そし
て，それゆえ我々は祈りを個別に伸ばすということではな
く，言わば考えが一つに一致することで「我らの父よ」と
言っているのである。

　また，考えなければならないのは，我々の希望は，キリ
ストを通して神に向けられている。「ローマの信徒への手
紙」5章（1-2節）に「信仰によって義とされた者として
我々は我らの主イエス・キリストを通して神に向けられた
平和を有している。彼〔キリスト〕により，信仰を通って
その恵みに近づけるようになり，それ〔恵み〕のうちに
我々は立ち，そして神の子の栄光への希望のうちで栄光を
持つものとされる」。すなわち，神の，本性による御独り
子である方〔キリスト〕を通して，我々は〔神の〕養子と
なる。「ガラテアの信徒への手紙」4章（4節）でこう言わ
れているように。「神が御自分の子を遣わされたのは……
我々が子として迎え入れられることを受け容れるようにす
るためであった」。したがって，その流れでは，神は御父
であると我々が告白しなければならないのは，独り子とし
ての特典を弱めないためであり，それゆえ，アウグスティ
ヌスはこう言っている[16]。「私はあなたのために何かを特別
に求めることはなかった。キリストにとってだけ特別な意
味で〔神は〕御父なのであり，我々皆にとっては一般的

心させた人物である。
　16）　アウグスティヌス『説教』84説教 (PL39/1908A)。

な意味で御父なのである。というのは，〔神が〕お生みに
なったのはあの方だけであり，我々はお創りになったので
あるから。そしてそれゆえ，「我らの父よ」と言われてい
るのである」[17]。

第6章　我々の父である神，すなわち我々
　　　　が祈る方の，希望するものを認
　　　　める権限が示されるところ，す
　　　　なわち「天におられる」と言わ
　　　　れる所以のもの

　また，希望に不足が起きるのは，助けを希望すべき人の
無力さのせいだというのが常だ。希望をかけている人が，
助けようという意志を持つだけでは希望に属する信頼とし
て十分ではない。〔助ける〕権限がなければ。神の十分な
意志の，助けに向かう敏速さを表すのに我々は，彼〔神〕
は父だと宣言する。しかし，彼〔神〕の権限が卓越したも
のであることが疑われないよう，こう付け加えられてい
る。「天におられる」と。「すなわち，天におられると言わ
れるのは，天に含まれているものとしてでなく，天をその
力で捉えているものとしてである」。だから，「ベン・シラ
の知恵（集会の書）」24章（8節）のあの言葉がある。「天
の回転を巡ったのは私だけだ」。またなお，天の広さすべ
てを超えて彼〔神〕の力は高いところにある。だから「詩
編」8篇（2節）のあの言葉がある。「あなたは天を越えて
まことに高く卓越している，神よ」。そしてそれゆえ，希

───────────
　　17)　神と人間との関係は一対多の関係である。「我らの父」とい
う表現は，神に対して，自分は他の人間から突出しているわけでも，
卓越しているわけでもないことについて自覚を促す。

望に属する信頼を固めるために，彼〔神〕の力は，天を支え，天を越えると，我々は宣言する。

　以上のことによってさらに，祈りがなんらかの仕方で妨害されることも排除される。すなわち，人間に関わる事柄を，星によって示される運命の必然さに委ねる人がおり，このようなことに反駁して，「エレミヤ書」10 章（2節）で次のように言われている。「天のしるしを諸々の民は恐れているが，お前たちは恐れるな」。しかし，以上のような誤りにより，祈りの実りは取り去られる。すなわち，星による必然に，我々の生が従っているなら，そのために何ものも変えることはできなくなるだろう。したがって，我々が何らかの善をなすことができた，あるいは悪から解放されることができたということに，祈りは何の役にも立っていないことになる。したがって，以上のようなことが祈る者たちの信頼に対し〔妨害として〕生じないように，我々は「天におられる」と言う。すなわち，言わば，それ〔天〕を動かし，調整する者として。

　しかし，祈りが神のもとで効果的であるということで，人間は，神に期待するのが相応しいものを願い求めなければならないということになる。すなわち，ある人々に対し「ヤコブの手紙」4 章（3 節）でこう言われている。「あなた方は願うが受け取らない。悪い仕方で願っているからである」と。すなわち，地上の知恵がもたらし，天の知恵がもたらすのではないものが願われるのは悪しき仕方である。そしてそれゆえ，クリュソストムスが言う[18]ように，「我々が「天におられる」と言う時，神をそこに閉じ込めているのではなく，祈る者の精神が地上から引き離され，いと高いところにすがり付くのである」。

　18）　クリュソストムス『説教』19 説教 4 節「「マタイ福音書」について」(PG57/278D)。

　　　　　　　　　　　　　　　　　　　　　　441

　そして，また祈りを，あるいは信頼を邪魔する，その他
のことがある。すなわち，そうしたこと〔祈り，信頼を邪
魔されること〕が神に祈る者の身に起きることがある。す
なわち，ある人が人間の生を神の摂理から引き離されたも
のと考えるという場合が。このことゆえに，不敬虔な者ど
もという登場人物を通して，「ヨブ記」22章（14節）でこ
う言われている。「雲が彼〔神〕の隠れ家，彼は我々のも
のを気に留めず，天の軸を巡る」。そして，「エゼキエル
書」8章（12節）によれば「主は我々を見做い。主は地を
放置されている」。しかし，反対のことを使徒パウロはア
テナイ人たちに説教して明言した。「〔神は〕我らの一人一
人から遠く離れることがない。というのは，彼〔神〕の
うちで我々は生き，動き，存在するからである」[19]。という
のは，すなわち，「知恵の書」14章（3節）によれば，彼
〔神〕によって私たちの存在は保たれ，生は治められ，動
きは導かれる。「しかし，御父よ，あなたのはからいは」
最初から「すべてのものを治め」，「マタイによる福音書」
10章（29-30節）によれば，彼のはからいからは最も小さ
な動物まで除外されないほどである。「2羽のすずめが1
アサリオンで売られているが，その1羽すら，お前たちの
御父なしには地に落ちることがないではないか。また，あ
なたたちの頭の毛すらすべて数えられている」。
　しかし，人間たちが神の心配りのもとに，より卓越して
いるものとして置かれている。この比較のために，使徒が
こう言っているように。「神には，牛への心配りはない」[20]。
これは〔神が〕それ〔牛〕への心配りをまったく有してい
ないということではなく，人間に対するのと同じ心配りを
しているのではないということである。〔神は〕彼ら〔人

───────────

　19）「使徒言行録」7章27-28節。
　20）「コリントの信徒への手紙　一」9章9節。

442　　　　　　　　第2部　希望について

間〕を，善あるいは悪に応じて，罰しあるいは報いる。そして，彼らを前もって永遠への秩序のもとに置く。それゆえ，以上述べてきた言葉の後で，主は続ける。「また，あなたたちの髪の毛すらすべて数えられている」，言わば，人間に属するすべてが，復活の際，もう一度手に入れられるべきものであるかのように。そして，このことゆえに，あらゆる区別が我々から締め出されなければならない。それゆえ，同じ箇所で〔キリストは〕こうも続ける。「だから恐れてはならない。多くのすずめにあなた方は優っている」[21]。そしてそれゆえ，先立つ箇所[22]で言ったように，「詩編」35 篇（36 篇 8 節）でこう言われている。「人の子たちは，あなたの翼の陰を望むだろう」。

　そして，特別な心配りのゆえに，すべての人にとって神は隣人であると言われるとしても，それでもやはり，最も特別な意味では，彼〔神〕に信仰と愛によって近づこうと努める善い者たちにとって隣人なのである。だから，「ヤコブの手紙」4 章（8 節）でこう言われている。「神に近づきなさい。そうすれば〔神は〕あなたたちに近づくでしょう」。それゆえに，「詩編」144 篇（145 篇 18 節）でこう言われている。「主は彼〔主〕を呼び求めるものすべてに近い」。

　また，〔神は〕彼ら〔善い者たち〕に近づき，彼ら〔善い者たち〕のうちに恵みとして住み着く。だから，「エレミヤ書」14 章（9 節）でこう言われている。「あなたは，我々のうちにおられる，主よ」と。そしてそれゆえ，「天におられる」と言われているのは，聖人たちの希望を増すためでもある。すなわち，アウグスティヌスが解釈しているように，これは「聖なる者たちのうちにおられる」と

　　21）「マタイによる福音書」10 章 31 節。
　　22）本書第 4 章。

いう意味でもある[23]から。彼が言うには,「すなわち〔神は〕,体として天と地の間におられるだけでなく,霊として義人たちや罪びとたちの間におられると思われる。以上のことを表すために,我々は恵みによって東に向いて祈る。そこから天は上がっているからである」。それゆえまた,希望と祈ることによる信頼が聖人たちにとって増してくるのは,〔聖人に対する〕神の近さによるだけでなく,彼ら〔聖人たち〕が神により達成した尊厳にもよっている。彼〔神〕は彼ら〔聖人たち〕をキリストによって天とした。だから,「イザヤ書」51 章(16 節)にはこうある。「〔神は〕天を確かにするように,地をも固める」。すなわち彼ら〔聖人たち〕を天にする者〔神〕は,彼ら〔聖人たち〕に天の善があることを否まない[24]。

第 7 章　神に希望すべきものはどのようであるか,および,希望の本質について[25]

人間は神に希望を抱く理由をこれまで述べてきた上で,〔今度は〕我々が神に希望しなければならないものが何かを考えなければならない。そこで,考えねばならないのは,希望が欲望を前提としていることであり,それゆえ,何かを希望すべきなら,まず,欲望されているのでなけれ

---

23)　本文中の後続する引用も含め,アウグスティヌス『主の山上の説教について』2 巻 5 章 (PL34/1276D)。

24)　「天におられる」という一言すら漫然とした修辞ではなく,神の力がすべてを超えること,神がすべてに配慮し,神にふさわしい者たちの近くにいる方であるという,祈る自分にとっての神の正しい位置づけを与え,そして天を目指す,すなわち地上を超えるように精神を促すという意味が出てくる。

25)　Cf. ST, I-II, q.25, a.1; q.40, a.1; II-II, q.17, a.4; q.25, a.1, ad3.

ばならない。すなわち，欲望されないものは希望されると は言われず，恐れられる，あるいは軽蔑されると言われ る。次いで，希望されているものは，達成可能であると見 積もられている。そして，このことで希望は欲望に優るも のである。すなわち，人間は自分が手に入れられるとは見 積もっていないものまで欲望し得るが，これらには希望は あり得ない。第3に，希望されるべきものは，なんらか の困難なものであらねばならない。すなわち，小さいもの を，我々は希望するよりも，軽く見る。あるいは，我々が それらを欲するとしたら，それは言わば容易に有すること ができるからであって，未来のものとして希望しているの ではなく，現在のものとして所有しているように思われ る。

　さらにまた，考えなければならないのは，困難ながら， 自身に手に入れるものとして希望しているもののうちのあ るものを，誰かは他のものを通して手に入れようと希望す るが，一方あるものは自分自身で手に入れようと希望す る。これらの間では，人間が自分で達成しようと希望する ものを手に入れるためには，自分の力を振り絞るが，一方 他の者によって自分が達成を希望しているものを手に入れ るためには，お願いをするという違いが見える。たとえ， 人間のものを自ら手に入れようと希望する場合でも，端的 な意味でのお願いと言われる。また，もし，神のものを手 に入れようと希望するなら，祈りと言われる。すなわち， ダマスケヌスが言う[26]ように，相応しいものを求める神へ のお願いであると。

　また，自分自身に対して有している希望か，他の人間に

---

　26)　ヨハネス・ダマスケヌス『正統信仰論』3 巻 24 章 (PG94/ 1089D)。ヨハネス・ダマスケヌス（675 頃 -749 頃）はギリシア教父 の 1 人で，トマスの『神学大全』にも影響を与えたとされる。

対して有している希望かは，希望の力には関わらない。た
だ，神に対して有している希望だけが希望の力に関わる。
それゆえ，「エレミヤ書」17章（5節）ではこう言われて
いる。「人間を信頼する人間は呪われている。そして，肉
を自分の手足とする」。そして，その後はこう続く。「主を
信頼する人間は祝福されている。そして，主は彼〔主を信
頼する人間〕の信頼となる」[27]。そして，以上のようにして，
主が願うべき彼〔主〕の祈りのうちにあると教えられたも
のは，人間たちに，可能だが，それでも困難で，これに到
達するのは人間の力ではなく，神の助けによらねばならな
いほどのものと考えるべきであることが示される。

　　第8章　最初の願い，すなわちその際我々
　　　　　　が，我々のうちで始まった神の
　　　　　　知が完全にされることを欲する
　　　　　　と言われる願いについて，そし
　　　　　　て，それ〔神の知の完全化〕が
　　　　　　可能であること

　したがって，欲望の秩序が愛から生じると考えなければ
ならない。そうすることで，神に希望すべき，願うべきも
のの秩序を受け容れられるようにするために。また，愛の
秩序の場合，神はすべてのものを超えて愛されるべきであ
り，そしてそれゆえ，我々の最初の欲求を，愛は神に属す
るものどもに対して動かす。しかし，欲望は未来の善に関
わるが，神にとっては，そのもの〔神〕として考えられる
限り，未来に到来すべきものはなにもなく，永遠に同一の
仕方であるので，我々の欲望は，それ自体として考える限

————————
　27）「エレミヤ書」17章7節。

446   第 2 部　希望について

り神のものであるものに向かい得ない。すなわち，神はな
んらかの善を手に入れているのであって，有しているので
はない。

　しかし，我々の愛はそれら〔なんらかの善〕に向かい，
それら〔なんらかの善〕を存在するものとして愛するほど
である。だが，それでもやはり，すべてのものの見解と尊
敬のうちで〔神が〕より光り輝くものとなることを，神に
欲し求めることはできない。彼は，御自身そのままで，常
に大いなるものとして実在するからである。しかし，この
ことは，不可能なものとして考えるべきことではない。す
なわち，人間は神の大いさを知るようになるので，もし，
それを知るに至り得ないのなら，〔人間は〕無駄に作られ
たように思われてしまうからである。これは，「詩編」88
篇（89 篇 48 節）で言われていることに反している。「あ
なたは，人の子をみな空しく作られたのですか」。

　また，自然の欲望，すなわち，すべての人が自然本性的
に，神的なものについて何かを知りたいと思っていること
が空しいということになってしまっただろう。それゆえ，
何ものも神の知をまったく欠いているということはない。
だから，「ヨブ記」36 章（25 節）のあの言葉がある。「す
べての人が彼〔神〕を見る」。しかしながら，人間の機能
すべてを超えているために，これは難しい。だから，「ヨ
ブ記」36 章（26 節）のあの言葉がある。「見よ，多いなる
かな，我々の知識に勝る方」。それゆえ，神の大いさと善
性とを知ることには，人間は，神の啓示という恵みによ
らねば達し得ない。だから，「マタイによる福音書」11 章
（27 節）のあの言葉がある。「御父でなければ誰も御子を
知らない。御子でなければ誰が御父を知り，御子が啓示し
てくれるよう欲するだろう」。それゆえ，アウグスティヌ

447

スが『ヨハネ福音書註解』で言っている[28]ように，知っているものが示されないなら，神を誰も知らない。

　確かに，神はなんらかの仕方で人間に，自然本性的なある種の知として知るべきものを，人間に理性の光を注ぎ込むことと，目に見える被造物を組み立てることで示す。それら〔目に見える被造物〕のうちには，なんらかの仕方で，善性と知恵の跡が光り輝いている。だから，「ローマの信徒への手紙」1章（19節）のあの言葉がある。「神について知られていること」すなわち神について自然の理性で知ることができるものは「彼らにとって」すなわち異教の人々にとって「はっきりしている。というのは，神が彼ら〔異教の人々〕に啓示した」，つまり理性の光と，〔神が〕組み立てている諸々の被造物とによって啓示したからである。それゆえ，こう続いている。「すなわち，被造物からなる世界そのものに属する目に見えないものが，作られたものを通して，知られたものとして認められ，また，彼〔神〕の永遠の力と永遠の神性とが知られたものとして認められる」（20節）。それでもやはり，それは不完全な知である。というのは，被造物そのものは，人間によって完全に認められ得ないし，また被造物は，神の完全な再現には不足しているからである。なぜなら，この原因〔神〕の有する力は，結果を無限に超えているからである。それゆえ，「ヨブ記」11章（7節）でこう言われている。「おそらく，神の跡をあなたは捉えるだろうし，かつ，全能の方が完全であることを再び見出すだろうからである」。またその後の「ヨブ記」36章（25節）ではこのように言われた。「すべての人が彼〔神〕を見る」と言われ，そして続けて「一人ひとりが遠くまで一望している」と言われる。

　以上のような知の不完全さから，人間たちが，真理から

28）　第3論文 (PL35/1403B)。

離れており，様々な仕方で，神の知に関して誤りを犯すのであり，なればこそ，使徒が「ローマの信徒への手紙」1章（21節以下）で言っているように，ある人々は「彼の知のうちで消え去り，彼らの愚かな心は暗くなった。というのは，自らどのようであるかを知っていると話す人は，馬鹿になった。そして，滅ぶことのない神の栄光を，いずれ滅ぶ人間が，鳥が，4本足の動物が，蛇がそれ〔神の栄光〕に似たもの〔すなわち似て非なるもの〕になるように変える」。そしてそれゆえ，以上のような誤りのために，人間を神は呼び戻されたのであり，よりはっきりと御自分のしるしを旧法の形で人間にお与えになった。それ〔旧法〕によって人間たちは，一なる神の崇拝へと呼び戻される。だから，「申命記」6章（4節）のあの言葉がある。「イスラエルよ，聞け。お前の神，主は唯一の神である」。しかし，神についての以上のような知は，暗くされている者たちに比喩によって暗示されたもので，ユダヤ人という1つの民族の限界のうちに閉ざされている。だから，「詩編」75篇（76篇2節）のあの言葉がある。「神はユダヤで知られ，イスラエルでその名は偉大」[29]。

したがって，全人類に対して神についての真なる知を生ぜしめるために，彼〔神〕の力の独り子たる御言葉を，父なる神が世界に遣わし，彼〔独り子〕によって全世界が，神の名についての真なる知に至るようになる。そして，このことを神自ら御自分の弟子たちのうちでなし始められたのである。だから，「ヨハネによる福音書」17章（6節）のあの言葉がある。「私はあなたの名を，あなたが私にお与えになったこの世の人々にはっきりとさせた」。そして，彼〔神〕の意図は，かの神性のしるし〔旧法〕を有すると

29）　トマスが聖書の文言に，人間としての筆者の時代的限界を見出していると解せる。

いうことに限られておらず，彼ら〔神がキリストに与えた
人々〕により，全宇宙に普及せしめられたからである。そ
れゆえ，その後にはこう続く。「世が，あなたが私を遣わ
したと信じますように」（21 節）。使徒たちと彼らの後継
者たちによって続けてはたらくものは，全世界に渡って，
神の名を聖なるもの，荘厳なるものとして有している。
「マラキ書」1 章（11 節）でこう言われているように。「太
陽が昇るところから，沈むところまで，私の名は諸民族の
うちで偉大。そして，すべての場所で聖化された清い献げ
ものが私の名に捧げられる」。

　したがって，始まったものが完成に至るように，私たち
はこう言って願う。あなたの名が聖とされるように，と。
これは，アウグスティヌスが言っている[30]ように，あたか
も主の名が聖でないから願うというのではなく，すべての
人によって聖とされるように，すなわち，神が知られて，
何かが〔神〕より聖であると看做されることのないように
ということである。一方，神の聖性が人間たちにはっきり
する証拠のうち，最も明白なしるしは人間の聖性である。
彼〔人間〕は，神がうちに住まうことによって聖となる。
すなわち，ニュッサのグレゴリウスが言うように，「誰が，
信ずる者たちのうちに純粋な生を見做がら，そのような生
のうちで呼ばれる名に栄光を帰さないほど獣じみているだ
ろうか」[31]。だから，使徒が，「コリントの信徒への手紙
一」14 章（24 節）で言っているあの言葉がある。「すべて
の人が預言をしているのに，誰か不信の者や愚かな者が入
り込むなら，皆から非難される」，そしてその後にこう続
く。「そしてそのように〔神に〕直面している者は，神を

　30）　アウグスティヌス『主の山上の説教について』2 巻 5 章
（PL34/1277D）。

　31）　ニュッサのグレゴリウス『主の祈りについて』第 3 論
（PG44/1153C）。

450　　　　　　　第 2 部　希望について

拝み，こう触れ回るだろう。神は真にあなたたちのうちに
いる」と。そして，それゆえ，クリュソストムスが言って
いる[32]ように，「あなたの名が聖とされるように」という
言葉には，祈る者に，我々の生を通じて，〔神が〕栄光を
帰せられるよう求めることを命じるものがある。たとえ，
我らによってあなたが栄光を帰せられるような仕方で，
我々に生きさせてくださいと言っているのだとしても。

　また，我々によって神が他の者たちの心のうちで聖とさ
れるのは，我らが彼〔神〕によって聖とされる限りでのこ
とである。それゆえ，「あなたの名が聖とされるように」
と言う時，キプリアヌスが言う[33]ように，「『彼〔神〕の名
が我々のうちで聖とされるように』と我々は求めるのであ
る。すなわち，キリストが『聖なる者であれ。私は聖なる
者だからである』と言っているので，洗礼のうちで聖とさ
れた我々は，我々がそうなり始めたあり様〔聖なる者とし
てのあり様〕に留まるべきなのである」。さらに，我々は
毎日毎日，聖とされるようにと願う。毎日毎日罪を犯す
我々が，罪を，絶え間なく聖とされることで浄くするよう
にと。そしてそれゆえ，以上のような願い〔「あなたの名
が聖とされるように」という願い〕がまず置かれる。とい
うのは，クリュソストムスが言う[34]ように，神に願う者の
祈りとして，御父の栄光を願うより先に願っていいものは
何もなく，すべてのことを，彼〔御父〕を賛美するよりは
後回しにすべきだからである[35]。

　32）　ヨハネス・クリュソストムス『説教』19 説教 4 節「「マタ
イ福音書」について」(PG57/279B)。
　33）　キプリアヌス『主の祈りについて』第 12 章 (PL4/527A)。
　34）　ヨハネス・クリュソストムス『説教』19 説教 4 節「「マタ
イ福音書」について」(PG57/279B)。
　35）　神が聖であるということは，人間が祈ろうが祈るまいが，
変化し得ない事実である。それでも，神の名が聖となるように祈ると
するなら，それは賛美のためであり，そして，祈る我々が神が聖であ

451

第9章 第2の願い，すなわち我々を栄光に与る者として下さるように[36]

　神の栄光を求め願う思いの後に続くのは，人間が，神の栄光に与る者となることを願い求めることである。そしてそれゆえ，第2の願いはこうなる。「あなたの国が来るように」。このこと〔第2の願い〕については，先に述べられた願いの場合と同じく，まず，神の国を求めることが適切であることを考えなければならない。また次に，人間がそれを手に入れるに至り得るということを考えなければならない。また第3に，〔人間が〕自分の力ではそれに到達できず，神の恵みに助けられることによってのみ到達できることを考えなければならない。またその上で第4に考えなければならないのは，どのようにして，我々は神の国の到来を願うべきかということである。

　それゆえ，最初のことに関してはこう考えるべきである。おのおののものにとって自然本性的に欲すべきものが固有の善である。それゆえ，善を適切に定義するなら，すべてのものが求めているものだ[37]ということになる。また，固有の善は，おのおののものにとって，それによりそのものが完全にされるものである。というのは，我々がおのお

ることをよりいっそう意識できるように祈るためであり，また，自分が聖なる生き方をできるようになることで，見ている他者が神の聖性を認めるという結果に結びつくよう祈るためである。

　36）　Cf. ST, I, q.12, a.1; a.2; I-II, q.2, a.4; a.5; a.8; q.3, a.3; a.8; q.5, a.1; a.4.

　37）　アリストテレス『ニコマコス倫理学』1巻1章 (1094a2sq.) 参照。

ののものを善と言うのは，固有の完全さに達しているから
である。一方，善を欠いているというのは，固有の完全さ
を欠いているということである。それゆえ，その帰結とし
て，おのおののものがその完全さを求めるということにな
り，それゆえ，人間もまた自然本性的に完成することを求
める。そして，人間の完成には多くの段階があるので，特
にそして主に，その〔人間の〕欲求に関して自然本性に適
うのは，その〔人間の〕最後の完成に目を向けることであ
る。また，かくかくの善が知られるかくかくの証拠は，人
間の自然本性的な欲求がそのうちで安らぐということであ
る。すなわち，人間の自然本性的な欲求は固有の善，すな
わちなんらかの完全さのうちに成り立つものでなければ向
かわない，その帰結として，何かが欲し求められるべきで
ある限り，その帰結として，決して人間は最後の完成には
到達していないということになる。

　またさらに，何かが欲し求められるべきだということに
は，2種類のものがある。1つには，欲し求められている
ものが，何か他のもののゆえに求められているという時の
もので，この場合，それが手に入れられてもなお，欲望は
安らがず，他のものに移らざるを得ないということにな
る。いま1つの場合は，人間が欲し求めるものを手に入
れるのには不十分だという時のもので，例えば，中くらい
の食事では生身の存在を支えるのに十分でないような場合
のことであり，この場合には，自然の欲求は飽き足らな
い。それゆえ，人間がまず，そして主に欲し求める善は，
他のもののゆえに求められるのではなく，人間にとって十
分なものである。また，このような善が一般に幸せと呼ば
れている。それが人間の主な善である限り。すなわち，あ
る人々が幸せだと我々が言うのは，彼らが善く存在してい
ると我々が信じるからである。また，卓越している〔卓越
した幸せである〕ということを表す限りでは，それは至福

と呼ばれる。そして，安らぎを表す限りで，それは平和と呼ぶことができる。すなわち，欲求の静まりは内的平和であると思われるからである。それゆえ，『詩編』147篇でこう言われるのである。「お前の領地に平和をもたらす方」（14節）と。

それゆえ，物体的な善のうちに幸せ，あるいは至福があり得ないことは明らかである。というのは，まず，〔物体的な善は〕それそのもののために求められているわけではなく，本来的に他のもののゆえに欲し求められているのからである。すなわち〔物体的な善が〕人間に適合するのは，その〔人間の〕物体すなわち体としての面での話である。そして人間の体は，霊魂をその目的とした秩序をなしているが，というのは，あるいは，体は〔それを〕動かす霊魂の道具であるが，道具というものはすべてそれを扱う技術のためのものだからであり，あるいは，体は霊魂に対し，質料の形相に対する関係にあるからでもある。また，形相は質料の目的であり，可能態の現実態でもあるからである。このことの帰結として，富のうちにも名誉のうちにも健康のうちにも，あるいは美のうちにも，また以上のような類のどんなもののうちにも，人間の最終の幸せは成り立たない。

〔物体的な善のうちに幸せ，あるいは至福があり得ない〕次の理由は，物体的な善で人間にとって十分だということはあり得ないからである。というのは，最初の意味では，人間のうちには2種類の欲求の力，すなわち，知性の欲求の力と感性の欲求の力があり，その帰結として欲望も〔知性の欲求という欲望と感性の欲求という欲望の〕2種類あり，知性の欲求という欲望は，主に知ることのできる善に向かう，すなわち物体的な善が及ばない〔善〕に向かっているからであり，別の意味では，物体的な善は，言わば事物の秩序のうちで最も低いものとして，集中しておらず拡

散している善を受け取り，すなわち後者が，その〔物体的な〕面での善性を，例えば快を有するということになり，前者は他のものを，例えば体の健やかさを有し，他の事柄についてもまた同様だからである。それゆえ，それらのいずれのうちでも，人間の，すべての善へと向かう欲求は満足を見出し得ない。それらが多くても，そのうちに満足が見出されることはない。いかに〔それが〕多くなろうとも。というのは，それらは普遍的な善の無限さに不足しているからである。それゆえ，「コヘレトの言葉」5章（9節）ではこう言われている。「吝嗇な者は金銭に満足することがない」。

第3には，人間は知性によって，場所に関しても時間に関しても限られることがない普遍的な善を捉えるので，したがって，人間の欲求は，知性による把握に適している限りで，時間に関して限定されるべきでない善を欲し求めるのである。それゆえ，永久に安定することを欲し求めるのは，人間にとって自然本性的である。このこと〔永久に安定すること〕は物体的なもののうちには見出し得ない。それらは，消滅と多くの実体に変化するからである。それゆえ，物体的な善の場合，人間の欲求は求めている満足を見出さないことになる。したがって，それら〔物体的な善〕のうちには人間の最終の幸せはあり得ない。

しかし，感性的な諸力は，物体に関してはたらく体の器官によってはたらくものとして物体的なはたらきを有しているので，その帰結として，感性的な部分の諸々のはたらきのうちにもまた，人間の最終の幸せは成り立たないということになる。すなわち，例えば，どのような肉の快楽のうちにも，人間の最終の幸せは成り立たない。

また，人間の知性が，物体に関するなんらかのはたらきを有しているのは，人間が思弁知性によっても物体を知り，実践を通じて物体的なものを扱うからである。そして

それゆえ，物体的なものを志向する思弁知性あるいは実践知性固有のはたらきそのもののうちにも，人間の最終の幸せ，また完成は置かれ得ない。

また同じく，人間知性の，霊魂が自分自身を省みるはたらきのうちにもまたあり得ない。このことには2つの理由がある。まず，霊魂はそのものとしてのみ考えるなら，至福ではない。さもなくば，それ〔霊魂〕が至福を獲得するためにはたらかねばならないことになるからである。至福は，自分自身を志向するだけでは獲得されることはない。

次いで，幸せは，先立つ箇所[38]で言ったように，人間の最終の完成である。そして，霊魂の完成は，その固有の働きのうちに成り立つので，したがって，その最終的完成は，その最善のはたらきによって考えられることになる。それらは，最善の対象によってあり，はたらきは対象に即して特殊化される。また，霊魂は，そのはたらきが向かい得る最も善いものである。というのは，何かがそのものとしてより善であると知るからには，人間の最終の至福が，自分自身あるいは他の〔自分〕より上位の実体すべてに向かうはたらきのうちに成り立つということは不可能である。もし，何かがそれらより善いものであるなら，人間の霊魂の働きはそれへと向かい得る。また，人間の働きは，あらゆる善に向かっている。というのは普遍的な善は，人間が，知性によって普遍的な善と把握しているがゆえに欲し求めているものだからである。それゆえ，どの段階にも善は及んでいるのであり，なんらかの仕方で人間の知性のはたらきは広がっている。またしたがって，意志もそうだ。そして，善は神のうちで最高度に見出される。彼〔神〕はその本質によって善であり，すべての善の始原である。それゆえ，その帰結として，人間の最終完成とその

---

38) 本書本章。

〔人間の〕目的である善は，神から離れないでいることのうちにあるということになる。だから，「詩編」72篇（73篇28節）のあの言葉がある。「私にとって，神から離れないでいることは善である」。

これがまたはっきり明らかになるのは，ある一定のものの分有を考える場合である。すなわち，個々の人間がみな，この陳述〔人間であるという陳述〕が真であると受け容れられるのは，まさに種の本質を分有していることによってである。また，彼らのうちの誰も，他の人間との類似を分有しているということで，人間と言われているのではなく，種の本質を分有していることによってのみそう言われているのである。やはり，それ〔種の本質〕を分有するためには，あるものが他のものを，生殖という経路を通じて導き出す，すなわち父が子を生ぜしめるのである。そして，至福，あるいは幸せは，完全なる善に他ならない。したがって，神の至福の分有のみによって，すなわち，人間の善性のみによって，すべての至福の分有者は至福であるのでなければならないということになる。たとえ，あるものが他の者によって至福に向かうべく助けられている場合でも。それゆえ，アウグスティヌスは『真の宗教について』でこう言っている。「我々は，天使たちを見ているから至福なのではなく，真理を見ているからそうなのだ。それ〔真理〕のおかげで我々は彼ら〔天使たち〕を愛し，そしてこれら〔天使たち〕と共に我々は喜ぶ」[39]。

また，人間の精神が神のうちへ運び入れられるということは2種類の仕方で起きる。その1つは，それ自身によって，他の仕方では，他のものによって。他のものによってというのは，例えばそれ自身のうちに見られる時，またそれ自体として愛されるような場合である。一方，他のもの

39) アウグスティヌス『真の宗教について』55章 (PL34/170C)。

によってというのは，まさに被造物から，精神が神へと高められるということである。だから，「ローマの信徒への手紙」1章（20節）のあの言葉がある。「神に属する目に見えない事柄は，作られたものを通して，知られたものと認められる」。そして，完全な至福が，他のものによって神に向かうことのうちに成り立つことはあり得ない。というのは，まず，至福という語は人の行ないすべての目的を表すので，真の，完全な至福というものは，それが限界という面を持っていないということのうちに成り立つのではあり得ず，目的への変化という面を持っていることのうちに成り立ち得るのである。そして，神が他のもの〔神以外のもの〕を通して知られ，愛されるということは，人間の精神のある種の運動によってなされるのである。何かあるものを通ってそれ以外のものに到達するという限り。したがって，以上のこと〔他のものによって神に向かうことのうちに〕真の，完全な至福はない。

　次に，人間の精神が神のうちにあって離れないということのうちに，その至福は成り立つというなら，その帰結として，完全な至福は神への完全な内属を必要とすることになる。また，なんらかの被造物を通して人間の精神が神に完全に内属するということは，知によっても愛によってもあり得ない。すなわち，被造の形相は，神の本質を表すには無限に不足している。したがって，下位の序列に属する形相によって上位の序列に属するものが知られること，例えば，物体によって霊的実体が知られること，あるいは要素によって天体が知られることがあり得ないように，なんらかの被造の形相によって神の本質が知られることはなおさらあり得ない。しかし，下位の物体を考えることで上位のものの本質を我々が否定的に知ること，例えば重くも軽くもないもの，つまり天使についてのことだが，物体を考察することを通してそれを否定的に，非質料的で，非物体

的なものとして我々が捉えるように，神についても被造物を通して，なんであるかをではなく，なんでないかを我々は捉えるのである。また同じく，被造物のどのような善性であれ神の善性に比べれば，ごく小さな何かにすぎない。それ〔神の善性〕は無限だからである。それゆえ，諸々のもののうちの善性は神から生じているもので，神の好意によるものであるが，精神を，神への完全な愛まで高揚させるわけではない。したがって，真の完全な至福は，精神が神にそれ〔神〕以外のものによって内属するということではあり得ない。

第3に，正しい順序ではあまり知られないものは，より知られているものを通して知られるものなので，より善でないものもまた同じく，より善であるものを通して愛されるのである。それゆえ，神は，第一の真理にして，最高の善であり，それ自体としては最も知るべきであり，最も愛されるべきであるので，自然の順序でなら，何もかも御自身として知られ，愛されるべきであることになる。したがって，もし，誰かの精神が，神の知と愛とに，被造物を通して到達せしめられねばならないとしたら，そのようなことは，その人の不完全さのせいで起きているということだ。それゆえ，完全な至福が達成されることは決してない。それ〔完全な至福〕は，あらゆる不完全さを排除する。

したがって，〔結論として〕残るのは，完全な至福は，知ることと愛することとによって精神が神に，〔神〕御自身によって内属することにあるということだ。また，臣下たちの体制を整え，治めるのは王がすることであるので，人間のうちでは，人間以外のものが〔秩序を〕整えられることによって，統べると言われる。それゆえ，使徒は「ローマの信徒への手紙」6章（12節）でこう戒めているのだ。「あなた方の死すべき体のうちでは罪が王であって

はならない」。したがって，完全な至福のためには，神御自身が御自身によって知られ，愛されるということ，すなわち彼〔神〕によって精神が高く上げられることが必要であるので，善なる者たちのうちでは真に，完全に，神が王である。それゆえ，「イザヤ書」49章（10節）ではこう言われているのだ。「彼らを憐れむ者が彼らを統べ，水の泉で彼らに飲ませるだろう」。すなわち，彼らは〔神〕御自身を通して，あらゆる最も力ある善のうちで再生されるだろう。

　というのは，こう考えるべきだからだ。すなわち，知性は，外的な視覚の場合も石の形相を通して石を見ている場合と同じく，なんらかの形象あるいは形相を通して知っているものすべてを理解しているので，知性が神をその本質で視ることは，なんらかの形象あるいは形相を言わば神の本質を再現するものとしてそれ〔なんらかの形象あるいは形相〕を通して視るということになり，それはあり得ない。すなわち，我々が見〔て知っ〕ているように，事物の序列として下位のものの形象を通し，上位の秩序のものが再現されるということは，本質に関する限りあり得ないからである。それゆえ，どんな物体的な形象によっても，霊的実体が，その本質に関する限り理解されることはあり得ないということになる。したがって，神は被造物の秩序全体を，霊的実体が物体的なものを超えている以上に凌駕しているので，なんらかの物体的形象を超えて神は本質によって視られる。

　また，以上のことは，事物をその本質で視るとはどういうことかを考えるならはっきり明白になる。すなわち，人間の本質を視る人というのは，本質として人間に当てはまること，例えば，人間の本質を理性なき動物だとして認識することが決してなく，そのようなこと〔例えば理性ある動物であることなどの人間の特徴〕をなんであれ把握する

460   第２部　希望について

人である。また，神について何が言われるせよ，それは本
質として彼〔神〕に当てはまるが，ある被造の形象が神
を，神について言われることすべてに関して再現するとい
うことはあり得ない。すなわち，被造の知性のうちには，
生命と知恵と正義，そして他のそのようなもの，つまり神
の本質に属するものすべてをそれによって捉えるのとは別
の形象がある。したがって，被造の知性が，神の本質を，
神がその本質によって，そのうちで見られ得るように再現
する，なんらかの１つの形象によって形作られることはあ
り得ない。また，多くの形象によって形作られるなら，一
性，すなわちまさに神の本質と同じものが欠けることにな
る。したがって，被造の知性が神を御自身として，その本
質によって，なんらかの１つの被造の形象で，あるいは
複数の形象で見るべく高められ得るということはあり得な
い。

　したがって，〔結論として〕残るのは，神がその本質に
よって被造の知性に視られるためには，神の本質そのもの
がそれ自体として，他の形象によってではなく視られる，
詳しく言うと，被造の知性の神へのある種の合一によって
視られるのでなければならないということである。それゆ
え，ディオニュシウスは『神名論』の第１章でこう言っ
ている。「最も至福なる目的を我々が達成する時，神は明
らかになって，我々は，ある種の知性を超えて神の知に満
たされるであろう」[40]。

　また，神の本質だけがこうなるのだが，知性が，どんな
類似もなしにそれ〔神の本質〕と１つになり得るという
のは，神の本質そのものがその存在でもあるからである。
このことは，どのような他のものの形相にも当てはまらな
い。それゆえ，あらゆる形相は知性のうちにあらねばなら

――――――――――――――
　40)　PG3/592C

ない。そしてそれゆえ，もしある形相が，それ自体として
存在するがままに，知性に形を与えるものではあり得な
い，例えば，天使の実体のようなものであって，それが他
のものの知性によって知られるべき時は，このこと〔天使
の実体が他のものの知性に知られるということ〕は，知性
を形作るそのなんらかの類似性によって起きるのでなけれ
ばならないが，これは神の本質，すなわち〔神〕御自身の
存在のうちではおきる必要がないことだ。

　そうであるならば，まさに神の直視を通して，至福なる
精神は理解するはたらきのうちに神と１つになる。そして
それゆえ，聖人たちのうちでは神が王であるので，彼ら自
身もまた神と共に王であり，そしてそれゆえ，彼らの口を
通して「ヨハネの黙示録」5章（10節）でこう言われてい
る。「あなたは我々を，我らの神に対して王国とし，祭司
とした。そして我々は地上の王となるだろう」。すなわち，
神が聖人たちのうちで王になり，聖人たちが神と共に王に
なるこの国が，天の国であると，「マタイによる福音書」
3章（2節）で言われている。「悔い改めよ。天の国が近づ
いたからである」。これは，天にあるということは神に帰
せられていると言いたいのであり，天体に含まれていると
いうことではなく，天が他の被造の物体をすべて超えてい
るように，すべての被造物を超えていることを表すための
表現である。だから例えば，「詩編」112篇（113篇4節）
ではこう言われている。「すべての民を超えて高くましま
す主，その栄光は天を超える」。そして，それゆえ，諸聖
人の至福が天の国と呼ばれるのだが，それは，彼らの報い
が天体のうちにあるからではなく，天を超える存在を観照
することのうちにあるからである。それゆえ，天使たちに
ついて「マタイによる福音書」17章（10節）でこう言わ
れている。「彼らの天使たちは天では常に，天におられる
私の御父と顔を合わせている」。それゆえ，アウグスティ

ヌスもまた『主の山上の説教について』で、「マタイによる福音書」5章（12節）の言葉を解釈して、こう言っている。「お前たちの報酬は天にたくさんある。ここで天と言われているのを私は、この目に見える世界の上の部分のこととは考えない。というのは、我々の報酬は目に見えるものとして集められているわけではないからである。そうではなくて、私は、霊的に堅固であることという意味で考える。そこには恒久的な正義が住んでいるからである」[41]。

また、以上のこと、すなわち神のうちに永遠の生が存することは目的としての善とも言われる。ここでの言い方では、生命を与える霊魂のはたらきが生命と呼ばれている。それゆえ、生き方は、霊魂のはたらきの種類だけ区別される。そしてこれら〔霊魂のはたらき〕のうちで最も高度なのは知性のはたらきである。そして、哲学者〔アリストテレス〕によれば「知性のはたらきは命である」[42]。そして、はたらきは対象から形象を受け取るので、神性を直視することは永遠の生と呼ばれるのだ。「ヨハネによる福音書」17章（3節）のあの言葉のように。「これぞ永遠の生、あなただけが真の神と知ることこそ。

また、以上の目的としての善は、「フィリピの信徒への手紙」3章（12節）のように、把握とも呼ばれる。「私は従います。なんらかの仕方で把握するために」。ここで把握という言い方がされているからと言って、包含することを意味しているわけではない。というのは、何か別のものに包含されているものは、全体がそれに含まれているが、被造の知性が神の本質を全体としてみることはあり得ないからである。すなわち、十全かつ完全な仕方での神の直視

41）　アウグスティヌス『主の山上の説教について』1巻5章（PL34/1236sq.）。

42）　『形而上学』4巻11章（1072b26sq.）。また『霊魂論』2巻4章（415b13）参照。

に至るというようなことは。すなわち，神を視るというのは，見える限りで視るということで，神が見えるということは，〔神〕御自身が真理であるという意味で明らかであることによる。このこと〔神が真理であるという意味で明らかであること〕は限りがなく，それゆえ，〔神は〕限りなく見えるのである。これ〔この限りなさ〕は理解する際の力が限られている被造の知性には適合し得ない。それゆえ，神だけが，御自身の知性の限りない力によって無限にご自身を理解し，御自身を全体として理解することで御自身を把握している。また，聖人たちには把握が再度約束されている。なんらかの引き寄せという意味での把握であって，ある人がある人を追いかけて捕まえる時，彼を手で捕まえていられるなら，捕捉すると言うようなものである。だから，「コリントの信徒への手紙　二」5章（6節）にあるように，「我々が体のうちにある限り，神から離れてさすらっている。というのは，信仰によって我々は歩み，形によっては歩まないからである」。そしてなんらかのものから遠ざかれば遠ざかるほど，彼〔神〕のほうへと我々は伸びていく。しかし，我々がものを形によって見る時，我々は彼〔神〕を，我々自身のうちに捉え込んでしまうだろう。それゆえ，「雅歌」3章（4節）で，その霊魂が愛している人を問い求める花嫁は，遂に彼を見つけた時こう言っているのである。「私は彼を捉えた。決して離さないようにと」。

　また，ここまで語ってきた目的としての善は，永久の十分な喜びをも有している。それゆえ，主は「ヨハネによる福音書」16章（24節）でこう言っている。「願え。そうすれば手に入る。お前たちの喜びが十分であるように」。しかし，どんな被造物に関しても喜びが十分であることは不可能で，神に関してのみ十分な喜びがあり得る。彼〔神〕には，まったく充実した善性があり，それゆえに，主もま

た，忠実な僕にこう言っているからである。「お前の主人
の喜びのうちに入れ」[43]，すなわち，お前の主人のことで喜
べと。というのは，「ヨハネによる福音書」22 章（26 節）
にはこうあるからである。「お前は，全能のお方について
喜びであふれるだろう」と。そして，神は特に御自身につ
いて喜ばれるので，忠実な僕は，その主人の喜びに入って
いくと言われる。というのは，主は弟子たちに，「ルカに
よる福音書」22 章（29 節以下）で約束して，こう言って
いるからである。「私こそがお前たちに，私に御父が私の
国を用意してくれたように，私の国で私の食卓を囲んで食
べ，飲むために用意するものだ」と。かの目的としての善
のうちで，聖人たちが物体から成る食事をすることはな
い。彼らは物体に関わるものでなくなっており，食卓とい
う語によって意味されているのは，神が御自身について有
し，聖人たちが彼〔神〕について有している喜びにより元
気づけられることである。

　したがって，達成されるべき充溢した喜びは，それにつ
いて喜びがあるものだけでなく，喜ぶものの状態にも依っ
ていなければならない。すなわち，それについて喜びがあ
るものを現前させるために，そして喜ぶ者の全情感が，愛
によって喜びの原因にもたらされるように。また，かつて
示した[44]ように，神の本質を直視することを通して，被造
の精神は神を現前するものとして捉えている。また，直視
そのものは，全体的に情感を，神への愛に前進せしめる。
すなわち，どんなものであれ，それが愛すべきものである
のは，それが美しく善である限りでのことなら，ディオ
ニュシウスが『神名論』第 4 章で言っている[45]ように，神

43）「マタイによる福音書」25 章 21 節。

44）　本書本章。

45）　PG3/708A.

465

は，美と善性の本質そのものであるので，愛抜きで見られるということは不可能だ。そしてそれゆえ，その〔神の〕完全な直視には完全な愛が伴う。それゆえ，グレゴリウスは「エゼキエル書」（2章9節）についてこう言っている[46]。「ここで燃え始めている愛の火は，愛するものを見ているので，自らの愛のうちでさらに燃えている」。そして，現前させているものについての喜びは，より愛するほどに大きい。それゆえ，かの喜びは，喜びがある事物の側だけでなく，喜ぶ者の側でも十分になるということになる。そして，このような喜びは，人間の至福を完全なものにする。それゆえ，アウグスティヌスもまた，『告白』第10巻（23章）でこう言っている。「至福は真理についての喜びである」[47]。

　さらに考えねばならないのは，神は善性の本質そのものであるので，その帰結として彼〔神〕がすべての善なるものの善であることになる。それゆえ，彼〔神〕を視る時，すべての善を視ることになるのである。主がモーセに「出エジプト記」33章（19節）で言われたように。「私がお前にすべての善を示そう」。したがって，その帰結として彼〔神〕を有するなら，すべての善を有することになる。「知恵の書」7章（11節）のあの言葉のように。「私のもとにすべての善が，それ〔知恵〕と一緒にやって来た」。そうであるならば，神を視る時，かの目的としての善のうちに我々は，すべての善を十分充溢して有している。それゆえ，忠実な僕に主は，「マタイによる福音書」24章（47節）で再び約束して下さったのである。「〔主は〕彼のすべての善の上に彼を立たせるだろう」と。

　一方，悪は善に対立するので，すべての善が現前するな

---

46)　PL76/1049A.

47)　PL32/793D.

ら，悪は全般的に排除されているのでなければならない。すなわち，「正義の分有は罪と共に」はなく，「光が闇と交わること」もない。「コリントの信徒への手紙　二」6章（14節）で言われているように。かくて，かの目的としての善は，完全なる十分さが善すべてを有する者に生じるだけでなく，すべての悪と無縁になることで十分な安らぎと安全が生じる。「箴言」1章（33節）にあるように。「私の話を聞く者は，恐れることなく安らぐだろう。そして充溢を楽しみ抜くだろう。悪への恐れを取り除かれて」。

　また，以上のことから，さらに伴うのは，そこには，いずれ来るあらゆる平和があるということである。すなわち，人間の平和は，ある場合には，内なる欲望の騒がしさによって，まだ持っていないものを持とうと欲して，ある場合には，実際に感じているにせよ，あるいは感じることを恐れているにせよ，なんらかの悪による心労によって妨げられる。しかし，そこ〔かの目的としての善のもと〕では恐れることは何もない。すなわち，欲望の騒がしさは，すべての善が十分にあることでやむだろう。また，すべての外的な心労が，あらゆる悪の不在によってやむだろう。それゆえ，〔結論として〕残るのは，平和という完全な静まりである。以上のことから，「イザヤ書」32章（18節）ではこう言われている。「私の民は座るだろう，平和の美しさのうちに」。この言葉で，平和の完全さが指し示されている。そして，平和の原因を示すためにこう続く。「信頼の幕屋のうちに」すなわち悪への恐れを取り除かれて，「豊かな安息のうちに」すなわちすべての善があるという豊かさの1つのうちに〔座る〕と。

　以上のような目的としての善の完全さは，永久に続くだろう。なぜなら，人間が享受する善の不足によって欠けるということがあり得ないから。というのも，そこにあるのは，永遠で滅ぶことがないものだからである。それゆえ，

「イザヤ書」33 章（18 節）ではこう言われている。「お前の目はエルサレムを見る。豊かな都を。決して移されることがあり得ないだろう幕屋を」。そして，すぐに理由が続いて述べられている。「というのは，まったくそこにのみ，光輝ある主，我々の神がいらっしゃるだろうから」。すなわち，かの境地の完全さはまったく，神の永遠さを享けることによる。

　同じくまた，かの境地は，まさにそこにあるものが滅ぶから不足が生じ得るということはない。というのは，そこにあるのは，本性的に滅ぶことがないもの，例えば天使だからであり，また，滅びないものへと移し変えられたもの，例えばそう移し変えられた人間だからである。「すなわち，この滅ぶものは，滅びなさを身にまとわねばならないからである」。「コリントの信徒への手紙　一」15 章（53節）で言われているように。それゆえ，また「ヨハネの黙示録」3 章（12 節）でもこう言われている。「勝利する者，かの者を，私は，私の神の神殿の柱とする。彼は再び外に出て行くことはないだろう」。

　また，かの境地には，それ〔その境地〕を人間の意志が嫌って背くことで，不足が生じ得るということもない。というのは，神，すなわち善性の本質はよく視れば視るほど，より深く愛さずにはいられなくなる。それゆえ，彼〔神〕を享けることがより強く欲せられることになるだろう。だから，『集会の書』第 24 章（29 節）ではこう言われている。「私を食べる者たちは，さらに飢えるだろう。また，私を飲む者たちは，さらに乾くだろう」。このことゆえに，神を視る天使たちについてもまた，「ペトロの手紙　一」1 章（12 節）でこう言われている。「彼〔神〕を，見晴るかそうと天使たちは欲している」。

　同じくまた，かの境地には，なんらかの敵が襲ってくることでも，不足は生じないだろう。というのは，そこで

は，悪による心労がすべてやむからである。だから「イザヤ書」35章（9節）のあの言葉がある。「そこにライオンはいないだろう」，すなわち，襲ってくる悪魔は。「また，悪しき獣も」，すなわち，悪しき人間も「それ〔悪しき獣あるいは人間〕によって高まることなく，そこには見出されないだろう」。それゆえ，主は「ヨハネによる福音書」10章（28節）で，御自分の羊たちについて，永遠に滅んでしまうことはなく，御自らの御手で彼らを引き裂くこともないだろうとおっしゃっている。

　しかし，かの境地は，神によってある人々がそこから締め出されるというような形で，限界あるものとなるということもあり得ない。すなわち，誰かがかの境地から，過ち，すなわちそこにはまったくないだろうことのゆえに押し出されるということはないだろうからである。そこにはあらゆる悪はないだろう。それゆえ，「イザヤ書」60章（21節）ではこう言われている。「あなたの民はみな義である」と。また，より善なる善へと進むために押し出されることもないだろう。すなわち，この世で神が時に，義人たちから霊的な慰めや，他の御自身の善いはたらきかけを取り除き，より熱心に求めるように，また自分の不足に気付くようにするようなことは〔かの境地では〕ない。というのは，かの境地に改良と前進はなく，終局の完全さがあり，それゆえ，主は「ヨハネによる福音書」6章（37節）で，「私のもとに来た者を，私は外に放り出さないだろう」とおっしゃっている。したがって，かの境地には，これまで述べてきたすべての善が永久にある。だから，「詩編」5篇（12節）でこう言われているのだ。「彼らは永遠に喜びに沸くだろう。そしてあなたは彼らのところに住まうだろう」。

　したがって，先に述べた王国とは，すべての善が変わることなく十分にあるという意味での完全な至福である。そ

して，至福は人間に，自然本性的に欲せられるものである
ので，その帰結として，神の国はすべての人に欲せられ
る。

第10章　国を手に入れることは可能であること

また，さらに示さねばならないのは，人間がかの国に到
達しうるということである。さもなくば，空しく希望し，
開かれていることになる。まず，これは神の約束によって
可能であることは明らかだ。すなわち，主は「ルカによる
福音書」12章（32節）でこうおっしゃっている。「恐れて
はならない，弱き群れよ。お前たちの父にとり，お前たち
に国を与えることは心に適っているからだ」。また，神が
喜ばせてくださるはたらきかけは，状態を整えるためのす
べてを満たすのに効果がある。だから，「イザヤ書」46章
（10節）のあの言葉がある。「私の判定があるだろう。そ
してすべての意志が私のものとなるだろう」。「というの
も，彼〔神〕の意志に誰が逆らうのか」。これは「ローマ
の信徒への手紙」9章（19節）で言われている。次に，こ
のことは可能であることは，明らかな実例によって示され
る[48]。

ここまで，アクィノの聖トマスは，神学を短く編集した
ものを書き上げてきた。しかし，ああ，悲しいかな！　死
によって妨げられたために，彼〔聖トマス〕はこれ〔この
提要〕をご覧のように未完成のまま後に遺すことになって

48）　ここで執筆が途絶していることにより，トマスがどのよう
な「明らかな実例」を示そうとしていたのかは知る術がない。

しまった[49]。

---

49) よく知られている話では，晩年トマスは，それまで書いてきたことが「わらくずのように思える」ほどの啓示を神から受けて自ら筆を断ったということであるから，死に妨げられて完成させられなかったというこの記述はその話と食い違っている。

解　　説

————————

1　本書の成り立ち

本書は，ドミニコ会におけるイエスの僚友で，弟子とも目されているピペルノのレギナルドゥスを読者として執筆された著作である。

執筆時期については，トマスが最晩年に断筆したこと（そのため主著とされる『神学大全』も未完である），そして，本書も執筆が中途で途絶しているという事実から，最晩年の時期（1272-73）と考える説[1]，内容から『対異教徒大全』と同時期かその執筆直後の時期（1265-67）執筆と考える説[2]，さらには本書第1部と第2部の執筆時期は異なっており，第1部は『対異教徒大全』と同時期かその執筆直後の執筆だが，第2部は最晩年の執筆であるとする説もある[3]。

————————

1)　マンドネおよびグラープマンの説。なお，この段落の記述は全面的に J.-P. トレル著『トマス・アクィナス　人と著作』保井亮人訳 (知泉書館，2018，p.285) に依拠した。

2)　シュニュー，モット，ドンデーヌ，ペリエ，ゴーティエの説。

3)　ファン・ステーンベルヘンが改善しドンデーヌが取り上げたペリエの提案。前掲書末尾にあるトマスの著作目録で，トレルは『神学提要』の執筆時期について，この説と合致する記述を行なっている（前掲書 p.606）。

472　　　　　　　　　　解　　説

　本書はトマス自身のことばによれば，第1部「信仰について」，第2部「希望について」，第3部「愛について」という3部構成になるはずであった。しかし，完成しているのは第1部のみであり，第2部はわずか10章のみで執筆途絶，第3部はまったく執筆されていない。しかし，その内容はトマスの主著とされる『神学大全』の議論と重なるものが多く，しかも比較的短い章の積み重ねでコンパクトに構成されているため，膨大な量の問答から成る『神学大全』を読む上で手引きとなり得る著作である。

　信仰，希望，愛に関する3部構成であるという点は，アウグスティヌス『エンキリディオン』に倣うものとされる。そして，コンパクトに論じる方針は，神のへりくだりと重ね合わされている。神は無限の真理であり，人間には把握できない。そこで，神はイエスという人間になって自らを示し，人間の言葉で真理を語った。トマスもまた，神について観照した真理を，真理性を損なうことなく，誰でも読める短い言葉に落とし込もうとするのである。

2　本書の構成

　先述の通り，本書は第2部の第10章で執筆が途絶しているため，内容の大部分は第1部の信仰に関する議論である。ここで論じられているのは，信仰という徳についてではなく，信仰すべき神的真理である。本書全体の序文に当たる第1章の後，第1部で議論全体を導いていく手がかりとされるのは使徒信条およびニケア＝コンスタンティノープル信条である。第2部の希望に関する10章の議論では，神に何を希望すべきかが論じられている。第2部で手がかりとなるのは，主の祈りである。第3部の愛に関する議論は，心，精神，思い，力を尽くして神を愛する

ことと自分のように隣人を愛することを命ずる「愛の二つ
の掟」を手がかりとすることが本書序文で予告されている
が，まったく執筆されていないため，何が論じられるはず
だったのか厳密には知る由もない。

3　第1部の構成 ——理性と啓示

　第1部は，第2章から第246章までに当たる。第1部
の内容は，議論の順序に従って，神の一性，神の三一性，
神の創造と統治の業，そして，キリストの受肉を中心とし
た人間の救済に細分される。
　第1部の特徴は，人間が神について理性によって知るこ
とができることと，理性を超えているので神からの啓示に
よらなければ知ることができないことをはっきりと区別し
ていることである。神の一性は，人間が理性によって知る
ことができる。しかし神の三一性すなわち三位一体の神秘
から，神の創造と統治，そしてキリストの受肉の神秘は，
啓示によらなければ知ることができないことと位置づけら
れる。
　神の一性の議論は，宇宙の第一原因すなわち全現象の究
極的原因の存在が，宇宙におけるさまざまな変化という，
われわれが経験している現象から示唆されるという議論か
ら始まる。
　そして，究極的原因についての理解は，アリストテレ
ス，あるいはボエティウスの議論を援用して深められてい
く。究極的原因はより上位の原因に変化させられることが
概念上ありえないがゆえに，不動の動者，純粋現実態とい
うアリストテレスの概念で再規定される。また，過去，現
在，未来と移り変わっていくことも変化であり，それゆえ
に時間も変化であるが，究極的原因は変化しえないがゆえ

に時間を超えているということが，ボエティウスを典拠として論じられる。

　究極的原因が唯一であることも，神が究極的原因であることを根拠として論じられる。究極的原因は，なんらかの原因が複合してできたとは考えられないため，非複合的なものである。それゆえに，通常の存在者には本質（「～である」こと）と存在（「～がある」こと）の複合が見出されるが，究極的原因には本質と存在の複合は見出されない。それゆえに究極的原因であるということは存在であるということである。そして存在であるということは，存在そのものにしか当てはまらない。それゆえに究極的原因である存在そのものは唯一である。

　一なる神への信仰告白には，先述したような哲学的な神理解も含まれているとされる。これらの理解は信仰の前提 praeambula fidei と呼ばれるものであって信仰そのものではない。究極的原因，純粋現実態，永遠にして唯一の存在そのものを一なる神として宣言させるのはキリスト教信仰である。それゆえに，第一原因の実在性を論じた時トマスは，そのような第一原因を「我々は」すなわちキリスト者は「神と言う」と述べるのである。

　神の三位一体の神秘は本来理性では論じ得ないものであるが，信仰箇条として啓示されているがゆえに論じることができる。そして，その議論においては信仰の前提を論じる中で示された神理解が援用される。

　父なる神は子なる神を生む。そして，父なる神と子なる神からの聖霊なる神が発出する。このことを説明するためにトマスは，神は，神自身を必然的に認識しているというその認識そのものであり，また，神自身を必然的に志向している意志そのものである，という神理解を援用する。神は神自身を必然的に認識するものであるがゆえに自身のうちに自己理解としての神，すなわち子なる神を宿し，そし

てその理解に立って自己自身を欲することから，父なる神と子なる神の間に聖霊なる神が発出する。

そして，これら父と子と聖霊というのは，神の自己自身に対する関係の単なる記述ではなく実体である。このことの説明には，究極的原因には本質だけが存在し，本質以外の性質は存在しないという，信仰の前提の１つとして示された神理解が援用される。神の自己理解としての神もまた実体としての神であり，神自身を志向する意志としての神もまた実体としての神である。

人間の通常持ちうる実体概念ではこのような理解は到達しがたく，三位一体の啓示によって初めて得られる理解である。そして，そうであるにもかかわらず，人間の理性で到達できる究極的原因の理解を用いて記述することが出来る。これはあくまで神秘に追いつこうとして用いられた，人間の不完全なことばによる記述に過ぎず，神秘そのものではない。しかしながら，人間は示された神秘を人間の限界に応じて受容するのであり，本書での議論がその受容の試みの１つであると言うことはゆるされるだろう。

4　神と人間

本書の創造論において被造物は，神に近い完全性を有しているか，完全性に乏しいために神から遠いかで序列化されている。

ゆえに被造世界は，不完全なもの，悪とすら表現できるものが無数に存在する世界であり，神は全能であるのになぜ不完全なものを放置しておくのかという，神義論的な問いを惹起する。本書では，不完全なものが無数に存在するのは，神の無限の完全性を有限な個々の被造物がそれぞれの限界の中で反映するためであるとされる。有限であると

いうことは不完全であるということであり，それは悪とも
呼ばれる。しかし，不完全なものがまったくない宇宙から
は，不完全なものが限界の中で神の完全性を反映するとい
う可能性が失われる。すなわち，完全なものしかない宇宙
は，不完全なものに満ちた宇宙より不完全なものとなる。

　人間は，最下位の霊的存在であり，それゆえに身体と結
び付くことをその本質としている。人間の知性は感覚によ
らなければ何の認識も得られないからである。この不完全
さは，霊的な意味での不足であり悪と表現することもでき
る。しかも原罪以後，罪に囚われているという意味ではま
さしく悪である。しかし，それでも，その人間が存在しな
ければなしえない，神の完全性の反映がある。このような
意味で，宇宙にこの不完全な人間が不完全なままに存在す
る意義は成立する。

　そして，神は人間を救うために人間として生まれた。本
書は，正統信仰によって反駁されてきた異端をこの受肉の
神秘の理解に混入しうる誤謬の実例として退け，神があら
ゆる意味で真に肉体を持った人間であったと論じる。この
キリストの肉体性の肯定は，キリストの肉体が，欲望によ
る誘惑によって神から離れたことのない肉体，すなわち乙
女マリアの肉体に由来することの肯定と結び付いている。

　処女懐胎すなわち聖母マリアの処女性についても，混入
しうる誤解の実例として古代の異端を反駁しながら正統信
仰を証しするという論法が採られている。本書でこの論法
の使用がキリストの肉体性と聖母マリアの処女性の箇所に
集中していることは，本書がマリアの処女性をキリストの
受肉の核心の1つとし，誤解が許されないと考えているこ
とを示唆する。すなわち，キリストが人間となるには，そ
の母となるにふさわしい女性がいなければならなかった。
つまり，キリストの受肉には，マリアの清らかな生が不可
欠であった。

解　説　　　477

　かくて，人間は不完全な存在であるが，それでも神の完全性を反映する者として主体性を発揮することができる。しかし，反映である以上，主体となるのは神であり，人間の主体性は，神が真の主体であることを前提とする。それは，マリアの場合も同様である。

　当時，無原罪の御宿りの教義は確定しておらず，神学者が議論を重ねていた。トマスは，マリアは原罪とともに宿りその後原罪から清められたという立場から，本書でも原罪から清められるまでの間恵みによって罪を犯すことがないよう守られていたと論じる。これは確かに現在明らかになっている教義に一致しない見解であったが，マリアが恵みによって罪から完全に離れていたという点では踏み外していない。無原罪の御宿りの教義ではマリアは特別な恵みによって原罪なく宿ったとされるが，トマスも本書で，マリアは恵みによって原罪から清められ，あらゆる罪から守られていたと述べる。すなわち，マリアの清らかさは，マリア自身の能力ではなく恵みによる。

　人間は，霊的存在としては最下位であるが，肉体を持つ存在としては最高位にあり，物質的な宇宙の完成は人間にかかっていると位置づけられる。それゆえに，神による人間の救済の完了は宇宙の完成という意味を持つ。そして，この完成に人間は，主体性を発揮する時も神の恵みを受け容れることで近づきうるのである。

5　第2部の内容──祈　り

　第2部は主の祈りを参照しつつ議論が展開する。

　まず，神になぜ祈るかというと，神の意志を人間が変えるためではない。祈るということは，人間は神の恵みなしには救われないという人間の限界と，神の無限さとの自覚

478　　　　　　　　　　解　　説

を言動で示すことである。祈りは，祈る側の無力の告白で
あり，したがって神への祈りは，救い主である神に対して
人間が行うのに相応しい。祈ることで，望むものをより熱
心に願い求めるようになり，そうすることで望むものを得
るのに相応しくなるのである。

　この時，祈りの文言は神に望むべきものが何かを教える
ものでもあることになり，主の祈りは，人間が神に何を希
望すべきかを示すことばであることになる。そして，この
祈りによって人間と神との交流は始まると本書は述べる。
祈りは神と人間との正しい関係を教えるものであり，また
それを開始するものである。あえて踏み込んだ解釈をする
なら，「天におられる私たちの父よ」と祈ることで，人間
は神の子となり，天国に至る道を歩みだすのである。

　本書は，神が人間に特別な配慮をしていること，そし
て，天国での至福が本質的かつ絶大なものであること，聖
書からの引用を重ねつつ縷々書き連ねる。そして，天国へ
の希望がかなえられうることは，「明らかな実例によって
示される」と言う。そして，その文を最後に執筆が途絶し
ているため，この実例が何であると本書が言おうとしてい
たのか，誰にも分らない。しかし，この文言によりトマス
が，人間の希望がかなえられることに「明らかな実例」が
あると信じていたことが分かる。

6　現代語での出版状況

　出版状況を完全に把握することができないので，訳者
が知る限りのもののなかで，特色が見られる現代語訳の
出版状況を記す。本書の翻訳の際，主に参照したのは
Thomas von Aquin, Compendium Theologiae: Grundriß der
Glaubenslehre, übersetzt von Hans Louis Fäh, herausgegeben

von Rudolf Tannhof, Heidelberg 1963 である。独羅対訳であり，ドイツ語の訳文に大いに助けられた。ラテン語原文に誤植が目につくので注意が必要である。

英語訳には Light of Faith: The Compendium of Theology, Sophia Institute Press, Manchester, Newhampshire, 1993 というものがある。オリジナルは Compendium of Theology, B. Herder Book Co., St. Louis, London, 1947 であり，1958 年に同じく B. Herder Book Co. でリプリントされた。Sophia Institute Press でハードカバーとして刊行されたのが上記1993 年版である。訳者の手元にあるのはさらには 1998 年にリプリントされたペーパーバック版で，1993 年版刊行の際かなりの改訂を施したとコロフォンで謳っている。

フランス語訳としては Bref Résumé de la Foi Chrétienne; Compendium Theologiae, traduit par le R. P. Jean Kreit, Nouvelles Editions Latines, Paris 1985 は，本書の執筆途絶箇所以降の議論をトマスの別著作から構成して付けてある。

また韓国の나남書店から 2008 年に박승찬による韓国語訳が『신학요강』のタイトルで出版されている。アジアの隣国でどのような中世思想研究がなされているのか，詳らかにしないことが残念である。

あとがき

『神学提要』との出会いは，同志社大学の大学院生時代，指導教授から翻訳を勧められたことである。そのころは，訳者の怠慢もあり，翻訳には手をつけないまま数年が過ぎた。

その後，大学に就職した。授業準備，学生指導に忙殺され，研究を怠りがちな時期には，指導教授に厳しく叱責をされることもあった。

2010年の春休み，突如，集中的に本書の翻訳を行うエネルギーがわき，ひと月ほどで全体の下訳を書き上げた。以後は，下訳を彫琢した抄訳を勤め先の紀要に掲載する傍ら，研究発表の典拠に『神学提要』を活用してきた。そうする中で，本書の全体像が，訳者にとって鮮明なものになってきた。

2016年の年末，指導教授から，知泉書館に訳稿を送るよう勧められ，意を決し訳稿を送った。まったく訳者の力ではないに違いない。とにかく，出版への道が開けた。

同志社大学名誉教授である恩師中山善樹先生に感謝申し上げる。先生の勧めと指導，支援，そしてご叱正がなければ，この翻訳は成らず，また出版への道が開けることはなかっただろう。また恩師なくば，訳者のように怠慢な者は，研究者としての道を歩むことがそもそもなかったはずであり，学恩以上に人生の恩を受けた。訳者の研究と人生は，すべて師が叩きこんでくれた精神の上に立っている。

あとがき

どれほどの言葉を費やしても，師に対しては，十分な感謝を表明することができない。

また，知泉書館社長，小山光夫氏にも感謝の意を表明せねばならない。この翻訳の出版を，出版不況の今日に引き受けてくださり，また，叢書の一冊に加えるという，大変光栄な扱いをしてくださった。心から感謝申し上げる。

本書の訳文の一部は，聖泉大学紀要『聖泉論叢』を初出としている。当該紀要の規定上，著作権は執筆者に留保されているが，出版への同意にやはり感謝の意を表す。

職場の同僚にも有形，無形の支援を受けた。やはり，この場を借りて感謝の辞を述べておきたい。

最後に，古典の研究を一生の仕事にすることをゆるしてくれた両親に心から感謝する。両親の理解がなければ，この生き方を選ぶことも，続けることもできなかった。彼らに対しても言葉では感謝の気持ちを言い表すことができない。

事 項 索 引

ア　行

愛　4, 5, 70–77, 82, 83, 86,
　87, 93, 172, 173, 195, 219,
　226, 227, 231, 256, 271,
　282, 283, 305, 329, 330,
　334, 335, 337–39, 357, 371,
　372, 377, 385, 388, 417,
　424, 428, 436, 437, 442,
　445, 446, 457, 458, 464, 465

　神の――　72, 226, 227,
　　282, 283, 288, 305, 436

　神への――　4, 219, 271,
　　283, 337, 338, 388, 464

　隣人――　388

アイテール　22, 109, 122

悪　179, 180–89, 201, 222–
　25, 229, 269, 270, 271,
　273–75, 278, 283, 285, 292,
　293, 298, 299, 303, 371,
　377–79, 389, 394, 407, 416,
　417, 419, 421, 434, 440,
　442, 465, 466, 468

悪魔　285, 293–95, 315, 354,
　378, 468

悪霊　197, 305, 358

頭　341, 342, 345, 385, 427,
　428, 441

　教会の――　341, 345

アナロギア　44, 48

あふれ出し　38, 193, 384,
　385, 390

あふれ出す　37, 107, 296,
　340, 341, 367, 384, 398

家造り　102, 185, 206

怒り　201, 272, 295, 389

意志　56–58, 69, 72, 73, 81,
　82, 86, 148–53, 158–70,
　173, 178, 179, 182, 187–91,
　200–05, 218, 220, 221, 228,
　230, 233–35, 255–57, 270,
　271, 273, 274, 275, 278,
　283, 285, 286, 288, 290–
　93, 295, 296, 299, 300, 304,
　307, 329, 330, 334, 374,
　375, 381–83, 391, 398, 412,
　416, 429, 432, 439, 455,
　467, 469

　――する　56, 59, 120,
　　148, 179

痛み　275, 375, 385, 387

異端　317, 322, 358

　――者　306, 309

一性　10, 11, 76, 101, 105,
　106, 113, 114, 122, 161,
　265, 310, 321, 338–40, 362,
　405, 423, 424, 460

命　10, 231, 234, 240, 245,
　283, 286, 296, 337, 394,
　395, 401, 423

　生命　56, 62, 72, 78, 79,
　　81, 138–40, 143, 220, 266,
　　290, 383, 397, 434, 436,
　　460, 462

祈り　4, 187, 311, 390, 391,
　428, 429–31, 432, 435–38,
　440, 441, 444, 445, 449, 450

　主の――　4, 431, 436,
　　437, 449, 450

今（という時間）　16, 19, 20,
　150–53, 156, 157, 243, 246,
　247, 258, 273, 276, 348, 349

戒め　224

484　　　　　　　　事 項 索 引

イメージ力　　79, 80　→想像
　力
宇宙　　12, 21, 22, 34, 36, 60,
　67, 109, 151, 153, 154, 161,
　193, 217, 223, 232, 261,
　263, 264, 267, 286, 449
永遠　　3, 10, 16, 18−21, 51,
　55, 150−56, 158, 211, 212,
　220, 234, 239, 243−45, 254,
　266−68, 270, 273, 275−78,
　281−84, 286, 293, 296, 308,
　322, 323, 327−29, 333, 337,
　347, 354, 357, 368, 386,
　387, 407, 413, 435, 442,
　445, 447, 462, 466−68
　──性　　18, 151, 156, 277
栄光　　3, 44, 169, 170, 259,
　260, 262, 271, 275, 285,
　306, 335, 346, 355, 360,
　384, 385, 398−401, 403,
　404, 406, 408, 409, 411,
　418−20, 424, 436, 438,
　448−51, 461
　──の光　→光
王　　284, 298, 406, 408, 417,
　458, 459, 461
掟　　4, 224, 225, 285, 288,
　290, 292−95, 379, 422, 423
男 / 男性　　38, 62, 143, 166,
　293−95, 356, 358−61, 381,
　421
乙女　　306, 315, 317, 318,
　322, 323, 328, 333, 359,
　360−65, 367−70, 424
音楽　　137, 185
御子　　64, 65, 69, 71, 74, 75,
　77, 83, 84, 86−93, 97, 98,
　149, 305, 306, 308−12, 315,
　318, 319, 321−23, 326−
　28, 340, 341, 354, 355, 357,
　359−62, 364, 365, 368, 369,
　371, 380−82, 397, 405−07,

　409, 412, 413, 424, 446
御父　　9, 63−66, 69, 74, 75,
　77, 83, 84, 86, 88−93, 96−
　98, 308, 310, 311, 329, 340,
　342, 346, 357, 378, 381,
　391, 396, 397, 405−07, 409,
　412, 413, 421, 424, 429,
　435, 438, 439, 441, 446,
　450, 461, 464
女 / 女性　　62, 293, 294, 317,
　341, 359, 360−62, 365

　　　　　　カ　行

概念　　13−16, 24, 31, 39, 45,
　46, 53, 62, 63, 65, 67, 68,
　71, 80, 82, 83, 90, 101, 110,
　122, 123, 149, 151, 154,
　161, 187, 234, 239, 241,
　257, 263, 283, 299, 311,
　321, 350, 351, 363, 371
快楽　　246, 368, 454
科学　　110
学知　　54
学問　　41, 61, 204
価値　　72, 122, 180, 386
活動　　37, 79, 81, 137, 262
カトリック信仰　　64−66, 68,
　69, 72−75, 104, 147, 149,
　156, 158, 187, 318, 365,
　366, 396
悲しみ　　255, 256, 311−13,
　378, 387−90, 408, 409
可能態　　13, 14, 18, 21, 22,
　24−26, 28, 35−37, 49, 51−
　55, 57, 61, 103−05, 108−
　11, 116, 117, 119, 120, 123,
　125, 128, 130, 132−34, 137,
　142, 154, 155, 157, 165−
　67, 172, 177, 180, 184, 192,
　203, 210, 241, 242, 266,
　302, 303, 352, 376, 453

事項索引　　　485

——性　26, 37, 49
可能知性　117, 118, 120,
　122, 125, 126, 128–35, 142
神（大半のページに現れるので、
現れる箇所を挙げることはしな
い）
　——の愛　→愛
　——の直視　9, 170, 233,
　254, 256, 270, 347, 348,
　350, 352, 384, 385, 390,
　461, 462
　——のへりくだり　3
　——への愛　→愛
感覚　40, 41, 52, 80, 115–
　17, 119, 133, 134, 139, 167,
　201, 255, 277, 341, 351
関係　9, 21, 47, 48, 52, 54,
　55, 63, 65, 70, 78, 83–86,
　88, 90–93, 96–100, 103,
　112, 114, 121, 126, 133,
　137, 157, 162, 163, 174,
　192, 206, 228, 230, 235,
　243, 261–63, 270, 271, 275,
　286, 289, 300, 319, 320,
　323, 330, 332, 333, 386,
　390, 402, 416, 428, 430,
　432, 439, 453
感情　201
完全さ　37–43, 48, 49, 52,
　57, 112, 139, 161, 165, 171,
　174, 175, 177, 180, 182,
　184, 185, 193, 198, 246,
　263, 264, 271, 288, 294,
　340, 348, 452, 466–68
　——性　38–40, 42, 44,
　46–49, 56, 58, 72, 106, 139,
　140, 141, 143, 163, 167,
　173, 175, 183, 184, 192,
　223, 235, 314, 329, 348,
　351, 352
観想　253
観念　283

義　335, 402, 403, 438, 468
　——化　424
　——人　410, 421, 443, 468
騎士　284, 298
技術　87, 145, 159, 195, 196,
　205, 363, 453
基体　31, 42, 43, 88, 92, 94,
　95, 100, 108, 109, 135, 154,
　156, 176, 178, 184–86, 259,
　312, 321–28, 330–33, 344,
　366, 367, 389, 390, 399, 400
希望　4, 5, 226, 395, 398,
　406, 427, 428, 430–32 434,
　435, 437–39, 442–45
　——する　9, 355, 428,
　431–33, 435, 439, 443–45,
　469
教会　61, 68, 69, 75, 231,
　341, 345, 437
　——の頭　341, 345
享受　343, 384, 390, 398
　——する　170, 254, 286,
　334, 347, 384, 385, 387,
　388, 390, 466
共通の息吹　→しるし（神的ペ
ルソナの）
教父　4, 11, 252, 253, 280,
　286, 309, 358, 360, 415,
　419, 436, 437, 444
　——たちの信条（ニケア＝コ
　ンスタンティノープル信
　条）　→信条
浄め　281–84, 368
浄める　282, 283, 303, 311,
　312, 364–66, 368
キリスト　3, 9, 10, 137, 254,
　287, 302, 304, 306–23,
　325–35, 338–42, 344–53,
　355–71, 373–411, 413–16,
　419–24, 431, 435, 438, 442,
　443, 449, 450
　——の体　310, 320, 350,

353, 355–60, 368, 371, 380, 392, 393, 397, 402
──の謙遜　408
──の死　380, 381, 403, 435
──の埋葬　392
──の霊魂　319, 340, 341, 345, 348–52, 384, 386–89, 393, 397
キリスト教　4, 5, 11, 12, 15, 34, 60, 287, 306, 423, 427
──以前の哲学者　15
──信仰　287, 423, 427
──徒／キリスト者　12, 358, 427, 428, 431
禁じられた木の実　295　→善悪の知識の木の実
空間　153, 154
空気　22, 36, 78, 109, 122, 182, 206, 238, 262, 435
偶然　43, 161, 162, 216–18, 220, 267
偶有　41–43, 65, 73, 74, 85, 100, 131, 144
──的　33, 73, 99, 121, 201, 202
苦痛　283, 388, 389
苦しみ　275–77, 279, 280, 290, 296, 309, 331, 355, 373, 374, 376, 377, 383–88, 390, 391, 393, 394, 397, 398, 403, 404, 406, 407, 409, 420, 424
敬虔（さ）　413, 420, 429
不──（な）　322, 441
芸術　433
形象　52, 53, 55, 66–68, 71, 79, 88, 96, 114, 115, 117, 118, 120, 125–28, 134, 139, 165, 168, 169, 195, 199, 210, 238, 248, 249, 262, 277, 351, 352, 459, 460, 462

形相　24, 31–35, 37, 39, 43, 49, 52, 53, 61–63, 79, 81, 82, 88, 94–96, 105, 107–09, 114–21, 123, 124, 126, 128–33, 136, 137, 139–48, 156, 159, 160, 163, 169, 170, 172–78, 182, 184, 185, 187, 193, 199, 210, 233, 236–38, 240–42, 244, 245, 248, 258, 259, 266, 267, 277, 310–12, 317, 325, 328, 344, 364, 386, 387, 453, 457, 459–61
──的　37, 81, 92, 95, 113, 123, 124, 131, 251
実体（的）──　142
結果　11, 12, 47, 69, 161, 162, 168, 206, 207, 212, 217, 219–23, 263, 283, 285, 297, 298, 332, 340, 345, 348, 383, 392, 432, 433, 447, 451
欠如　34, 37, 72, 91, 156, 179, 180, 182–86, 279, 320, 373
──的　35
ケルビム　196　→智天使, 天使
原因　11–13, 15–24, 26, 27, 32–36, 38–40, 42, 47, 49, 50, 54–57, 60, 62, 70, 82, 101–06, 112, 138, 147, 149, 156, 160–62, 164, 168, 191, 195–97, 199, 202–07, 209, 211–23, 226, 227, 232, 233, 258, 263, 288, 297, 301, 302, 304, 305, 332, 345, 348, 356, 375, 383, 390, 402–04, 412, 419, 423, 432, 447, 464, 466
作用因　232, 263, 264
目的因　39, 57, 70

事項索引　　　　487

限界　　3, 10, 35−38, 49, 170,
　　294, 343, 344, 349, 369,
　　448, 457, 468
原罪　→罪
現実態　　14, 18, 21, 24−28,
　　35, 37, 39−43, 49, 51−55,
　　57, 61, 69, 74, 80, 103−05,
　　108, 110, 111, 116, 117,
　　119−21, 123−25, 128−
　　30, 132−34, 137, 142, 154,
　　165−68, 172, 180, 181, 184,
　　189, 192, 200−04, 210, 211,
　　220, 241, 242, 266, 339,
　　350, 352, 376, 453
　　純粋──　　24−28, 35, 37,
　　39−43, 49, 53−55, 57, 108,
　　116
原初の正義　→正義
元素　　11, 22, 35−37, 67, 109,
　　122, 139, 147, 248, 249,
　　259, 262−64, 289, 314, 324,
　　325, 392, 393
　　四──　　109, 122, 262, 324
謙遜　　404, 408, 411
権天使　→天使
幸福　　171, 173, 174, 233,
　　257, 268−72, 277−79, 286,
　　293, 428
子性　→しるし（神的ペルソナ
　　の）
個体　　81, 87, 88, 94, 113,
　　123, 210, 240, 245, 324
子ども　　63, 297, 364, 369,
　　416, 435　→しるし（神的
　　ペルソナ）

　　　　　サ　行

座天使　→天使
裁き　　269, 407−22, 424
　　──手　　407, 408, 422
作用因　→原因

三段論法　　161
三位一体　　9, 10, 60, 61, 75,
　　93, 101, 287, 330, 381, 396,
　　424
死　　3, 137, 235, 238−40, 244,
　　252, 260, 263, 273, 274,
　　278, 283, 284, 288, 292−
　　94, 298, 305, 306, 320, 354,
　　373, 377−83, 386, 388, 389,
　　391−97, 400, 401, 403, 404,
　　406, 410, 414, 415, 424,
　　469, 470
思惟の思惟　　53
視覚　　40, 80, 114, 115, 118,
　　119, 126, 127, 142, 180,
　　186, 255, 386, 387, 459
時間　　16, 18−20, 22, 66,
　　150−54, 212, 234, 281, 283,
　　286, 322, 323, 333, 348,
　　353, 369, 370, 396, 403,
　　416, 418, 419, 454
　　──的　　18, 19, 21, 211,
　　281, 322, 329, 333, 388
　　──的存在　　18, 21
四元素　→元素
地獄　　270, 278−83, 381, 393,
　　394, 404, 410, 424
自然　　26, 38, 64, 93, 97, 112,
　　113, 115, 139, 148, 149,
　　158−60, 165, 168, 170,
　　176−78, 187, 189, 194, 197,
　　203, 204, 214−17, 225−28,
　　230, 233, 237−40, 243, 245,
　　247, 249, 251, 265, 268,
　　270, 276, 277, 279, 289,
　　299, 300, 330, 336, 339,
　　343, 351, 352, 357, 375,
　　376, 382, 383, 397, 402,
　　424, 432, 446, 447, 452, 458
　　──的／──な　　181, 182,
　　204, 214, 215, 226, 228,
　　231, 233, 237, 285, 289,

297, 300, 351, 356, 357, 384
——の光 →光
——本性 68, 129, 169,
170, 174, 177, 179–81, 186,
188, 189, 204, 216, 217,
223, 236–38, 244, 247, 248,
250, 251, 263, 265, 275,
277, 279, 280, 289, 300–06,
312, 322, 324–26, 329, 339,
341–44, 346, 351, 352, 355,
356, 389, 399, 401, 434, 452
——本性的 69, 103, 142,
143, 166–68, 170, 172, 173,
177, 178, 180, 188, 190,
200, 204, 218, 226, 227,
232, 234–36, 238, 243, 248,
265, 267, 271, 275, 277,
289, 293, 336, 343, 352,
353, 356, 382, 388, 389,
391, 427, 428, 446, 447,
451, 452, 454, 469

肢体 240, 246–51, 299, 300,
320, 341

質 142, 259, 277, 334

実践 454, 455

実体 42, 65, 66, 69, 73, 76,
77, 82, 83, 85, 86, 94, 99,
109–18, 121, 123, 128, 129,
131, 133, 134, 136, 140,
144–47, 167, 175–77, 179,
184, 194, 195, 199, 200,
236, 239, 242, 243, 250,
254, 259, 262, 264, 276,
279, 280, 281, 285, 292,
296, 311, 318, 322, 324,
325, 363, 380, 392, 454,
455, 457, 459, 461
——（的）形相 142
——的 74, 142

質料 24, 35, 37, 49, 50, 52,
61, 67, 79, 81, 87, 88, 94,
95, 102–05, 108–10, 113,

114, 116, 118, 119, 121–23,
128–30, 137–41, 144–47,
154–56, 158, 161, 165, 176,
177, 210, 211, 227, 237,
238, 240, 241, 244, 245,
249–51, 258, 259, 264, 328,
353, 357, 359, 361, 363,
392, 393, 399, 453
——的 78, 95, 113, 115,
118, 121, 133, 139, 140,
141, 144, 145, 147, 165,
241, 244, 248, 249, 259
非——的 79, 80, 110–
15, 118, 121, 128, 147, 167,
234, 457

熾天使 →天使

使徒 4, 5, 9, 59, 64, 72, 147,
148, 196, 231, 252, 255,
260, 278, 286, 287, 294,
304, 307–09, 317–19, 321,
338, 341, 349, 357–60, 374,
377–79, 381, 391, 394, 400,
403, 404, 406, 411, 413–15,
420–23, 427, 441, 448, 449,
458
——信条 →信条

至福 9, 44, 170–72, 233,
235, 236, 258, 269, 270,
275, 278, 281, 302–04, 311,
334, 347, 348, 384, 419,
452, 453, 455–59, 461, 465,
468, 469
——者 257–59, 271, 275,
285, 388
——直観 →神の直視，神

詩編作者 215, 303, 379

種 27–32, 39, 41, 46, 62,
63, 67, 68, 81, 88, 107, 113,
123, 129, 132, 136, 139,
141, 143, 144, 160, 181–
83, 203, 222, 238–40, 243–
45, 249, 251, 299, 301, 302,

事項索引　　　489

314, 320, 321, 343, 344, 456
——差　27–29, 31, 32,
　39, 107, 113, 123, 136, 137,
　140, 141, 181–83, 243, 244,
　375
——的　67, 68, 344
自由　111, 112, 200, 202,
　204, 214, 224, 271, 282,
　285, 286, 293, 353, 360,
　371, 374, 384, 393, 422
自由意思　214
宗教　315, 456
十字架　3, 137, 316, 322,
　379, 380, 382, 394, 420
出生　178
受動　25, 37, 103, 244, 272,
　276, 385
受難　358, 374, 378, 383–87,
　394, 398, 403
受肉（する）　10, 303–07,
　309, 310, 312, 313, 315,
　318, 335, 348, 353, 354,
　357, 358, 360, 361, 363, 424
主天使　→天使
主の祈り　→祈り
順序　5, 9, 48, 93, 95, 97,
　107, 138, 161, 342, 403, 458
純粋（な）　22, 24–28, 35, 37,
　39–43, 49, 53–55, 57, 67,
　72, 108, 116, 120, 303, 304,
　306, 325, 435, 449
——さ　67, 68, 364
純粋現実態　→現実態
情感　464
昇天　404, 406, 411, 420, 424
情念　5, 201, 202, 272, 288,
　295, 296, 312, 367, 389
食事　245, 246, 248–51, 253,
　259, 261, 262, 290, 294,
　314, 315, 399, 452, 464
植物的霊魂　→霊魂
処女　306, 368, 370, 371

——性　368, 370, 371
序列　107, 108, 110, 112,
　113, 117, 118, 141, 159,
　192, 194–98, 216, 293, 294,
　404, 457, 459
しるし　180, 350, 378, 382,
　394, 395, 401, 408, 420,
　440, 448, 449
しるし（神的ペルソナの）
　89, 90, 92–95, 98
　共通の息吹　89–93, 98
　子性　87–93, 97, 331–33
　父性　88–93, 97, 98
　発出（しるしとしての）/ 発
　出する（神的ペルソナが）
　74, 75, 78, 79, 86–93, 97,
　149, 231
　不生　89–93, 98, 11
人格　87, 88, 101, 286, 299–
　301, 307, 308, 380, 385
信仰　3–5, 7, 9, 10, 59, 60,
　64–66, 72–74, 104, 130,
　147, 149, 151, 156, 158,
　170, 197, 215, 218, 219,
　230, 231, 252, 286, 287,
　318, 354, 358, 359, 376,
　389, 394, 401, 402, 404,
　417, 422, 423, 424, 427,
　428, 430, 431, 438, 442,
　444, 463
——の信仰（使徒信条）　→
　信条
信条　4, 10, 59, 64, 66–69,
　72, 75, 147–50, 230, 231,
　252, 253, 286, 309, 358–
　61, 370, 380, 381, 394, 404,
　406, 408, 423
　教父たちの——（ニケア＝コ
　ンスタンティノープル信条）
　252, 253, 286, 309, 358, 360
　使徒（の）——　4, 59, 64,
　72, 147, 148, 231, 252, 286,

事 項 索 引

309, 381, 394, 404, 423
信仰の——（使徒信条）
　59, 230, 286, 394, 404
神性　10, 67, 76, 86, 96, 100,
　101, 212, 287, 306−08, 310,
　313−15, 318−20, 322, 325−
　29, 331, 334, 346, 349, 350,
　361, 363, 364, 381, 382,
　402, 405, 407, 412, 424,
　435, 447, 448, 462
人性　9, 10, 240−42, 287,
　291, 299−05, 307, 310,
　313−15, 319−22, 325−29,
　331, 334, 337, 339−42, 346,
　349, 352, 354, 355, 357,
　359, 362−64, 371, 372, 374,
　375, 380−82, 384, 392, 399,
　405−09, 412, 413, 420, 424
神秘　3, 10, 197, 279, 305,
　306, 315, 351−54, 358, 396,
　398, 407
真理　3, 5, 10, 60, 68, 130,
　157, 169, 171, 204, 209,
　248, 251, 252, 255, 256,
　316−19, 327, 334, 335,
　340−42, 349, 351, 354, 362,
　365, 373, 378, 412, 423,
　427, 430, 447, 456, 458,
　463, 465
数　77, 88, 92, 123, 124,
　126−30, 139, 162, 165, 210,
　238−40, 242−45, 248, 249,
　267, 343
　——多性　106, 128, 161,
　162
　——的　87, 88, 239, 240,
　242, 251
聖　72, 73, 449, 450, 451
　——化　364, 365−68, 449
　——人　263, 275, 278,
　279, 290, 306, 338, 342,
　348, 364, 420, 421, 442,

443, 461, 463, 464
　——性　72, 449, 451
正義　3, 4, 100, 189, 228,
　229, 247, 280, 281, 283,
　288, 291−93, 295, 297−
　300, 302, 304, 329, 356,
　371, 372, 374, 377, 378,
　386, 391, 406, 418, 432,
　460, 462, 466
　原初の——　291, 292,
　297−300, 302, 356
聖（なる）書　3, 140, 150,
　155, 158, 262, 275, 279,
　295, 315, 317, 346, 366,
　369, 370, 396, 401, 413, 448
生殖　38, 64, 67, 79, 81, 91,
　97, 98, 135, 139, 143, 245,
　246, 251, 290, 356, 456
精神　15, 65, 67, 127, 195,
　226, 258, 288, 295, 360,
　378, 422, 429, 430, 440,
　443, 456−59, 461, 464, 471
生物　30, 50, 71, 78, 111,
　232, 300
生命　→命
聖霊　60, 72−75, 77, 78, 82−
　84, 86−91, 93, 97, 98, 149,
　230, 231, 308, 309, 357,
　358, 360−64, 366, 368, 375,
　392, 393, 397, 424
摂理　190−92, 199, 207, 208,
　214, 218−24, 268, 286, 441
セラフィム　195　→熾天
　使，天使
善　56−58, 70, 72, 74, 100,
　106, 107, 112, 158, 163,
　174−86, 188, 190−93, 195,
　201, 222−25, 228, 229, 256,
　257, 264, 268−73, 275, 278,
　279, 285, 292, 293, 297,
　301−03, 311, 343, 372, 379,
　407, 416, 417, 419, 421,

428, 434, 440, 442, 443,
445, 446, 451–56, 458, 459,
462–66, 468

――性　72, 100, 106, 107,
159–64, 168, 171, 174–77,
179, 180, 184, 191–93, 223,
224, 226, 227, 230–33, 256,
257, 263, 268, 270, 303,
337, 340, 343, 446, 447,
454, 456, 458, 463, 465, 467

最高――　56–58, 70, 72,
163, 179, 195, 269

善悪の知識の木　292, 379

――の実　379　→禁じら
れた木の実

潜在力　28, 143, 144

洗礼　231, 306, 342, 365,
366, 416, 450

創造　101, 103, 104, 108,
109, 144–47, 149, 151, 154,
156, 157, 161, 162, 168,
184, 204, 230, 234, 237,
286, 306, 424

――者　104, 147, 149,
153, 157, 158, 262

――する　102–04, 147,
150, 153, 156, 162, 184,
261, 271, 362

想像　12, 154, 157, 201,
387–89

――力　154, 387–89　→
イメージ力

属性　78, 88–90, 93–96, 98–
100, 172

存在　3, 12, 16–21, 24–27,
29–32, 40, 41, 46, 50, 55,
58, 61, 62, 64–69, 71, 73,
74, 76, 77, 82, 83, 85, 86,
93, 99, 101–06, 108, 109,
116, 118, 121, 123, 124,
131–33, 136, 143, 144,
146–48, 150, 154–58, 161,

162, 164, 165, 169, 174–
76, 179, 181, 182, 188, 205,
206, 211, 213, 220–22, 237,
242, 243, 276, 277, 283–
86, 308, 319, 330, 340, 344,
348, 349, 351, 386, 416,
433, 434, 441, 452, 460, 461

　　　タ　行

多　329

胎 / 胎内　318, 360, 362, 365,
366, 424

対神徳　→徳

大天使　→天使

旅人　10, 212, 385, 388, 389,
398, 403

賜物　226–28, 230, 259, 275,
293, 300, 302, 336–45, 352,
357, 360, 372

単純　40, 21, 22, 24, 32, 35,
36, 40, 42, 43, 44, 58, 59,
60, 67, 76, 161, 139, 143,
145, 162, 175–77　単一

――さ　22, 35, 40, 42, 43,
58, 162　→単一性

単一性　77, 106

誕生　64, 65, 67–69, 71, 91,
97, 149, 220, 243, 302, 359,
362, 424

地 / 大地 / 地上　4, 9, 22, 147,
154, 172, 220, 232, 261,
278, 353, 359, 395, 405,
409, 410, 417, 419, 422,
438, 440, 441, 443, 461

知恵　44, 46, 47, 100, 162,
202, 207, 220, 221, 224,
293, 296, 305, 329, 334,
335, 346, 347, 349, 350,
352, 353, 371, 373, 375,
379, 380, 388, 389, 391,
412, 421, 436, 439, 440,

492　　　　　　　事 項 索 引

441, 447, 460, 465
知覚する　40, 311
知性（的 / ある）　3, 12, 34,
　36, 40, 41, 43–52, 54–58,
　61–66, 68, 71, 74, 76, 77,
　80–83, 85, 86, 94–96, 110–
　12, 114–36, 138, 141, 142,
　148, 149, 158, 162, 165–
　73, 179, 188, 191, 194–
　96, 198–205, 208–10, 218,
　233–35, 237, 254–58, 266,
　270, 271, 285, 286, 293,
　296, 299, 305, 312, 313,
　329–31, 334, 343, 351, 352,
　433, 453–55, 459–63
　——的存在（者）　85, 117,
　118, 165, 204, 286
　——的霊魂　→霊魂
父 / 父親　3, 59, 60, 62–66,
　69, 71, 74, 75, 78, 88–92,
　97, 98, 250, 308–10, 332,
　338, 340, 347, 350, 362–64,
　370, 390, 406, 429, 435–39,
　448, 456, 469
父性　→しるし（神的ペルソナ
　の）
秩序 / 秩序づける　5, 12, 22,
　35, 36, 54, 72, 80, 93, 97,
　101, 163, 168, 175, 177,
　178, 186, 187, 189–92, 194,
　199, 205–08, 214–20, 222,
　224, 225, 227, 228, 230–
　33, 240, 242, 246, 253, 257,
　260–62, 278, 279, 281, 284,
　288, 291, 295, 297, 304,
　314, 325, 336, 351, 367,
　368, 371, 372, 374, 376,
　377, 388, 389, 391, 428,
　442, 445, 453, 458, 459
　無——な　296, 300, 367,
　373
註釈者　129

注入（する）　352, 366
聴覚　40, 115, 142
調和（する）　115, 277, 292
直知　54
直観（する）　9, 44, 86, 211,
　221, 348
土　22, 109, 122, 262, 392,
　393, 433
罪　3, 44, 186–88, 227–31,
　237, 247, 252, 268, 273–
　75, 281–85, 287, 290, 292–
　94, 296–304, 311–13, 320,
　345, 354–56, 360, 364–68,
　371–75, 377–79, 383, 385,
　386, 388, 389, 392–95, 397,
　402, 403, 406, 407, 415–17,
　450, 458, 466
　——の火口　368
　——びと　284, 287, 304,
　372, 409, 410, 414, 443
　原——　294, 298, 300,
　355, 365–68, 373
　死すべき——　273, 274,
　281, 282, 284, 364, 367
　赦される——　273, 274,
　282, 364, 367
哲学　11, 34, 41, 61, 87, 110,
　129, 130, 143
　——者　15, 34, 60, 61, 68,
　79, 99, 129, 157, 250, 299,
　362, 462
天　3, 64, 147, 154, 200,
　202, 238, 244, 261, 266,
　267, 276, 278, 307, 317,
　318, 341, 359, 381, 404–
　06, 410–12, 420, 431, 435,
　438–43, 461, 462
天国　9, 10, 44, 170, 212,
　252, 416
天使　129, 177, 194–99, 203,
　205, 285, 286, 304, 310,
　311, 341, 343, 348, 349,

事項索引　　493

351, 360, 362, 366, 368,
372, 406, 422, 423, 456,
457, 461, 467
権——　196, 197
座——　196
燭——　195
主——　196
大——　197, 198
智——　196
能——　197
力——　196, 197
動物的霊魂　→霊魂
同名異義的　30, 31, 47, 48,
327
同名同義的　30, 31, 46, 47,
301
徳　190, 202, 259, 267–71,
274, 291, 292, 303, 355,
360, 378, 379, 400, 427,
428, 432
対神——　428

　　　　ナ　行

何性　127, 167
肉体　64, 65, 238, 241, 252,
273, 414
人間
最初の——　288, 290, 291,
297, 298, 300, 302, 305,
356, 397, 416
認識（する）　3, 9, 10, 25, 36,
40, 41, 43, 44–46, 48, 52–
54, 56, 58, 63, 67, 69, 70,
81, 82, 84, 110, 112, 114,
115, 117–20, 125, 126,
167–71, 173, 174, 187, 197,
199, 201, 206–12, 217, 226,
227, 231, 233, 235, 257,
263, 297, 334, 343, 388,
427, 432, 459
——能力　40, 41, 52, 53,

114, 120, 170
（お）願い　311, 390, 391,
428–31, 438, 440, 444, 445,
450, 451
能動（性 / 的）　14, 25, 37, 62,
91, 97, 103, 119, 120, 129–
35, 142–45, 148, 152, 157–
59, 166, 167, 192, 193, 205,
232, 264, 265, 326, 351,
352, 355, 356
——知性　119, 120, 129,
130–35, 142, 166, 167, 351
能力　38, 40, 41, 46, 52, 53,
84, 114, 116–20, 132, 135,
138, 139, 141, 142, 149,
169, 170, 177, 198, 201,
202, 204, 209, 210, 213–15,
222, 225–28, 230, 237, 243,
251, 289, 303, 304, 326,
331, 333, 335, 337, 339,
340, 343–45, 373, 397
——態（的）　51, 120, 189,
190, 339, 340, 343, 344
——態的（な）恵み　339
呪われた者　270, 274–80,
282, 283, 285, 286

　　　　ハ　行

はからい（神の）　224, 225,
231, 240, 251, 268, 302,
303, 428, 441　→摂理
場所　33, 80, 109, 110, 153,
154, 172, 173, 191, 194,
216, 225, 245, 264–66, 288,
291, 292, 392–94, 404, 405,
410, 418, 419, 421, 449, 454
発出（しるしとしての）/ 発出
する（神的ペルソナが）　→
しるし（神的ペルソナの）
発出（する）　80–82, 132,
141, 162

母 / 母親　　62, 63, 307, 317,
　　318, 329, 332, 333, 361–66,
　　368, 370

火　　14, 22, 36, 37, 67, 78,
　　101–03, 109, 122, 126, 170,
　　182, 191, 249, 259, 262,
　　265, 277, 279–81, 313, 314,
　　330, 340, 408, 435, 465

美　　162, 453, 465

光　　44, 67, 68, 87, 120, 134,
　　170, 171, 198, 203, 204,
　　206, 226–28, 255, 270, 293,
　　296, 335, 340, 351, 352,
　　404, 447, 466

　　栄光の――　　44, 169, 170

　　自然の――　　170, 203, 204

　　恵みの――　　170, 226, 227

　　理性の――　　447

非質料的　→質料

秘蹟　　368, 377, 379, 403, 431

必然（存在の必然）　　12, 16–
　　18

非物質的　→物質（的）

非物体的　→物体

ヒュポスタシス　　77, 86, 92,
　　94–96, 321, 322, 324–27,
　　330, 338, 339, 349, 350

敏捷さ　　260

福音書記者　　64, 340, 341,
　　369, 412

複数性　　105, 106, 113

不敬虔（な）　　322, 420, 441

相応しい　　73, 77, 103, 104,
　　107, 111, 114, 118, 146,
　　158, 189, 195, 196, 198,
　　210, 212, 214, 226, 231,
　　237, 253, 255, 258, 261,
　　264, 272, 273, 283, 291,
　　296, 304, 307, 309, 312,
　　329, 334, 341, 346, 347,
　　351, 364, 371, 380, 393,
　　399, 407, 418, 429, 432,

　　435, 440, 443, 444

相応しさ　　334

不生　→しるし（神的ペルソナ
　　の）

復活（する）　　137, 235, 238–
　　40, 242–53, 258, 259, 261,
　　273, 276–78, 280, 290, 301,
　　309, 316, 355, 360, 384,
　　394–98, 399–406, 408,
　　410, 411, 414, 415, 424,
　　435, 442

物質（的）　　33, 34, 50, 80, 87,
　　88, 105, 110, 118, 141, 173,
　　233, 259, 280, 286, 315

　　非――　　80

物体（的）　　22, 32– 36, 67,
　　79–81, 101, 109–11, 113–
　　16, 118, 121, 133, 139, 143,
　　144, 147, 153, 154, 166,
　　177, 178, 191, 193, 199–
　　202, 204, 208, 211, 216,
　　217, 219, 227, 229, 233,
　　237, 242, 253, 255, 258,
　　261–67, 269, 277–81, 289,
　　295, 305, 311, 315, 353,
　　387, 453–55, 457, 459, 461,
　　464

　　非――　　33, 36, 79, 81,
　　109, 113, 115, 116, 147,
　　177, 208, 457

分有（する）　　29, 37, 101,
　　102, 111, 119, 134, 160,
　　162–64, 171, 174, 175, 180,
　　181, 191–93, 195, 196, 213,
　　232, 299, 331, 337, 340,
　　342, 456, 466

　　分有者　　313, 456

蛇　　448

ペルソナ　　10, 59, 71, 73, 76,
　　77, 85–88, 90–101, 137,
　　231, 307, 309, 310, 318–29,
　　331, 332, 338–41, 349, 357,

事項索引   495

362, 364, 380, 381, 424
——性　326, 327
——的関係　332
——的属性　96
——的存在　339
弁証　161
法（則）　152, 283, 299, 341,
　397
　旧（い）——　341, 358,
　370, 448
欲する　26, 112, 149, 152,
　159, 169, 178–81, 190, 200,
　221, 233, 235, 271–74,
　293–95, 373, 391, 392, 408,
　410, 427–29, 444–46, 452–
　55, 466, 467
滅び　372, 392–94

マ　行

幻　315, 316, 353, 358, 361
御言葉　3, 4, 61–69, 71, 74,
　75, 83, 87, 149, 307, 310–
　12, 320, 334, 335, 340, 342,
　345–47, 351, 356–58, 364,
　371, 375, 380, 402, 448
水　22, 36, 109, 122, 216,
　239, 251, 262, 317, 343–45,
　435, 459
身分　192, 284
無　104
無限　3, 11, 12, 16, 34–42,
　59, 104, 106, 114, 149, 152,
　155, 161, 165, 171, 184,
　208, 210, 211, 227, 244,
　266, 284, 286, 326, 342–
　45, 349, 372, 385, 386, 418,
　447, 457, 458, 463
　——性／——さ　165, 284,
　454
無秩序な　→秩序／秩序づける
無媒介（的）に　146–48,

　161
命令（する）　15, 196, 197
恵み　10, 44, 170, 224, 226–
　31, 245, 271, 289, 297, 298,
　300, 302, 304, 306–08, 320,
　334–45, 352, 354, 357,
　365–68, 371–73, 375, 376,
　385, 397, 402, 412, 414,
　424, 435, 438, 442, 443,
　446, 451
　——の光　→光
目的　3, 5, 39, 57, 81, 112,
　148, 158–60, 162–68, 170–
　75, 177–79, 182, 184, 186,
　187, 190, 191, 195, 214,
　225, 227, 228, 230–33, 235,
　245, 246, 253, 254, 257,
　258, 260, 261, 265–69,
　271–74, 282, 285, 290, 311,
　313, 334, 356, 371, 376,
　428, 432, 433, 453, 456,
　457, 460, 462–66
　——因　→原因
　最終——　159, 163, 167,
　168, 171, 173, 175, 179,
　195, 225, 227, 230, 232,
　233, 235, 253, 254, 257,
　265, 266, 268, 269, 271–74,
　282, 288, 290

ヤ　行

安らぎ　173, 229, 233, 235,
　453, 466
唯一性　31
勇気　378
欲望（する）　235, 272, 294,
　295, 360, 367, 368, 391,
　427, 443–46, 452, 453, 466
欲求（する）　56–58, 112,
　149, 158, 167, 168, 170–
　74, 184, 185, 190, 201, 235,

事項索引

257, 272, 293, 295–97, 311,
367, 388–91, 436, 445,
452–54
喜び　173, 255, 256, 263,
385, 408, 409, 463–65, 468
弱さ　207, 260, 261, 269, 288

ラ・ワ　行

楽園　290, 292
理解する　11, 46, 49–55, 59,
61–71, 73, 74, 76, 80, 82,
98, 110, 112, 114–20, 122–
25, 128, 130, 132, 134, 140,
154, 165, 166, 197, 203,
255, 281, 284, 293, 314,
330, 347, 401, 461, 463
理性（的）　3, 10–12, 23,
27, 28, 46, 59, 60, 81, 98,
113, 115, 136–41, 143–
46, 165, 188, 197, 201, 202,
204, 224–26, 230, 232–35,
237, 238, 240, 242–44, 261,
263, 288, 289, 295, 296,
308, 312–14, 318, 319, 322,
324, 328, 333, 336, 347,
356, 364, 366–68, 374, 385,
387–92, 422–24, 427, 434,
447, 459
　──の光　→光
理論　286, 403
力天使　→天使
流出（する）　249, 341, 345
量　35–37, 152, 153, 190,
242, 249, 250, 251, 343, 356
隣人　4, 388, 442
　──愛　→愛
類　27–31, 39, 41, 46, 91,
107, 114, 116, 130, 136,
137, 140, 141, 167, 169,
181, 183, 185–87, 242, 243,
261, 275, 287, 312, 316,

323, 330, 334, 337, 344,
373, 375, 376, 383, 453
霊　71–73, 87, 88, 194, 199,
252, 253, 277, 278, 295–
97, 305, 308, 311, 316, 337,
338, 342, 345, 358, 360,
377, 379, 399, 402, 403,
407, 430, 435, 443
霊的　256, 278–81, 285, 296,
305, 306, 360, 430, 435,
457, 459, 462, 468
　──な悪／霊の悪　278,
407
　──（な）善／霊の善
278, 279, 297, 407
　──被造物　256
霊魂　68, 79, 81, 111, 113,
121, 128, 129, 131–38,
140–46, 199–201, 204,
222, 229, 231–45, 256,
258–60, 262, 263, 266, 267,
272, 273, 275–82, 284–86,
288, 289, 295, 296, 310–13,
318–21, 325, 326, 328, 329,
339–41, 345, 348–52, 356,
360–62, 364, 366, 373, 375,
377, 380–82, 384–89, 392,
393, 397, 398, 401, 402,
404, 410–12, 427, 428, 434,
435, 453, 455, 462, 463
　──の注入　366
　植物的──　78, 79, 81,
136, 138, 143, 243, 366
　動物的──　138, 143, 366
　知性的──　129, 133, 134,
136, 138, 141, 142, 313
煉獄　281, 282

分かち合い／分かち合う　3,
96, 107, 123, 164, 165, 173,
192, 193, 206

山口 隆介（やまぐち・りゅうすけ）
1976年神戸市出身。2004年同志社大学大学院文学研究科博士後期課程（哲学及び哲学史専攻）を終える。現在聖泉大学専任講師。
〔業績〕「至福と隣人」（『宗教と倫理』16号（デジタル版），2016），「神の正義とあわれみ─『神学大全』と『神学綱要』における「神の正義」論の比較」（『聖泉論叢』22号，2015），「トマス・アクィナス『神学綱要』における神的ペルソナ論（『神学綱要』抄訳）」（『聖泉論叢』21号，2014），「トマス・アクィナスの「祈り」概念」（『中世思想研究』55号，2013），「トマス・アクィナス『神学綱要』におけるキリスト論：『神学綱要』抄訳と註解」（『聖泉論叢』19号，2012），「トマス・アクィナスの創造論─『神学綱要』抄訳と註釈」（『聖泉論叢』18号，2011），その他。

| 〔神学提要〕 | ISBN978-4-86285-283-0 |

2018年10月25日　第1刷発行
2018年11月20日　第2刷発行

訳　者　山　口　隆　介
発行者　小　山　光　夫
製　版　ジ　ャ　ッ　ト

発行所　〒113-0033 東京都文京区本郷1-13-2　株式会社 知泉書館
電話03(3814)6161 振替00120-6-117170
http://www.chisen.co.jp

Printed in Japan　　　　　　　印刷・製本／藤原印刷

《知泉学術叢書》

C.N. コックレン／金子晴勇訳
キリスト教と古典文化　　926p/7200円
アウグストゥスからアウグスティヌスに至る思想と活動の研究

G. パラマス／大森正樹訳
東方教会の精髄　人間の神化論攷　576p/6200円
聖なるヘシュカストたちのための弁護

W. イェーガー／曽田長人訳
パイデイア（上）ギリシアにおける人間形成　864p/6500円

J.-P. トレル／保井亮人訳
トマス・アクィナス　人と著作　　760p/6500円

トマス・アクィナス『ヨブ記註解』
保井亮人訳　　　　　　　　　　　　　新書/702p/6400円

トマス・アクィナスの心身問題　『対異教徒大全』第2巻より
トマス・アクィナス／川添信介訳註　ラテン語対訳版　菊/456p/7500円

在るものと本質について
トマス・アクィナス／稲垣良典訳註　ラテン語対訳版　菊/132p/3000円

自然の諸原理について　兄弟シルヴェストゥルに
トマス／長倉久子・松村良祐訳註　ラテン語対訳版　菊/128p/3000円

トマス・アクィナスの知恵（ラテン語原文・解説付）
稲垣良典著　　　　　　　　　　　　四六/212p/2800円

トマス・アクィナスの信仰論
保井亮人著　　　　　　　　　　　　A5/250p/4500円

トマス・アクィナスのエッセ研究
長倉久子著　　　　　　　　　　　　菊/324p/5500円

トマス・アクィナスにおける人格（ペルソナ）の存在論
山本芳久著　　　　　　　　　　　　菊/368p/5700円

トマス・アクィナスにおける「愛」と「正義」
桑原直己著　　　　　　　　　　　　A5/544p/8000円

トマス・アクィナスの人間論　個としての人間の超越性
佐々木亘著　　　　　　　　　　　　A5/264p/4800円